高等学校经济管理类核心课程教材

公司战略与风险管理

—第3版—

立体化数字教材版

吕文栋 编著

CORPORATE STRATEGY AND RISK MANAGEMENT

中国人民大学出版社
·北京·

前　言

党的二十大报告指出，“世界百年未有之大变局加速演进，新一轮科技革命和产业变革深入发展，国际力量对比深刻调整，我国发展面临新的战略机遇。”“我国发展进入战略机遇和风险挑战并存、不确定难预料因素增多的时期，各种‘黑天鹅’、‘灰犀牛’事件随时可能发生。我们必须增强忧患意识，坚持底线思维，做到居安思危、未雨绸缪，准备经受风高浪急甚至惊涛骇浪的重大考验。”战略决定发展方向，而风险事关发展底线，企业作为落实国家战略的重要主体，其战略既需要全方位结合国家战略发展的需要，又需要以系统思维、底线思维强化风险管控。可见，掌握公司战略与风险管理的基础知识与理论框架，对于指导企业管理实践，推动中国经济高质量发展至关重要。基于此，我们结合党和国家的重要文件与发展战略，以及企业在战略与风险管理方面的最新实践，对本教材进行了修订。

“构建高水平社会主义市场经济体制”“建设现代化产业体系”“全面推进乡村振兴”“促进区域协调发展”“推进高水平对外开放”是落实党的二十大报告提出“加快构建新发展格局，着力推动高质量发展”的重要举措。企业是社会主义市场经济的参与者与建设者，以国家发展为导向，聚焦国之所需，明确战略定位，将国家战略摆在优先位置，贯穿企业经营全过程，是塑造具有中国特色的世界一流企业的关键。未来国际竞争是科技领域的竞争，深入实施创新驱动发展战略，强化企业科技创新主体地位关乎中国科学技术的进步。党的二十大报告提出的“坚持面向世界科技前沿、面向经济主战场、面向国家重大需求、面向人民生命健康，加快实现高水平科技自立自强。以国家战略需求为导向，集聚力量进行原创性引领性科技攻关，坚决打赢关键核心技术攻坚战”为企业战略管理指明了方向，是企业建设战略科技力量、推动中国产业转型与重大技术创新的指导思想。

战略是方向，风险管理则是促使战略落地的保障。关于“风险”，党的二十大报告指出，“全党必须坚定信心、锐意进取，主动识变应变求变，主动防范化解风险，不断夺取全面建设社会主义现代化国家新胜利”。风险管理贯穿国家战略与经济、政治、社会、文化建设的方方面面，“增强忧患意识，坚持底线思维，做到居安思危、未雨绸缪，准备经受风高浪急甚至惊涛骇浪的重大考验”是百年未有之大变局下，风险管理的重要指导思想。从世界范围来看，近30年来，世界各国的监管部门都在不遗余力地推行有关风险管理的原则、框架、指引和标准，引领着企业风险管理的发展。其中，在全球最具影响力的是美国反虚假财务报告委员会下属的发起人委员会（COSO），它于1992年发布了《内部控制——整合框架》（Internal Control—Integrated Framework，2013年进行了修改和完善），2004年发布了《企业风险管理——整合框架》（Enterprise Risk Management—Integrated Framework），2017年发布了《企业风险管理——整合战略与绩效》（Enterprise Risk Management—Integrating with Strategy and Performance）。应该说，COSO发布的每一个文件都是引领各国完善自身风险管理体系的风向标。根据COSO的相关文件并结合我国的实际情况，2006年6月上海证券交易所发布了《上海证券交易所上市公司内部控制指引》；同月国务院国资委发布了《中央企业全面风险管理指引》；当年9月深圳证券交易所发布了《深圳证券交易所上市公司内部控制指引》；2008年6月财政部、证监会、审计署、银监会、保监会五部委联合发布了《企业内部控制基本规范》；2010年五部委又进一步发布了《企业内部控制应用指引》《企业内部控制评价指引》《企业内部控制审计指引》；2017年6月财政部发布了《小企业内部控制规范（试行）》；2018年11月国务院国资委发布了《中央企业合规管理指引（试行）》；2018年12月发展改革委、外交部、商务部、人民银行、国务院国资委、外汇局、全国工商联七部委联合发布了《企业境外经营合规管理指引》；2022年8月23日国务院国有资产监督管理委员会令第42号公布《中央企业合规管理办法》。

本书是对COSO 2017年发布的《企业风险管理——整合战略与绩效》中风险管理应支持企业的战略和价值创造的回应，也是对我国注册会计师《公司战略与风险管理》考试大纲的深入解读。尽管本书的书名与注册会计师考试科目名称相同，但在理解和内容编排上与注会辅导教材有很多不同，最大的差异是我们没有把公司战略与风险管理的相关内容简单并列、各说各话，而是以系统思维将公司战略与风险管理的内容进行整合，充分体现风险管理整合战略与绩效的意图，强调风险管理要“顶天立地”——向上支撑战略、向下关联价值创造。

本书第3版具有以下特色：

1. 充分融入国家战略与时代对风险管理的要求

本书在修订时充分结合党的二十大报告的重要论述，将党和国家针对战略与风险的论述、要求，与战略管理、风险管理的基础知识与理论框架全方位融合，充分体现战略思维、系统思维、底线思维，有助于读者在学习公司战略与风险管理知识的同时，深入理解党和国家的方针政策。

2. 全面更新教材中的实践案例

本书在修订时对全部章节的案例重新进行评估，更新了大多数案例，讲述中国企业战略管理与风险管理的事例，让读者充分感受中国改革开放 40 多年来，企业管理实践所取得的重要成就，增强文化自信，坚定中国特色的发展道路。

3. 补充公司战略与风险管理的最新内容

依照国家碳达峰、碳中和、数字经济、海外合规经营等相关要求与实践发展，本书在介绍公司战略与风险管理的基础知识时，补充了关于数字经济、ESG 等时代发展要求对公司战略的影响，完善了风险管理的应对体系。

4. 为准备注册会计师考试提供便利

本书涵盖了注册会计师考试大纲的全部内容，为便于考试复习，具体做了三项安排：

（1）涉及注册会计师考试大纲的部分均按照考试大纲进行编排，其余部分是本书对公司战略与风险管理的补充解读，便于读者区分和选择性阅读。

（2）为便于考试记忆，本书对相关的知识点进行了高度概括，注册会计师考试的内容（特别是风险管理部分）绝大多数来自前述的监管层发布的文件或指引，我们对其出处进行了全面标识，便于读者在学习时了解其来源。

（3）为便于考试复习，我们对注册会计师考试历年考点进行了总结，在各章中进行了标注。

5. 为公司战略与风险管理从业者提供了便捷的风险管理工具箱

本书以系统思维构建公司战略与风险管理的知识体系与理论框架，介绍了战略制定实施、风险管控的相关方法和措施。本书列示的内部控制和风险管理常用图表可供风险管理从业者参考。

6. 配备丰富的新形态立体化数字教学/学习资源

（1）名师视频课《企业风险管理》主要包括：风险的内涵、风险管理的内涵、风险管理框架——COSO 内部控制框架、风险管理框架——COSO 企业风险管理框架、风险管理框架——国务院国资委、风险管理框架——五部委、区分内部控制与风险管理、方法论与风险管理有效性、不可衡量风险等。

（2）电子教材、教材 PPT、教学大纲、教案、知识点、课程思政要点等。

（3）学习指导书，包含大量的考试真题和模拟题，方便读者准备注册会计师考试。

（4）双题库。题库除题干和答案外，还配有详细的解析、知识点和难易程度。

1）主教材题库。主教材以节为单位配题库“即测即评”，主要包括判断题、单选题和多选题。

2）学习指导书题库。学习指导书以章为单位新建题库，除包括纸质教材上的题目外，还提供了网上题目，读者可扫码做题，并可查看详细的解析。

双题库一方面便于学生在课后随时随地扫码做题，提交后可查看分数和详细的解析；另一方面便于教师在线布置作业，或按照教学进度生成试卷进行单元测、期中测或期末测等，教师无须打印试卷、无须判卷，系统自动打分，教师可随时查看班级作业完成情况，方便做好过程考核。

网页版题库（tk. rdyc. cn）还支持无限次在线随堂测、期中期末组卷并导出，教师用手机号加验证码登录即可使用。具体使用详情见二维码。

题库使用教程

凡购买正版图书的读者，均可通过扫描封面折口上贴的二维码卡片，注册后免费使用上述资源，使用方法见“新形态立体化数字资源使用说明”。

我们深知编写此书的难度和面临的挑战。本书试图把握公司战略与风险管理的前沿理论和方法，同时兼顾本科生的教学、注册会计师考试以及公司战略、风险管理从业者的实际操作，需要把上述不同需求、不同语言风格的内容整合在一起，这就对本书的逻辑框架设计、内容安排、语言表达均提出了较高的要求，着实难度很大。本着多为读者奉献公司战略与风险管理新知的想法，我们迎难而上，虽已勉力而行，但其中定有很多不足，殷切希望各位读者批评指正，你们的批评是我们进步的源泉和动力。

此处要特别感谢中国人民大学商学院的王化成教授和对外经济贸易大学国际商学院的张新民教授，正是他们的启发、鼓励和支持才让本书得以顺利完成。

参与本次编写修订工作的有吕文栋、钟凯、赵杨、田丹、梁鹏、林琳、冯熹宇等，他们为本书收集了大量资料，提出了许多宝贵建议。在本书的写作过程中，我们密切协作、反复修改、共同进步，感谢他们的辛勤付出！同时也深深感谢参与前两版编写和修订的赵杨、王菡丽、冯熹宇、马娆、韦远、葛成唯、林琳、田丹、钟凯、王晓飞等，我们深知为学路上离不开薪火相传。

本书参考了大量的文献，正是这些文献的思想指引让我们大受启发，虽已将相关参考文献列于书末，但仍不足以表达我们对文献作者的敬意。

本书能够出版还要感谢中国人民大学出版社的陈永凤编辑，没有她认真的态度和耐心的付出，难成此书。

当然，本书的任何不足之处均由本书编著者负责。再次对给予本书帮助的各界人士表达由衷的谢意！

吕文栋

新形态立体化数字资源使用说明

本书是纸质教材和数字化资源一体化设计的新形态教材，配备了丰富的立体化数字资源，主要包括与纸质教材同步的**电子教材**、**双题库**（主教材题库+学习指导书题库）、**PPT**、**教学大纲**、**教案**、**课程思政教学大纲**、**名师视频课等**。针对不同用户、不同教学应用场景提供不同的使用入口。

1. 书中二维码资源免费获取和使用方式

（1）注册：微信扫码前折口上贴片的第一个二维码→输入手机号（微信绑定）→点击“确定”（已绑定用户直接进入下一步）。

（2）点击**左**侧“**学习中心**”模块→点击“确定”。

（3）随时随地扫教材中的二维码，即可免费学习。

2. 数字教材平台资源获取方式

微信扫码前折口上贴片的第一个二维码→点击**右**侧“**数字教材平台**”模块→点击“确定”。

（1）学生：设置密码→完善个人信息→添加公开课程（可下拉选择）/添加新的私有课程。

（2）教师：设置密码→完善个人信息→添加课程（可下拉选择）→新建课程。

激活后也可在**电脑端**使用注册手机号登录人大芸窗官网（www.rdyc.cn）。

教师可在人大芸窗数字教材平台上，激活课程创建班级，并利用**双题库和组卷系统**布置作业，进行测试和考试，平台可实现自动打分和学生成绩下载，教师可随时查看班级作业完成、知识点掌握情况和成绩排名，进行过程考核和期末考试。

人大芸窗数字教材平台咨询（工作日 9:00—17:00）：
电话：010-62515969　010-62511532
QQ：3382421809　　2292205778

目　录

第 1 章

战略与战略管理

思维导图

- 战略与战略管理
  - 战略管理的兴起与发展
    - 以环境分析为基础的经典战略管理理论
    - 以产业（市场）结构分析为基础的竞争战略理论
    - 以资源和能力为基础的资源基础理论与核心竞争力理论
  - 公司战略的基本概念
    - 公司战略的定义
    - 公司的使命与目标
    - 公司战略的层次
  - 公司战略管理
    - 战略管理的内涵
    - 战略管理的特征
    - 战略管理过程
    - 战略创新管理

素养提升

党的二十大报告指出，不断提高战略思维能力……为前瞻性思考、全局性谋划、整体性推进党和国家各项事业提供科学思想方法。① 全面推进中国特色社会主义伟大事业，离不开科学思想方法的指引。公司战略作为企业提升核心竞争力的关键因素之一，是我们在中国特色社会主义新时代背景下进行学习和思考的重要内容。在战略管理中，我们需要积极响应党的号召，把握战略制定的机会，将党的指导思想与企业的使命愿景相融合，将党的决策和要求与企业战略管理相结合，为企业应对复杂多变的市场环

---

① 习近平. 高举中国特色社会主义伟大旗帜 为全面建设社会主义现代化国家而团结奋斗：在中国共产党第二十次全国代表大会上的报告. 北京：人民出版社，2022.

境提供更多的工具和方法。

学习目标

1. 描述战略管理的发展过程
2. 定义战略、战略管理和战略管理过程
3. 了解商业模式的内涵及构成要素
4. 描述使命、愿景和目标，讨论其价值
5. 理解战略创新管理的类型和不同方面

1.1 战略管理的兴起与发展

1.1 即测即评

企业战略管理理论发展至今，经历了萌芽期、认知期、繁荣期及现代期四个时期。其演变历程大致经过以下三个阶段：以环境分析为基础的经典战略管理理论、以产业（市场）结构分析为基础的竞争战略理论，以资源和能力为基础的资源基础理论与核心能力理论。

1.1.1 以环境分析为基础的经典战略管理理论

1962年，美国管理学家艾尔弗雷德·钱德勒（Alfred D. Chandler）出版了《战略与结构：美国工商企业成长的若干篇章》一书，揭开了企业战略问题研究的序幕。在这部著作中，钱德勒率先在企业管理中引入“战略”概念，并首次分析了环境、战略、结构三者之间的关系。他认为，企业战略应当适应环境变化并满足市场需求，而组织结构又必须适应企业战略，随着战略的变化而变化。对于战略构造问题的研究，当时形成了两个主流学派：“设计学派”（design school）和“计划学派”（planning school）。

设计学派的代表人物是哈佛商学院教授肯尼思·安德鲁斯（Kenneth Andrews），他在1965年出版的《经营策略：内容与案例》一书中首次提出了SWOT分析模型。他们主张在使组织自身条件和外部机会相适应的基础上，将战略的形成过程分为战略制定和战略实施两部分，并认为战略制定过程实际上是使企业内部条件因素和外部环境因素相匹配的过程，这种匹配能使企业内部的优势和劣势与外部的机会和威胁相协调，由此建立了SWOT（strength，weakness，opportunity，threat）分析模型。组织的高层管理者应负责制定战略和监督战略实施，制定的战略应当清晰、简明，易于理解和贯彻，好的战略还应具有灵活性和创造性。

计划学派与设计学派几乎是同时产生的，代表人物是美国管理学家伊戈尔·安索夫（H. Igor Ansoff）。1965年，安索夫出版了《公司战略》一书，标志着计划学派的形成。书中将企业管理方面的决策系统性地分为业务决策、管理决策和战略决策，并定义了战略的内涵，在此后相当长的时期内，这种以产品-市场为核心的企业战略理论有很大的影响力。

在计划学派看来，战略形成是一个有目标、有意识、规范的过程。组织的高层管理者负责管理整个计划过程，但具体的制定和实施由其他人负责。企业战略应包括企业目标、项目、资金预算等具体内容，以保证战略的顺利实施。1979年，安索夫又出版了《战略管理》一书，系统地提出了战略管理模式。他认为战略行为是对环境的适应过程以及由此导致的企业内部结构化的过程；企业战略的出发点是满足自身的生存和发展需要。

尽管这一时期学者们的研究方法和主张不尽相同，但核心思想是一致的，主要体现为以下几点：(1) 企业战略的基点是适应环境；(2) 企业战略的目标在于提高市场占有率并盈利；(3) 企业战略的实施要求组织结构的变化与适应。

值得注意的是，以环境分析为基础的战略管理理论存在以下不足之处：(1) 该理论仅从现有的产业市场出发，要求企业适应的环境实质上是已稳定的产业市场环境，缺少对企业将参与竞争的一个或几个产业进行分析与选择的内容，这势必导致一方面企业追求的市场生存与发展空间十分有限，另一方面企业只能被动地适应环境，处于被动地追随领先者的困境。(2) 该理论缺乏对企业内部环境的考虑，只是从企业的外部环境（即现存的、已结构化的产业市场环境）来考虑企业战略问题，企业的内部条件基本上被排除在战略形成过程之外，最终可能会引发企业非理性的扩张欲望和扩张行为。尽管存在一些不足，但由于对战略进行了开创性研究，以环境分析为基础的经典战略管理理论为推动企业战略管理理论的发展奠定了基础。

1.1.2 以产业（市场）结构分析为基础的竞争战略理论

20世纪80年代，迈克尔·波特（Michael E. Porter）的竞争战略理论在一定程度上弥补了经典战略管理理论在企业竞争环境分析和选择上的不足。他在产业组织理论的“结构（S）-行为（C）-绩效（P）”分析范式的基础上，提出了以产业（市场）结构分析为基础的竞争战略理论。该理论认为企业作为一个“黑箱”，是同质技术上的投入产出系统，企业资源是可以自由流动的，并且在投入与产出之间存在相对确切的技术关系。他主张从外部环境中寻找机会，认为超额利润源于在产业中识别有利的结构性特征的基本能力，认为决定企业盈利能力的首要和根本因素是产业的吸引力，强调产业结构分析是建立竞争战略的基础，理解产业结构永远是战略分析的起点。

波特认为，企业的盈利能力取决于其选择的竞争战略，选择竞争战略时主要考虑以下两点：(1) 选择有吸引力、潜在利润高的产业。处在朝阳产业的企业要比处在夕阳产业的企业拥有更高的获利能力，因为产业的内在盈利能力是决定企业获利能力的重要因素。(2) 在已选择的产业中确立优势地位。尽管处在同一产业中的企业的产业环境相似，但处在优势地位的企业要比处在劣势地位的企业拥有更高的获利能力。

为了正确地选择有吸引力的产业和确定自己的竞争优势地位，波特提出用五种竞争力形成的竞争模型来进行分析。这五种力量的强度在不同的产业中是不同的，企业可以通过战略对这五种竞争力施加影响，并影响产业（市场）结构，从而获得竞争优势，提高获利能力。波特认为在五力分析的基础上，有三种通用竞争战略，即成本领先战略、差异化战略和集中化战略，可以帮助企业获取竞争优势。不仅波特在战略管理和微观经济学中的产业组织理论之间架起了一座桥梁，许多学者的努力也使经济学思考愈发融入战略管理理论研究之中。例如，交易成本理论用于多元化、一体化等战略分析，委托代理理论用于规模、管理者报酬等问题研究，博弈论用于产业组织分析等。波特继出版《竞争战略》（1980）和《竞争优势》（1985）之后，于1990年又推出《国家竞争优势》一书，从国家层面研究国家产业竞争优势。

与经典战略理论相比，竞争战略理论在分析产业（市场）结构竞争环境方面有了很大进步，强调在分析产业（市场）结构竞争环境的基础上制定竞争战略的重要性，并系统提出了竞争优势的理论框架和可操作的分析工具。然而，同经典战略管理理论一样，竞争战略仍缺乏对企业内在条件差异的考虑，它无法解释为什么在没有吸引力的产业中仍有盈利水平很高的企业等问题，实际上，同一产业中企业间的利润差异并不比产业间的差异小。

1.1.3 以资源和能力为基础的资源基础理论与核心竞争力理论

波特（1980）的竞争战略理论在解释公司绩效与环境间的关系方面获得了广泛认同，开创了研究企业竞争优势的先河，但对于企业资源与绩效间关系的研究显得不足（Barney，1986）。该理论难以对同一产业内企业间利润差距的深层原因做出恰当的解释，战略管理领域存在的两个基本问题仍没有得到解决：（1）为何各公司间存在差异？（2）为何有些公司可以领先同行业其他公司并持续保持竞争优势？

20世纪80年代早期的实证研究结果引起了人们对上述理论的质疑。鲁梅尔特（Rumelt）在80年代研究发现：产业内中长期利润率的分散程度要比产业间利润率的分散程度大得多。他还发现，企业通过超额利润率表现出来的竞争优势并非来自外部市场力量和产业间的相互关系，而是市场力量以外的、存在于企业自身的某种特殊因素在起作用。进入20世纪80年代，在信息技术与全球化趋势的带动下，公司竞争环境的变迁较过去更为快速且激烈，因此公司对外部的动态竞争环境的分析与掌握变得更为困难，信息技术的迅速发展使企业的竞争环境更加恶劣，越来越多的企业不得不把目光从关注外部市场环境转向关注内部环境，注重自身独特资源和知识的积累。相比之下，内部资源与能力更能被公司管理与控制，因此更适合作为企业拟定战略方向时的参考依据（Grant，1991）。学者塞尔兹尼克（Selznick）在1957年出版的《行政管理中的领导行为》一书中最先提出“独特能力”这一概念，标志着自资源基础理论（resource-based theory，RBT）萌芽以来，研究者将探索企业竞争优势的着眼点逐渐从企业外部转移到内部，资源基础观（resource-based view，RBV）、RBT 以及以资源、知识为基础的核心竞争力理论在对主流战略理论的挑战中应运而生，越来越受到学术界的重视，并发展成 20 世纪 90 年代战略管理领域的主要前沿理论之一。

核心竞争力理论是基于以下假设产生的：（1）每个组织都拥有自己独特的资源和能力，这是组织利润的源泉和制定战略的基础；（2）在同一产业中竞争的企业不一定拥有相同的战略资源和能力；（3）资源不能在组织间自由流动，正是这种资源的差异性构成了企业竞争优势的基础。

核心竞争力理论认为，企业战略的关键在于培养和发展企业的核心竞争力。所谓核心竞争力，是指“组织中的积累性学识，特别是关于如何协调不同的生产技能和有机结合多种技术流的学识”（Prahalad and Hamel，1990）。为了更好地理解核心竞争力，必须正确地理解竞争优势。巴尼（Barney，1991）认为竞争优势是指“公司目前无法与潜在的竞争对手同步执行该公司现在所执行的价值创造战略”，而持续竞争优势则是指“公司目前与潜在的竞争对手不仅无法同步执行该公司现在所执行的价值创造战略，同时也无法复制并取得该公司在此项战略中所获得的利益”。研究者认为，尽管企业竞争力可在短期内通过制造或外购等方式获取资源予以构建，但任何仅利用这些轻易获得的资源所发展出的竞争力，无论其效用如何，都将因资源的轻易取得和快速效仿而难以持久。巴尼认为竞争优势之所以能持久，是因为在企业拥有的具有异质性以及不可流动的资源中，有部分资源同时具有价值性、稀缺性、不可模仿性与不可替代等特性。企业竞争地位的差别要归结为企业拥有的资源形态的差别，竞争优势构建在企业拥有的异质性资源之上。企业间的竞争可以看作异质性资源层面的竞争，如何独占某些资源或打破竞争对手对资源的独占成为竞争的焦点。实际上，企业对持续竞争优势的追求总是要转化成对那些独特、稀缺资源的识别、占有与配置这一战略目的。通过产业环境分析和竞争对手分析进行企业资源的不可模仿性评估、持久性评估、占有性评估、替代性评估及竞争优势评估是战略制定的必要环节，产业机遇和企业资源的现有状况是制定企业战略的基础。

1.2 公司战略的基本概念

1.2.1 公司战略的定义

1.2 即测即评

“战略”一词原本是军事术语，其中“战”是指战斗或者战争，“略”则是指筹划、策略与计划。在西方，战略一词来自希腊文“strategos”，含义是将军。显然，战略的含义最早是指军事领域的指挥艺术和科学。不同学者对战略的不同定义见表 1－1。

表 1-1 战略的定义

出处	定义
肯尼思 · 安德鲁斯 《公司战略概念》（1972）	战略是目标、意图或目的，以及为达到这些目的而制定的主要方针和计划。
迈克尔 · 波特 《竞争战略》（1980）	战略是公司为之奋斗的终点与公司为达到它而寻求的途径的结合物。强调公司战略的重要属性——计划性、全局性和长期性。
亨利 · 明茨伯格《战略历程》（1998）	战略是计划、模式、定位、愿景或期望、计谋，是一系列或整套决策或行动方式，这套方式包括刻意安排的（即计划性）战略和任何临时出现的（即非计划性）战略。强调战略的应变性、竞争性和风险性。
小阿瑟 · 汤普森 《战略管理》（1998）	战略既是预先性的（预谋战略），又是反应性的（适应性战略）。换言之，战略制定的任务包括制订策略计划，即预谋战略伴随着事情的进展不断进行调整。

企业战略的含义可分为传统概念和现代概念两大类。表 1-1 中迈克尔 · 波特对战略的定义堪称公司战略传统概念的典型代表，传统概念既包括终点也包括途径。亨利 · 明茨伯格对战略的定义是现代概念的典型代表，现代概念认为战略只包括为达到终点而寻求的途径，不包括终点本身。许多学者开始研究组织的有限理性，并将重点放在组织在不可预测或未知的内外部因素约束下的适应性上。

1.2.2 公司的使命与目标

公司的使命和目标为公司提供了战略分析、战略选择和战略实施的依据，在战略管理中具有十分重要的地位。

1. 公司的使命

公司的使命首先要阐明企业组织的根本性质与存在理由，包括公司目的、公司宗旨、经营哲学三个方面。

（1）公司目的。公司目的是企业组织的根本性质和存在理由的直接体现。组织按其存在理由可以分为两大类：营利组织和非营利组织。以营利为目的成立的组织，其首要目的是为其所有者带来经济价值，例如，通过满足客户需求、建立市场份额、降低成本等来增加企业价值，其次的目的是履行社会责任，以保障企业主要经济目标的实现；相反，以非营利为目的成立的组织，其首要目的是提高社会福利、促进政治和社会变革，而不是营利。

（2）公司宗旨。公司宗旨阐述公司长期的战略意向，其具体内容主要说明公司目前和未来所从事的经营业务的范围。公司的业务范围应包括产品（或服务）、顾客对象、市场和技术等几个方面。公司宗旨反映出公司的定位。公司的定位是指公司采取措施以适应所处的环境，包括相对于其他公司的市场定位，如生产或销售什么类型的产品或服务给特定的部门，或以什么样的方式满足客户和市场的需求，如何分配内部资源以保持企业的竞争优势等。

（3）经营哲学。经营哲学是公司为其经营活动所确立的价值观、基本信念和行为准则，是对企业文化的高度概括。经营哲学主要通过公司对利益相关者的态度、公司提倡的共同价值观、政策和目标以及管理风格等方面体现出来。经营哲学同样影响着公司的经营范围和经营效果。

案例分析

几家著名公司关于使命、企业宗旨、核心价值观的表述

华为（使命）	把数字世界带入每个人、每个家庭、每个组织，构建万物互联的智能世界。
麦肯锡（使命）	帮助我们的客户在业绩上做出独特、持久和实质性的改进，并建立一家吸引、发展、激励和留住优秀人才的伟大公司。
索尼（企业宗旨）	用创意和科技的力量感动世界。
沃尔玛（核心价值观）	服务顾客、尊重个人、追求卓越、诚信行事。

资料来源：各公司官网及网络公开资料。

2. 公司的目标

公司目标是公司使命的具体化。我们可以通过建立一个目标体系把公司的使命转换成具体的业绩标准，从而使得公司的发展有一个可以测度的目标。这个目标体系可以从财务目标和战略目标两个维度来建立。

财务目标体系表明公司必须致力于在下列指标上达到较好的结果：市场占有率、收益增长率、投资回报率、股利增长率、股票价格、现金流等。战略目标体系则不同，它的建立目的在于为公司赢得下列结果：获取足够的市场竞争优势，在产品质量、客户服务或产品革新等方面压倒竞争对手，使整体成本低于竞争对手的成本，提高公司在客户中的声誉，建立技术上的领导地位等。

财务目标体系和战略目标体系都应该从短期目标和长期目标两个维度体现出来。短期目标体系主要是集中精力提高公司的短期经营业绩和经营结果；长期目标体系则主要是促使公司的管理者考虑现在应该采取什么行动，才能使公司进入一种可以在相当长的一段时期内良性经营的状态。

1.2.3 公司战略的层次

一般来说，公司战略有三个层次（见图 1-1）。

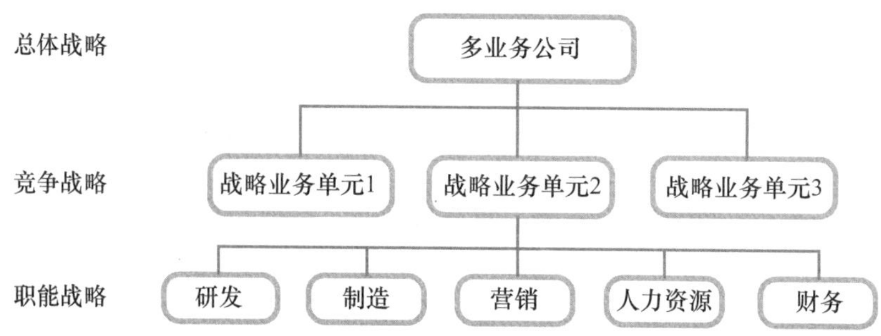

图1-1 公司战略的结构层次

1. 总体战略

总体战略又称企业战略或公司层战略，是决定公司从事或想从事什么业务以及如何从事这些业务的战略。企业根据目标选择可以竞争的经营领域，合理配置企业经营所需的资源，使各项经营业务相互支持、相互协调。

2. 竞争战略

竞争战略是决定组织如何在每种业务上展开竞争的战略，目标是取得竞争优势。对于一个仅有某种业务的小型组织或者一个没有多元化产品或市场的大型组织来说，其竞争战略描述的是如何在其主营业务或主要市场上展开竞争。对于拥有多元化业务的组织来说，每一种业务都有自身的竞争战略，该竞争战略明确了它的竞争优势、所提供的产品或服务、目标顾客等。

当一个组织有几种不同的业务时，那些有自身竞争战略的单一、独立的业务就称为战略业务单元。

3. 职能战略

职能战略是按照总体战略或竞争战略对企业各方面职能活动进行的谋划，主要涉及企业各职能部门，如营销、财务、制造、研发、人力资源等，其主要职责是更好地配置企业内部资源，为各级战略服务，并提高组织效率。因此，职能战略是为企业战略和竞争战略服务的，必须与企业战略和竞争战略相配合。比如，企业战略确立了差异化的发展方向，要培养创新的核心能力，那么企业的人力资源战略就必须体现对创新的支持：要重视培训，鼓励学习；把创新贡献纳入考核指标体系；在薪酬方面加大对各种创新的奖励。

1.2.4 商业模式

商业模式的概念自提出就受到了学术界和实务界的重视。近年来，商业模式领域的研究快速发展，并被广泛应用于解释企业的价值创造机理、形式、效率。现实中，技术变革引发的商业模式变革屡见不鲜，企业通过商业模式的重构实现价值创造，如京东等通过信息技术的运用改变了人们的购物方式，红领服饰利用大数据技术直面消费者的个性化需求，通过定制服务来为企业创造财富。

商业模式的定义尚不统一，对其构成要素的提炼也不尽相同。据相关文献，20 世纪 50 年代就出现了商业模式一词，但它被广泛关注并被给予不同的解读是从 20 世纪 90 年代开始的。

蒂默斯（Timmers，1998）认为商业模式是产品、服务和信息流的体系，描述了不同参与者和他们的角色以及这些参与者潜在利益和最终收益的来源。皮尼厄（Pigneur，2000）认为商业模式是关于公司和其伙伴网络，给一个或几个细分市场的客户提供可持续收益的体系。阿米特和佐特（Amit and Zott，2001）将商业模式定义为“为创造价值而设计的交易内容、结构、治理机制”，2012 年又基于新颖性（N）、锁定性（I）、互补性（C）、效率性（E）① 提出了商业模式 NICE 模型。约翰逊等（Johnson et al.，2008）认为商业模式是企业通过创新资源能力分配模式和业务形式以创造收益的途径，并将客户价值主张、关键流程、关键资源、盈利模式作为商业模式的构成要素。奥斯特瓦尔德和皮尼厄（Osterwalder and Pigneur，2010）则从创造价值、传递价值和获取价值三个维度构建了商业模式的九要素模型，见表 1-2。

表 1-2　商业模式的九要素模型

商业模式核心内容	创造价值	价值主张	价值主张是企业向顾客提供的独特价值和解决方案。它描述了产品或服务的特点、优势和效益，并与顾客需求紧密匹配。企业需要通过创新和不断改进，提供令顾客满意的价值主张，以获得竞争优势。
	传递价值	客户细分	客户细分指企业将想要获得的和期望服务的客户群体进行分类。客户是商业模式的核心。
		渠道通路	渠道通路描述了企业在服务流程中是如何跟客户取得联系并传递其价值主张的。它是企业与客户取得接触的关键通道，并在客户的体验中扮演重要角色。
		客户关系	客户关系描述了企业与所服务客户群体之间建立的关系以及维护该关系的方式。企业必须清楚自己要与所服务客户之间建立什么样的关系。
		收入来源	收入来源指企业在为客户提供价值的过程中获得收入的途径。一个商业模式中，可以有不同类型的收入来源，针对不同的收入来源，其定价机制也会有所不同。

① novelty，lock-in，complementarity，efficiency。

续表

商业模式核心内容	获取价值	关键资源	关键资源指企业让其商业模式有效运转所需要的核心资源，如人才、技术和资金等。核心资源可以是企业自己所拥有的，也可以是从关键伙伴那里得到的。每个商业模式都需要核心资源，而不同的商业模式的核心资源会有所不同。
		关键活动	关键活动指企业让其商业模式有效运转所需要执行的关键业务活动，如设计、生产、平台/网络等。每个商业模式都需要多个关键活动，而不同的商业模式的关键活动也有所不同。
		关键伙伴	关键伙伴指企业让其商业模式有效运转所需要的供应商和合作伙伴。合作关系已成为许多商业模式的基石，合作关系的建立可以使商业模式得到优化，降低企业所面临的风险，帮助企业获得需要的资源。
		成本结构	成本结构指企业在为客户提供价值过程中所投入的人力、资金、资源等。商业模式的任何组成部分都可能产生成本，企业在商业模式运转过程中，应努力使成本最小化。

案例分析

爱彼迎与京东的商业模式分析

我们借鉴奥斯特瓦尔德和皮尼厄（Osterwalder and Pigneur，2010）提出的九要素模型，对爱彼迎和京东的商业模式进行解构，这一分析过程有助于我们更深入地理解两家公司的商业本质和竞争优势。

爱彼迎商业模式分析：

- 价值主张：为用户提供个性化、本土化、舒适安全的居住服务。
- 客户细分：价格敏感，追求个性化住宿体验，具有分享精神。
- 渠道通路：社群口碑，交易平台，搜索广告。
- 客户关系：房东房屋保障计划，租客权益保障计划，优质内容创作，社交互动。
- 收入来源：每笔订单向房东和租户分别收取服务费。
- 关键资源：平台沉淀的丰富内容，包括房屋图片、居住评价、宣传文案等。
- 关键活动：平台维护，营销推广。
- 关键伙伴：遍布全球90多个国家的房东。
- 成本结构：市场营销成本，技术开发成本，相关保障成本。

京东商业模式分析：

- 价值主张：品类丰富、配送及时、产品质量有保障、价格实惠。
- 客户细分：网络大众消费者和第三方平台商家。

- 渠道通路：京东商城+基于腾讯、百度等的各移动入口流量。
- 客户关系：通过手机用户购买行为、搜索记录和交易记录等建立数据库，向客户推荐有针对性的产品或服务。
- 收入来源：自营商品直销收入+第三方开放平台收入。
- 关键资源：自主研发信息系统，完善的仓储物流系统。
- 关键活动：IT 系统的开发与维护，营销推广。
- 关键伙伴：平台供应商，战略合作伙伴（包括腾讯、沃尔玛、百度、华为等）。
- 成本结构：进货成本、履约费用、销售费用、技术研发费用。

资料来源：根据网络公开资料整理。

1.3　公司战略管理

1.3.1　战略管理的内涵

1.3 即测即评

1976 年，安索夫在《从战略规划到战略管理》一书中首次提出“战略管理”一词。1979 年，安索夫又出版了《战略管理》一书，他认为，战略管理是指将企业的日常业务决策同长期计划决策相结合而形成的一系列经营管理活动。战略管理的不同定义见表 1-3。

表 1-3　战略管理的定义

中注协 CPA 辅导教材	企业战略管理是为实现企业的使命和战略目标，科学地分析企业的内外部环境与条件，制定战略决策，评估、选择并实施战略方案，控制战略绩效的动态管理过程。
斯坦纳 (G. A. Steiner)	战略管理是根据企业外部环境和内部条件确定企业目标，保证目标的正确落实并使企业使命最终得以实现的动态过程。
斯蒂芬·罗宾斯 (Stephen P. Robbins)	战略管理是管理者为制定本组织的战略而做的工作。这是一项重要的任务，涉及所有的基础管理职能：计划、组织、领导和控制。
弗雷德·戴维 (Fred R. David)	战略管理是一门关于制定、实施和评价使组织能够实现其目标的跨职能决策的艺术与科学。

1.3.2　战略管理的特征

根据上述战略管理的定义，可以总结出战略管理具有以下特征。

1. 战略管理具有全局性

企业的战略管理是以企业的全局为对象，根据企业总体发展的需要制定的。它管理的是企业的总体活动，追求的是企业的总体效果。虽然这种管理也包括企业的局部活动，但这些局部活动是作为总体活动的有机组成部分在战略管理中出现的。具体地说，战略管理不是强调企业某一事业部或某一职能部门的重要性，而是通过制定企业的使命、目标和战略来协调企业各部门的表现——它们对实现企业使命、目标和战略的贡献的大小。这样就使战略管理具有综合性和系统性的特点。

2. 战略管理的主体为企业高层管理人员

战略决策涉及企业活动的各个方面，虽然它也需要企业各层管理者和全体员工的参与和支持，但企业的高层管理人员对于作出战略决策是更为重要的。这不仅是因为他们能够统观企业全局，了解企业的各方面情况，更重要的是，他们具有对战略实施所需资源进行分配的权力。

3. 战略管理涉及企业大量资源的配置问题

企业的资源包括人力资源、实体财产和资金，它们或者在企业内部进行调整，或者从企业外部筹集。在任何一种情况下，战略决策都需要在相当长的一段时间内致力于一系列的活动，而实施这些活动需要大量的资源作为保证。因此，需要为保证战略目标的实现对企业的资源进行统筹规划、合理配置。

4. 战略管理具有长远性

战略管理中的战略决策是对企业在未来较长时期（5年以上）内如何生存和发展等问题进行统筹规划。虽然这种决策以企业外部环境和内部条件的当前情况为出发点，并且对企业当前的生产经营活动具有指导、限制作用，但这一切是为了更长远的发展，是长期发展的起步。从这一点来说，战略管理是面向未来的管理，战略决策要以管理人员所期望或预测将要发生的情况为基础。在迅速变化和充满竞争的环境中，企业要取得成功就必须对未来的变化做出预应性的反应，这就需要企业制订长期的战略计划。

5. 战略管理需要考虑企业外部环境中的诸多因素

现今的企业都处于一个开放的系统中，它们影响外部环境中的诸多因素，更受这些不由自身控制的因素影响。因此在未来的竞争环境中，企业要想使自己占据有利地位并取得竞争优势，就必须考虑与其相关的因素，包括竞争者、顾客、资金供给者、政府等外部因素，以使企业的行为适应不断变化的外部环境，唯有如此企业才能生存下去。

1.3.3 战略管理过程

一般说来，战略管理过程一共包含五个步骤。从企业使命和目标出发，经过战略分析、战略选择以及战略实施这三个关键环节，以评估结果作为整个过程的终点。图 1－2 是战略管理过程及主要组成要素的示意图。

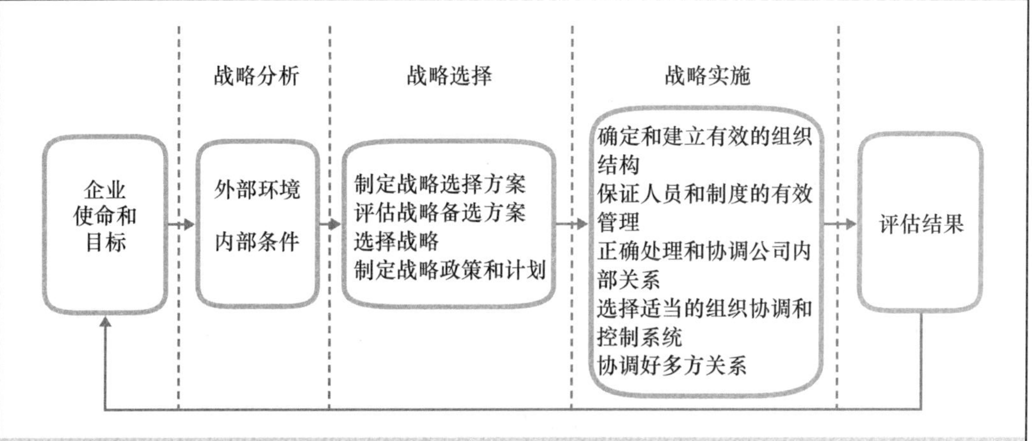

图 1-2　战略管理过程

1. 战略分析

在设定目标以后，企业将进行外部分析与内部分析。这两部分的分析不存在孰先孰后，需要同步展开。通过外部分析，企业能有效识别竞争环境中存在的关键威胁与机会，同时，外部分析也将帮助企业了解竞争对手正在做什么。内部分析将帮助企业认清自身的优势与劣势，也有助于企业更好地了解哪些资源和能力可能是竞争优势的来源，哪些不大可能是竞争优势的来源。我们将在第 2 章深入讨论战略分析的具体内容。

2. 战略选择

在充分考虑外部环境的实际情况以及企业可获得的资源和能力后，管理者将选择能够帮助企业实现目标的战略。

（1）可选择的战略类型。公司战略包括总体（公司层）战略、业务单元（竞争）战略和职能（职能层）战略，在公司战略的三个层次上存在各种不同的战略类型，具体分类见图 1-3。

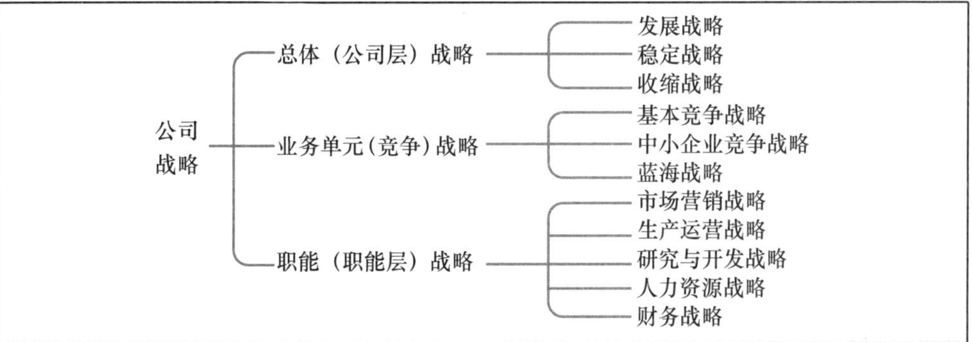

图 1-3　公司战略的类型

（2）战略选择过程。约翰逊和斯科尔斯（G. Johnson and K. Scholes）在1989年提出了战略选择过程，包括如下几个步骤：

1）制定战略选择方案。在制定战略过程中，可供选择的方案越多越好。根据不同层级管理人员介入战略分析和战略选择工作的程度，可以将战略形成方法分为自上而下、自下而上、上下结合三种。

2）评估战略备选方案。评估战略备选方案通常使用三个标准：①适宜性标准：考虑选择的战略是否发挥了企业的优势，克服了劣势，是否利用了机会，将威胁削弱到最低程度，是否有助于企业实现目标。②可接受性标准：考虑选择的战略能否被企业利益相关者接受，实际上并不存在最佳的、符合各方利益相关者利益的统一标准，经理和利益相关团体的不同价值观和期望在很大程度上影响着战略的选择。③可行性标准：对战略的评估最终还要落实到战略收益、风险和可行性分析的财务指标上。

3）选择战略。即最终的战略决策，确定准备实施的战略。如果用多个指标对多个战略方案进行评价会产生不一致的结果，最终的战略选择可以考虑采用以下方法：①根据企业目标选择战略。②提交上级管理部门审批。③聘请外部机构。

4）制定战略政策和计划。制定有关研究与开发、资本需求和人力资源等的战略政策和计划。

3. 战略实施

战略实施就是将战略转化为行动，战略实施主要解决以下问题：

（1）确定和建立有效的组织结构。确定和建立组织结构涉及决定如何分配企业的工作职责和决策权，如企业的管理结构应该是高长型还是扁平型。

（2）保证人员和制度的有效管理。人力资源管理体制关系到战略实施的成败。

（3）正确处理和协调公司内部关系。公司内部各种团体各有其利益要求和目标，而许多要求是互相冲突的，这些冲突可能会导致各种争斗或结盟。在企业战略实施过程中必须正确把握和对待各种内部关系和内部活动。

（4）选择适当的组织协调和控制系统。战略实施离不开企业内各单位的集体行动和协调，企业必须确定采用什么标准来评价各下属单位的效益，控制它们的行动。

（5）协调好企业战略、结构、文化和控制诸方面的关系。战略管理是一个循环过程，而不是一次性的工作。要不断监控和评价战略的实施过程，修正原来的分析、选择与实施工作，这是一个循环往复的过程，如图1-4所示。

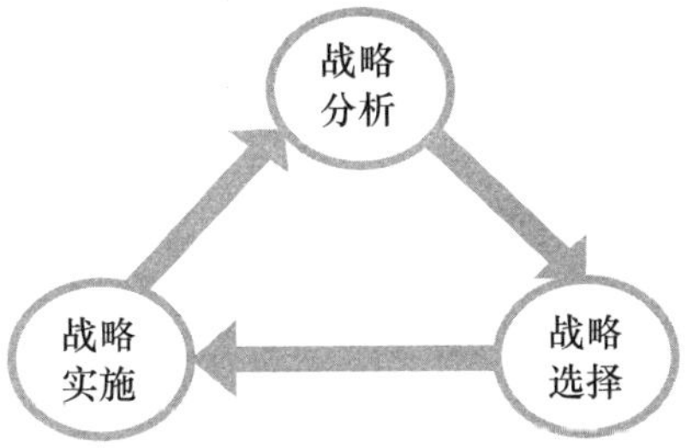

图 1-4　战略管理是一个循环往复的过程

1.3.4　战略创新管理

1. 战略创新的概念

企业战略创新是指企业为了获得可持续竞争优势，根据所处的内外部环境中已经发生或预测会发生的变化，按照环境、战略、组织三者之间的动态协调性原则，并结合企业组织各要素同步支持性变化，对新的创意进行搜索、选择、实施、获取的系统性过程。与变革相比，创新是指产生新的构想和概念，并将它们付诸企业管理的过程。创新必然导致变革。

2. 战略创新的类型

英国学者蒂德和贝赞特（J. Tidd and J. Besant）采用 4P 法说明战略创新的几种类型。

（1）产品创新。产品创新（product innovation）是指组织提供的产品和服务的变化。向市场推出一款新设计的轿车，为容易发生事故的婴儿提供新的保险种类，提供安装新的家庭娱乐系统服务等，都是产品创新的例子。

（2）流程创新。流程创新（process innovation）是指产品和服务的生产和交付方式的变化。生产汽车及家庭娱乐系统的制造方法的变化，保险业务办公手续和任务排序的变化，都是流程创新的例子。

（3）定位创新。定位创新（position innovation）是指通过重新定位用户对既有产品和服务的感知来实现的创新。例如，英国一个历史悠久的产品名为“葡萄适”（Lucozade），早在 1927 年作为葡萄糖饮品用于帮助儿童发育和病人康复。后来，品牌所有者摒弃了它与疾病的关联，转向日渐增长的健康市场，将它作为一款提高运动效能的饮品重新推出，这是定位创新的一个很好的例子。

（4）范式创新。范式创新（paradigm innovation）是指影响组织业务的思维模式和实践规范的变化。例如，一家传统建筑公司，立足于发展绿色产业的全新视角，向一家从事低碳建筑的设计、材料开发和建造的公司转型。

上述四种创新类型经常交织在一起，其界限并不十分清晰。例如，一艘喷气式快艇既有产品创新也有流程创新。将咖啡和果汁这样的饮料重新定位为高端产品既是定位创新也是范式创新。

3. 探索战略创新的不同方面

企业在战略创新决策之前，有必要考虑创新各个不同方面的特点。这些特点有可能影响企业关于创新时机和领域的战略决策。

（1）创新的新颖程度——渐进性还是突破性。创新管理的一个关键问题涉及创新的新颖程度。从微小、逐步地提高到改变人们的思维方式和使用方式的本质性变化，就是渐进性创新向突破性创新的演进过程。渐进性创新是一系列持续、稳步前进的变化过程，使企业能够保持平稳、正常运转。渐进性创新往往发生在某些时点，影响企业体系当中的某些部分。突破性创新是全面性的变化过程，使企业整个体系发生改变。

大部分时候，企业创新是以渐进的方式进行的，在本质上遵循“做得更好”的思路进行产品或流程改进。非连续性的突破性创新需要重新界定业务的空间和边界，开辟新的机会，使市场上原有的企业不得不在新的条件下调整其业务。这是熊彼特（J. Schumpeter）创新理论的核心思想，即创新就是“创造性毁灭”的过程。这种类型的变化可能源于新技术的出现，或源于一个有新特征和新期望的全新市场的产生，也可以来自人们对于一项产业的思考方式的重构，改变主导商业模式和游戏规则。大量企业创新的实践表明，从渐进性创新到突破性创新是一个由量变到质变的过程，企业在经历了多次渐进性创新后，往往会实现更高层次的突破性创新。

（2）创新的基础产品和产品家族。要使持续的创新达到理想效果，途径之一是借助“基础产品”和“产品家族”的概念。所谓产品家族，是指在同一种核心产品的基础上，通过共用生产设备和类似的加工过程而生产或制造出来一组形态有异而功能相同或相似的产品。所谓基础产品，则是指产品家族中的核心产品。依托一个稳健的基础产品或可以扩展的产品家族，可为创新提供一定范围的延展空间。例如，依据产品家族创新的汽车制造商逐渐将注意力转向车型创新，这些汽车虽然款式显著不同，但都采用相同的零部件和底盘。最著名的依托基础产品创新的例子是“随身听”，这个最初由索尼公司作为可携带的收音机和卡带机研发出来的基础产品已经支撑起这个市场上各大生产商的各种产品，并采用了诸如迷你唱片、CD、DVD 和后来的 MP3 播放器等技术。

（3）创新的层面——在组件层面还是架构层面。认识创新机会的重要视角还有创新的层面。组件层面的创新是指只涉及单一技术的产品、服务的局部创新；架构层面的创新则是指涉及多种技术的产品、服务的整体性、系统性创新。有些创新发生在组件层面，有些创新则发生在架构层面，其中架构层面的创新是创新的主流。一般情况下，组件层面的创新需要其他相关组件创新的配合才能达到预期目的，而架构层面的创新包含绝大多数组件甚至所有组件的创新。

例如，对于飞机制造来说，组件层面的改变也许包括采用新的金属或者复合材料来制造机翼，或者使用新的电子控制系统来取代控制线和液压装置。但是如果在架构层面上对于如何连接机翼、控制系统和推进系统等知识和技术不做更新，组件层面的这些创新很难实现。如果一开始就着眼于架构层面的创新，则飞机的几乎所有重要构件都会发生相互关联的改变。

（4）时机-创新生命周期。创新的机会随着时间的推移而改变。在新的行业，围绕着新产品和服务的概念进行创新大有作为。更为成熟的行业趋向于关注流程创新和定位创新，寻找成本更低、更快捷地销售产品和服务的方法，或者找到并占有新的细分市场。阿伯内西（W. Abernathy）和厄特巴克（J. Utterback）开发了创新生命周期模型来描述创新模式的三个不同的发展阶段，如图 1-5 所示。

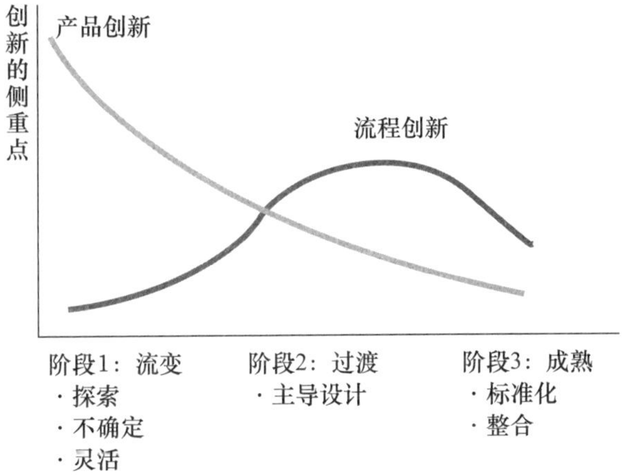

图 1-5 阿伯内西和厄特巴克的创新生命周期模型

如图 1-5 所示，在非连续条件下，即全新的技术或市场出现时，存在一个“流变阶段”（或称“酝酿阶段”）。这个阶段有很大的不确定性。没有人知道新的技术或市场需要的“正确”配置是怎样的，因此许多市场参与者（包括大量新创企业）都在进行大量的实验（伴随着许多失败）和快速学习。流变阶段的特征是新旧技术的共存和两者的快速提高。在这一阶段常常可以观察到“帆船效应”，即成熟的技术加快自己的改进速度，以此作为对新的竞争技术的回应。

逐渐地，这些实验成果开始融会形成“主导设计”，开始确定明确的规则。在形成新的配置时会聚焦于最受欢迎的方案。创新浪潮开始滚滚向前，创新选项越来越多地集中于一组核心的可能性。创业的兴趣及其带来的资源也越来越多地聚焦在主导设计上。此时，关键特征日益稳定，实验也转向排除缺陷和完善主导设计。

在阿伯内西和厄特巴克的模型中，出现主导设计且侧重点转向模仿和开发的阶段称为“过渡阶段”。这一阶段创新的主要活动从根本概念的开发转向关注产品差异化，以及更稳定、更廉价、更高质量和更多样的功能等。

随着创新概念的进一步成熟，渐进性创新变得更加重要，重点也转向价格等因素。这意味着围绕这些产品成长起来的行业日益将注意力转向合理化、规模经济和流程创新，以此来降低成本，提高生产率。产品创新更多的是通过定制化来满足特定客户的特殊需求。这一阶段称为“成熟阶段”。

最后会出现新的变革。当创新的空间变得越来越小，在科研人员的构想中，外部新的创新的可能性正在出现。最终会出现新的技术，并有可能对现有的规则形成挑战。

表1-4列出了阿伯内西和厄特巴克的创新生命周期模型的主要元素。

表1-4　创新生命周期各阶段的主要元素

创新特征	流变阶段	过渡阶段	成熟阶段
竞争重点	功能性的产品性能	产品差异化	降低成本
创新的驱动因素	关于客户需求的信息，技术投入	通过扩展内部的技术能力来创造机会	降低成本、提高质量
创新的主要类型	产品发生经常性的重要变化	伴随生产规模扩大而出现的重大流程创新	渐进性的产品和流程创新
产品线	多样性，通常包括定制的设计	包括至少一种稳定或主导的设计	基本无差异的标准化
生产流程	灵活但低效，目标带有实验性，而且经常变化	变得越来越严格和明确	高效，通常形成资本集约化

4. 创新管理的主要过程

创新管理一般经历“搜索—选择—实施—获取”四个阶段。

(1) 搜索阶段——寻找创新机会。创新的第一阶段涉及搜索环境中潜在变革的信号。这些信号可能是新技术的产生，或局部市场新需求的显现，也可能是政府政策或竞争者行为的变化。大多数创新是几种因素相互作用的结果。在这一阶段，创新管理面临的最大挑战是如何寻找与创新相关的诱因。例如，创新的潜在诱因是知识的推动还是需求的拉动？是受主流市场的刺激还是发明者的自发行为？创新管理需要清楚地了解这些潜在变革的诱因，并充分利用这些诱因制订创新计划。

(2) 选择阶段——要做什么以及为什么。基于公司已有的技术和能力对不同的机会和市场做出符合公司整体商业战略的选择非常必要。这一阶段创新管理需要做三个方面研究：一是对企业可利用的技术和市场机会的信号的研究；二是对与公司现有知识库相关的产品和服务（即企业独有能力）的研究，确保公司现有知识能够与变革所需的知识相匹配；三是将创新和企业整体业务绩效的提高相联系的研究，企业整体战略和创新战略的紧密结合在这个阶段是至关重要的。

（3）实施阶段——如何实现创新。实施阶段可以看作逐渐汇集各种知识并产生创新的过程。在这一阶段，早期的不确定性逐渐被各种对知识的要求和成本上升的压力取代。随着创新活动的进展，持续地从最初的概念中寻找问题和解决问题，围绕创新逐渐形成相关知识，最终这些知识以某种形式进入目标环境，即内部或外部市场，之后运用更多的相关知识来巩固这次创新。

（4）获取阶段——如何获得利益。创新的最终目的很少局限于个人的兴趣，而是要从创新中获得一些价值，无论是获得商业上的成功、扩大市场占有率、降低成本，还是作为社会创新改变世界。为了更好地获取创新的回报，企业需要在采购、分销等环节采用多种新的方式（也可视为流程创新），在进行创新推广时获取更多的收益；企业也需要运用知识产权保护机制（无论是正式地获得专利还是不太正式地使用隐性知识的方法）来维护自身的竞争优势。

本章在历年 CPA 考试中涉及的考点

1. 公司战略的定义
2. 公司的使命与目标
3. 公司战略的层次
4. 战略管理的特征
5. 战略管理过程
6. 战略创新管理

思考题

1. 有哪些与战略管理的兴起与发展相关的重要理论？
2. 企业战略的性质和特点是什么？
3. 不同层次企业战略的主要内容是什么？
4. 简述战略创新的类型。

第 2 章

战略分析

思维导图

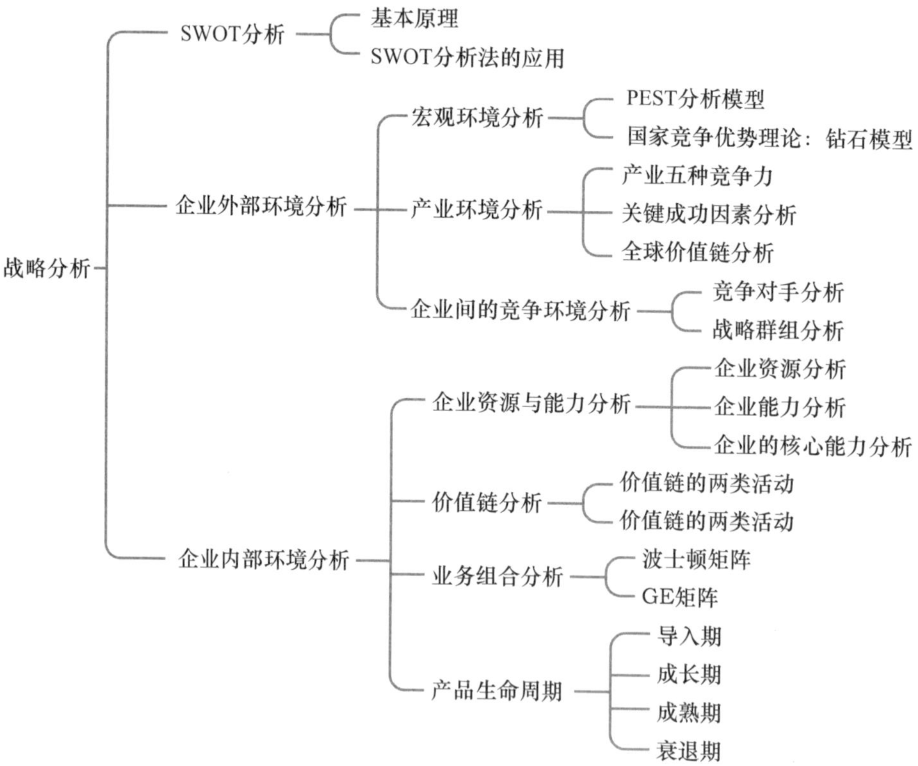

素养提升

习近平总书记强调："……更加自觉地坚持和运用辩证唯物主义世界观和方法论，更好在实际工作中把握现象和本质……内因和外因、共性和个性的关系，增强辩证思维、战略思维能力，把各项工作做得更好。"① 公司战略分析需要运用辩证思维的方法论作为

① 习近平. 辩证唯物主义是中国共产党人的世界观和方法论. 求是，2019 (1).

指引，坚持战略思维提升企业关键能力。外部环境对企业发展的影响越来越大。事物是普遍联系的，外因对内因会产生作用，因此企业要密切关注党和国家方针政策。内部环境由企业自身资源和能力构成，企业的组织能力、管理能力是重要的体现。因此要全面了解企业所处的内外部环境，及时、准确和动态把握企业内外部环境分析中的关键因素。

学习目标

1. 分析与理解公司外部环境的重要性
2. 识别五种竞争力，并解释它们如何决定行业的潜在盈利能力
3. 解释公司为何需要了解和研究内部环境
4. 解释如何通过价值链分析来识别公司可以利用资源、能力和核心竞争力来创造价值的环节

2.1 SWOT 分析

2.1.1 基本原理

2.1 即测即评

SWOT 分析是指基于内外部竞争环境和竞争条件的态势分析，也就是将与研究对象密切相关的各种主要内部优势、劣势和外部机会和威胁等通过调查列举出来，并依照矩阵形式排列，然后用系统分析的思想把各种因素相互匹配起来加以分析，从中得出一系列相应的结论，该结论通常带有一定的决策性。其中，S 指企业内部的优势（strength），W 指企业内部的劣势（weakness），O 指企业外部环境的机会（opportunity），T 指企业外部环境的威胁（threat）。

图 2-1 列示了典型的 SWOT 分析格式。

优势	劣势
● 有力的战略	● 没有明确的战略导向
● 有利的金融环境	● 陈旧的设备
● 有利的品牌形象和美誉	● 超额负债与糟糕的资产负债表
● 被广泛认可的市场领导地位	● 超过竞争对手的高额成本
● 专利技术	● 缺少关键技能和资格能力
● 成本优势	● 利润的损失
● 强势广告	● 不利的内部运营环境
● 产品创新技能	● 落后的研发能力
● 优质客户服务	● 过分狭窄的产品组合
● 优秀产品质量	● 缺乏市场规划能力
● 战略联盟与并购	

图 2-1　典型的 SWOT 分析格式

机会	威胁
● 服务独特的客户群体 ● 新的地理区域的扩张 ● 产品组合的扩张 ● 核心技能向产品组合转化 ● 垂直整合的战略形式 ● 分享竞争对手的市场资源 ● 竞争对手的支持 ● 战略联盟与并购带来的超额市场覆盖 ● 新技术开发 ● 品牌形象拓展	● 强势竞争者的进入 ● 替代品引起的销售下降 ● 市场增长减缓 ● 贸易政策的不利转变 ● 由新规则引起的成本增加 ● 商业周期的影响 ● 客户和供应商的杠杆作用加强 ● 消费者的购买需求下降 ● 人口与环境的变化

图2-1（续）

2.1.2 SWOT分析法的应用

实际上，SWOT分析是对企业内外部条件进行综合和概括，分析企业的优势和劣势、面临的机会和威胁，进而帮助企业进行战略选择的一种方法。优劣势分析主要着眼于企业自身的实力及其与竞争对手的比较，而机会和威胁分析将注意力放在外部环境的变化及其对企业的可能影响上。在分析时，应把所有的内部因素（即优劣势）集中在一起，然后结合外部因素进行评估（见表2-1）。

表2-1 SWOT分析

外部因素 / 内部因素	机会	威胁
优势	增长型战略（SO）	多种经营战略（ST）
劣势	扭转型战略（WO）	防御型战略（WT）

（1）增长型战略（SO）。该战略是利用公司的内部优势把握外部机会。通常企业需要先采用WO，ST或WT战略，以逐步达到能够采用SO战略的程度。此时，企业应当采取增长型战略，如开发市场、增加产量等。

（2）多种经营战略（ST）。该战略是利用企业的优势，回避或减少外部威胁的冲击。此时企业应采取多种经营战略，利用自己的优势，在多样化经营中寻找长期发展的机会，或进一步增强自身竞争优势以对抗威胁。

（3）扭转型战略（WO）。该战略旨在借助外部机会弥补内部劣势。有时，重要的外部机会确实存在，但企业固有的内部劣势会阻碍企业利用这些机会。企业应采用扭转型战略，充分利用外部环境的机会，设法消除劣势。

（4）防御型战略（WT）。该战略是一种弥补内部劣势并规避外部威胁的策略。一个面对大量外部威胁和具有众多不足的企业，必然深陷风雨飘摇的困境。此时企业应进行业务调整，设法避开威胁和消除劣势。

案例分析

中国邮政速递物流EMS的SWOT分析

中国邮政速递物流EMS作为中国快递行业的先锋队和领军人，虽经历了爆发式增长，但在国内外的双重竞争压力下，其市场份额逐年下降，境遇不容乐观。接下来用SWOT方法来分析该公司。

表2-2 中国邮政速递物流EMS的SWOT分析

	优势（S） 1. 品牌信誉优势。EMS是一个家喻户晓的快递品牌，具有较高的物流运输信誉。 2. 物流优势。EMS的物流网络覆盖全国34个省级行政区，邮件处理中心多。 3. 政策优势。中国邮政速递物流股份有限公司是经国务院批准的国有企业，拥有享誉全球的EMS特快专递品牌和国内知名的CNPL物流品牌，在政策上受国家高度关注。	劣势（W） 1. 市场竞争。“三通一达”与顺丰速递共占据超过70%的市场份额，而EMS仅占据10%左右的快递市场份额。 2. 信息技术落后。随着5G信息网络时代的到来，快递物流行业也迎来了智慧物流新领域，各大民营快递企业加快了智慧物流板块的投资和开发，而在这个领域EMS处于落后地位。
机会（O） 1. 消费者需求激增且多样化。目前，人们消费需求进一步提高，会使得快递行业更加繁荣。消费者的多元化需求会促进物流市场革新。 2. 互联网等技术的进一步发展会提高物流效率。	SO战略 在依靠自身优势的基础上，积极利用外部环境中的机会来满足客户的需求。EMS应利用自身优势，借助外部机会重点发展国内EMS业务，投资开发代收货款业务。	WO战略 在克服自身劣势的基础上，积极利用外部环境中的机会来满足其客户的需求。应采取后向一体化战略，即加强干线运输能力，同时不断提高技术水平。
威胁（T） 1. 国内物流行业内部竞争激烈。网红带货等快速发展使得传统的EMS快递业务的生存空间受到挤压。众多公司加入本行业，使得消费者有更多选择，一定程度上向买方市场发展。 2. 国外物流行业加入竞争。美国、德国等国际邮政快递物流企业进入中国市场，采取了低价竞争策略，加剧竞争。	ST战略 在利用自身优势的基础上，避免来自外部环境中的威胁，EMS可利用国内配送网络和品牌优势实施进入物流市场的战略。	WT战略 在克服自身劣势的基础上，避免来自外部环境的威胁。EMS可以考虑与知名国际快递公司建立合作关系，有效利用其快速高效的网络。

2.2 企业外部环境分析

2.2 即测即评

企业战略是企业为应对外部环境中长期和根本变化采取的一系列建立、保持和发挥竞争优势的决策或行为。为了在外部环境的变化过程中建立、保持和发挥竞争优势，企业管理者必须通过对外部环境的分析和预测，准确判断企业面临的各种机会、威胁及其发生的概率，从而使战略决策能够有效地利用机会和避免威胁。企业外部环境具体是指特定时期内所有处于企业之外而又将对企业的生存和发展产生影响的各种因素的总和。一般将外部环境分为三个层次：第一层次是宏观环境，第二层次是产业环境，第三层次是竞争环境。

2.2.1 宏观环境分析

宏观环境分析通常采用 PEST 分析模型，即分析宏观政治因素、经济因素、社会因素以及技术因素对企业的影响。我们引入波特的国家竞争优势理论（钻石模型），从宏观上分析国与国之间竞争环境的差异，作为对 PEST 分析模型的补充。

1. PEST 分析模型

一般说来，PEST 分析模型主要包括四个因素：政治因素（political factors），经济因素（economical factors），社会因素（social factors），技术因素（technological factors）（见图 2-2）。这四个因素的英文首字母组合起来就是 PEST。

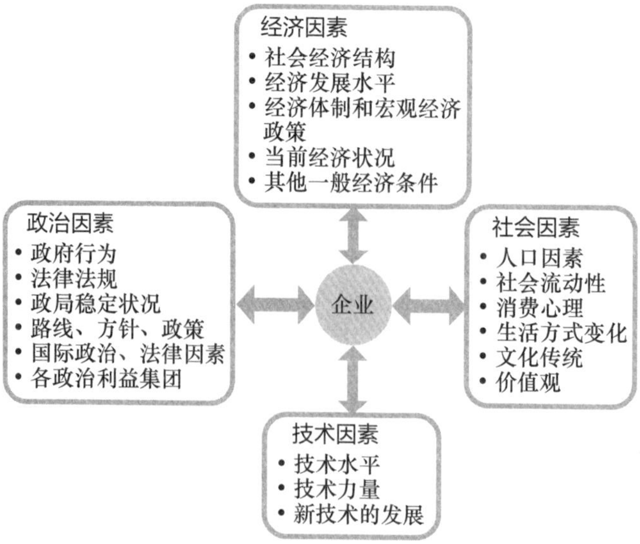

图 2-2 PEST 分析模型

（1）政治因素。政治因素主要是指一个国家或地区的政治制度、政策和法律法规等。考虑到对企业战略选择的影响，政治因素应该包括：企业所在国家或地区的政局稳定状况，政府行为对企业的影响，执政党的态度和推行的基本政策，各政治利益集团对企业活动产生的影响，各种税法、劳动者保护法、消费者权益保护法、知识产权保护法等。政治因素对市场与行业环境、竞争环境和企业战略行为的影响往往具有强制性和直接性。

（2）经济因素。经济因素是指企业生存和发展的社会经济状况及国家的经济政策，主要包括社会经济结构、经济发展水平、经济体制和宏观经济政策、当前经济状况和其他一般经济条件等。经济因素的变化将在各个方面影响企业的市场、行业和竞争环境，进而影响企业的战略行为。

（3）社会因素。社会因素是指特定历史时期社会发展的一般状况，具体内容见表2-3。社会因素既源远流长又不断演化，潜移默化地影响着企业的利益相关者对企业的看法和要求，从而对企业经营和发展的各个方面产生非常重要的影响。

表2-3 社会因素分析

社会因素	内涵
人口因素	人口因素包括企业所在地居民的地理分布及密度、年龄、教育水平等。大型企业通常会利用人口统计数据进行客户定位，并研究如何开发产品。人口因素对企业战略的制定具有重大影响。
社会流动性	社会流动性主要涉及社会的分层情况、各阶层之间的差异以及人们是否可在各阶层之间转换、人口群体的规模、财富及其构成的变化以及不同区域（城市、郊区及农村地区）的人口分布等。
消费心理	消费心理对企业战略的制定也会产生影响。例如，一部分顾客的消费心理是在购物过程中追求新鲜感，而不是满足其实际需要，因此企业应有不同类型的产品满足不同顾客的需求。
生活方式变化	随着社会经济发展和对外交流程度不断提高，人们的生活方式会发生变化。人们的物质需求会越来越高，社交、自尊、求知、审美等精神需求会越来越强烈，这将给企业带来诸多新的机遇与挑战。
文化传统	文化传统是一个国家或地区在较长历史时期内形成的一种社会习惯，是影响经济活动的一个重要因素。
价值观	价值观是指社会公众评价各种行为的观念和标准。不同国家和地区的人们的价值观存在差异。

（4）技术因素。技术因素是指社会技术总水平及变化趋势、技术变迁、技术突破对企业的影响。科技不仅是全球化的驱动力，也是企业的竞争优势所在，主要包括国家科技体制、科技政策、科技水平和科技发展趋势等。

技术因素对战略产生的影响包括：

1）技术进步使企业能对市场及客户进行更有效的分析。

2）新技术的出现使社会对产品和服务的需求增加，从而使企业可以扩大经营范围或开辟新的市场。

3）技术进步可创造竞争优势。

4）技术进步可导致现有产品被淘汰，或大大缩短产品的生命周期。

5）技术的发展使企业可以更多关注环境保护、企业的社会责任及可持续发展等问题。

案例分析

李宁公司宏观环境分析

1. 政治因素

随着我国东部地区土地、劳动力、能源等要素制约的加剧，服装行业投资逐步向邻近的中部地区转移。《中部地区扩大增值税抵扣范围暂行办法》等国家导向型的措施有望保证中部地区的投资发展速度，并驱动纺织服装行业的梯度转移和产业升级同步加快。

《纺织工业"十一五"发展纲要》提到大力实施《纺织工业科技进步发展纲要》中确定的28项关键技术和10项重点新型纺织机械技术装备国产化的攻关与产业化，已经在行业深入宣传，并已开始全面实施。企业作为科技开发的投资主体和实施主体，得到国家对重点项目给予的支持。部分大企业非常重视技术贡献率在企业发展中的作用，在研发以及技术改造方面的资金投入不断加大。2007年以来，我国政府对节能减排工作更加重视，提出了以节能降耗和污染减排为重要抓手，促进经济结构调整、促进增长方式转变、促进质量和效益提高的工作任务。

2. 经济因素

(1) 收入持续增长。根据国家统计局统计数据显示，在2006年消费景气指数持续升高的基础上，2007年一季度我国消费综合景气指数继续保持强劲增长态势：国内市场销售增速加快，市场物价涨幅上升。

(2) 产业发展空间大。运动服装业在我国是一个新兴产业，市场潜力很大，特别是社会功能较强。20世纪70年代中期，我国北京、天津、上海、广州、黑龙江五大体育用品近百家企业的生产基地基本形成，北京、天津、上海、广州四大体育用品供给系统日臻完善，这对满足全国体育事业发展的需要、对促进我国体育事业快速发展起到了积极作用。

(3) 生产要素成本提升。近年来，我国服装行业的生产原料、劳动力成本、能源成本逐渐上升，而市场竞争压力不断增加使得企业无法通过产品价格转嫁成本，致使销售成本增速高于销售收入增速，销售成本占销售收入的比重逐渐上升，行业盈利能力逐渐削弱。

3. 社会因素

(1) 居民运动消费理念的转变。财富增加使得人们有能力消费品牌产品以及高档产品；城市化进程使人们向享受型消费过渡，注重品牌体验；中青年与女性成为新消费主体，其消费具有时尚化、品牌化与高档化的特征。在这样的背景下，品牌消费日益显现。消费者对服装舒适性和个性化的要求越来越高，而追求时尚、舒适大方的运动休闲服饰恰好满足了消费者的这一偏好。

(2) 奥运会等赛事带来新一轮全民运动高潮。中国运动服装在国际市场上有较强的竞争力，运动服装业发展前景诱人。北京举办的夏季奥运会使得全民运动热情空前高涨，运动产业超速发展，运动正成一种流行的休闲方式。运动休闲装正成为中国流行装，而时尚运动休闲装的品牌之争也逐渐打响。

4. 技术因素

近年来购买高性能服装的人明显增加，高性能服装必须提供更多的服用性能来刺激消费者的消费。例如：更加舒适、使用方便，以及调节温度、透气、耐穿等性能。从我国来看，化学纤维得到快速发展，在纺织原料中的比重已经达到65%，有效地缓解了纺织工业原料紧张状况，同时加大其他纺织纤维资源的开发力度。化纤行业中，常规品种所占比例有所下降，差别化纤维及可再生纤维所占比例不断提高，达到国际运动服装品牌的品质。

资料来源：王敬东．李宁有限公司企业竞争战略分析与探讨．上海：复旦大学，2007.

---

2. 国家竞争优势理论：钻石模型

钻石模型的作用是分析一个国家是如何形成整体优势，从而在国际上具有较强竞争力的。钻石模型是波特 1990 年在其出版的著作《国家竞争优势》中提出的，他认为每个国家的竞争优势必须基于每个国家都有的四个环境因素和两大变数来讨论，并以钻石体系表示（见图 2-3）。

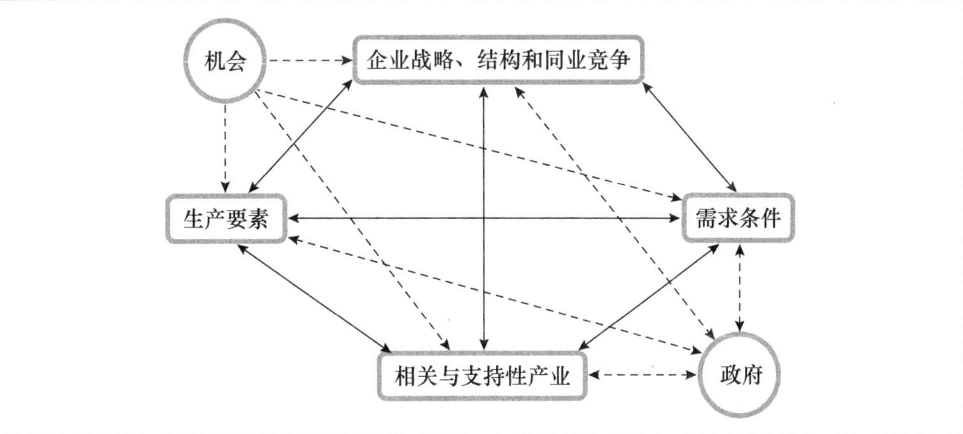

图 2-3 用于国家竞争优势分析的完整的钻石体系

资料来源：迈克尔·波特．国家竞争优势．北京：中信出版社，2017.

(1) 生产要素：互通有无的根本。生产要素是指一个国家在特定产业竞争中有关生产方面的表现，如人工、耕地、天然资源、资本与基础设施等是任何一个产业中最上游的竞争条件。国家的天然条件在企业竞争优势上扮演了重要角色，泰国就是凭借低工资形成了快速成长的制造业竞争力。不过，在大多数产业（尤其是对先进经济体中最能带动生产率的产业而言），生产要素通常是创造得来的而非自然天成的，并且会由于各个国家及其产业性质的不同而有极大的差异。因此，无论在什么时期，天然的生产要素都没有不断创造、升级和专业化发展的人为产业条件那么重要。

生产要素主要被归纳成五类（见表2-4）。

表2-4 生产要素的分类

生产要素	内涵
人力资源	要考虑工作量、技术能力和人力成本（含管理层），也要考虑标准工时和劳动伦理的表现。人力资源可以做金字塔形的分类，比如分成工匠、电脑程序员、电子工程博士等层次。
天然资源	包括自然资源充沛与否、质量优劣，还包括土地、水力、矿藏、林产、渔场及其他资源，例如气候、国家的地理位置、面积。一个国家与其他国家间的地理位置关系会影响到它对市场、供应、运输成本、文化的适应性。
知识资源	一个国家在科学、技术和知识上的发展也会关系到其产业的表现。知识资源来源于大学、政府研究机构、私立研究单位、政府统计部门、商业与科学期刊、市场研究报告与资料库、行业协会或其他。
资本资源	每个国家金融产业的资本成本、可运用的资金总额有很大的差异，可以通过信用贷款、抵押贷款、高息债券和风险资本等形式运作。
基础设施	运输系统、通信系统、邮政快递、健康保健系统、金融系统都属于基础设施的内容。它们的形式、质量和使用成本都会影响竞争。

（2）需求条件：产业冲刺的动力。需求条件是指本国市场对产业提供的产品或服务的需求状况。国内市场是产业发展的动力，国内市场与国际市场的不同之处在于企业可以及时发现国内市场的客户需求，这是国外竞争对手所不及的，因此波特认为全球性的竞争并没有降低国内市场的重要性。本地客户非常重要，特别是内行而挑剔的客户，他们可以帮助激发出该国企业的竞争优势。

另一个重要方面是预期需求。如果本地的顾客需求领先于其他国家，这也可以成为本地企业的一种优势，因为先进的产品需要前卫的需求来支持。

（3）相关与支持性产业：休戚与共的优势网络。相关与支持性产业是形成国家竞争优势的第三个关键要素——将本国和其他国家进行比较，本国能提供更健全的相关与支持性产业。“产业集群”这种现象表明：优势产业不是单独存在的，它一定会与国内相关强势产业一同崛起。本国供应商是产业创新和升级过程中不可缺少的一环，因为产业要形成竞争优势，就不能缺少世界一流的供应商，也不能缺少密切合作的上下游产业。图2-4展示了意大利制鞋业的相关产业在竞争力上表现出的关联效应。

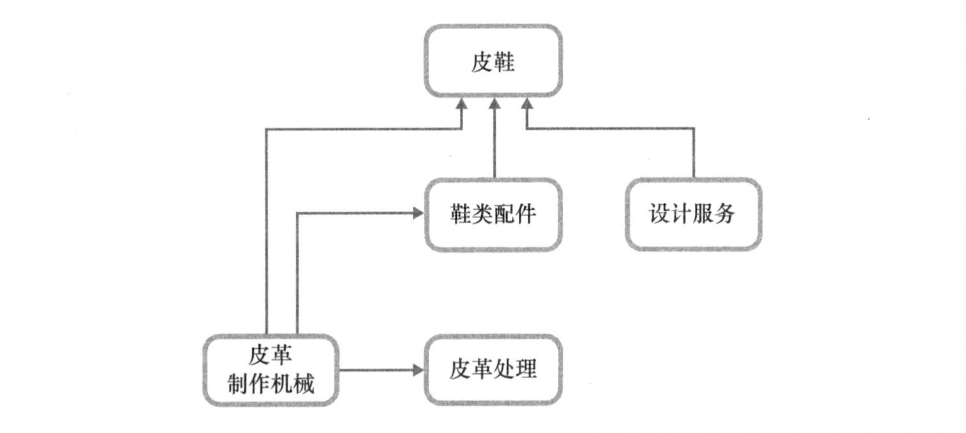

图2-4　在国际市场上成功的意大利制鞋业相关产业

资料来源：迈克尔·波特. 国家竞争优势. 北京：中信出版社，2017.

(4) 企业战略、结构和同业竞争。在国家竞争优势与产业的关系中，第四个关键要素就是企业，包括该如何创立、组织、管理企业，以及竞争对手的条件如何等。企业的目标、战略和组织结构往往会因产业和国情的差异而不同。国家竞争优势就是指各种差异条件的最佳组合。

(5) 机会：可遇不可求。产业发展的机会通常要等基础发明、技术、战争、政治环境、国外市场需求等方面出现重大变革（变化）与突破时才出现，非企业或政府所能控制。这些因素可能会调整产业结构，为一国企业超越另一国企业提供机会，因此机会对许多产业竞争优势的影响不容忽视。

(6) 政府：干预与放任的平衡。各层次的政府部门在这方面最明显的影响就是政策对钻石体系的作用。比如，反托拉斯法有助于国内竞争对手的崛起，法规可能会改变国内市场的需求情况，教育发展可以改变生产要素，政府的保护收购可能会刺激相关产业兴起等。

2.2.2　产业环境分析

在完成宏观环境分析以后，企业战略管理者必须分析宏观环境的变化是否导致产业竞争结构发生了重大、长期和根本性的变化，以及产业竞争结构的变化是否会对企业的战略选择产生重要影响。

1. 产业五种竞争力

通过对美国若干产业平均收益率的长期跟踪研究，波特发现，企业盈利水平的高低在很大程度上取决于产业平均收益率的高低，而产业平均收益率的高低取决于产业竞争强度的高低，产业竞争强度的高低取决于产业竞争结构，产业竞争结构则取决于五种力量及其相互作用，如图2-5所示。这五种力量分别是：潜在进入者的威胁、替代产品的威胁、供应商讨价还价的能力、购买者讨价还价的能力以及产业内现有企业的竞争。

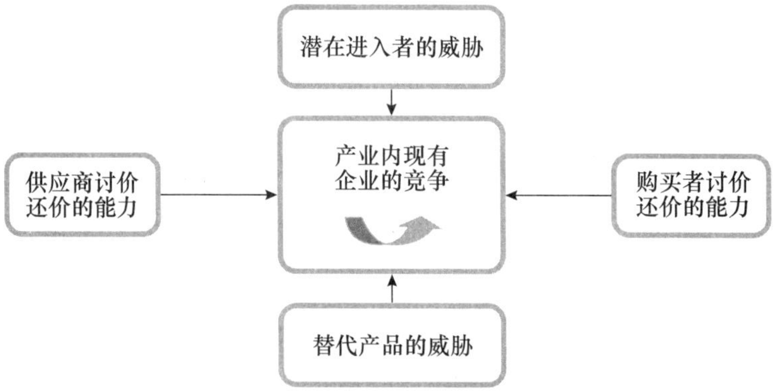

图 2-5　产业竞争结构的五力分析模型

（1）五力分析模型。

1）潜在进入者的威胁。潜在进入者是指当前不在产业内但有能力进入本产业的公司。产业的潜在进入者威胁的大小主要是指愿意进入该产业的企业数量和进入该产业的容易程度。虽然产业的早期进入者可以通过封闭信息的方法阻止潜在进入者进入，但在市场经济条件下，这种方法只能在短期发挥作用。从长期来看，新进入者威胁的大小实际上取决于产业进入障碍的高低。在其他因素不变的情况下，产业进入障碍越高，产业竞争结构就越好，产业平均收益率就越高，产业吸引力就越大。进入障碍的分类见表 2-5。

表 2-5　进入障碍

类型	内容
结构性障碍	规模经济、产品差异、资金需求、转换成本、分销渠道、其他优势及政府政策。
	现有企业对关键资源（资金、专利、原材料供应、分销渠道、学习曲线）的控制。
	现有企业的市场优势（品牌优势、政策优势）。
行为性障碍	限制性定价。
	进入对方领域。

2）替代产品的威胁。替代产品是指来自其他企业或产业的能够满足顾客类似需求的产品。在决定是否进入一个产业时，企业战略管理者必须了解本产业中是否存在功能相同的替代品，因为替代品是本产业盈利潜力的最高限制。如果这个产业中完全没有替代产品，那么这个产业的企业有可能在供求严重失衡的情况下获得暴利；相反，如果这个产业中有替代产品，那么企业即使遇到供求失衡的情况也无法获得暴利，因为当价格上升到一定程度时，替代产品就会被激活，进行替代。

3）供应商、购买者讨价还价的能力。五力分析模型的水平方向是对产业价值链的描述，反映的是产品或服务从获取原材料到最终分配和销售的过程，描述了厂商之间为生产最终交易的产品或服务所经历的价值增值的过程。讨价还价的双方都力求在交易中使自己获得更多的价值增值，讨价还价的主要内容围绕价值增值的两个方面展开：功能和成本（性价比）。

购买者和供应商讨价还价的能力取决于它们各自的实力，参考表 2-6。

表 2-6　影响供应商、购买者讨价还价能力的因素

因素	影响
买方（卖方）的集中程度或业务量的大小	当购买者的购买力集中或者对卖方来说交易很可观时，购买者议价能力强。
	当供应商集中程度较高时，供应商议价能力强。
产品差异化程度与资产专用化程度	当供应商的产品存在差异或资产专用化程度较高（产品高度专用化）时，供应商议价能力强。
	当供应商的产品是标准化产品或者没有差别时，供应商议价能力弱。
纵向一体化程度	当购买者具备后向一体化的能力时，购买者具有较强议价能力。
	当供应商具备前向一体化的能力时，供应商具有较强议价能力。
信息掌握的程度	当购买者充分了解需求、实际市场价格甚至供应商的成本等信息时，购买者具有较强的讨价还价的能力。
	当供应商充分掌握购买者的有关信息，了解购买者的转换成本（从一个供应商转换至另一个供应商的成本）时，供应商具有较强的讨价还价的能力。

4）产业内现有企业的竞争。影响一个产业平均盈利水平的最重要因素是该产业的竞争态势和产业特点。在一些产业中，企业之间经常围绕价格进行“割喉式”的竞争，过高的竞争强度导致整个产业长期处于亏损状态。在另一些产业中，企业之间的竞争并不以价格为重点，因此整个产业的盈利水平比较高。在选择进入或退出一个产业时，企业战略管理者应该避免进入那些经常爆发价格战的产业。一般情况下，具有下列特点的产业更容易发生“割喉式”的价格战：产业内部存在大量实力相当的竞争者；产业增长缓慢；固定成本高；库存成本高；产品差异化小；产能跨越式增长；竞争者经营目的多种多样；退出成本高。

（2）五力分析模型的局限性。

1）该模型基本上是静态的，然而现实中竞争环境始终在变化。

2）该模型能够确定行业的盈利能力，但是有关非营利组织获利能力的假设可能是错误的。

3）该模型基于这样的假设：企业一旦进行了这种分析就可以制定战略。但这只是一种理想的状态。

4）该模型假设战略制定者了解整个产业（包括所有潜在的进入者和替代产

品）的信息，这一假设在现实中并不一定成立。

5）该模型低估了企业与供应商、客户或分销商、其他企业之间建立长期合作关系以减少相互之间威胁的可能性。

6）该模型对产业竞争力的构成要素考虑不够全面。哈佛大学教授戴维·约菲（David Yoffie）根据企业全球化经营的特点提出了第六个要素，即互补互动作用力。

（3）五力分析模型的总结。波特的框架为产业环境中各种竞争力的系统分析提供了强大的工具，能帮助管理者进行战略性思考。需要注意的是，竞争力之间相互影响，因此在进行产业分析时必须同时考虑所有因素。事实上，产业分析引导管理者进行系统性思考，思考他们的战略选择如何受到产业竞争力的影响，他们的战略又将如何影响五种竞争力和改变产业环境。

案例分析

特斯拉的五力分析模型

（1）潜在进入者的威胁。与新能源车企新势力相比，传统车企进行新能源造车略显低调，但有实实在在的新能源量产车推出，如北汽新能源、奇瑞新能源、吉利新能源等。

（2）替代产品的威胁。在新能源技术上，特斯拉采用锂电池纯电动技术，但目前的电池技术仍然存在一些难以避免的问题，比如在极端天气下续航能力大打折扣、电池膨胀爆炸与起火等。氢燃料比锂电池更加环保，具有更强的续航能力，这些都是特斯拉在技术上面临的威胁。

（3）购买者讨价还价的能力。特斯拉在电动汽车方面已经较为成熟，品牌营销能力较强，品牌影响力较大。消费者对于特斯拉品牌车的价格接受能力更强，未来受贬值影响较小。特斯拉主要面向高端消费群体，该群体对于价格敏感性较小，注重的是对新技术的体验。

（4）供应商讨价还价的能力。汽车行业发展时间较长，各个供应链环节都比较成熟，市场机制比较完善，各个厂商公平竞争，不存在制造垄断行为。特斯拉的优势在于技术创新，如电池管理系统及特制充电桩，因此供应商的议价能力较弱。

（5）产业内部竞争的特点。随着提倡环境保护、新能源的不断开发、电池续航能力的增强以及成本的降低，国内政策的支持指明了产业的发展方向。目前中国的新能源市场属于朝阳市场，正处于发展阶段，新能源汽车品牌并不多，这意味着该市场尚未饱和并且潜力巨大。中国有一批传统汽车厂商开始涉足新能源汽车领域，如吉利、比亚迪等，它们依靠政府的政策支持与特斯拉成追赶之势，未来新能源汽车行业的竞争会愈加激烈。

资料来源：改编自网络公开资料。

2. 关键成功因素分析

关键成功因素（KSF）是指公司在特定市场盈利必须拥有的技能和资产。一个行业的关键成功因素就是促使该行业中的企业在市场竞争中获胜的主要因素，也是价值创造的关键环节和企业应该建立核心专长的领域。常见的关键成功因素见表2-7。

表2-7 常见的关键成功因素

关键成功因素	内容
与技术相关的关键成功因素	● 科学研究技能 ● 产品革新能力 ● 在产品生产工艺和过程中进行有创造性的改进 ● 在既定技术上的专有技能 ● 用互联网发布信息、承接订单、送货或提供服务的能力
与制造相关的关键成功因素	● 低成本 ● 高固定资产利用率 ● 低成本的生产工厂定位 ● 能够获得足够的熟练劳动力 ● 高劳动生产率 ● 低成本的产品设计和产品工程 ● 能够灵活地生产一系列不同类型和规格的产品
与分销相关的关键成功因素	● 强大的批发分销商或特约经销商网络 ● 能够在零售商的货架上获得充足的空间 ● 拥有自己的分销渠道和网点 ● 分销成本低 ● 送货快
与市场营销相关的关键成功因素	● 快速准确的技术支持 ● 礼貌的客户服务 ● 对顾客订单的准确满足 ● 产品线和可供选择的产品范围很广 ● 商品推销技巧 ● 有吸引力的款式或包装 ● 产品保修和保险 ● 精明的广告
与技能相关的关键成功因素	● 劳动力拥有卓越的技能 ● 设计方面的专有技能 ● 在某一项具体技术上的专有技能 ● 能够开发出创造性的产品和创造性地改进产品 ● 产品从构想、研究、开发到上市的组织能力 ● 卓越的信息系统 ● 能够快速地对变化的市场环境做出反应 ● 能够娴熟地运用互联网和电子商务做生意 ● 拥有比较多的经验和诀窍

续表

关键成功因素	内容
其他类型的关键成功因素	● 在购买者中拥有有利的公司形象或声誉 ● 总成本很低 ● 便利的设施选址 ● 公司职员与顾客打交道时很有礼貌、态度和蔼可亲 ● 能够获得财务资本 ● 专利保护

下面三个问题能帮助企业战略管理者定义行业的关键成功因素：

（1）市场共性。顾客在各个竞争品牌之间进行选择的基础是什么？

（2）资源能力共性。产业中的卖方要想取得竞争成功需要什么样的资源和竞争力？

（3）竞争动态。产业中的卖方要想获取持久的竞争优势必须采取什么措施？

需要注意的是，即使在同一个行业，目标市场、市场定位和商业模式不同的企业，其关键成功因素也不同。进一步讲，即使目标市场、市场定位和商业模式相同，宏观环境和行业环境的变化也会导致关键成功因素发生变化。随着产品生命周期的演变，关键成功因素也会发生变化（见表 2－8）。从这个意义上说，关键成功因素不是一成不变的，也不是放之四海而皆准的。

表 2－8　产品生命周期各阶段的关键成功因素

方面	阶段			
	投入期	成长期	成熟期	衰退期
市场	广告宣传，争取开辟销售渠道	建立商标信誉，开拓新销售渠道	保护现有市场，渗入别人的市场	选择市场区域，改善企业形象
生产经营	提高生产效率，开发产品标准	改进产品质量，增加花色品种	加强和顾客的关系，降低成本	缩减生产能力，保持价格优势
财务	利用金融杠杆	集聚资源以支持生产	控制成本	提高管理控制系统的效率
人事	使员工适应新的生产和市场	发展生产和技术能力	提高生产效率	面向新的增长领域
研究与开发	掌握技术秘诀	提高产品的质量和功能	降低成本，开发新品种	面向新的增长领域

3. 全球价值链分析

（1）全球价值链的概念。价值链的概念由迈克尔 · 波特于 1985 年在其所著的《竞争优势》一书中首次提出（本章第 3 节将进行具体讲解），指出整个价值链的综合实力决定了企业的竞争力。价值链最初是企业内部的，伴随着企业之间的贸易往来，出现了不同形态的价值链，由企业间的价值链扩展成一个地方的价值链，而后又扩展成一个区域的价值链，之后扩展到全国，最后因国际贸易扩展成全球价值链。

全球价值链具体是指为实现产品或服务价值而连接生产、销售、回收处理等过程的全球性跨企业网络组织，涉及从原料采购和运输，到半成品和成品的生产和分销，直至最终消费和回收处理的整个过程，包括所有参与生产销售等活动的组织及其价值创造、利润分配活动。当前，散布于全球的处于价值链上的企业进行着从设计、产品开发、生产制造、营销、交货、消费、售后服务到循环利用等各种增值活动。

（2）全球价值链的应用。全球价值链理论可以用来分析国际战略优势，国家的比较优势和企业的竞争力共同决定着国际商业战略的运筹谋划。一个国家的比较优势或一家企业的竞争力不可能体现在商品生产的每个环节上，即一国或一家企业不可能在每个环节均有优势。国家的比较优势在整个价值链上的体现取决于国家或地区之间的资源配置有效程度，而企业竞争力在价值链上的体现则取决于企业为充分发挥和确保自身竞争优势而选择的环节。在全球化背景下，一国或地区的产业发展战略对本地比较优势的利用程度将决定其长期绩效。

（3）微笑曲线。一个标准的全球价值链包括从上游创新、研发、设计到中游组装生产再到下游的物流、市场营销、品牌推广等环节。各环节与附加值构成了一个微笑曲线，如图 2-6 所示。

上游和下游环节为高附加值环节，中游属于低附加值环节，也就是说，处在微笑曲线两端的少数企业创造了全球价值链中的大多数附加值；相反，大多数处在中游的企业只创造了极少的附加值。创造高附加值的环节一般就是全球价值链上的战略环节，谁抓住了这些战略环节谁就抓住了整个价值链。由此可见，要保持全球产业竞争优势，关键是掌握产业全球价值链上的战略环节。

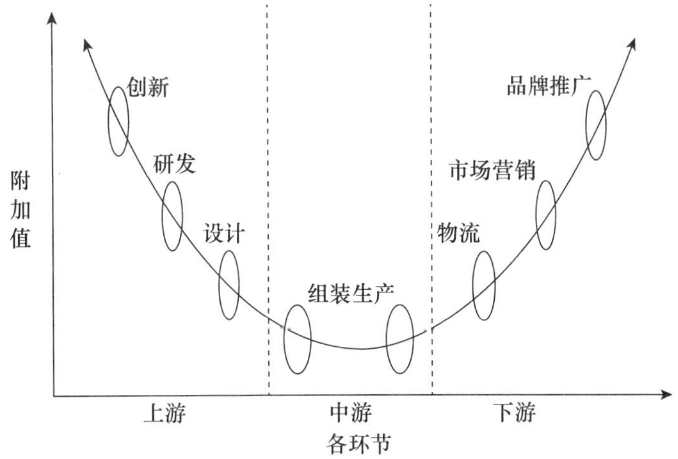

图 2-6　微笑曲线——附加值与全球价值链位置的关系

资料来源：World Economic Forum，2012.

案例分析

中国制造业在全球价值链中的地位

第一，中国制造业规模不断扩大，已经成为全球制造业中心。目前，中国拥有41个工业大类、207个工业中类、666个工业小类，是全世界唯一拥有联合国产业分类中所列全部工业门类的国家。2022年中国制造业增加值为33.5万亿元，起到了宏观经济大盘的压舱石作用。中国制造业占全球比重近30%，制造业规模连续13年全球第一。在全球价值链分工地位中，中国已经成为全球制造业中心。

第二，全球制造业格局加速调整和重塑，中国制造业占据一席之地。当前，中国在制造业全球价值链的多数领域占据生产主体地位，参与全球价值链的程度也在进一步加深。据商务部统计数据显示，2013—2022年中国与“一带一路”沿线国家的贸易额大幅提升，从1.04万亿美元增长到2.07万亿美元，占中国外贸总额的32.9%，这些都为中国制造业“走出去”提供了广阔空间。

第三，中国制造业技术加速提升，现代产业体系不断完善。近年来，中国制造业正从中低端向中高端迈进，全社会持续加大制造业技术的研发力度。据《中国研发经费报告（2022）》显示，中国企业研发经费投入主体地位进一步强化。1995—2020年企业部门提供的研发经费从300亿元增长到1.87万亿元，比例从约32%增长到77%（占中国全社会研发经费的比重达到76.55%）。

第四，数字经济赋能制造业转型升级，产业链现代化水平显著提升。据《2022中国数字经济主题报告》统计，2022年中国数字经济规模已达45.5万亿元，同比增长16.2%，位居世界第二，成为经济增长新引擎。数字经济正在通过数字要素、数字技术、数字平台赋能实体经济等途径，驱动制造业高质量发展，数字经济发展水平每提高1%，制造业高质量发展指数至少提高0.91%。

资料来源：张贵. 进一步提高我国制造业在全球价值链中的位次.（2023-08-17）. http://www.rmlt.com.cn/2023/0817/680583.shtml.

2.2.3 企业间的竞争环境分析

在波特的五力分析模型中，企业最主要、最激烈的竞争来自同行。同行提供相同或相似的产品或服务，在同一个市场中争夺客户，在技术开发和应用上进行最直接的竞争，企业与竞争对手的相对实力决定了企业的盈利水平与发展空间。因此，外部环境分析的一项重要任务是在充分收集信息和竞争情报的基础上，重点界定、跟踪、监视竞争对手的动态，对其进行全面且有针对性的评估，有的放矢地制定企业自身的竞争战略。竞争环境分析包括两个方面：一是从个别企业视角观察分析竞争对手的实力；二是从产业竞争结构视角观察分析企业面对的竞争格局，即战略群组分析。

1. 竞争对手分析

波特在《竞争战略》中提出，给企业定位也是一种竞争战略，它可以将企业与其竞争对手区分开来，最大限度发挥企业的能力和价值。制定竞争战略的核心是对竞争对手进行分析。竞争对手分析包含四大要素：未来目标、假设、当前战略和能力（如图 2-7 所示）。

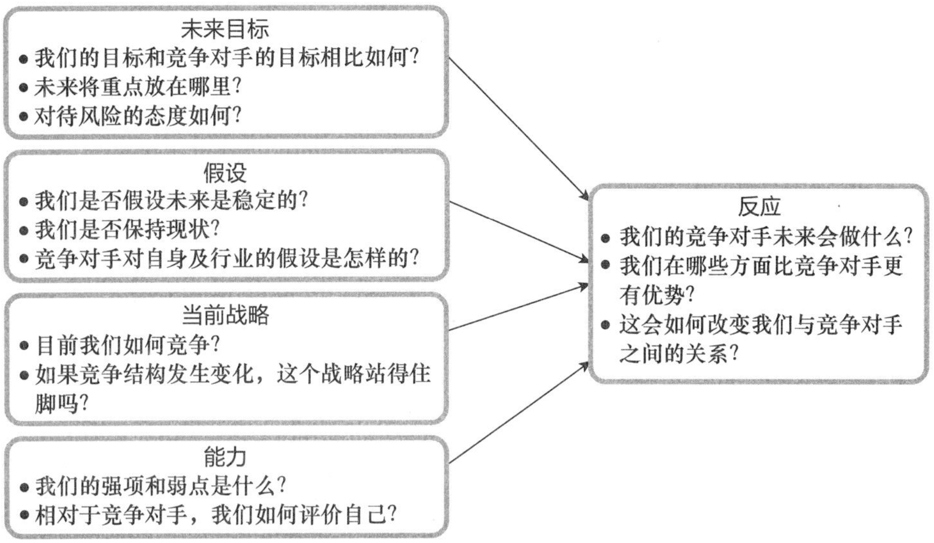

图 2-7　竞争对手分析的构成要素

资料来源：迈克尔·希特. 战略管理：概念与案例. 12 版. 北京：中国人民大学出版社，2017.

- 未来目标：是什么驱动着竞争对手，即它未来的目标是什么。
- 假设：竞争对手对行业是怎么看的，即它的假设。
- 当前战略：竞争对手正在做什么、能够做什么，即它的当前战略。
- 能力：竞争对手的能力是什么，其强项和弱点在哪里。

（1）竞争对手的未来目标。分析竞争对手的未来目标（以及衡量自身目标的可实现程度），是竞争对手分析的第一大要素。这一点非常重要，原因有很多，例如了解竞争对手的未来目标能让企业预测竞争对手是否满足当前取得的经济效益及其他效益，进而推测竞争对手是否会改变当前战略以及对外界的反应，包括对发生的事件（如经济周期）和其他企业战略的反应。

对竞争对手未来目标的分析从以下三个方面展开：一是分析竞争对手目标对本公司制定竞争战略的影响；二是分析竞争对手业务单元（包括各个公司实体）目标的主要方面；三是分析多元化公司中的母公司对其业务单元未来目标的影响。

（2）竞争对手的假设。竞争对手分析的第二大要素是确定每个竞争对手的假设，具体可以分为两大类：一是竞争对手对自身所做的假设；二是竞争对手对行业以及其他企业所做的假设。每个企业都是按照一系列针对实际情况的假设运作的。比如，企业会将自己定位为具有社会责任感的企业、行业领导者、低成本制造商或者拥有最佳销售团队的企业等。这些针对自身情况的假设会引导企业的行为，使其对外界发生的事件做出反应。如果企业自认为是一个低成本生产商，那么在发现其他企业的降价行为之后会马上做出回应。

（3）竞争对手的当前战略。竞争对手分析的第三大要素是明确每个竞争对手的当前战略，目的在于揭示竞争对手正在做什么、能够做什么。要明确竞争对手的战略，最有效的方法是明确企业各职能领域的核心运营政策以及职能部门之间的联系。这类战略可能是明确说明的，也有可能是企业内部默认的，但这样的战略每个企业都有。

（4）竞争对手的能力。客观、现实地评价竞争对手的能力是竞争对手分析的最后一大要素。未来目标、假设和当前战略都会影响竞争对手做出反应的可能性、时机、性质和强度。竞争对手的优势和劣势会决定其实施某项战略或者对其他企业战略行动做出反应的能力，也会影响企业应对环境或者行业事件的能力。

1）核心能力。核心能力表现为企业在某项或某些职能活动方面独有的长处或优势，如行业领先的研发能力、客户服务能力、组织及文化优势等。

2）成长能力。成长能力表现为企业在所处产业中发展壮大的潜力，这种能力取决于企业人员、技术开发与创新、生产能力、财务状况等。

3）快速反应能力。快速反应能力是指企业对所处环境变化的敏感程度和迅速采取正确应对措施的能力。快速反应能力由下述因素决定：自由现金储备、留存借贷能力、厂房设备的余力、定型的但尚未推出的新产品等。

4）适应变化能力。适应变化能力表现为企业随着外部环境的改变适时调整资源配置、经营方式和采取相关行动，以顺应环境变化的趋势、实现自身长期生存和持续发展的能力。分析竞争对手适应变化的能力需要考虑其以下方面：固定成本与可变成本的情况；适应成本竞争、管理更复杂的产品系列或增加新产品和服务方面的竞争能力以及营销活动升级的能力；对诸如持续的高通货膨胀、技术革命引起对现有厂房设备的淘汰等外部事件做出反应的能力。

5）持久力。持久力是指企业在处于不利环境或收入、现金流面临压力时，能够坚持以待局面改变的时间长短。持久力主要由如下因素决定：现金储备、管理人员的协调统一、长远的财务目标等。

2. 战略群组分析

（1）战略群组的含义。战略群组这一概念最初是由亨特（Michael S. Hunt，1972）提出的，用来解释一个产业内部为何存在收益的差别，他将战略群组定义为“由一个行业内目标市场和市场定位相似的竞争者组成的群体”。同一个战略群组中的企业在许多方面很相似，如相似的价位、档次，相似的分销渠道，相似的目标消费群体，相似的技术手段，相似的服务和技术支持。

战略群组的含义包括以下几个方面：第一，由于同一战略群组内的企业向相似的顾客群销售相似的产品，它们之间的竞争会非常激烈，竞争越激烈，每个企业面临的威胁就越大；第二，行业五力的强度在不同的战略群组中各不相同；第三，战略群组之间采取的战略越接近，产生竞争的可能性就越大；第四，进入壁垒是阻止新企业进入行业的重要因素。进入壁垒的主要来源包括规模经济、产品差异化、转换成本、成本优势等。

（2）战略群组划分。波特认为可以通过以下组合进行战略群组的划分：产品（或服务）的差异化程度，各地区交叉的程度，细分市场的数目，所使用的分销渠道，品牌的数量，营销的力度（如广告覆盖面、销售人员数目等），纵向一体化的程度，产品的服务质量，技术领先程度（是技术领先者还是技术跟随者），研发能力（生产过程或产品的革新程度），成本定位，能力的利用率，价格水平，装备水平，所有者结构，与政府、金融界等外部利益相关者的关系，组织规模等。

（3）战略群组分析。为清楚地识别不同的战略群组，通常在上述特征中选择 2～3 个有代表性的特征绘制二维坐标图，按选定的几个特征把产业内的企业列在这个坐标图上，把大致相同战略空间的企业归为同一个战略群组，最后给每个战略群组画一个圆，使其半径与各个战略群组占整个行业销售收入的份额成正比，这样就得到了一张战略群组分析图。例如，选取“研发能力”与“组织规模”两个特征，可以得到如图 2－8 所示的战略群组分析图。

构建行业内战略群组分析图可以帮助企业进行如下分析：

1）有助于很好地了解战略群组间的竞争状况，主动地发现竞争者，也可以很好地了解某一群组与其他群组间的不同。

2）有助于了解各战略群组之间的“移动障碍”。移动障碍是指一个群组转向另一个群组的障碍。

3）有助于了解战略群组内企业竞争的主要着眼点。可以帮助企业了解所在的战略群组的战略特征以及其他竞争对手的战略实力，选择本企业的竞争战略与战略开发方向。

4）利用战略群组图还可以预测市场变化或发现战略机会。

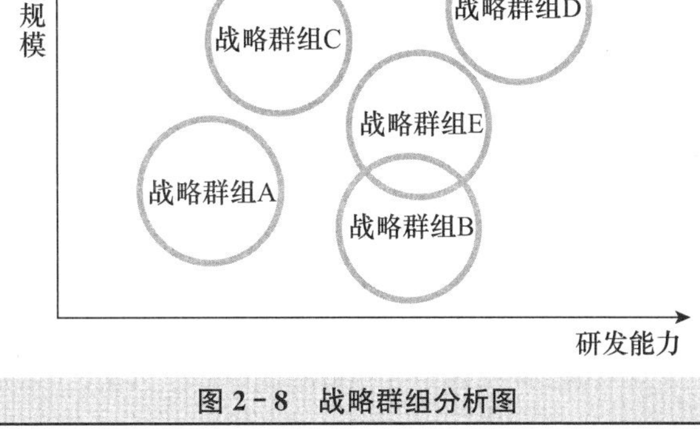

图 2－8 战略群组分析图

案例分析

软饮料行业战略群组分析

中国饮料品种已由单一的汽水发展成为包括碳酸饮料、茶饮料、饮用水、果汁饮料、功能饮料、蔬菜汁等许多种类。中国软饮料行业进入门槛较低，许多跨国公司以其雄厚的财力和丰富的市场运作经验，收购国内著名品牌或合资、独资经营以抢占国内市场。国内企业纷纷拓展其产品线，努力扩大市场占有率。产品种类繁多，各个细分市场均有不同的领导者，竞争非常激烈，逐渐形成战略群组。按照品牌价值高低以及产品范围的程度分为三个战略群组，如表2-9所示。

表2-9 战略群组的划分

战略群组	战略群组特征	代表企业
第一战略群组	规模大、产品种类丰富、研发能力强、国际著名品牌	可口可乐、百事
第二战略群组	规模较大、产品种类多、国内知名品牌	统一、康师傅、娃哈哈、农夫山泉
第三战略群组	规模一般、产品单一、只生产同种类饮料、知名品牌	红牛、汇源

第一战略群组是国际著名的企业，企业规模大，研发能力强，拥有国际知名品牌，资金雄厚。其代表企业可口可乐和百事的产品种类高度相似，又各具特色，主要利用品牌概念赋予产品内涵。两家公司的广告主打年轻时尚路线，倡导活力向上的生活态度。其主打产品碳酸饮料在定价上相差不多，在货架上均占据显著位置，体现一线品牌的特点。产品包装使用罐装和瓶装，拥有自己的经典包装，品牌logo非常醒目。

第二战略群组是产品种类非常多的国内企业，规模较大，品牌美誉度较高。例如统一，其产品涵盖了茶饮料、果汁饮料、饮用水、方便食品等多个种类，树立时尚、青春、流行的品牌形象，在货架上的位置较为显著。其主打产品为统一冰红茶和绿茶，竞争目标非常明显。康师傅的产品同样种类繁多，产品范围与统一相差无几，产品定位也非常类似。娃哈哈主打奶制品和饮用水。农夫山泉是近年来崛起的饮料企业，产品范围涵盖饮用水、茶饮料、运动饮料、果汁饮料等，不断推出新产品，在广告上倡导健康、天然、安全的理念，体现社会责任。

第三战略群组是生产单一品种的企业，规模相对较小，在某一产品市场上寻求最大的利润，注重品质和功能，产品价格较高。红牛只生产功能性饮料，以补充体力为卖点，在这个细分市场占据主导地位，由于竞争者少，所以价格较高。汇源主要生产果汁产品，在该细分市场占据主导地位。产品价格较高，占据超市货架的面积很大。

资料来源：刘東，等. 软饮料行业战略群组分析. 人人文库. https://www.renrendoc.com/paper/206230271.html.

2.3 企业内部环境分析

2.3 即测即评

国内外企业发展的实践表明，同一产业内企业间竞争力的差异甚至比不同产业内企业间竞争力的差异还要大。从这个意义上讲，企业主要的利润源泉是自身的特殊性，而非产业间的相互关系。一个企业要取得战略上的成功，不可忽视内功的建设。企业的内部环境是指企业内部拥有的、与企业经营活动有关的各种要素的总和，既包括各种资源，也包括各种能力。无论外部环境发生了什么样的变化，企业和战略管理者必须先了解企业内部资源和能力的形成、现状以及水平，然后判断外部环境变化对企业的影响，做出能够扬长避短和趋利避害的战略选择。

2.3.1 企业资源与能力分析

1. 企业资源分析

企业资源就是企业可以获取和整合的与企业价值创造活动有关的各种要素。企业的战略选择首先受制于其拥有的资源和能够整合的资源，因此企业战略管理者需要理清自己的资源，包括资源的类型、数量和质量等，通过与竞争对手比较来确认自己在资源上的优势和劣势，评价资源优势的价值创造力和可保持性。资源分析的核心目的是了解自己是否具有实施现有战略和新战略的资源优势，以及如何通过资源的重新配置和整合来形成所需的资源优势。

(1) 企业资源的主要类型。从企业资源的内在属性来看，我们可以将企业资源划分为人力资源、有形资源、无形资源，如表 2-10 所示。

表 2-10　企业资源的分类

分类		内容
人力资源		企业员工的数量、年龄、知识、专业和文化。
有形资源	实物资源	企业经营所需的场所，设备的数量、分布和水平。
	财务资源	企业内部产生和外部整合的各种财务资源。
	组织资源	企业正式的组织结构和计划、控制、协调系统。
无形资源	技术资源	专利、版权、质量标准、商业秘密、与科研机构的关系。
	声誉资源	商标、品牌、商誉、关系（包括与客户、供应商以及利益相关者的关系）。

(2) 企业资源分析的重点。有效的资源分析不仅取决于资源多少，更重要的是取决于企业资源是否有价值，是否可以使企业获得竞争优势，主要的判断标准

见表2-11。

表2-11 企业资源判断标准

判断标准	内涵
资源的稀缺性	拥有稀缺性资源的企业能获得竞争优势。
资源的不可模仿性	物理上独特的资源。
	具有路径依赖性的资源。
	具有因果含糊性的资源。
	具有经济制约性的资源。
资源的不可替代性	拥有不可替代资源的企业能获得竞争优势。
资源的持久性	资源的贬值速度越慢，越有利于形成核心竞争力。

2. 企业能力分析

企业能力是指企业所拥有的利用和整合企业资源实现企业经营目的所需的各种知识、方法、技巧、经验等。企业战略受制于其拥有的能力以及对能力的整合。企业战略管理者需要理清自己的能力，包括能力的类型、数量和质量等，通过与竞争对手比较来确认自己在能力上的优势和劣势，评价能力优势的价值创造力和可保持性。能力分析的目的是了解自己是否具有实施现有战略和新战略的能力优势，以及如何通过能力的发挥和整合来形成所需的能力优势。企业能力主要由研发能力、生产管理能力、营销能力、财务能力和组织管理能力五方面组成（见表2-12）。

表2-12 企业的主要能力

主要能力	内容
研发能力	研发计划、研发组织、研发过程和研发效果。
生产管理能力	生产过程、生产能力、库存管理、人力资源管理和质量管理。
营销能力	产品竞争能力、销售活动能力、市场决策能力。
财务能力	筹集资金的能力、使用和管理资金的能力。
组织管理能力	职能管理体系的任务分工、岗位责任、集权和分权的情况、组织结构、管理层次和管理范围的匹配。

3. 企业的核心能力分析

（1）核心能力的概念。核心能力是企业针对所选择的行业、市场和商业模式，通过长期、持续的资源投入和学习积累建立的一系列关键和可持续的资源和能力优势，并与相应的管理模式和企业文化相匹配，使这些关键和可持续的资源和能力优势得到有机整合，形成一种相互匹配、支撑和强化的关系。

（2）核心能力的辨别。有两种工具可以帮助企业辨别核心能力。第一种工具由可持续竞争优势的四个具体标准组成（见表 2-13），可以用来判定哪些能力是核心能力。如果一种能力是核心能力，那么在顾客眼里它一定是有价值的、稀缺的。如果一种核心能力是竞争优势的潜在来源，那么对于竞争对手来说它一定是难以模仿和不可替代的。第二种工具是价值链分析，公司用这种工具来选择创造价值的能力（具体内容见价值链分析）。

表 2-13　可持续竞争优势的四个标准

标准	内容
有价值	帮助公司抵御威胁或利用机会。
稀缺	不被他人拥有。
难以模仿	历史性：独特而有价值的组织文化或品牌名称。
	模糊性：竞争力的来源和应用是模糊的。
	社会复杂性：管理者、供应商以及顾客间的关系、信任和友谊。
不可替代	不具有战略对等资源。

企业的核心能力就本质来讲非常复杂和微妙，有时很难满足上述四个标准，在这种情况下，还需要运用其他识别方法，比如功能分析、资源分析和过程系统分析。

（3）核心能力的评价方法。

1）评价方法主要有：企业的自我评价、产业内部比较、基准分析、成本驱动力分析、作业成本法以及收集竞争对手的信息。

2）基准分析概述：基准分析是企业通过比较自己和竞争对手的业绩来发现竞争对手的优点和不足，取长补短，并且根据其不足选择突破口，超越竞争对手。基准分析的对象是能够衡量业绩的活动，主要包括：占用较多资金的活动，能显著改善顾客关系的活动，能最终影响企业结果的活动等。具体的基准类型如表 2-14 所示。

表 2-14　具体的基准类型

基准类型	内涵
内部基准	企业内部各个部门之间互为基准进行学习与比较。例如，某银行内部设有市场营销一部、二部、三部，业绩最好的二部作为标杆成为其他部门的学习对象。
竞争性基准	直接以竞争对手为基准进行比较。企业需要收集关于竞争对手的产品、经营过程以及业绩方面的具体信息，与自身的情况进行比较。
过程或活动基准	以具有类似核心经营过程或活动的企业为基准进行比较，但是二者之间的产品和服务不存在直接竞争的关系。
一般基准	以具有相同业务的企业为基准进行比较。
顾客基准	以顾客的预期为基准进行比较。

（4）企业核心能力与关键成功因素。

1）区别点：关键成功因素应被看作产业和市场层次的特征而不是个别公司的特征。拥有关键成功因素是获得竞争优势的必要条件而不是充分条件。

2）共同点：企业核心能力和关键成功因素的共同之处在于它们都是公司盈利能力的指示器。虽然它们在概念上的差异十分清楚，但在特定的环境中区分它们并不容易。

2.3.2 价值链分析

价值链的概念由波特在《竞争优势》一书中首次提出，是指企业将投入要素转换为产出所涉及的内部活动。企业在价值链上的每一项活动都可以增值，原材料和其他投入最终都会转换为提供给客户的产品或服务的组成部分。价值链分析可以让企业了解运营过程中的哪些环节可以创造价值，哪些环节不能创造价值。它是一种能够帮助企业正确识别和评价企业资源与能力、发现竞争优势、制定竞争战略的有效方法。

1. 价值链的两类活动

价值链分析将企业的生产经营活动分为基本活动和支持活动两大类。企业可以在任何一个基本活动或支持活动中发展自己的能力或者核心能力。图2－9是价值链的图解。

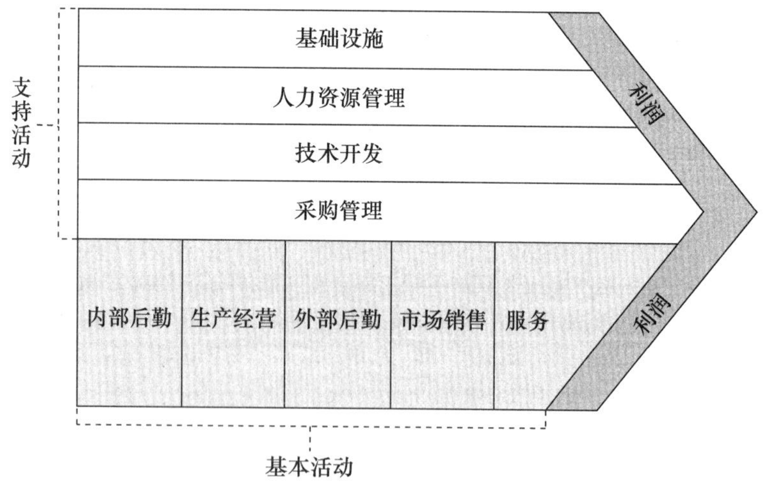

图2－9 价值链图解

资料来源：迈克尔·波特．国家竞争优势．北京：中信出版社，2017.

（1）基本活动。基本活动又称主体活动，是指生产经营的实质性活动，一般可以分为内部后勤、生产经营、外部后勤、市场销售和服务五种活动。这些活动随着企业将投入要素转变为产出实现直接增值。每一种活动又可以根据具体的产业和企业的战略进一步细分成若干项活动，如表2-15所示。

（2）支持活动。支持活动又称辅助活动，是指用于支持基本活动而且内部之间相互支持的活动，包括采购管理、技术开发、人力资源管理和基础设施，能实现间接增值，如表2-16所示。

表2-15 企业的基本活动

基本活动	内涵
内部后勤	又称进货物流，是指与产品投入有关的进货、仓储和分配等活动，如原材料的装卸、入库、盘存、运输以及退货等。
生产经营	是指将投入转化为最终产品的活动，如加工、装配、包装、设备维修、检测等。
外部后勤	又称出货物流，是指与产品的储存、分送有关的活动，如最终产品的入库、接单、送货等。
市场销售	是指促进和引导购买者购买企业产品的活动，如广告、定价、销售渠道等。
服务	是指与保持和提高产品价值有关的活动，如培训、修理、零部件的供应和产品的调试等。

表2-16 企业的支持活动

支持活动	内涵
采购管理	这里的采购是广义的采购，既包括原材料的采购，又包括其他资源投入的购买与管理。
技术开发	是指可以改进企业产品和工序的一系列技术活动。这也是一个广义的概念，既包括生产性技术，也包括非生产性技术。企业的每项生产经营活动都包含技术，只不过技术的性质、开发程度和使用范围不同而已。
人力资源管理	是指企业职工的招聘、雇用、培训、提拔和退休等各项管理活动。这些活动支持企业中的每项基本活动和支持活动，以及整个价值链。
基础设施	是指企业的组织结构、惯例、控制系统以及文化等。企业的基础设施与其他支持活动有所不同，它一般用来支撑整个价值链的运行，即所有其他的价值创造活动都通过基础设施进行。

2. 企业资源能力的价值链分析

价值链分析的关键是要认识企业不是机器、货币和人员的随机组合，如果不将这些资源有效地组织起来，生产出顾客认为有价值的产品或服务，那么这些资源将毫无价值。因此，资源分析必须是一个从资源评估到决策怎样使用这些资源的过程。

企业资源能力的价值链分析要明确以下几点：

（1）确认那些支持企业竞争优势的关键活动。虽然价值链的每项活动，包括基本活动和支持活动，都是企业成功所必经的环节，但这些活动对企业竞争优势的影响是不同的。在关键活动的基础上建立和强化这种优势很可能使企业获得成功。支持企业竞争优势的关键活动事实上就是企业独特能力的一部分。

（2）明确价值链内各种活动之间的联系。价值链中基本活动之间、基本活动与支持活动之间以及支持活动之间存在各种联系，选择并建立最佳联系对于提高价值创造能力和战略能力十分重要。

（3）明确价值系统内各项价值活动之间的联系。企业的价值链不是孤立存在的，它不是一些彼此独立的若干价值活动的集合，而是由相互依存的活动构成的一个有机系统。在这个系统中，不仅基本活动之间、基本活动与支持活动之间、支持活动之间相互联系，企业内部与外部环境之间也相互依存、相互作用，上下游企业的价值链对企业自身有很大影响。因此，一个企业的价值链往往是产业价值链的一部分，它同供应商价值链、分销商价值链、客户价值链一起构成价值系统，如图 2-10 所示。

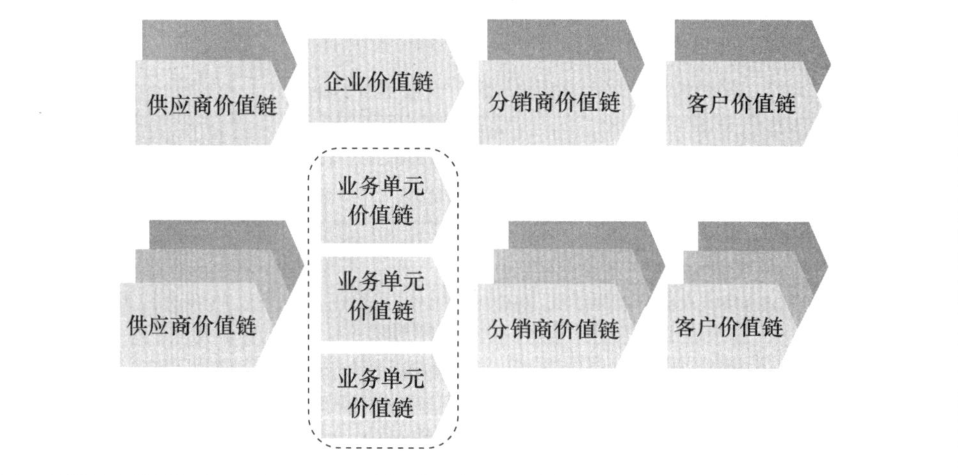

图 2-10 价值系统

资料来源：迈克尔·波特．国家竞争优势．北京：中信出版社，2017．

案例分析

Costco 为什么让我们无法拒绝

首先，我们从价值链的角度切入。价值链分析使用价值而非成本的原因主要在于看问题的视角。实际上，价值链分析把看问题的着眼点放在企业外部，即着眼于客户感知的价值，而不是企业内部生产产品的成本。对企业来讲，其存在的意义在于要创造“正”的价值，即“消费者剩余+利润”必须大于零。为了超过同行的一般水平，获得竞争优势，企业必须提供比竞争对手更多的消费者剩余来赢得消费者的青睐。

Costco让人无法拒绝的秘密在于：它尽一切努力让会员的消费者剩余最大化，使得会员费相对于巨大的消费者剩余显得微不足道。那么Costco是如何让客户的消费者剩余最大化的呢？

（1）Costco采取很多措施使运营费用最小化。它一般购买或者租用的是郊区高速公路附近非常廉价的土地；采用非常简单的卖场布局和实用简洁的设计装饰、仓储式陈列；精简人员，取消卖场内导购员，用高于行业水平的薪酬来激励员工高效率工作，降低流失率；几乎不做营销广告，仅靠口碑相传。这些措施使得Costco的运营费用率只有沃尔玛的一半！

（2）Costco采用超低库存保有单位（stock keeping unit，SKU）策略。典型的超市，如沃尔玛、家乐福，向消费者提供非常多样的选择，而Costco仅提供约4000个活跃SKU，其中包括约3000个生活必需品和约1000个冲动型消费品。超低SKU策略妙在既可增加消费者剩余，又可减少交易成本。因此Costco单个SKU的进货量就大大提高，从而能获得巨大的议价能力。

（3）最好的生意不是向所有人做同一个生意，而是向一群相近的人做所有的生意。Costco不想像沃尔玛那样做所有人的生意，因为消费者的偏好和约束差异太大了，如果要满足所有人的偏好，成本就会急剧上升，难以发挥规模效应。Costco向拥有相似偏好和约束的同类人群提供购买重合度最高的品质区间和价格区间的全品类商品和服务，因而它卖汽车这一现象就很好理解了。未来还有什么是Costco不能卖的呢？只要是其目标人群需要的可以标准化的商品和服务，只要是大规模采购可以显著压低进货价和周转费用的商品和服务，都可能进入Costco。

（4）Costco还提供无忧购物服务。客户买到不满意的商品，或者觉得价钱不合理，可以无须说明任何理由，无须任何费用退换货。Costco会员甚至可以在任何时候申请无条件退会员卡并得到全额退款。进了Costco，无论是你事先想要还是临时起意，只管闭上眼睛拿，这是一种信任。客户不再对具体商品有品牌忠诚度，而是信任Costco，对Costco有忠诚度。

Costco提高消费者剩余的行为还有很多，就不再一一列举。相似的行为可能源自完全不同的逻辑，最终将产生不同的结果。

资料来源：静逸投资．Costco好市多：我其实不是超市，我是你无法拒绝的中介．https://mp.weixin.qq.com/s/cg2r0n7TJD30Ua2I7EkkbQ.

2.3.3 业务组合分析

前面介绍的价值链分析有助于对企业的能力进行考察，这种能力来源于独立的产品、服务或业务单元，但多元化经营的公司还需要将企业的资源和能力作为一个整体来考虑。因此，公司战略能力分析的另一个重要部分就是对公司业务组合进行分析，保证业务组合的优化是公司战略管理的主要责任。波士顿矩阵与GE矩阵就是公司业务组合分析的主要方法。

1. 波士顿矩阵

（1）基本概念。波士顿矩阵（BCG Matrix）又称市场增长率-相对市场份额矩阵，是由美国著名的管理学家、波士顿咨询公司创始人布鲁斯·亨德森（Bruce Henderson）于1970年首创的。这种方法将企业全部产品或业务放在一个由市场增长潜力和市场占有率构成的矩阵中进行分析，帮助企业判断各产品或者业务在企业产品或者业务组合中的位置及其面临的战略问题。

（2）基本原理。波士顿矩阵认为决定产品结构的基本因素一般有两个：市场引力与企业实力。市场引力包括市场增长率、目标市场容量、竞争对手强弱及利润高低等。其中最重要的是反映市场引力的综合指标——市场增长率，它是决定企业产品结构是否合理的外在因素。企业实力包括企业市场占有率以及技术、设备、资金利用能力等，其中市场占有率是决定企业产品结构的内在要素，它直接反映企业竞争实力。

波士顿矩阵将企业所有产品或业务从市场增长率和市场占有率角度进行再组合（见图2－11）。纵轴表示市场增长率，指企业的某项产品或业务前后两年市场销售额增长的百分比，通常用10%作为增长率高低的界限。横轴表示企业在产业中的相对市场占有率，指企业某项产品或业务的市场份额与这个市场上最大竞争对手的市场份额之比，反映企业在市场上的竞争地位。相对市场占有率的分界线为1.0，将市场占有率划分为高低两个区域。

（3）战略应用。波士顿矩阵将企业的不同产品或业务组合到一个矩阵中，可以简单分析企业产品或业务在市场中的地位，从而制定有针对性的发展战略，集中资源，提高企业在有限领域的竞争地位。根据有关产品或业务的市场增长率和相对市场占有率，波士顿矩阵把企业全部经营业务分为四种类型（见表2－17）。

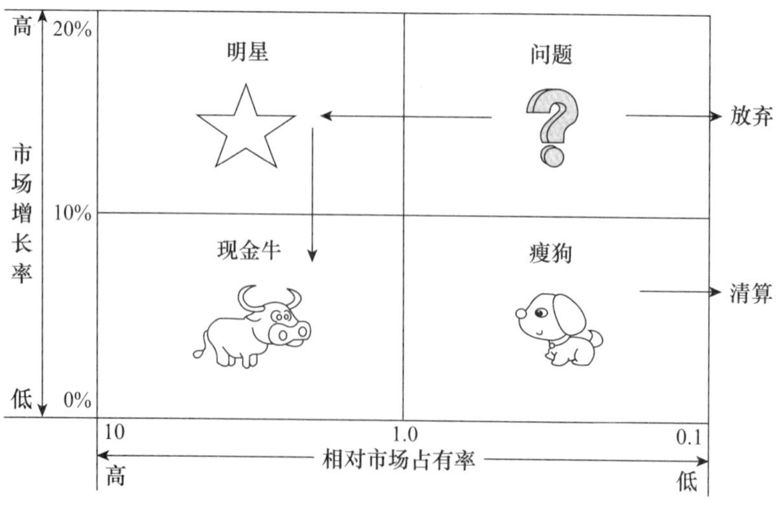

图2－11 波士顿矩阵

表 2-17 企业全部经营业务的四种类型

业务类型	矩阵定位	业务特征	战略选择	组织结构类型
明星业务	高增长-强竞争	这类业务拥有很大的市场份额，但它也是企业资源的主要消耗者，需要大量的投资	积极扩大经营规模和市场机会，提高市场占有率，提高竞争地位	最好采用事业部形式，由对生产技术和销售两方面都很内行的经营者负责
问题业务	高增长-弱竞争	这类业务通常处于最差的现金流量状况	应采取选择性投资战略	最好采取智囊团或项目组等形式，让有规划能力、敢于冒风险、有才干的人负责
现金牛业务	低增长-强竞争	这类业务盈利率高，本身不需要投资，反而能为企业提供大量资金	可采用收获战略，即投入资源以实现短期收益最大化	适合用事业部形式进行管理，其经营者最好是市场营销型人才
瘦狗业务	低增长-弱竞争	这类业务可获利润很低，不能成为企业资金的来源	应采用撤退战略	最好将瘦狗产品与其他事业部产品合并，统一管理

（4）波士顿矩阵的贡献。波士顿矩阵的应用不但提高了管理人员的分析和战略决策能力，而且帮助他们以前瞻性的眼光看问题，更深刻地理解企业各项业务活动之间的联系；能帮助企业及时调整业务投资组合，收缩或放弃萎缩业务，加大在更有发展前景的业务上的投资，紧缩在没有发展前景的业务上的投资。

（5）波士顿矩阵的局限。

1）波士顿矩阵用市场增长率和相对市场占有率两个单一指标分别代表市场引力和企业实力，但不能全面反映这两方面的状况。在实践中，企业要确定各业务的市场增长率和相对市场占有率也比较困难。

2）波士顿矩阵假设这四类业务是独立的，但许多公司的业务是紧密联系在一起的。比如，如果现金牛业务和瘦狗业务是互补的业务组合，那么放弃瘦狗业务，现金牛业务也会受到影响。

3）对于市场占有率，波特认为，规模不是形成竞争优势的充分条件，差异化才是。波士顿矩阵的背后假设是成本领先战略，当企业在各项业务上都准备采用成本领先战略时，可以考虑采用波士顿矩阵，但是如果企业准备在某些业务上采用差异化战略，就不能采用波士顿矩阵。

4）波士顿矩阵假设资金是企业的主要资源，但在许多企业，要进行规划和保持均衡，重要资源不仅有现金，还有技术、时间和人员的创造力。

案例分析

宝洁公司产品波士顿矩阵分析

宝洁是一家全球知名的日用化学品公司，它在中国日化市场中成功地应用了波士顿矩阵来规划产品和制定销售策略。具体来说，宝洁将旗下的沙宣、飘柔、伊卡璐、润妍等洗护发产品进行了分类，运用波士顿矩阵的方法进行分析，如图2-12所示。

明星产品：沙宣 特点：市场渗透率、市场占有率高，客户群稳定。 做法：宝洁将继续加大对沙宣的投资，提高产品质量和服务水平，以保持市场地位并扩大市场份额。	**问题产品：伊卡璐** 特点：市场占有率低，处于引入期，产生的现金流量不多。 做法：宝洁对于其发展仍抱有希望，因此采取选择性投资策略，加大市场宣传和销售渠道的投入，以扩大市场份额。
现金牛产品：飘柔、海飞丝、潘婷 特点：销量增长率低，但相对市场占有率高，已进入成熟期。 做法：宝洁不需要增加投资，只需在短期内回收资金，以支持明星产品的发展。	**瘦狗产品：润妍** 特点：销售增长率低，相对市场占有率也偏低。 做法：宝洁采取撤退策略，逐渐减少批量，最终淘汰。

图2-12 宝洁产品的波士顿矩阵

通过运用波士顿矩阵的方法，宝洁对不同产品制定了不同的销售策略，有针对性地提高了产品质量和服务水平，加大了市场宣传和销售渠道的投入，进一步扩大了市场份额并提高了利润。这为宝洁在中国日化市场占据领先地位起到了重要的推动作用。

资料来源：数据大亨. 波士顿矩阵：了解产品市场地位与增长趋势的实用工具. https://mp.weixin.qq.com/s/gjlTBA0Hbd8Sa0Tsi604kg.

2. GE矩阵

（1）基本概念。GE矩阵，又称行业吸引力矩阵或麦肯锡矩阵，是美国通用电气公司开发的分析矩阵。该矩阵在理论上与波士顿矩阵类似，但考虑了更多的因素。GE矩阵的实质是把外部环境因素和企业实力归结在一个矩阵内，以此进行经营战略的评价分析（见图2-13）。

（2）基本原理。GE矩阵的纵轴为行业吸引力，它取决于不可控的外部环境因素，包括产业增长率、市场价格、市场规模、获利能力、市场结构、竞争结构、技术及社会政治因素等。横轴为企业竞争地位，它取决于企业内部的各项可控因素，包括相对市场占有率、市场增长率、买方增长率、产品差别化、生产技术、生产能力、管理水平等。由图 2－13 可以看出，行业吸引力和竞争地位决定着企业各项业务在矩阵上的位置，矩阵中圆圈的面积与行业规模成正比，圆圈中的扇形部分表示某项业务的市场占有率。

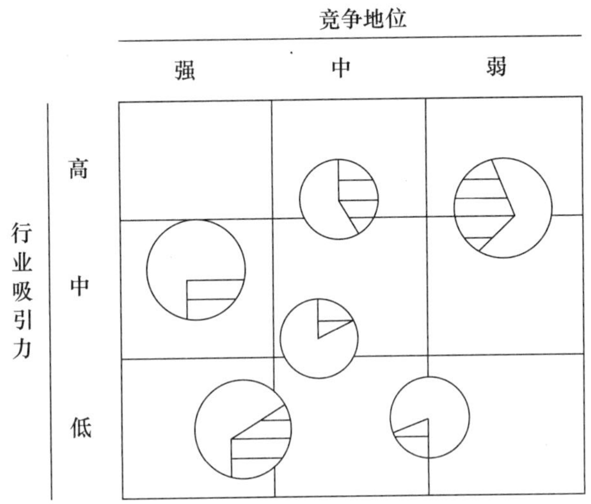

图 2－13　GE 矩阵

评价行业吸引力的大致步骤是：首先根据每个因素的相对重要程度确定各自的权数；其次根据行业状况确定行业吸引力因素的级数；最后用权数乘以级数，得出每个因素的加权数，并将各个因素的加权数汇总，得出整个行业吸引力的加权值。

（3）战略应用。根据业务单元在市场上的竞争地位和所在行业的吸引力，GE 矩阵可以对这些业务单元进行评价，评价一个企业的业务单元组合的强弱，并以此为基础进行战略规划。

从矩阵图中九个方格的分布来看，企业中处于左上方三个方格的业务适合采取增长与发展战略，企业应优先分配资源；处于右下方三个方格的业务一般应采取停止、转移、撤退战略；处于对角线上三个方格的业务应采取维持或有选择地发展的战略，维持原有的发展规模，同时调整其发展方向。

（4）GE 矩阵的局限。

1）不同业务之间每个评价指标的权重可能不同。由于每项业务所处的生命周期不同、特点不同，企业的侧重点也不同。比如，对于成长型业务，企业更关注该业务的增长潜力和发展速度；对于成熟型业务，企业更关注市场总量和盈利能力。对于不同的战略业务单元，企业所处的市场地位不同，关注和追求的目标不同，评价指标的权重也应不同。

2）划分较细对于业务类型较多的多元化大公司来说必要性不大，且需要更多数据，方法比较繁杂，不易操作。

2.3.4 产品生命周期

产品生命周期理论是美国哈佛大学教授弗农（Raymond Vernon，1966）在其《产品周期中的国际投资与国际贸易》一文中首次提出的。产品生命周期是指产品的市场寿命。一种产品进入市场后，它的销售额和利润会随着时间的推移而改变，呈现一个由少到多再由多到少的过程，就如同人的生命一样，从诞生、成长到成熟，最终走向衰亡。它主要用来帮助企业根据产品各阶段的特征制定营销策略。

大部分产品的生命周期可分为四个阶段：导入期、成长期、成熟期和衰退期，如图2-14所示。

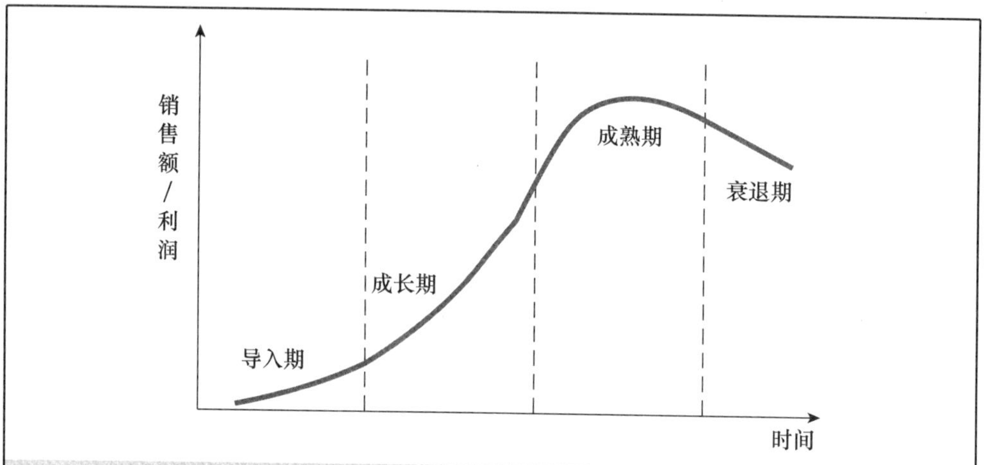

图2-14 产品生命周期

资料来源：蓝海林．企业战略管理．北京：中国人民大学出版社，2015．

1. 导入期

导入期的产品用户很少，只有高收入用户会尝试新的产品。产品虽然设计新颖，但质量有待提高，尤其是可靠性。此时产品只有很少的竞争对手。为了说服客户购买，导入期的产品营销成本高，广告费用大，但销量小，产能过剩，生产成本高。此时企业的规模可能非常小，企业的战略目标是扩大市场份额，争取成为"领头羊"。这个时期的主要战略路径是投资研发和技术改进，提高产品质量。

2. 成长期

成长期的标志是产品销量节节攀升，产品的客户群扩大。各厂家的产品在技术和性能方面有较大差异。企业生产能力不足，需要向大批量生产转换，并建立大宗分销渠道。由于市场扩大，竞争者涌入，企业之间开始争夺人才和资源，会出现兼并等事件。由于需求大于供应，此时产品价格最高，单位产品净利润也最高。成长期的主要战略路径是市场营销，此时是改变企业价格形象和质量形象的好时机。

3. 成熟期

成熟期开始的标志是竞争者之间出现挑衅性的价格竞争。成熟期虽然市场巨大，但是已经基本饱和。新的客户减少，产品主要靠老客户的重复购买支撑。产品逐步标准化，差异不明显，技术和质量改进缓慢。由于生产稳定，局部生产能力过剩，产品价格开始下降，毛利率和净利润率均下降，利润空间适中。此时经营战略的重点会转向巩固市场份额的同时提高投资报酬率。成熟期的主要战略路径是提高效率，降低成本。

4. 衰退期

衰退期产品的客户大多很精明，对产品性价比要求很高。各企业的产品差别小，因此价格差异也会缩小。由于产能严重过剩，只有大批量生产并有自己销售渠道的企业才具有竞争力。此时产品的价格、毛利都很低，有些竞争者先于产品退出市场。企业在衰退期的经营战略目标是防御，获取最后的现金流量。战略路径是控制成本，以求能维持正的现金流量。

以下是关于产品生命周期理论的局限性：

(1) 各阶段的持续时间随着产品的不同而显著不同，并且一种产品究竟处于生命周期的哪一阶段（起止点）的划分标准通常不易确认，这就削弱了此概念作为规划工具的有效性。

(2) 产品生命周期曲线并不总是呈 S 形。有的产品会跳过成熟期，直接从成长期走向衰亡；有的产品在经历一段时间衰退之后又重新增长；还有的产品似乎完全跳过了导入期这个缓慢的起始阶段。

(3) 公司可以通过产品创新和重新定位来影响产品生命周期曲线的形状。如果公司认定产品生命周期一成不变，它就成为一种没有意义的自我臆想的预言。

(4) 与产品生命周期每一阶段相联系的竞争属性会随着产品的不同而不同。无法确定产品生命周期曲线适合单一产品还是一个产品集合。

案例分析

星巴克产品生命周期分析

星巴克成立于 1971 年，是世界领先的咖啡零售商、烘焙者和星巴克品牌拥有者。星巴克于 1987 年正式定位成连锁咖啡，1992 年上市，1996 年开始国际化扩张。从西雅图本土的咖啡豆零售商发展为今日全球最大的连锁咖啡店，这家巨头走过了50多年。

（1）导入期（1971—1987年）。这个阶段，产品刚向大众揭开它的面纱。广告出现在电视和报纸上，并且已经能在商店的货架上找到星巴克的产品。产品售价通常很高，这个阶段的销量不高。星巴克在派克市场（Pike Place Market）开业，且只在该地区提供服务。十年后，它开始将产品卖向意大利咖啡吧和精品餐厅，推广了星巴克品牌。

（2）成长期（1987—1994年）。这个阶段，售价通常降低且销量上升。品质被一贯地保持，但是分销压力增加。如果企业运转良好，投资会不断增加。星巴克制定了任务要求，并且给全职员工分享收益。星巴克在西雅图机场开了第一家机场商店。星巴克继续开设商店和制作原材料，并成功上市。

（3）成熟期（1994—2009年）。这个阶段，产品已经取得成功，并不停地有竞争者进入市场。销量下滑，且降低产品售价来保证市场竞争优势。公司需要为产品研制新花样或服务来改变自己。通过提供“星冰乐”给不喜欢咖啡的人群，星巴克扩展了它的消费群体。这创造了可以在任何地方瓶装出售的新品种。

（4）衰退期（2009年至今）。这个阶段，随着城市化进程的不断推进，新型消费群体崛起，同时，涌入中国市场的国际品牌竞争加剧，对星巴克的品牌价值产生了威胁，星巴克的平民化趋势也使得它的品牌价值有所下降。星巴克在国内市场的咖啡销售额开始走下坡路，与品牌的属性保护力不够、产品创新不足等有关。

资料来源：曾经受国人热捧的星巴克，为什么开始走下坡路了？https://mp.weixin.qq.com/s/w1cnkAT79KLarr-RjKGCgA；网上相关资源。

本章在历年CPA考试中涉及的考点

1. 宏观环境分析中四大要素具体包含的内容
2. 产品生命周期分析
3. 波特的产业五种竞争力分析
4. 关键成功因素分析
5. 竞争环境分析（竞争对手分析和战略群组分析）
6. 国家竞争优势（钻石模型）分析
7. 企业资源与能力分析（重点是企业资源分析和核心能力分析）
8. 波特的价值链分析
9. 业务组合分析（波士顿矩阵和GE矩阵）
10. SWOT分析

思考题

1. 五种竞争力是怎样对企业施加影响的?
2. 什么是企业的核心能力? 其评价标准是什么?
3. 价值链分析的目的是什么?
4. 简述公司业务组合分析的主要方法。
5. 简述产品生命周期不同阶段的特点。

案例分析题

案例资料

Q 省地处 QS 高原腹地，具有发展太阳能产业的独特资源优势。近年来，随着国内外清洁能源需求的不断增长，Q 省以电力企业为依托，抓住人才、技术、资金等关键资源，打造光伏一条龙全产业链，实现经济、生态保护和民生改善多赢。

作为 Q 省 TL 戈壁滩光伏产业园区的核心企业，河天水电公司将生态保护的理念融入产业园区的建设中。TL 戈壁滩日照多，降水少，风沙大，几乎没有多少绿色植被，刮风沙时，经常有小石子被吹起来，造成光伏板破损率比较高。河天水电公司开展了光伏生态产业种植的研究试验工作，根据当地土壤、水质的特点，种植雪菊、紫苏、透骨草等高原生态作物。这些作物牢牢抓住土壤，解决了光伏电板易损、报废的问题。产业园区要定期清洗光伏板，而冲洗光伏板的水能灌溉作物，作物的生长又使水土更好地得到保持，光伏板下因此形成了小型绿色生态园。

由于植被长势太好，甚至会遮蔽光伏电板，冬季可能引发火灾。为解决这一问题，河天水电公司与附近几个村庄合作，发展小尾寒羊的养殖。为了避免羊吃草的随意性，公司规划出了放羊路线，请牧民按规划到光伏产业园区放羊，羊吃不到的地方就请牧民手动除草，工资另算。

光伏电站不仅带来了生态的良性循环，还发展了当地的养殖业，对于实现当地牧民脱贫目标，功不可没。

要求

1. 依据钻石模型四要素，简要分析 Q 省打造光伏一条龙全产业链的优势。

2. 依据企业利益与社会效益的相互关系，简要分析 Q 省打造光伏一条龙全产业链过程中企业所承担的社会责任。

第3章

战略选择

思维导图

- 战略选择
  - 总体战略
    - 总体战略的主要类型
      - 发展战略
      - 稳定战略
      - 收缩战略
    - 发展战略的实现途径
      - 并购战略
      - 新建战略
      - 战略联盟
  - 业务单元战略
    - 基本竞争战略
      - 成本领先战略
      - 差异化战略
      - 集中化战略
    - 战略钟
    - 蓝海战略
      - 蓝海战略中的价值创新
      - 蓝海战略制定与实施的原则
      - 重建市场边界的基本法则——六条路径框架
  - 职能战略
    - 市场营销战略
      - 确定目标市场
      - 设计市场营销组合策略
    - 研究与开发战略
      - 研发的类型
      - 研发的战略作用
      - 研发战略的定位
    - 生产运营战略
      - 生产运营战略涉及的主要因素和阶段
      - 生产流程计划
      - 产能计划
      - 准时制生产系统
    - 采购战略
      - 货源策略
      - 采购组合
    - 人力资源战略
      - 人力资源规划
      - 员工招聘
      - 绩效评估
      - 员工培训
    - 财务战略
      - 财务战略的概念
      - 财务战略的选择
  - 特殊的企业战略选择

- 战略选择
  - 特殊的企业战略选择
    - 国际化经营战略
      - 企业国际化经营动因
      - 国际市场进入模式
      - 国际化经营的战略类型
      - 新兴市场的企业战略
    - 中小企业竞争战略
      - 零散产业中的竞争战略
      - 新兴产业中的竞争战略
    - 环境-社会-治理（ESG）战略
      - ESG理念的提出
      - ESG战略的构成
      - ESG战略的实施

素养提升

党的二十大报告指出，高质量发展是全面建设社会主义现代化国家的首要任务。① 企业作为高质量发展的核心经济主体，如何进行战略选择对建设现代化经济体系、全面建成社会主义现代化强国至关重要。企业战略选择要立足于企业自身发展现状和能力，将谋当下和谋未来、谋全局和谋局部、谋事和谋势统一起来，将企业的总体战略、业务单元战略和职能战略有机统一起来。企业战略选择不仅是企业自身实现高质量发展的必然选择，而且是助推经济高质量发展的重要路径。

学习目标

1. 掌握公司层战略的类型及选择
2. 了解并购的类型、动机和并购失败的原因
3. 了解企业采取新建战略的动因、缺点及其应用条件
4. 了解企业战略联盟的基本特征、形成动因、主要类型及其管控
5. 掌握业务单元战略的类型、优势、实施条件和可能面临的风险
6. 掌握基本竞争战略的综合分析——“战略钟”的相关内容
7. 了解红海战略和蓝海战略的关键性差异及重建市场边界的基本法则
8. 掌握六大职能战略的主要内容及选择
9. 掌握企业国际化经营动因、国际市场进入模式和国际化经营的战略类型
10. 掌握新兴市场本土企业的战略选择
11. 了解零散产业和新兴产业的特点以及这两类产业中的中小企业可以考虑的战略选择方向
12. 了解企业的ESG战略内涵

战略管理是由战略分析、战略选择和战略实施三个相互联系的部分构成的一个循环。在进行战略内外部环境分析之后，就进入了战略选择阶段。企业需要在

① 习近平. 高举中国特色社会主义伟大旗帜 为全面建设社会主义现代化国家而团结奋斗 在中国共产党第二十次全国代表大会上的报告. 北京：人民出版社，2022：28.

不同阶段根据所处的环境在三个层次的战略中选择不同的战略方向。本章将具体阐述这些战略方向。

3.1 总体战略

3.1即测即评

总体战略（公司层战略）由公司最高管理层制定，旨在通过建立和经营行业组合实现投资收益最大化。企业需要根据目标选择可以竞争的经营领域，合理配置企业经营所需的资源，使各项经营业务相互支持、相互协调。

总体战略的主要目标是确保当前业务及未来新业务或新产业能保持、提高企业的竞争优势和盈利能力。为了实现长期盈利能力最大化，总体战略主要关心的问题是：（1）企业应当经营哪些业务，在哪些产业中竞争？（2）在这些业务中企业应当完成的价值创造活动有哪些？（3）如何进入或退出业务或产业？

3.1.1 总体战略的主要类型

企业总体战略主要可分为三大类：发展战略、稳定战略和收缩战略，如图3-1所示。

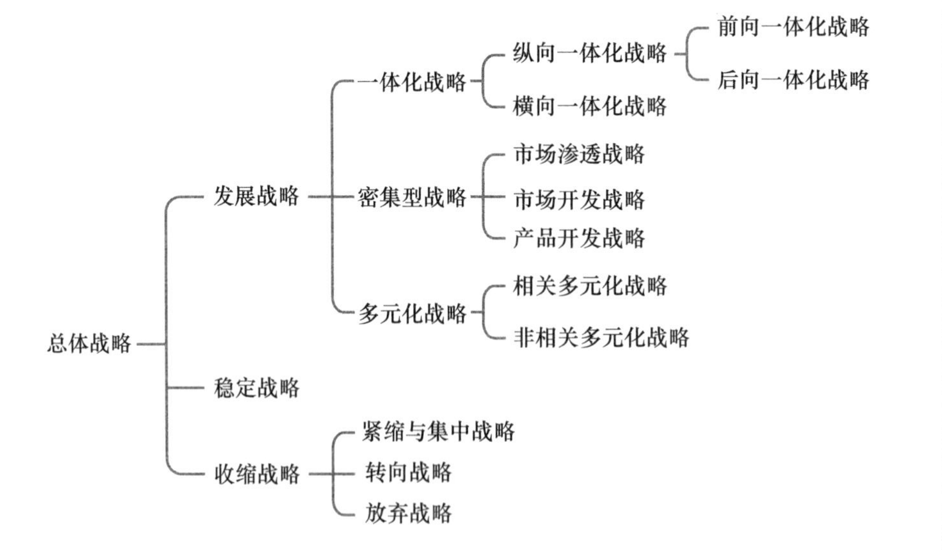

图3-1 企业总体战略的分类

1. 发展战略

发展战略强调充分利用外部环境的机会，充分发掘企业内部的优势资源，使企业在现有的战略基础上朝更高一级的方向发展。

发展战略主要包括三种基本类型：一体化战略、密集型战略和多元化战略。

（1）一体化战略。一体化战略指企业对具有优势和增长潜力的业务，沿其经营链条纵向或横向延展业务的深度和广度，扩大经营规模，实现企业成长。按照业务拓展的方向可以分为纵向一体化战略和横向一体化战略。

1）纵向一体化战略指企业沿着产品或业务链向前或向后延伸和扩展企业现有业务的战略（如表3-1所示），可分为前向一体化战略和后向一体化战略，其特点和主要风险如表3-1所示。

前向一体化战略是指获得分销商或零售商的所有权或加强对它们的控制权。控制销售过程和渠道有利于企业控制和掌握市场，增强对消费者需求变化的敏感性，提高企业产品的市场适应性和竞争力。

表3-1 纵向一体化战略

优点	主要风险
● 节约交易成本。 ● 控制稀缺资源。 ● 保证关键投入的质量。 ● 获得新客户。	● 不熟悉新业务领域带来的风险。 ● 投资数额较大且资产专用性较强，增加了企业在该产业的退出成本。 ● 增加了对管理和技术的要求。

后向一体化战略是指获得供应商的所有权或加强对它们的控制权，有利于企业有效控制关键原材料等投入的成本、质量及供应可靠性，确保企业生产经营活动稳步进行。

前向一体化战略与后向一体化战略的适用条件见表3-2。

表3-2 前向一体化战略和后向一体化战略的适用条件

名称	适用条件
前向一体化战略	● 现有销售商的销售成本较高或者可靠性较差。 ● 企业所在产业的增长潜力较大。 ● 企业具备前向一体化所需的资金、人力资源等。 ● 销售环节利润较高。
后向一体化战略	● 现有供应商的供应成本较高或者可靠性较差。 ● 供应商数量较少而需求方竞争者众多。 ● 企业所在产业的增长潜力较大。 ● 企业具备后向一体化所需的资金、人力资源等。 ● 供应环节的利润率较高。 ● 产品价格的稳定对企业而言十分关键，后向一体化有利于控制原材料成本，从而确保产品价格稳定。

2）横向一体化战略是指企业沿产业价值链相同阶段方向扩张的战略。企业采

用横向一体化战略的主要目的是实现规模经济以获取竞争优势，其特点与主要风险如表3-3所示。

表3-3 横向一体化战略

优点	主要风险
● 实现规模经济。 ● 迅速实现跨越式发展。 ● 通过并购获得同业企业的专利、品牌等无形资产。 ● 降低竞争强度。	● 反垄断等政策法规的限制。 ● 整合与管理协调问题。 ● 技术扩散后的保护难度增加。 ● 过度扩张的产能与市场需求不匹配。

横向一体化战略的适用条件如表3-4所示。

表3-4 横向一体化战略的适用条件

名称	适用条件
横向一体化战略	● 所在产业竞争较为激烈。 ● 所在产业的规模经济较为显著。 ● 横向一体化符合反垄断法律法规，企业能够在局部地区获得一定的垄断地位。 ● 所在产业的增长潜力较大。 ● 企业具备横向一体化所需的资金、人力资源等。

案例分析

伊利股份纵向一体化发展战略分析

伊利股份自2008年开始实施纵向一体化，开始全面建设自有牧场。伊利能在市场竞争中掌握主动、增加各个业务活动阶段的利润，奶源基地四步走战略功不可没。伊利奶源基地的建设就是采取典型的后向一体化战略，第一步是“公司+农户”，第二步是“公司+牧场+农户”，第三步是推动公司规范化牧场建设，第四步是成立奶牛合作社。仅2008年一年增加生产性生物资产（育成牛）5 083万元。伊利还积极发展供应链金融业务，为农户提供多样化的融资服务。2014年，伊利股份成立内蒙古惠商融资担保有限公司，进一步加大纵向一体化战略的投入力度，利用供应链金融的手段优化供应链，帮助企业提高供应链的运营效率和管理水平。

此外，伊利陆续与海外优质原辅料供应商建立了合作关系。在重点的奶源层面，伊利与新西兰最大乳企恒天然（Fonterra Co-operative Group）、乌拉圭最大乳企科拿（Conaprole）开展战略合作，并与荷兰、丹麦建立奶源合作关系，利用当地奶源生产乳制品。2013年伊利收购新西兰大洋洲乳业有限公司（Oceania Dairy Limited）100%股权。2018年以2.44亿新西兰元的对价完成了对威士兰乳业100%股权的收购。上述伊利对于纵向一体化的布局使其市场需求响应、综合成本控制以及原料供应保障能力进一步增强，全球生产基地的战略协同优势更加显著。

资料来源：龚源月，张墨．伊利股份深度解析：王者之路，扶摇而上．华泰证券，2021.

(2) 密集型战略。密集型战略是企业基于原有业务范围，充分利用其在产品和市场方面的潜力促进企业成长的战略。

研究企业密集型战略的基本框架是安索夫于 1957 年提出的“产品-市场战略组合”，如图 3-2 所示。它以产品和市场作为两大基本元素，划分出四种产品与市场的组合和相应的战略，主要的逻辑是企业可以选择四种不同的成长性战略来实现增加收入的目标。

	现有产品	新产品
现有市场	市场渗透战略	产品开发战略
新市场	市场开发战略	多元化战略

图 3-2　产品-市场战略组合

其中，新产品和新市场这一战略组合可以归类为发展战略中的多元化战略，可以理解为不同的战略分析模型殊途同归，将在多元化战略部分介绍。

1) 市场渗透战略——现有产品和现有市场。市场渗透战略强调基于现有产品与服务，充分开发其市场潜力，以获得更高的市场占有率。其增长方法与适用情况如表 3-5 所示。

表 3-5　市场渗透战略

战略组合	增长方法	适用情况
现有产品和现有市场	● 扩大市场份额，特别适用于整体正在成长的市场。 ● 开发小众市场，从而扩大总的市场份额，适合规模较小的企业。 ● 保持市场份额，特别是在市场发生衰退时。	● 整个市场正在增长。 ● 企业决定将利益局限在现有产品或市场领域，即使整个市场衰退也不允许销售额下降。 ● 其他企业由于各种原因离开了市场。 ● 企业拥有强大的市场地位，并且能够利用经验和能力来获得强有力的独特竞争优势。 ● 市场渗透战略对应的风险较低，高级管理者参与度较高，且需要的投资相对较少。

企业运用市场渗透战略的难易程度取决于市场的性质及竞争对手的市场地位。当整个市场正在增长时，拥有少量市场份额的企业提高质量和生产力并增加市场活动可能比较容易，而在市场处于停滞状态时则比较难。

2）市场开发战略——现有产品和新市场。市场开发战略是将现有产品或服务打入新市场的战略。企业必须在不同的市场上找到具有相同产品需求的顾客，往往会对产品定位和销售方法有所调整，但产品本身的核心技术不必改变。实施市场开发战略的主要途径包括开辟其他区域市场和细分市场，采用原因和适用情况如表3－6所示。

表3－6　市场开发战略

战略组合	采用原因	适用情况
现有产品和新市场	● 企业发现现有产品生产过程的性质导致其难以转向生产全新的产品。 ● 市场开发往往与产品改进结合在一起。 ● 现有市场或细分市场已经饱和。	● 存在未开发或未饱和的市场。 ● 可得到新的、可靠的、经济的和高质量的销售渠道。 ● 企业在现有经营领域十分成功。 ● 企业拥有扩大经营所需的资金和人力资源。 ● 企业存在过剩的生产能力。 ● 企业的主业属于正在迅速全球化的产业。

3）产品开发战略——新产品和现有市场。产品开发战略是在原有市场上进行技术改进并开发研制新产品。这种战略可以延长产品的生命周期，提高产品的差异化程度，满足新的市场需求，从而改善企业的竞争地位。

拥有特定细分市场、综合性不强、产品或服务范围窄小的企业可能会采用这一战略。产品开发战略有利于企业利用现有产品的声誉和商标吸引用户购买新产品。另外，产品开发战略不一定仅仅是对全新产品的开发，还包括对现有产品进行小小的改变。由于企业对现有市场较为了解，产品开发的针对性较强，因而较易取得成功。该战略的采用原因和适用情况如表3－7所示。

表3－7　产品开发战略

战略组合	采用原因	适用情况
新产品和现有市场	● 充分利用企业对市场的了解。 ● 保持相对于竞争对手的领先地位。 ● 从现有产品组合的不足中寻求新的机会。 ● 使企业能继续在现有市场中保持安全的地位。	● 企业产品具有较高的市场信誉度和顾客满意度。 ● 企业所在产业属于适宜创新的高速发展的高新技术产业。 ● 企业所在产业正处于高速增长阶段。 ● 企业具有较强的研究与开发能力。 ● 主要竞争对手以类似价格提供更高质量的产品。

(3) 多元化战略。多元化战略指企业进入与现有产品和市场不同的领域。当现有产品和市场不存在期望的增长空间时（例如受到地理条件限制、市场规模有限或竞争太过激烈），企业经常会考虑多元化战略。企业实施多元化战略一般有三个原因：1）以现有产品在现有市场上持续经营不能达到目标；2）以前以现有产品在现有市场上成功经营积累下来的资金超过了以现有产品在现有市场上扩张所需要的资金；3）多元化战略意味着更高的利润。

多元化战略的实质是不同类型产品与市场的优化组合。企业在充分利用其优点的同时，也必须充分认识实施多元化战略的风险，如表3-8所示。

表3-8 多元化战略的优点与风险

优点	风险
● 分散风险。 ● 易于从资本市场中获得融资。 ● 帮助企业找到新的增长点。 ● 利用未被充分利用的资源和盈余资金。 ● 获得资金或其他财务利益。 ● 企业的良好形象和声誉可以得到充分利用。	● 原有经营产业风险。资源分散导致原有经营产业面临风险。 ● 市场整体风险。不同产业可能面临共同的宏观风险。 ● 产业进入风险。企业进入新产业会面临风险。 ● 产业退出风险。企业可能深陷错误的投资项目，无法全身而退。 ● 内部经营整合风险。不同业务对管理机制的不同要求导致难以整合。

值得注意的是，多元化发展并不是企业成长过程中的必经阶段，也不应该被看成企业成功的标志。作为企业成长的一个重要方向，从单一行业经营到跨多个行业经营（即业务多元化）反映了企业战略意图和宗旨及战略内容的调整和改变，同时也会导致企业管理模式的相应调整和改变。

多元化战略可以分为相关多元化战略和非相关多元化战略。

1）相关多元化战略。相关多元化战略也称同心多元化战略，是指企业以现有业务或市场为基础进入相关产业或市场的战略。采用相关多元化战略有利于企业利用原有产业的产品知识、制造能力、营销渠道、营销技能等优势来获取融合优势，即相关业务或相关市场同时经营的盈利能力大于各自经营的盈利能力之和。当企业在产业或市场内具有较强的竞争优势，而该产业或市场的成长性或吸引力在逐渐下降时，比较适宜采用同心多元化战略。

2）非相关多元化战略。非相关多元化战略也称离心多元化战略，是指企业进入与当前产业和市场均不相关的领域的战略。如果企业当前产业或市场缺乏吸引力，而且企业不具备较强的能力转向相关产品或市场，较为现实的选择就是采用非相关多元化战略。采用非相关多元化战略的主要目标不是利用产品、技术、营销渠道等方面的共性，而是从财务上考虑平衡现金流或者获取新的利润增长点，规避产业或市场的发展风险。

案例分析

格力电器的多元化之路

格力电器的多元化战略在其业务中占据重要地位。这一战略体现为多元化产品线，不仅限于空调，还扩展到家电、高端装备、智能家居、绿色能源等领域，以满足不同消费者需求，降低市场风险。

首先，公司专注于核心业务，注重产品和技术的创新，紧跟市场需求。比如，在冰箱和洗衣机、厨房电器、生活家电等板块，格力电器推出了多款创新产品，如新二代热泵洗护机、智铂AI快烘洗干一体机等，这些都是紧贴消费者需求的创新产品。其次，公司通过产业链的延伸，涵盖了压缩机、电子元器件、家居装饰材料等，实现了垂直整合，提高了生产效率和降低成本。此外，格力电器通过收购格力钛，努力完善其新能源产业布局。格力电器在新能源商用车、专用车等领域布局，构建了一条涵盖锂电池材料、锂电池、新能源汽车核心零部件以及下游新能源整车、工商业储能、能源互联网系统的一体化产业链。最后，国际化战略也是其多元化战略的一部分，格力电器积极进军海外市场，不仅销售空调产品，还扩展到其他家电领域，提升了全球市场份额。

综上所述，格力电器通过多元化战略实现了对快速变化市场的适应，持续推动技术创新，以适应不断变化的市场条件。这一战略的实施为公司的可持续增长和多元化业务发展提供了坚实的基础。

资料来源：长乐财经．格力电器如何布局多元化产业，拓宽价值获取渠道．（2023-05-13）．https://baijiahao.baidu.com/s?id=1765772990883125296&wfr=spider&for=pc.

2. 稳定战略

稳定战略又称维持战略，是指限于经营环境和内部条件，企业在战略期所期望达到的经营状况基本保持在战略起点的水平上。稳定战略适用于对战略期环境的预测变化不大，且在前期经营中相当成功的企业。

采用稳定战略的企业不需要改变自己的使命和目标，只需要将资源集中于原有的经营范围和产品，以增加其竞争优势。稳定战略也有一定的风险，但风险总体较小。其主要优点与风险如表3-9所示。

表3-9 稳定战略的优点与风险

优点	风险
● 企业可以充分利用原有生产经营领域中的各种资源。 ● 减少开发新产品和新市场所需的巨大资金投入和面临的开发风险，避免重新配置和组合资源的成本投入。 ● 防止由于发展过快、过急陷入失衡状态。	● 一旦外部环境发生较大变动，企业战略目标、外部环境、企业实力三者之间就会失去平衡，使企业陷入困境。 ● 容易使企业减弱风险意识，甚至形成惧怕风险、回避风险的企业文化，降低企业对风险的敏感性和适应性。

3. 收缩战略

收缩战略也称更新战略、撤退战略，是指企业缩小原有经营范围和规模的战略，是偏离战略起点较大的一种经营战略。

采用收缩战略主要有以下原因，如表3-10所示。

表3-10 采用收缩战略的原因

原因	内容
主动原因	● 大企业战略重组的需要。为了筹措资本运营所需资金、改善企业投资回报率等，大型企业可能会重新调整业务组合。 ● 小企业的短期行为。小企业在基本实现目标后，可能不愿再承受继续经营的代价与风险。
被动原因	● 外部原因。产业走下坡路导致企业赖以生存的外部环境出现危机。 ● 企业（或企业某项业务）失去竞争优势。

（1）收缩战略的方式。收缩战略的方式主要有紧缩与集中战略、转向战略和放弃战略，如表3-11所示。

表3-11 收缩战略的方式与具体做法

方式	具体做法
紧缩与集中战略 集中于短期效益，主要涉及采取补救措施制止利润下滑，以期立即产生效果。	● 机制变革。如调整管理层领导班子；重新制定政策和管理控制系统等。 ● 财政和财务战略。如引进和建立有效的财务控制系统，严格控制现金流量等。 ● 削减成本。
转向战略 更多涉及企业的整个经营方向的改变。	● 重新定位或调整现有的产品和服务。 ● 调整营销策略，在价格、广告、渠道等环节推出新的举措。
放弃战略 涉及企业（或子公司）产权的变更，是比较彻底的撤退方式。	● 特许经营。企业将经营资源授予被特许经营的企业使用，收取特许经营费。 ● 分包。公司采用招标的方式让其他公司生产本公司的某种产品或者经营本公司的某种业务。 ● 卖断。母公司将业务单元卖给另一家企业，与其断绝一切关系。 ● 管理层与杠杆收购。公司把大部分业务卖给它的管理层或者另一家财团。 ● 拆产为股或分拆。将母公司的一部分分拆为战略性的法人实体，以多元持股的形式形成子公司的所有权，对子公司仍有很大的控制权。 ● 资产互换与战略贸易。所有权的转让是通过企业之间交换资产来实现的。

（2）收缩战略的困难。

1）对企业或业务状况的判断。收缩战略效果如何取决于对公司或业务状况判断的准确程度，这是一项难度很大的工作。

2）退出障碍。波特指出，企业通常面临几种主要的退出障碍，如表3-12所示。

表3-12 退出障碍

退出障碍	内容
固定资产的专用性程度	当资产涉及的具体业务或地点的专用性程度较高时，其清算价值会很低，或者转移及转换成本会很高，以致难以退出现有产业。
退出成本	包括劳工协议、重新安置成本、备件维修能力等。
内部战略联系	企业内某经营单位与企业其他单位在市场形象、市场营销能力、利用金融市场及设施共用等方面的内部相互联系。
感情障碍	企业在制定退出战略时会引发一些管理人员和职工的抵触情绪，因为企业的退出往往会使这些人的利益受损。
政府与社会约束	政府考虑到失业问题和对地区经济的影响，有时会出面反对或劝阻企业轻易退出的决策。

3.1.2 发展战略的实现途径

发展战略可选择的实现途径一般有三种：并购战略、新建战略与战略联盟。

1. 并购战略

并购包括兼并（merger）与收购（acquisition），是企业通过掌握对另一企业的控制权来实现自身发展的一种手段，是企业间展开的产权交易与资本运营行为。收购指一家企业（收购者）用现金、债券、股票等方式购买其他企业（被收购者）的股票或资产，以取得该企业经营或资产控制权。兼并指一家企业取得其他企业的产权，使其丧失法人资格或改变法人实体。

作为外延式发展主要手段的并购，可以为企业带来重要的转机和大的跨越，使企业在较短的时间内迅速适应市场的需求，完成经营扩张、实现规模效应。

企业并购有许多具体形式，可以从不同的角度加以分类，如表3-13所示。

表3-13 企业并购的分类

按并购双方所处的产业分类	
横向并购	指在同一产业链中，处于相同环节的企业间的并购，可以消除重复设施，提供系列产品或服务，实现优势互补，扩大市场份额。
纵向并购	指在经营对象上有密切联系，但处于不同产销阶段的企业之间的并购，可分为前向并购与后向并购。

续表

多元化并购	也称为混合并购，是指处于不同产业、在经营上也无密切联系的企业之间的并购。
按被并购方的态度分类	
友善并购	指并购方与被并购方通过友好协商确定并购条件，在双方意见基本一致的情况下实现产权转让的一类并购。
敌意并购	又叫恶意并购，通常指友好协商遭到拒绝后，并购方不顾被并购方的意愿采取强制手段，强行收购对方企业的一类并购。
按并购方的身份分类	
产业资本并购	一般由非金融企业进行，即非金融企业作为并购方，通过一定程序和渠道取得目标企业全部或部分资产所有权，目的是分享目标企业的产业利润。
金融资本并购	一般由投资银行或非银行金融机构（如金融投资企业、私募基金、风险投资基金等）进行，靠购入后售出企业的所有权来获得投资利润。
按收购资金的来源分类	
杠杆收购	主体资金来源是对外负债，在银行贷款或金融市场借贷的支持下完成。
非杠杆收购	主体资金来源是自有资金。

企业通常会出于一些动机采取并购战略，但最后可能会由于一些原因失败，如表3-14所示。

表3-14 并购战略的动机及失败原因

动机	失败原因
● 避开进入壁垒，迅速进入，争取市场机会，规避各种风险。 ● 获得协同效应。协同效应产生于互补资源，通常通过技术转移或经营活动共享来实现。 ● 克服企业负外部性，减少竞争，增强对市场的控制力。	● 决策不当，没有认真分析目标企业潜在的成本和收益。 ● 并购后不能很好地进行企业整合。 ● 支付过高的并购费用。 ● 跨国并购面临政治风险。

案例分析

中国建设银行的并购战略分析

中国建设银行（以下简称“中国建行”）的国际并购案例展示了中国建行在全球市场扩张的卓越能力。中国建行不仅在国内业务领域表现出色，还积极寻求国际多元化和全球增长机会。中国建行将焦点对准巴西这个具有巨大发展潜力的市场，通过并购摩根大通银行在巴西的分行，成功扩大其国际业务版图。

中国建行作为中国四大国有银行之一，拥有强大的国内业务，在追求国际多元化和全球市场份额扩张的愿景下，中国建行开始探索在新兴市场扩展。在这一背景下，中国建行将目光投向了巴西这个新兴市场，一个经济快速增长的国家。通过并购摩根大通银行在巴西的分行，中国建行成功将其国际业务扩展到巴西，为未来的全球增长奠定了坚实基础。

这一并购战略的成功得益于多个关键策略和步骤。首先，中国建行进行了广泛的市场研究和战略规划，以确保并购目标具有可持续性和增长潜力。其次，进行了严格的财务尽职调查，以评估目标公司的财务状况、风险和合规性，从而降低潜在风险。中国建行确保并购交易符合巴西和中国的法律和监管要求，降低法律风险。最后，中国建行致力于文化融合，确保员工和业务的平稳过渡，同时维护客户关系和提高绩效。除此之外，其成功因素包括抓住巴西经济增长机会，深入的市场研究、尽职调查和文化融合的执行能力，以确保并购的可持续性和增长潜力。法律合规性是成功的关键因素，有助于降低法律风险。通过这一综合的并购战略，中国建行不仅进一步扩大了其国际业务，提高了全球竞争力，而且为其未来的全球增长奠定了坚实基础。

资料来源：中国建设银行．建设银行综合化经营系列报道之五：走近建银国际．http://www1.ccb.com/cn/ccbtoday/ccbpaper/20150615_1434360865.html.

2. 新建战略

新建与并购相对应，是指企业在不收购其他企业的情况下利用自身的内部资源建立一个新的企业。企业采用新建战略的原因与缺点如表3-15所示。

表3-15 采用新建战略的原因与缺点

原因	缺点
● 开发新产品的过程能使企业深刻地了解市场及产品。 ● 不存在合适的收购对象。 ● 想保持统一的管理风格和企业文化。 ● 为管理者提供职业发展机会。 ● 代价较低，无须为商誉额外支付金额。 ● 有助于避免因收购产生隐性的或无法预测的损失。 ● 这可能是唯一合理的、能真正实现技术创新的方法。 ● 可以有计划地进行，很容易从企业资源中获得财务支持。 ● 风险较低，无须承担以前业主决策产生的后果。 ● 成本增速较慢，内部发展成本按时间分摊可能对企业会更有利。	● 与并购市场中的现有企业相比，在市场中增加了竞争者，可能会激化市场竞争。 ● 企业并不能接触到知名企业的知识及系统，可能会更有风险。 ● 从一开始就缺乏规模经济或经验曲线效应。 ● 如果市场发展非常快，内部发展会显得过于缓慢。 ● 进入新市场可能要面临非常高的障碍。

新建战略可能需要企业克服各类进入障碍，通常适用的条件是：产业处于不均衡状况，结构性障碍还没有完全建立；产业内现有企业的行为性障碍容易被制约；企业有能力克服结构性障碍与行为性障碍，或者企业克服障碍的代价小于企业获得的收益。

3. 战略联盟

战略联盟的概念是由美国DEC公司总裁简·霍普兰德和管理学家罗杰·奈格尔最早提出的。波特在《竞争优势》一书中指出："联盟是指企业之间进行长期合作，它超过了正常的市场交易，但又未达到合并的程度，联盟的方式包括技术许可生产、供应协定、营销协定和合资企业。"

战略联盟是两个或两个以上的企业在特定的时期和范围内，基于各自的战略目标，利用彼此的比较优势，通过协议、契约结成的资源利益共享、风险成本共担的一种松散型组织。战略联盟包括股权合资企业，还包括涉及生产、营销、分销、研发等的非股权协议。一旦发生并购，就意味着战略联盟的结束。战略联盟通常具有三个特征：从经济组织形式来看，战略联盟是介于企业与市场之间的一种"中间组织"。从企业关系来看，组建战略联盟的企业各方是在资源共享、优势相长、相互信任、相互独立的基础上通过事先达成协议结成的一种平等的合作伙伴关系。这种协作关系主要表现为：相互往来的平等性；合作关系的长期性；整体利益的互补性；组织形式的开放性。从企业行为来看，联盟是一种战略性的合作行为，是着眼于优化企业未来竞争环境的长远谋划。

（1）建立企业战略联盟的原因。有许多直接原因促使企业建立战略联盟，可归结为六个主要方面，如表3－16所示。

表3－16 建立企业战略联盟的直接原因

直接原因	概述
促进技术创新	企业可通过建立战略联盟的方式共同分担开发费。
避免经营风险	有利于提高信息传递的密度与速度，避免市场开发和研发的盲目性和创新资源的浪费。
避免或减少竞争	有利于形成新的竞争模式，以合作取代竞争，减少应对激烈竞争的高昂费用。
实现资源互补	企业通过战略联盟可实现资源共享、优势互补。
开拓新的市场	企业通过建立广泛的战略联盟可迅速实现经营范围的多样化和经营地区的扩张。
降低协调成本	与并购方式相比，战略联盟不需要进行企业整合，可以降低协调成本。

（2）战略联盟的主要类型。从股权参与和订立契约的角度来看，企业战略联

盟可以分为股权式战略联盟与契约式战略联盟。

股权式战略联盟有利于增强企业的资金实力，通过部分“拥有”对方的形式，增加双方的信任感和责任感，更利于长久合作，不足之处是灵活性差。

相比之下，契约式战略联盟由于更强调相关企业的协调与默契，更能体现战略联盟的本质特征。在经营的灵活性、自主权和经济效益等方面，它比股权式战略联盟具有更大的优越性。它也有一些先天不足，如企业对联盟的控制能力差、松散的组织缺乏稳定性和长远利益、联盟内成员之间的沟通不充分、组织效率低下等。

通常企业建立股权式战略联盟的方式有合资企业与相互持股投资，而功能性协议是契约式战略联盟的主要方式。各自含义和主要特点如表3-17所示。

表3-17 战略联盟的方式

类型	含义	主要特点
合资企业	指将各自不同的资产组合在一起进行生产，共担风险和共享收益。	更多地体现了联盟企业之间的战略意图，而并非仅限于寻求较高的投资回报率。
相互持股投资	通常是联盟成员之间通过交换彼此的股份建立起一种长期的相互合作的关系。	不需要将彼此的设备和人员加以合并，这种投资性的联盟仅持有对方少量的股份，联盟企业之间仍保持相对独立性，股权持有往往是双向的。
功能性协议	指企业之间决定在某些具体的领域进行合作。如特许经营，合作研究协议，市场营销和服务协议等。	属于契约式战略联盟，与前面两种股权参与的方式明显不同，有人称之为无资产性投资的战略联盟。

（3）战略联盟的风险。相对于并购，战略联盟的企业之间的关系比较松散。战略联盟带来的不仅仅是利益，也有风险，如表3-18所示。

表3-18 战略联盟的主要风险

主要风险	概述
合作目的的冲突	有些企业陈述的目的和它们的实际目的并不一致，因此一旦开始合作，这种目的的冲突就会表现出来，而且愈演愈烈。
合同不完善带来的风险	合作双方不可能在合作开始之前就预测到将来所有可能发生的事情，因此合同不可能非常详细，有可能导致各种纠纷。
合作双方的传统和文化冲突	如果合作双方原来的管理传统和企业文化很强大，就很容易在运作过程中产生矛盾。
双方的投入不对等带来的机会主义风险	合作的双方存在利益博弈。如果合作的企业有一方进行了专用资产的投资，而另一方没有进行，进行专用资产投资的一方就有可能因被“绑定”而处于劣势，因为专用资产可能只在某项特殊的用途中才有用。

(4) 战略联盟的管控。可以看到，建立战略联盟可能带来难以预料的风险。因此，订立协议以及管理联盟的效果是战略联盟能否实现预期目标的关键。

1) 订立协议。战略联盟通过订立契约或协议建立时，联盟各方能否遵守所签署的契约或协议主要靠企业的监督管理，发生纠纷时往往不会选择执行成本较高的法院判决或第三方仲裁，而是联盟之间自行商议解决。因此，订立协议时需要明确一些基本内容，包括：严格界定联盟的目标；周密设计联盟结构；准确评估投入的资产；规定违约责任和解散条款。

2) 建立合作信任的联盟关系。联盟企业之间必须相互信任，以双方利益最大化为导向，而不是以自身利益最大化为导向。信任可以降低联盟伙伴之间的监督成本，大大提升联盟成功的可能性，是影响和控制联盟伙伴行为的最有效手段。

3.2 业务单元战略

业务单元战略也称竞争战略，是管理层为取得某一特定业务领域的经营成功而制定的行动方案和经营模式，旨在通过聚焦于某个具体的行业或者特定的产品或市场，实现利润和市场占有率的最大化。

3.2 即测即评

竞争战略的制定者是各事业部、战略业务单元或子公司的经理。竞争战略着眼于某一事业部或子公司具体产品和市场的局部性战略问题，实质是经营单位采取恰当的行动，开发和建立各种能力和资源优势，以成功应对五种竞争力，获取超越平均水平的盈利。其核心是建立和加强公司在选定行业或市场中的竞争优势，最终将这种优势体现为市场上的竞争地位。因此，业务单元战略主要关心的问题是：(1) 顾客是谁？(2) 顾客的需求是什么？(3) 如何满足顾客需求？

3.2.1 基本竞争战略

为了获取竞争优势，各个公司采用的方法不同，对具体公司来说，其最佳战略是反映公司所处的内外部环境的独特产物。波特归纳了三种具有内部一致性的基本竞争战略，即成本领先战略、差异化战略和集中化战略。

1. 成本领先战略

成本领先战略又称低成本战略，是指企业通过在内部加强成本控制，在研发、生产、销售、服务和广告等方面把成本降到最低，使企业的总成本低于绝大多数竞争对手的成本，甚至成为同行业中成本最低者，从而获得竞争优势。一般而言，采用成本领先战略的企业提供的是相对标准化的产品或服务，这些产品或服务具备基本质量和大多数顾客可接受的特色，并具有竞争性的低价格。其基本逻辑是以大规模生产和经营来降低成本，再以低成本所支持的低价格来赢得市场，增加收入，最终实现盈利。

值得注意的是，低成本战略实施者要想获取可观的利润就面临两种选择：第一种选择是利用低成本优势制定比竞争对手低的产品或服务的价格，吸引大量对价格敏感的购买者，通过薄利多销提高总利润；第二种选择是使售价与竞争对手相同，维持现有的市场份额，但利用低成本优势提高单位产品的利润率，从而提高公司的总利润和总的投资回报率。

企业采用成本领先战略可以有效地应对产业中的五种竞争力，以低成本的优势获得高于行业平均水平的利润，具体优势如表 3-19 所示。

表 3-19　采用成本领先战略的优势

优势	概述
形成进入障碍	生产技术不熟练、经营上缺乏经验的企业，或缺乏规模经济的潜在进入者都很难进入此行业。
提高讨价还价能力	可以应付投入的资金和费用的增长，提高企业与供应商和购买者讨价还价的能力。
降低替代品的威胁	在与替代品竞争时可以凭借低成本的产品和服务吸引大量顾客，使企业处于有利的竞争地位。
保持领先的竞争地位	进行价格战时，企业可以在对手毫无利润的低价格水平上保持盈利，从而扩大市场份额，保持竞争优势。

实施成本领先战略需要满足一定条件，见表 3-20。

表 3-20　成本领先战略的实施条件

条件	要点
内部条件（资源和能力）	● 在规模经济显著的行业中使用生产设备来实现规模经济。 ● 降低要素成本。企业需要获得各种要素最优惠的供给价格。 ● 提高生产率。采用最新的技术、工艺或流程来降低成本和（或）改进生产力，充分利用学习曲线效应等。 ● 改进产品工艺设计。采用简单的产品设计，减少产品功能的同时又能充分满足消费者需要来降低成本。 ● 提高生产能力利用程度。生产能力利用程度能决定分摊在单位产品上的固定成本的多少。 ● 选择适宜的交易组织形式。根据不同的情况，在采取内部生产和靠市场获取两者中选择有助于降低成本的方式。 ● 重点集聚。企业集中力量于某一经营领域有助于提高资源的使用效率。
外部条件（市场条件）	● 产品具有较高的价格弹性，市场中存在大量对价格敏感的用户。 ● 行业中所有企业的产品都是标准化的，产品难以实现差异化。 ● 购买者不太关注品牌，大多数购买者以同样的方式使用产品。 ● 价格竞争是市场竞争的主要手段，消费者的转换成本较低。

采取成本领先战略可能会面临一定的风险：技术的变化可能使过去用于降低成本的投资（如扩大规模、工艺革新等）与积累的经验一笔勾销；行业的新加入者或追随者可以通过模仿或者对高技术水平设施进行投资，用较低的成本学习；市场需求从注重价格转向注重产品的品牌形象，使得企业原有的优势变为劣势。

案例分析

永辉超市的成本领先战略分析

永辉超市的成本领先战略在中国超市行业中很突出。首先，永辉超市通过精细的供应链管理，与供应商建立紧密合作，以获得有利的采购条件，从而降低采购和运输成本。其次，作为中国领先的超市连锁企业，永辉超市拥有巨大规模，能够实现规模效应，分摊固定成本，降低了相对于销售额的人力成本。永辉超市积极采用数字化技术，例如自动化收银和库存管理系统，提高了工作效率，减少了人力成本，同时降低了人为错误。永辉超市还引入了自有品牌产品，这些产品价格更低，但质量有保证，有助于吸引价格敏感型消费者，提高销售量，同时降低了采购成本。此外，永辉超市注重可持续经营实践，如节能照明和资源管理，降低了能源和资源的浪费，减少了相关成本。最重要的是，永辉超市采用多品牌战略，每个品牌针对不同细分市场，满足不同层次消费者的需求，有助于扩大市场份额。

综上所述，永辉超市的成本领先战略通过优化供应链、规模效应、数字化技术、自有品牌产品和可持续经营实践等多个方面的措施，降低了成本，提供了竞争力极强的价格，吸引了广泛的消费者，在超市竞争中保持了领先地位。

资料来源：占梦婷. 新零售模式下永辉超市战略成本管理研究. 南昌：江西财经大学，2023.

2. 差异化战略

差异化战略是指企业通过创造其产品或服务不同于竞争对手的顾客感知价值，取得竞争优势。实施差异化战略的关键是以竞争对手无法模仿或抗衡的方式创造顾客感知价值。为此，企业必须深入了解顾客，找到企业产品或服务的差异化方向，培育并保持为顾客创造独特价值的能力。当然，企业还必须让顾客感知产品或服务的独特价值，使其愿意以较高的价格购买，并形成较高的忠诚度。可见，差异化战略主要通过三个渠道获得高额收益：溢价销售产品或服务、产品或服务销量的提高、顾客对品牌的忠诚度。

需要指出的是，强调产品的差异化并不是说企业可以忽略产品成本，企业仍然需要控制一切对差异化优势没有贡献的成本，只不过此时的主要战略目标不是降低成本。

企业采用差异化战略可以很好地防御产业中的五种竞争力，获得超过平均水平的利润，如表3-21所示。

表3-21 采用差异化战略的优势

优势	概述
形成进入障碍	由于产品具有特色，顾客对产品具有很高的忠诚度，从而能形成强有力的进入障碍。
提高讨价还价的能力	企业可以产生较高的边际收益，降低总成本，提高对供应商讨价还价的能力。同时，由于购买者别无选择，其讨价还价能力会被削弱。
降低替代品的威胁	差异化战略通过提高产品的性能来提高产品的性价比，以抵御替代品的威胁。
保持领先的竞争地位	由于对企业产品和服务具有忠诚度，顾客对价格变化的敏感度不高，使企业在价格战中处于有利的竞争地位。

实施差异化战略一般需要满足的条件如表3-22所示。

表3-22 差异化战略的实施条件

外部条件	内部条件
● 产品能够充分地实现差异化，且为顾客所认可。 ● 顾客的需求是多样化的。 ● 企业所在产业技术变革较快，创新成为竞争的焦点。	● 具有强大的研发能力和产品设计能力。 ● 具有很强的市场营销能力，有很强的市场营销人员。 ● 有能够激发员工创造性的激励体制、管理体制和良好的创造性文化。 ● 具有从总体上提高某项经营业务的质量、树立产品形象、保持先进技术和建立完善分销渠道的能力。

采取差异化战略可能会面临一定的风险：企业形成产品差异化的成本过高，导致与实施成本领先战略的竞争对手的产品价格差距过大，购买者不愿意为差异化的产品支付较高的价格；市场需求发生变化，购买者需要的产品差异化程度下降，使企业失去竞争优势；竞争对手的模仿和进攻使已建立的差异缩小甚至转向，这是随着产业的成熟会产生的一个普遍现象。

案例分析

顺丰的差异化战略

2002—2003年SARS爆发时，由于人们不敢出门，顺丰在广深地区的快递业务量猛增，顺丰顺势与扬子江快运签下包机五架的协议，将快递业从水陆级别提升到空运级别。在这之后，顺丰凭借革命性的高效服务，货量增长迅速，每年增速都在50%左右。迅速增长的货量形成的规模优势抵销了包机增加的成本，这种良性循环进一步巩固了顺丰在速度方面的优势，一举奠定了顺丰在快递业的龙头地位。

2009年，顺丰建立了顺丰航空有限公司，并一次性购买两架属于自己的飞机，这是中国民营快递企业第一次拥有自己的飞机。2011年，顺丰的销售额达150亿元，员工多达15万人。顺丰坚持只做小件，在此基础上，直营、高端定位和空运成为顺丰大杀四方的三驾马车。

放眼国内，顺丰虽然快递营收不是最多，但其利润、品牌、技术和运营效率都已经达到行业的领先水平。2016年，顺丰利润为41亿元，大约等于"四通一达"之和。支撑顺丰高利润的是其快递单价，顺丰平均一个包裹的收入是23元，而全行业平均一个包裹的收入是7元。用户之所以愿意支付更高的价格，是因为顺丰的安全性和快捷服务质量远超同行。

资料来源：君临. 从送快递到坐上中国首富的王位，顺丰老板还有几步路要走？https://www.sohu.com/a/127345590_117959.

3. 集中化战略

当企业打算利用其核心竞争力满足某一特定行业细分市场的需求而不考虑其他需求时，可以采用集中化战略。集中化战略通过满足特定消费者群体的特殊需要，或者集中服务于某一有限的区域市场，来建立企业的竞争优势及其市场地位，中小企业比较适合采用此战略。

集中化战略的精髓在于"重点开发某一狭窄的目标市场的差异化需求，而不考虑行业内的其他市场"，通常可以分为两类：集中成本领先战略和集中差异化战略。

采用集中化战略会为企业带来一些优势与风险，如表3-23所示。

表3-23 集中化战略的优势与风险

优势	风险
● 帮助企业抵御行业五种竞争力。 ● 实力较弱的中小企业采用集中化战略能增强竞争优势。 ● 大企业采用集中化战略能够避免与竞争对手正面冲突，使企业处于竞争的缓冲地带。	● 狭小的目标市场导致的风险。狭小的目标市场难以支撑必要的生产规模，集中化战略可能带来高成本。 ● 购买者群体之间需求差异变小。目标市场与总体市场在产品或服务需求上差别变小，集中化战略的基础可能会随之消失。 ● 竞争对手的进入与竞争。竞争对手可能也会采取集中化战略，或者从企业的目标市场中找到可以再细分的市场，并以此为目标来实施集中化战略，从而使企业失去优势。

在具备下列几个条件时，企业适合采用集中化战略：

(1) 具有完全不同的用户群，这些用户或有不同的需求，或以不同的方式使用产品。

（2）目标市场在市场容量、成长速度、获利能力、竞争强度等方面具有相对的吸引力。

（3）在相同的目标细分市场中，其他竞争对手不打算实施集中化战略。

（4）企业的资源不允许其在整个行业内实现成本领先或差异化。

（5）行业中各细分市场在规模、成长率、获利能力方面存在很大差异，使某些细分市场比其他市场更有吸引力。

案例分析

传音手机的集中化战略分析

传音手机（Transsion Holdings）是一家中国移动通信设备制造商，采用集中化战略，专注于满足新兴市场尤其是非洲地区的通信需求。传音手机成立于2006年，成为非洲市场的主要手机制造商之一，通过不断创新、本地化和提供价格实惠的手机，成功吸引了当地消费者。其根据当地消费者的需求，专门进行非洲人面部数据采集，加入了为黑人拍照准备的曝光补偿等功能，当地人用传音手机拍出来的照片，能拍出发亮的巧克力肤色。除此之外，防汗功能的手机屏幕、多加扬声器的本土音乐手机和附赠的头戴式耳机，都是传音手机为了适应市场而研发出的特色功能。同时，推出双卡双待、低成本高压快充技术、超长待机等功能，准确捕捉了市场需求和痛点。借助大规模的广告宣传，传音手机在非洲市场迅速崭露头角，提高了该品牌手机的普及率，被誉为“非洲手机之王”。

总体而言，传音手机的集中化战略的成功实施不仅有赖于技术创新和产品满足市场需求，更在于深入了解当地市场，准确洞察消费者需求。其为非洲市场提高了手机普及率、增加了品牌认知度、创造了就业机会和推动企业承担起社会责任。

资料来源：云科技．传音在新兴市场拓展加速，探索多元机会迎接挑战．http://news.sohu.com/a/691340500_121489117.

3.2.2 战略钟

在实践中，企业试图利用基本竞争战略的概念选择实际战略时会遇到很多问题。这三种基本竞争战略在应对企业遇到的实际情况时过于宽泛，企业采取的战略并不能简单地归纳为其中的任何一种。

1966年克利夫·鲍曼（Cliff Bowman）将这些问题纳入一个体系内，称这一体系为“战略钟”。他在同意波特提出的竞争优势来源于成本优势或者差异化优势这一观点的前提下，提出另一种分析企业竞争优势的方法。他认为，假如不同公司的产品或服务的可获得性大致相同，那么顾客选择从某个公司而不是其他公司购买该产品或服务可能是因为：（1）该产品或服务的价格低于竞争对手的价格；（2）顾客认为该产品或服务提供了比竞争对手更高的价值或更大的收益。

基于这两项因素衍生出的获得竞争优势的几个一般性战略选择，便构成了战略钟。

战略钟图将产品价格作为横坐标，顾客对产品的认可价值作为纵坐标，将企业的竞争战略选择在这一坐标图上用八种途径表现出来，如图3-3和表3-24所示。

3.2.3 蓝海战略

蓝海是相对于红海而言的。一般情况下，企业竞争战略研究的重点是现有红海市场和已知的竞争对手，研究如何通过合理的战略定位来获取竞争优势。不论企业采用低成本战略还是差异化战略，随着行业竞争日趋激烈，产品和竞争战略逐渐成熟，企业试图通过传统竞争方式获利的空间会越来越小。因此，跳出传统的思维定式避开竞争，开拓一片新的市场空间，是企业实现持续发展的一条重要途径。

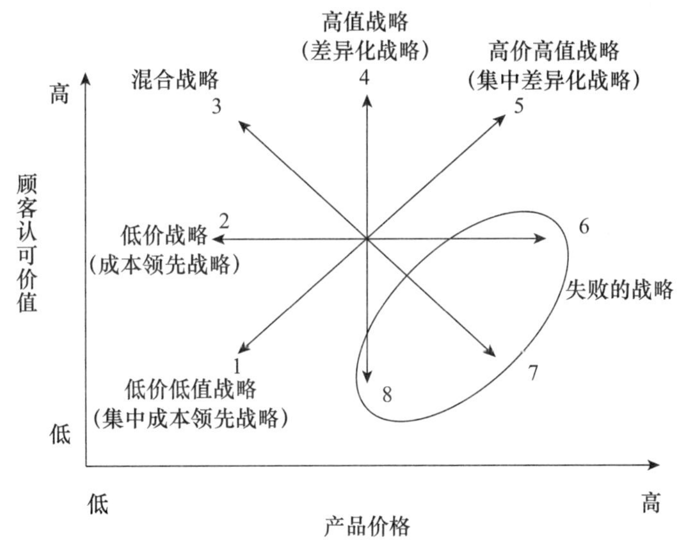

图3-3 战略钟图

表3-24 战略钟的八种途径

成本领先战略	
途径1	低价低值（集中成本领先）战略是指将低价格、低顾客认可价值和对价格比较敏感的细分市场的关注结合在一起的战略。该战略之所以可行，主要是因为可能的确存在这样一个细分市场，其中的客户意识到该细分市场中的产品或服务的质量较低，但他们无力购买或不愿意购买质量更好的产品或服务。
途径2	低价（成本领先）战略是指在使自己的产品或服务的价值与竞争对手大致相似的同时，以低于竞争对手的价格出售产品或服务。

续表

混合战略	
途径 3	混合战略是指在实现差异化的同时，又保持价格低于竞争对手的战略。采用途径 3 的企业在为顾客提供较高认可价值的同时保持低价格，这种高品质低价格的战略能否成功，既取决于企业理解和满足客户需求的能力，又取决于其是否有保持低价格的成本基础，并且是否难以被模仿。
差异化战略	
途径 4	高值（差异化）战略也是企业广泛使用的战略，目标是通过以相同价格提供更好的产品或服务来赢得比竞争对手更大的市场份额（及由此带来的收益）。
途径 5	高价高值（集中差异化）战略则是以特别高的价格为顾客提供更高的认可价值，但是这样的竞争战略意味着企业只能在特定的细分市场中经营和竞争。
失败的战略	
途径 6	在不提高顾客认可价值的情况下提高价格（许多垄断组织采用该战略），除非采用这种战略的企业受到法律或很高的经济准入壁垒的保护，否则竞争很可能会导致其市场份额下降。
途径 7	具有灾难性，因为它在提高价格的同时降低了产品或服务的价值。
途径 8	在保持价格不变的同时降低价值，其风险在于有竞争对手提供的优质产品作为参照，顾客终究会辨别出产品的优劣。

W. 钱 · 金（W. Chan Kim）和勒妮 · 莫博涅（Renée Mauborgne）在《蓝海战略》一书中指出：蓝海战略是战略范式的转变，是企业从给定结构下的定位选择向改变市场结构本身的转变，要求企业把视线从市场的供给一方转向需求一方，由此开创新的无人竞争的市场空间。通过跨越现有竞争边界看市场，以及对不同市场中被买方认可的价值要素进行筛选和重新排序，提供创新产品和服务，企业有可能重建市场和行业边界，开启巨大的潜在需求，从而摆脱红海的竞争。

1. 蓝海战略中的价值创新

实施蓝海战略的企业并不将战胜竞争对手作为自己的目标，而是遵循价值创新的战略逻辑。价值创新是蓝海战略的基石。在这种战略逻辑的指导下，企业不是把精力放在应付激烈的竞争上，而是全力为买方和企业自身创造价值，由此开创新的无人争抢的市场空间，彻底摆脱竞争。

价值创新不拘泥于创新，而是一种战略，是关系企业各方面活动的一整套体系。价值创新要求企业让整套体系都朝着为买方和企业自身实现价值飞跃而运转。缺少这种整体性的方法，创新就无法接近战略的核心。事实上，蓝海战略绝非局限于业务单元战略（或竞争战略），它注重对行业和市场边界的重建，因而更多地涉及公司战略。表3－25概括了红海战略和蓝海战略各自的重要特点。

表3－25 红海战略和蓝海战略的重要特点

红海战略	蓝海战略
在现有市场空间内竞争	开拓新的市场空间
打败竞争对手	规避竞争
开发现有需求	创造新需求
在价值与成本之间权衡取舍	打破价值与成本间的平衡
选择并实施差异化或低成本战略	同时追求差异化和低成本

2. 蓝海战略制定与实施的原则

尽管蓝海的重要性与日俱增，人们却普遍认为，企业在涉足已有行业以外的空间时成功率会相对较低。问题的关键是如何在蓝海中获得成功，即企业该如何系统地使机会最大化，同时使制定和执行蓝海战略的风险最小化。

在蓝海中取胜需要一套系统的原则和分析框架来降低所面对的风险。表3－26列举了指导蓝海战略制定与执行的原则以及这些原则降低的风险。

表3－26 蓝海战略的六项原则

蓝海战略制定原则	各原则降低的风险
重建市场边界	找寻的风险
注重全局而非数字	规划的风险
超越现有需求	规模的风险
遵循合理的战略顺序	商业模式的风险
蓝海战略执行原则	各原则降低的风险
克服关键组织障碍	组织的风险
将战略执行作为战略的一部分	管理的风险

3. 重建市场边界的基本法则——六条路径框架

蓝海战略的第一条原则就是重建市场边界，以摆脱竞争，开创蓝海。这条原则解决了令很多企业感到棘手的找寻的风险问题。企业面临的挑战是如何从纷繁复杂的可能性中找出在商业上有信服力的蓝海机会。

要找到机会，企业必须冲破那些限制其该如何竞争的现有边界。企业决策者不能受制于现有边界看问题，而是要跨越现有边界系统地看市场，实现开创蓝海的目的。W. 钱·金和勒妮·莫博涅发现了六条重新构建市场边界的基本法则，称作六条路径框架，如表3－27所示。

表 3-27 六条路径框架

路径	名称	概述
路径一	跨越他择行业	他择品的概念要比替代品更广，包括功能和形式都不同但目的相同的产品或服务。
路径二	跨越战略群组	战略群组是行业中的一组战略类似的企业。运用战略群组图可以预测市场变化或发现战略机会。
路径三	跨越行业的买方群体	行业中的企业通常会集中面对某一类买方群体。挑战行业中有关目标买方群体的成规，可以引领企业发现崭新的蓝海。
路径四	跨越互补性产品和服务	产品或服务很少会被单独使用。多数情况下，它们的价值会受到别的产品或服务的影响。在大多数行业中，相互竞争的企业都不约而同地局限于行业自身的产品和服务项目，在互补产品或服务背后常常隐藏着巨大的价值。
路径五	跨越针对卖方的功能与情感导向	一些企业主要在价格和功能上竞争，关注的是给客户带来的效用，是理性的；一些企业主要针对客户的感觉，是感性的。如果企业愿意挑战行业中已经存在的功能或情感导向，就会发现新的市场空间。
路径六	跨越时间	随着时间的推移，很多行业都会受到外部趋势的影响，例如互联网的崛起。启发蓝海战略的关键灵感很少来自预测趋势本身，而是源于从商业角度洞悉这样的趋势将如何改变顾客获得的价值，如何影响企业的商业模式。跨越时间看市场，也许就能开创新的蓝海。

案例分析

中国电力建设集团的蓝海战略分析

中国电力建设集团（简称“中国电建”）的智能化城市蓝海战略展示了国有企业如何在新兴领域实现创新和可持续增长，通过实施蓝海战略捕捉市场机会。作为中国最大的电力工程建设企业之一，中国电建从传统电力工程领域迈向智能化城市建设领域，充分抓住中国城市化进程和智能技术快速发展的机遇。

中国电建战略的执行涵盖了多个关键领域。首先，中国电建积极争取智能城市建设项目，包括智能交通、智能能源管理、智能建筑等，通过部署物联网、大数据分析和人工智能技术，提高城市的可持续性和生活质量。其次，与国内外科技企业建立合作伙伴关系，共同研发智能化城市解决方案，同时鼓励内部创新，推动智能化城市项目创意的产生。中国电建还将智能化城市建设经验推向国际市场，积极参与其他国家的智能化城市项目，促进中国智能技术的国际输出。

中国电建能够顺利实施蓝海战略离不开相关政策、市场和技术的支持。中国政府提出智能城市发展政策，为中国电建进军这一领域提供了政策支持和市场机会。市场需求也是推动其战略成功的关键因素，中国城市化进程和智能技术的迅速发展，使市场对智能化城市解决方案的需求迅速增加。此外，中国电建在电力工程领域积累了丰富的技术和经验，具备了在智能化城市项目中的竞争力。

中国电建的智能化城市蓝海战略不仅帮助企业在传统领域维持领先地位，而且在新兴领域建立了强大的市场地位。中国电建通过创新和多元化，实现了可持续增长，彰显了蓝海战略的成功实施，也为中国城市发展和智能技术的全面推广做出了杰出贡献。

资料来源：基建通．325 亿：中国电建重大战略布局！（2022-02-22）. https://baijiahao.baidu.com/s?id=1725442971331558165&wfr=spider&for=pc.

3.3 职能战略

3.3 即测即评

随着现代管理日趋复杂和困难，企业职能部门的作用越来越重要。企业职能战略亦称职能部门战略或职能层战略，是在企业总体战略的指导下由中层管理人员参与制定的战略，是总体战略在专门职能方面的落实和具体化，是为贯彻、实施和保证总体战略和业务单元战略而在企业特定管理领域制定的具体战略。制定职能战略的目的，是使企业中各职能部门的管理人员更加清楚本职能部门在实施企业总体战略中的责任和要求，通过有效地行使人力资源、市场营销、生产运营、财务、采购和研发等方面的职能，保证企业战略目标的实现。

3.3.1 市场营销战略

市场营销战略是企业市场营销部门根据公司总体战略与业务单元战略规划，在综合考虑外部市场机会与内部资源状况等因素的基础上，确定目标市场，设计相应的市场营销组合策略，并有效实施和控制的过程（见图 3-4）。

1. 确定目标市场

确定目标市场的主要工作是进行市场细分、目标市场选择和市场定位。

（1）市场细分。市场细分指的是企业根据消费者的差异性，按照某种标准把消费者总体划分为若干购买群体的过程。市场细分的方法并不唯一。市场营销者必须单独或联合运用多种细分变量，找出考察市场结构的最佳方法。表 3-28 和表 3-29 分别是消费者市场细分变量和产业市场细分变量。

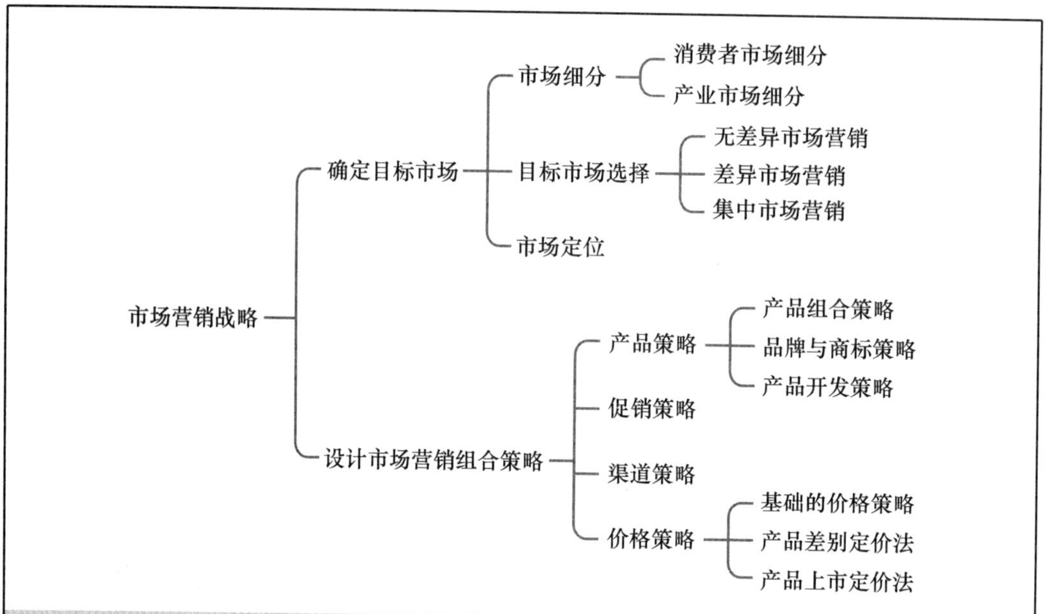

图 3－4　市场营销战略

表 3－28　消费者市场细分变量

细分变量	概述
地理	按照消费者所在的地理位置以及其他地理变量（包括城市农村、地形、气候、人口密度、交通运输等）来细分消费者市场。
人口	将市场按年龄、性别、家庭规模、收入、职业、教育、宗教、种族和国籍等人口统计因素分为多个群体。
心理	根据社会阶层、生活方式或个性特征将消费者划分为不同的群体。具有相同人口特征的人在心理模式上可能有很大差异。
行为	按照消费者购买或使用某种产品的时机、消费者所追求的利益、使用者的情况、消费者对某种产品的使用率、消费者对品牌（或商店）的忠诚度、消费者待购阶段和消费者对产品的态度等行为变量，将消费者划分为不同的群体。

表 3－29　产业市场细分变量

细分变量	概述
最终用户	在产业市场上，不同的最终用户对同一种产品的市场营销策略组合往往有不同的要求。
顾客规模	在现代市场营销实践中，许多公司会建立适当的制度来分别与大顾客和小顾客打交道。
其他变量	许多公司实际上不是用一个变量而是用几个变量甚至一系列变量来细分产业市场。

（2）目标市场选择。市场细分有助于企业识别细分市场的机会。随后，企业必须评价各个细分市场，决定自己能够最好地服务于哪些细分市场，在此基础上

选择要进入的市场部分，即目标市场。

评价细分市场时，企业必须考虑三类因素：细分市场的规模和增长潜力、细分市场的结构吸引力，以及企业的目标和资源。企业应当首先收集和分析各个细分市场的资料，包括细分市场当前的销售量、增长速度和预期的盈利水平等。企业往往更加青睐那些具有恰当规模和增长速度的细分市场。

在评价细分市场之后，企业在决定为多少个子市场服务即确定其目标市场涵盖战略时，可以有不同的层次，如表3-30所示。

表3-30 目标市场涵盖战略

目标市场涵盖战略层次	概述
无差异市场营销	企业决定忽略细分市场的差异，用一种产品或服务满足整个市场。这种大众营销战略注重消费者需求的共性而非个性。公司为吸引绝大多数消费者而设计产品和市场营销策略。
差异市场营销	公司决定瞄准几个细分市场并分别为它们设计不同的产品或服务，在渠道、促销和定价方面加以改变，以适应各个子市场的需要。
集中市场营销	企业集中所有力量，以一个或少数几个性质相似的子市场作为目标市场，试图在较少的子市场上占领较大的市场份额。

上述三种目标市场涵盖战略事实上是企业业务单元战略中的三种基本战略在营销战略中的体现。

(3) 市场定位。除了决定将要进入哪一个细分市场，企业还必须确定它希望产品在目标市场中占据什么位置。市场定位是消费者根据产品的重要属性定义产品的方式——相对于竞争产品，公司产品在消费者心目中占据的位置。

市场定位的主要方法和考虑因素如表3-31所示。

表3-31 市场定位的主要方法和考虑因素

主要方法	考虑因素
● 根据属性和利益定位 ● 根据价格和质量定位 ● 根据用途定位 ● 根据使用者定位 ● 根据产品档次定位 ● 根据竞争局势定位 ● 采用各种方法组合定位等	● 企业将自己的品牌从一个子市场转移到另一个子市场时的全部费用 ● 企业将自己的品牌定在新位置上的收入有多少，收入多少又取决于该子市场上的购买者和竞争者情况，取决于在该子市场上销售价格能定多高等

2. 设计市场营销组合策略

市场营销组合（marketing mix）是现代营销中最重要的概念之一，指公司为使目标市场产生预期反应而整合使用的一系列策略性营销工具。公司为营销产品所采取的一切措施构成了营销组合。这些措施可以归纳为四个变量（4P），即产品、价格、渠道和促销。

也有观点认为4P的概念是站在卖方而非买方的角度看待市场。从买方的视角看，在当今这个强调顾客价值和关系的时代，4P最好描述为4C（见表3-32）。

表3-32　市场营销组合的4P与4C

4P	4C
产品（product）	顾客解决之道（customer solution）
价格（price）	顾客成本（customer cost）
渠道（place）	便利（convenience）
促销（promotion）	沟通（communication）

市场营销者认为自己在出售产品，顾客却认为自己购买的是价值或为自己的问题寻求解决之道。顾客不仅对价格感兴趣，更关心获得、使用和处理产品所需要的全部成本。顾客希望尽可能方便地购买到所需产品和服务。市场营销者应该首先从消费者的角度思考4C，以此为基础再制定自己的4P。

（1）产品策略。产品策略包括产品组合策略、品牌与商标策略和产品开发策略。

1）产品组合策略。产品组合是指企业生产或销售的全部产品线和产品项目的组合。产品线（又称产品大类）是一组密切相关的产品，它们以相似的方式发挥效用，销售给相同的顾客群体，通过相同类型的渠道进行分销，属于既定的价格区间。产品项目是指某一品牌或产品大类内由尺码、价格、外观及其他属性来区别的具体产品。

企业在调整和优化产品组合时，依据不同情况，可选择不同策略。

第一，扩大产品组合。包括拓展产品组合的宽度和加大产品组合的深度。

第二，缩减产品组合。从产品组合中剔除那些获利很小甚至亏损的产品大类或产品项目，使企业可以集中力量发展获得利润较多的产品大类或产品项目。

第三，产品延伸。指全部或部分地改变公司原有产品的市场定位，具体做法有向下延伸、向上延伸和双向延伸。最初定位于高端市场的产品可能会向下延伸以填补现有的市场空缺。

2）品牌与商标策略。专业营销人士最独特的技能就在于建立和管理品牌的能力。品牌是用于识别产品或服务的生产者或销售者的名称、术语、标记、符号、设计或者上述因素的组合。消费者将品牌视为产品的重要组成部分，品牌管理能够为产品增加价值。消费者赋予品牌含义，并且维持与品牌的关系，因此品牌的意义远远超过产品的物质属性。

企业可采用的品牌与商标策略如表3-33所示。

表 3-33　品牌与商标策略

策略	概述
单一的品牌名称	企业对所有产品都使用同一品牌，从而简化新产品上市的过程，无须为新产品建立新的品牌认知度。
每个产品都有不同的品牌名称	如果企业生产的产品在市场中的定位明显不同，或者市场高度细分，则企业通常对每个产品采用不同的品牌名称。
自有品牌	许多零售商销售自有品牌商品，以使客户建立对该零售商而不是产品生产商的忠诚度。

3）产品开发策略。新产品通常是指企业新开发的产品、改进或调整的产品以及新品牌产品。无论是对消费者还是营销人员而言，新产品都很重要：它们将新的解决办法和多样化带到生活当中，也是企业成长的重要来源。企业可以通过两种途径获得新产品：一是直接获取——购买其他企业、专利或生产许可等；二是通过企业自身的研发努力进行产品开发。

企业进行产品开发通常是因为：企业具有较高的市场份额和较强的品牌实力，并具有独特的竞争优势；市场有增长潜力；只有新产品才是满足客户不断变化的需求、防止产品被淘汰的唯一途径；需要进行技术开发；企业需要对市场竞争做出反应。

（2）促销策略。企业的市场营销活动远不止创造顾客价值，还需要借助促销活动与目标顾客沟通产品价值，说服他们购买。促销的目的包括：赢得潜在客户的注意；产生利益；激发客户的购买渴望；刺激客户的购买行为。促销不是一种简单的工具，而是多种工具的组合，如表 3-34 所示。

表 3-34　促销策略工具

工具	概述
广告促销	在媒体上投放广告，使潜在客户对企业产品和服务产生良好印象。广告促销要仔细考虑广告的地点、时间、频率和形式。
营业推广	采用非媒体促销手段，为鼓励购买或销售产品和服务而进行短期激励活动，如折扣、赠品等。
公关宣传	通常指宣传企业形象，树立良好的企业形象，处理或应对不利的流言、事故和事件，与公司的各种利益相关团体建立良好的关系。
人员推销	公司的销售人员为实现销售和建立客户关系而对商品进行介绍和展示。
直复营销与数字营销	与仔细确定的个体消费者和消费者社群直接沟通并传递产品信息，以获得即刻反馈，培养持久的客户关系。

（3）渠道策略。渠道策略包括企业为将自己的产品送达目标消费者而进行的各种活动。渠道有两种类型：1）直接渠道，指产品无须利用中间商直接从生产商

到消费者；2）间接渠道，指利用中间商（批发商、零售商或两者兼有）的分销系统进行分销。

生产商之所以利用中间商，是因为后者在为目标市场提供产品方面具有更高的效率。凭借其关系、经验、专业知识和经营规模，中间商能帮助生产商消除产品、服务与那些需要它们的消费者之间在时间、空间和所有权上的差距，并通过消除这些差距实现增值。

（4）价格策略。如果说有效的产品开发、促销和渠道播撒了成功的种子，有效的定价就是收获。运用市场营销组合的其他活动成功地创造顾客价值的企业，必须通过适当的价格策略获得回报。

企业有三种基础的价格策略：基于顾客价值的定价、基于成本的定价和基于竞争的定价，如表3-35所示。

表3-35 价格策略

价格策略	概述
基于顾客价值的定价	将顾客的价值感知作为定价的依据，意味着营销者不可以先设计产品和市场营销方案，再制定价格。在制定市场营销方案之前，营销者就应该全面考虑营销组合变量，包括价格。
基于成本的定价	指在生产、分销和销售产品的成本基础上加上目标回报率来制定价格。成本是企业价格策略中的重要因素。
基于竞争的定价	涉及根据竞争者的战略、成本、价格以及产品和服务制定价格。消费者往往根据竞争产品的价格来判断一种产品的价值。

此外，还有一些其他的定价方法：

1）产品差别定价法。企业为了实现收益最大化对市场中的类似产品制定不同的价格，如表3-36所示。

表3-36 产品差别定价法

定价法	应用案例
基于细分市场定价	学生和老年人乘坐交通工具享受打折优惠。
基于地点定价	剧院的座位通常根据位置来定价。
基于产品的版本定价	移动电话能通过一个品牌吸引多样化的客户，并根据产品的屏幕、电池、处理器等不同配置进行定价。
基于时间定价	空调、电扇等产品可根据不同季节给予折扣。
动态定价	产品的价格根据与正常需求相比的现有需求的变化定价，如航空公司的机票价格。

2）产品上市定价法。产品上市定价法的两个常见价格策略为渗透定价法和撇脂定价法，如表3-37所示。

表 3-37　产品上市定价法

定价法	概述
渗透定价法	指通过一个非常低的价格将新产品投放市场，以便抢占销售渠道和消费者群体，使竞争者较难进入市场，通过牺牲短期利润来换取长期利润。企业通过缩短产品生命周期的最初阶段尽快进入成长期和成熟期。
撇脂定价法	指在新产品上市之初定价较高，随着生产能力的提高逐渐降低价格。这一方法旨在在产品生命周期的早期获取较高的利润。

案例分析

OPPO的营销战略

在当今线上销售的浪潮下，OPPO利用铺天盖地的广告和庞大的线下销售渠道，在竞争激烈的智能手机市场中开创一片天地。大到一线城市的百货商场，小到五线城市的偏僻集市，都能看到OPPO标志性的绿色人偶在店门前揽客。橱窗上当红流量明星的海报和门店里不知疲惫的销售人员吸引了一批又一批消费者。

2014年OPPO新机第一次推出了VOOC闪充的概念，主打高充电速度。“充电五分钟，通话两小时”的广告语随着各大综艺真人秀节目火遍了街头巷尾。2015年，在李易峰、鹿晗的代言下，OPPO推出的新款手机知名度飞速提升，产品一度供不应求。

无论是密集的广告投放，还是精美的包装，又或是其主推的拍照功能，OPPO不仅知晓消费者究竟需要什么，而且能通过自身的技术积累快速推出满足消费者需求的产品。

资料来源：白沛然. 破茧成蝶的过程　OPPO智能手机发展史. 泡泡网，2016-11-24.

3.3.2　研究与开发战略

研究与开发（简称研发）被定义为组织层面的企业创新，目的是改良产品或流程。研究与开发可以是需求拉动，即由市场的新需求拉动创新，这需要市场营销部门与研发部门协调；也可以是技术推动，即创新来自对发明的应用。研究可以是基础研究、应用型研究和开发型研究，如表3-38所示。

表 3-38　基础研究、应用型研究和开发型研究

类型	概述
基础研究	指为了取得新的科学技术知识的初始研究，没有明显的商业用途或实际目的。
应用型研究	指具有明显的商业用途或实际目的的研究。
开发型研究	指在开始商业运作之前利用现有的科学技术知识生产新产品或系统。

1. 研发的类型

研发有两种类型：产品研发和流程研发。

产品研发也称新产品开发，是竞争优势的主要来源，是实施差异化战略的企业的战略保障体系中的关键环节，但新产品开发可能要花费大量的资金，必须谨慎控制开发过程。

流程研发关注生产产品或提供服务的流程，旨在建立有效的流程，以节约资金和时间，提高生产率。流程研发对提高质量管理水平至关重要，无论对于实施成本领先战略的企业，还是对于实施差异化战略的企业，流程管理都是必不可少的。

2. 研发的战略作用

本书前面阐述的几个主要战略模型都体现了研发的战略作用，如表3-39所示。

表3-39 研发的战略作用

战略模型	研发的战略作用
波特的基本战略	产品创新是产品差异化的来源。流程创新使企业能够采用成本领先战略或差异化战略。
波特的价值链	研发被纳入价值链的支持性活动中。提供低成本的产品或改良的差异化产品可以强化价值链。
安索夫矩阵	研发支持四个战略象限。可以通过产品求精来实施市场渗透战略和市场开发战略，产品开发和产品多元化需要更显著的产品创新。
产品生命周期	产品研发会加速现有产品的衰退，需要研发为企业提供替代产品。

3. 研发战略的定位

企业研发战略至少存在三种定位：

（1）成为向市场推出新技术产品的行业领先者。这种研发战略的风险较大。

（2）成为成功产品的创新模仿者。这种研发战略的启动风险和成本最小，需要有先驱企业开发第一代新产品并证明存在该产品的市场。

（3）成为成功产品的低成本生产者。这种研发战略要求企业对工厂和设备不断进行投资，与前两种战略相比，其所需的研发费用较低。

3.3.3 生产运营战略

生产运营战略是企业为了实现总体战略而对生产运营系统的建立、运行，以及为了通过生产运营系统来实现组织整体目标而制定的行动纲领。

1. 生产运营战略涉及的主要因素和阶段

从横向来看，所有生产运营流程都会涉及转化过程，但是转化过程可能有所不同，会影响企业的运营管理和方式，如表3-40所示。

表3-40 生产运营流程的要素

要素	差异	对企业运营管理和方式的影响
批量	较高的投入或产出批量	生产运营流程可以成为资本密集型流程，实现工作专门化并具有完备的系统指导工作的完成，单位成本应当较低。
	较低的投入或产出批量	每名员工都要执行一项以上的任务，无法实现专业化。在这种流程中，系统化程度较低，与高批量情况相比，单位产出成本较高。
种类（企业提供的产品或服务的范围）	种类繁多	企业具有灵活性并能够适应个别客户的需求，但企业的工作会变得较为复杂，并且单位成本较高。
	种类有限	企业可以对生产运营流程进行明确限定，生产运营流程具有标准化、常规的运营程序及较低的单位成本，但企业在适应客户差异化需求时灵活性较差。
需求变动	需求变动较大	生产运营会产生产能利用率的问题。生产运营流程应尽量预测需求变动并相应调整产量。
	需求稳定	生产运营流程更可能实现较高的产能利用率，并且成本会相应较低。
可见性（生产运营流程为客户所见的程度）	可见性高	需要较多的员工，且要求员工具备良好的沟通技巧和人际关系技巧，因而运营费用较高。例如许多对客户高度可见的服务流程。
	可见性低	需要的员工数量较少，运营费用也较低。

2. 生产流程计划

生产流程通常会涉及企业总资产中的大部分资产。大部分战略实施流程都发生在生产现场，以下几个方面的生产流程决策对战略实施的成败具有重大影响：工厂规模、工厂地点、产品设计、设备的选择、工具的类型、库存规模、库存控制、质量控制、成本控制、标准的使用、工作专业化、员工培训、设备与资源利用、运输与包装以及技术创新。

在研究工厂地点和生产设备之前必须考虑的因素包括：主要资源的可利用性、该地区的当前平均工资水平、与收发货物相关的交通费用、主要市场的地点、该地区所在国家的政治风险以及可用的培训过的员工。对于高技术企业而言，由于经常需要改变主要产品，生产成本与生产灵活性同等重要。某些行业（比如生物技术和整形外科等）依赖的生产体系必须具有足够的灵活性，以使其能够实现频繁的产品变更和新产品的快速引入。

3. 产能计划

产能是指企业在一定的时期内，在一定的技术和组织条件下，能生产的一定种类产品或服务的最大产量。产能计划是指确定企业所需的生产能力以满足其产品不断变化的需求的过程。产能计划的类型包括领先策略、滞后策略和匹配策略，如表3－41所示。

表3－41 产能计划的类型

类型	概述
领先策略	指根据对需求增长的预期增加产能。领先策略是一种进攻性策略，目标是将客户从企业的竞争者手中吸引过来。这种策略的潜在劣势在于通常会产生过量产能，会导致企业成本上升。
滞后策略	指仅在企业因需求增长而要满负荷生产或超额生产时才增加产能。该策略是一种相对保守的策略，能降低产能过剩的风险，但也可能导致潜在客户流失。
匹配策略	指少量地增加产能来应对市场需求的变化，是一种比较稳健的策略。

一般来说，有三种平衡产能与需求的方法，如表3－42所示。

表3－42 平衡产能与需求的方法

方法	概述
资源订单式生产	在需求不确定时，企业仅在需要时才购买所需材料并开始生产所需的产品或提供所需的服务。
订单生产式生产	在某些情况下，企业可能对未来需求的上涨非常有信心，从而持有为满足未来订单所需的一种或多种存货，但企业在实际收到订单之后才开始生产产品或提供服务。
库存生产式生产	许多企业在收到订单之前或在知道需求量之前就开始生产产品或提供服务。这种情况在制造型企业很常见。

4. 准时制生产系统

准时制生产（just in time，JIT）是日本丰田汽车公司在20世纪60年代实行的一种生产方式，1973年以后，JIT帮助丰田汽车公司度过第一次能源危机，引起其他国家生产企业的重视，逐渐在欧洲和美国的日资企业及当地企业中推行开来。现在JIT与源自日本的其他生产、流通方式一起被西方企业称为日本化模式。

JIT的核心是追求零库存的生产系统，或使库存达到最小的生产系统。其基本思想可概括为：无论“客户”是产品的最终用户还是生产线上的其他流程，“在需要的时候，按需要的量生产所需的产品”。采用JIT时，配送到生产现场的部件和材料正是生产所需，企业不会为防止发生配送延迟的情况而储备材料和部件。

JIT 理论通常包含下列要素：

（1）不断改进。目标是尽快满足需求，提供最佳质量，同时避免浪费。

（2）消除浪费。浪费共有七种类型：生产过剩的浪费；等待的浪费；搬运的浪费；加工的浪费；库存的浪费；动作的浪费；不良产品的浪费。

（3）良好的工作场所整理。工作场所整洁、有条理。

（4）缩短生产准备时间。增加灵活性并使小批量生产成为可能。

（5）企业所有员工的参与。其理念应被企业所有员工接受。

JIT 系统的优缺点如表 3-43 所示。

表 3-43 JIT 系统的优点与缺点

优点	缺点
● 低库存量减少了仓储空间，从而节约了租赁和保险费用。 ● 仅在需要时才取得存货，降低了花在存货上的运营成本。 ● 降低了存货变质、陈旧或过时的可能性。 ● 避免需求突然变动导致大量产成品无法出售的情况出现。 ● 强调第一次就执行正确的工作理念，减少检查和对他人生产的产品进行返工的时间。	● 仅为不合格产品返工预留最少量的库存，一旦生产环节出错，弥补空间较小。 ● 对供应商的依赖性较强，如果供应商没有按时配货，整个生产计划都会被延误。 ● 按照实际订单生产所有产品，并无备用的产成品来满足预期之外的订单。

3.3.4 采购战略

采购指企业取得所用的材料资源和业务服务的过程。采购的流程包括：识别潜在供应商；对潜在供应商进行评价；招标；报价；对价格及支付事项进行谈判；下订单；跟踪已下达的订单；检查进货；向供应商付款。

1. 货源策略

企业在决定应从哪个供应商进行采购时可以考虑的策略如表 3-44 所示。

表 3-44 货源策略

货源策略	优点	缺点
单一货源策略	● 采购方能与供应商建立较为稳固的关系。 ● 便于信息的保密。 ● 能产生规模经济。 ● 随着与供应商关系的深入，采购方更可能获得高质量的货源。	● 若无其他供应商，该供应商的议价能力就会增强。 ● 采购方容易受到供应中断的影响。 ● 供应商容易受到订单量变动的影响。

续表

货源策略	优点	缺点
多货源策略	● 能够取得更多的知识和专门技术。 ● 一个供应商出现供货中断产生的影响较小。 ● 供应商之间的竞争有利于对供应商压价。	● 难以制订出有效的质量保证计划。 ● 供应商的承诺水平较低。 ● 忽略了规模经济。
由供应商负责交付完整的子部件策略	● 允许利用外部专家和外部技术。 ● 可为内部员工安排其他任务。 ● 采购主体能够就规模经济进行谈判。	● 第一阶供应商处于重要地位。 ● 竞争者能够使用相同的供应商，因此企业在货源上不太可能取得竞争优势。

2. 采购组合

企业可通过考虑以下四个方面来取得最佳采购组合，如表3－45所示。

表3－45 采购组合

方面	采购组合
质量	应向生产部门询问制造流程所要求的产品质量，并向营销部门询问客户能接受的产品质量。所采购的部件是产品质量的重要组成部分。
数量	在确定采购订单的大小和时间时，应综合考虑保有库存的成本和库存不足导致的生产延误。
价格	短期有利的价格趋势会影响购买决策，采购时应时刻关注一段时期内的最佳值，即应考虑质量、交货、订单的紧急程度、库存保有要求等。
交货	下达订单与交付订单之间的产品交付期对实现有效的库存控制和生产计划至关重要。企业还应评估供应商交货安排的可靠性。

3.3.5 人力资源战略

1. 人力资源规划

人力资源规划是对企业在某个时期内的人员供给和人员需求进行预测，并根据预测的结果制定相应的措施来平衡人力资源的供需。要准确地理解人力资源规划的含义，必须认识到人力资源规划要在企业发展战略和经营规划的基础上进行，必须以企业的战略目标为坐标。

人力资源规划主要包括人力资源总体规划和人力资源业务规划两个方面。

（1）人力资源总体规划，指对计划期内人力资源规划结果的总体描述，包括预测的需求和供给分别是多少，做出这些预测的依据是什么，供给和需求的比较结果是什么，企业平衡供需的指导原则和总体政策是什么等。总体规划中最主要的内容就是供给和需求的比较结果，也可以称作净需求。进行人力资源规划的目的就是得出这一结果。

(2) 人力资源业务规划，是总体规划的分解和具体化，包括人员补充计划、人员配置计划、人员接替和提升计划、人员培训开发计划、工资激励计划、员工关系计划和退休解聘计划等。每一项业务规划都应当制定自己的目标、任务和实施步骤，它们的有效实施是总体规划得以实现的重要保证。

为了达到预期目的，在进行人力资源规划时需要符合一定的程序，包括准备阶段、预测阶段和制定阶段，如表3-46所示。

表3-46 人力资源规划的程序

程序	概述
准备阶段	影响人力资源供给和需求的因素有很多，为了能够比较准确地做出预测，需要收集和调查各种相关信息，主要包括企业外部环境和内部环境的信息及现有人力资源信息，并借助完善的人力资源信息系统对人力资源信息进行及时更新、修正。
预测阶段	在充分掌握信息的基础上，采用以定量分析为主结合定性分析的科学预测方法，预测企业未来某一时期的人力资源供求。
制定阶段	在做出供给和需求预测以后，要根据两者之间的比较结果，通过人力资源总体规划和业务规划，制定平衡供需的措施。

2. 员工招聘

招聘是指在企业总体发展战略规划的指导下，制订相应的职位空缺计划，并决定如何寻找合适的人员来填补职位空缺，实质就是让潜在的合格人员对本企业的相关职位产生兴趣并前来应聘这些职位。

招聘计划应在人力资源规划的基础上制订。具体内容包括确定本次招聘的目的，描述招聘的岗位及要求、人员的需求量和条件等，明确招聘对象的来源，确定传播招聘信息的方式，确定招聘组织人员、参与面试人员，确定招聘的时间和新员工进入组织的时间，确定招聘经费预算等。

企业在具体招聘时可以采用内部招聘或外部招聘。对于企业来说，这两种招聘方式各有利弊，需要针对企业特点与招聘对象采取不同的招聘方式。

(1) 内部招聘，是指在企业内部寻找企业所需要的人才。企业本身是一个人才的蓄水池，由于工作和岗位的局限，很多人才的优点未被发现，因此内部招聘最重要的方式是竞聘上岗且通常是职位晋升。这种方式通常适用于管理或行政性质的职位，其优缺点如表3-47所示。

（2）外部招聘，是从劳动力市场上寻找并吸收符合本企业标准的人员。一般而言，外部招聘的优缺点与内部招聘正好相反，但是应注意，当企业无法在内部找到拥有特殊技术和技能的员工时，外部招聘必不可少。在某种程度上，外部招聘对于补充人员非常必要，也许能给企业带来新的思想和不同的工作方法。但是外部招聘的人员很可能难以改变其做事方式且难以适应新技术和新方法。

表 3-47　内部招聘的优缺点

优点	缺点
● 保持企业内部的稳定性，避免引起企业文化和价值观的碰撞。 ● 内部招聘的员工能够更迅速地进入工作状态，节约培训的时间。 ● 调动员工积极性，提升员工忠诚度，有助于鼓舞员工的整体士气。 ● 对于现有员工的信息和数据掌握得比较充分，能更加准确地判断其是否适合该工作。 ● 节约大量招聘和选拔时间及费用。	● 难以为企业带来有助于其发展的新理念和新思维，影响企业的活力和竞争力。 ● 在企业高速发展时，容易出现以次充优。 ● 未被选拔的员工容易产生负面情绪，造成管理困难。 ● 可能导致人才选拔受限制。企业外部可能存在更适合此项工作的人才。 ● 内部招聘机制可能诱发拉关系或骄傲自满等不良习气。

3. 绩效评估

绩效是指人们在一定时间和条件下完成某一任务时所取得的工作业绩、效果和效益。其表现形式多种多样，企业主要通过工作的效果、目标的实现程度和达成效率三个方面来计量绩效。员工的工作绩效是其自身各项素质的综合体现，是个人素质与工作环境相互作用的产物。

绩效评估是注重工作的过程还是结果，取决于组织的文化，取决于组织想通过绩效评估达到什么样的目的。针对不同的关注重点，考核的内容各有侧重，通常可以采用以下几种方法，如表 3-48 所示。

表 3-48　绩效评估方法

评估方法	概述
员工的等级评定	根据员工的总体绩效为员工评级。
评级量表	将个人绩效拆分成若干特征或绩效领域，比如可接受的工作数量、工作质量以及主动性等。
核对表	给评分者一份与工作绩效相关的表述清单。评分者必须对每个员工做出最恰当的表述。
自由报告	让每个员工完成一份报告，这样可以在评估过程中给予其充分的自由。
评估面谈	通常与上述评分方法结合使用，向员工及时反馈并讨论提高其未来绩效所需采取的措施，是评估过程中的一个关键环节。

4. 员工培训

员工培训是指组织对员工进行有计划、有针对性的教育和训练。培训旨在提高员工与工作相关的知识、技能、能力以及态度等，以适应并胜任职位工作。根据组织内外部环境的特点，采用科学的方法，有计划、有组织、有重点地进行全员培训，特别是对有发展潜力的未来管理人员进行培训，是组织人力资源管理中的一项重要工作。

员工培训的流程包括：培训需求分析、培训计划设计、培训实施和培训结果评估。

（1）培训需求分析。为了确保培训适时且能集中在重要问题上，企业管理者应该进行系统的需求分析，包括组织分析、任务分析及人员分析，如表 3－49 所示。

表 3－49　培训需求分析

需求分析	概述
组织分析	指对组织所处的环境、采用的策略及资源情况进行检查，以确定组织存在的问题与问题产生的根源，确定培训重点。
任务分析	包括查看职务描述和职务说明书，分析执行每项特定的工作进行的各项活动及必需的各种能力，任务分析通常比工作分析更详细，总体目的决定培训计划的具体内容。
人员分析	指决定培训人选的过程，即决定哪一位员工需要培训，哪一位不需要培训。进行人员分析时经常要用到绩效评估的资料，需要对绩效不佳的深层原因进行分析。

（2）培训计划设计。培训计划的设计分为三步：课程描述；设置培训目标，也就是明确培训计划的预期效果，为培训计划提供明确的方向和依循的构架；设计培训方案，包括每次培训希望达到的效果、参训人员的特点、培训内容和方法、预算、步骤和时间安排等。

（3）培训结果的评估。在培训结束后，应对培训结果进行评估，包括四个方面：反应评估；学习评估；行为评估；结果评估。通过这些评估，企业可以找出受训者究竟有哪些收获和提高，还可找出培训不足，为下一次培训提供资料，使企业培训活动良性循环。在评估时采用的主要方法有：员工提交培训总结；召开座谈会；征集意见；检查员工行为改进情况；撰写培训结果评估报告。

案例分析

华为：以奋斗者为本

在华为公司的文件中有这样一条规定：公司的价值分配体系要向奋斗者、贡献者倾斜，给火车头加满油。敢于打破陈规陋习，敢于向优秀的奋斗者、成功的实践者、有贡献者倾斜。在华为，资深员工每年的收入不一定比新员工高。在

2017年华为荣耀奖励方案中，如果有突出贡献，新员工也可以拿到23级员工的奖金。据粗略估算，华为23级员工的季度奖金近百万元。公司只看贡献，上不封顶。优秀新员工只要切实做出突出业绩，就会被提拔。曾有员工在来到华为的第三年即获得机会出任东北大区负责人。

在目标执行过程中，华为的管理人员既要设定管理目标，又要对员工进行个人绩效辅导，帮助其梳理职位职责，不断与员工沟通。这样一来，管理者可以与员工共同跟踪绩效结果，努力发现问题、解决问题，达到或超越制定的绩效目标。公司的绩效辅导会贯穿绩效管理的全过程。在设定目标时，职能部门、管理人员、员工的意见都会得到充分重视。员工的绩效产出相比没有进行绩效辅导的员工会高出很多，员工与管理者更容易对绩效结果达成共识。

资料来源：根据相关资料整理。

3.3.6 财务战略

1. 财务战略的概念

财务战略作为企业职能战略之一，关注的焦点是企业资金的合理配置与有效使用，这是财务战略与其他各种战略的本质区别。企业战略可以分为财务战略和经营战略两类。财务战略属于财务管理的范畴，为公司的总体战略服务，主要考虑财务领域全局的、长期的发展方向问题，并以此区别于传统的财务管理。

财务战略可以分为筹资战略和资金管理战略。狭义的财务战略仅指筹资战略，包括资本结构决策、筹资来源决策和股利分配决策等。

2. 财务战略的选择

（1）基于产品生命周期的财务战略选择。

1）产品生命周期不同阶段的财务战略。尽管战略应该着眼于企业未来长期稳定的发展，但这并不意味着战略是一成不变的，同样，财务战略的选择必须考虑产品生命周期不同阶段的经营风险和财务特征，根据企业环境的变化及时进行调整，以保证企业长期稳定发展。根据产品生命周期的不同阶段，企业应选择不同的财务战略。

企业在产品生命周期不同阶段具有不同的经营特征，如表3-50所示。

表3-50 企业在产品生命周期不同阶段的经营特征

项目	产品生命周期			
	导入期	成长期	成熟期	衰退期
经营风险	非常高	高	中等	低
财务风险	非常低	低	中等	高

续表

项目	产品生命周期			
	导入期	成长期	成熟期	衰退期
资本结构	权益融资	主要是权益融资	权益+债务融资	权益+债务融资
资金来源	风险资本	权益融资增加	保留盈余+债务	债务
股利	不分配	分配率低	分配率高	全部分配
市盈率	非常高	高	中	低
股价	迅速升高	升高并波动	稳定	下降并波动

①导入期。导入期是经营风险最高的阶段，但财务风险比较低，因此权益融资最合适。风险投资者愿意将资本投资于处于导入期的产品，是因为预期未来盈利能力会出现高增长。这一阶段宜不分配或少分配股利。

②成长期。一旦新产品或服务成功进入市场，销售数量开始快速增长。产品整体风险的降低表明需要调整企业战略。经营风险尽管比导入期有所降低，但仍然很高，因此要控制资金来源的财务风险就需要继续使用权益融资。

③成熟期。当产品进入成熟期，产品销售额很大且相对稳定，利润也较合理，企业经营风险再次降低，可以承担中等财务风险，同时企业开始出现大量正现金净流量，这些变化使企业可以使用负债而不只是权益筹资。在这一时期，企业现金流量充足，筹资能力强，可以采取稳健的高股利分配策略，提高股利支付率，并且以发放现金股利为主。

④衰退期。在产品衰退期，企业仍可继续保持较高的负债率，而不必调整激进的资本结构，同时，应进一步提高股利支付率。

2）财务风险与经营风险的搭配。经营风险的大小是由特定的经营战略决定的，财务风险的大小是由资本结构决定的，它们共同决定了企业的总风险。经营风险与财务风险的搭配从逻辑上可以划分为四种类型，如表3-51所示。

表3-51 经营风险与财务风险的搭配

风险搭配	总体风险程度
高经营风险与高财务风险	很高
这种搭配符合风险投资者的要求，他们只需要投入很少的权益资本就可以开始冒险活动，博取极高的收益。这种搭配不符合债权人的要求，因为债权人投入绝大部分资金，不想让企业从事风险巨大的投资：如果侥幸成功，他们只得到以利息为基础的有限回报，大部分收益归权益投资人；如果失败，他们将无法收回本金。	
高经营风险与低财务风险	中等
这种资本结构对于权益投资人而言有较高的风险，但会有较高的预期报酬，符合他们的要求。不超过清算资产价值的债务对债权人而言通常是可以接受的。	

续表

风险搭配	总体风险程度
低经营风险与高财务风险	中等
权益投资人希望“利用别人的钱来赚钱”，愿意提高负债权益比例，因此可以接受这种风险搭配。经营风险低的企业有稳定的经营现金流入，可以为偿债提供保障，债权人可以为其提供较多的贷款。	
低经营风险与低财务风险	很低
对于债权人来说，这是一种理想的资本结构，可以放心为企业提供贷款。权益投资人很难认同这种搭配，因为企业投资资本回报率和财务杠杆都较低，自然权益报酬率也不会高。有这种资本结构的企业是理想的收购目标，收购者购入企业之后不必改变其经营战略，只要改变财务战略就可以增加企业价值。	

值得注意的是，权益筹资对于投资人来说风险大，而对于企业来说风险小。企业没有必须偿还权益投资的法定义务，可以给股东分红，也可以不分红，有很大弹性。债务筹资对于债权人来说风险小，而对于企业来说风险大。企业必须按合同约定偿还债务本金，没有弹性。

总体来说，企业应根据产品生命周期进行财务风险和经营风险的反向搭配，并根据各阶段的风险特点做出相应的融资决策和股利分配决策。

（2）基于创造价值或增长率的财务战略选择。创造价值是财务管理的目标，也是财务战略管理的目标。鉴于财务战略是影响企业价值可持续增长的重要动因，对于日益追求价值可持续增长的企业来说，构建可持续增长的价值创造财务模型是财务战略管理的关键。

1）影响价值创造的主要因素。

①市场增加值。市场增加值（market value added，MVA）是计量企业价值创造的有效指标，即在某一时点上，企业资本（包括所有者权益和负债）的市场价值与占用资本的账面价值之间的差额。这个差额是企业活动创造的，是用市场价值衡量的企业价值增加额。

$$企业市场增加值=企业资本市场价值-企业占用资本$$

式中，企业资本市场价值是权益资本和负债资本的市价之和；企业占用资本是企业占用的权益资本和负债资本的账面价值之和。

严格来说，企业资本市场价值最大化并不意味着创造价值。如果股东和债权人投入更多资本，即使没有创造价值，企业总的资本市场价值也会变得更大。关键要看投入的资本是否由于企业的活动增加了价值。

既然在利率不变的情况下，企业市场增加值最大化与股东财富最大化具有同等意义，那么管理人员应努力增加企业市场价值。企业市场增加值的计算公式还可以写为：

$$企业市场增加值=\frac{(投资资本回报率-资本成本)\times投资资本}{资本成本-增长率}$$

这里的企业市场增加值与经济增加值（即经济利润，economic value added，EVA）有联系。经济增加值分年计量，而市场增加值是预期各年经济增加值的现值。

$$经济增加值=(投资资本回报率-资本成本)\times投资资本$$

$$市场增加值=\frac{经济增加值}{资本成本-增长率}$$

综上所述，通过市场增加值影响企业价值创造的因素有三个，如表3-52所示。

表3-52 影响企业价值创造的因素

因素	概述
投资资本回报率	反映企业的盈利能力，由投资活动和经营活动决定。
资本成本	通过加权平均资本成本计量，反映权益投资人和债权人的期望值，由股东和债权人的期望以及资本结构决定。
增长率	通过预期增长率计量，由外部环境和企业的竞争力决定。

与投资资本回报率及资本成本不同的是，增长率的高低只影响创造（或减损）价值的多少，而不能决定企业是否创造价值。因此，高增长率的企业也可能损害股东价值，低增长率的企业也可能创造价值，关键在于投资资本回报率是否超过资本成本。此外，增长率的高低可以决定企业是否需要筹资，这是制定财务战略的重要依据。

②销售增长率、筹资需求与价值创造。在资产周转率、销售净利率、资本结构、股利支付率不变并且不增发及回购股份的情况下，企业可能出现现金短缺、现金剩余和现金平衡三种现象，如表3-53所示。

表3-53 现金短缺、现金剩余与现金平衡

现象	概述
现金短缺	销售增长率超过可持续增长率。我们将这种增长状态定义为高速增长。这里的“现金短缺”是指在当期的经营效率和财务政策下现金不足以支持销售增长，需要通过提高经营效率、改变财务政策或增发股份来平衡现金流动。
现金剩余	销售增长率低于可持续增长率。我们将这种增长状态定义为缓慢增长。这里的“现金剩余”是指在当前的经营效率和财务政策下现金超过了支持销售增长的需要，剩余的现金需要投资于可以创造价值的项目（包括扩大现有业务的规模或开发新的项目），或者还给股东。

续表

现象	概述
现金平衡	销售增长率等于可持续增长率。我们将这种增长状态定义为均衡增长。有序的“现金平衡”是指在当前的经营效率和财务政策下现金与销售增长的需要可以保持平衡。这是一种理论上的状态，现实中是不存在的。

从财务战略目标考虑，必须区分两种现金短缺：一种是创造价值的现金短缺；另一种是减损价值的现金短缺。对于前者，应当设法筹资以支持高增长，创造市场增加值；对于后者，应当提高可持续增长率以减少价值减损。

同理，也有两种现金剩余：一种是创造价值的现金剩余，企业应当用这些现金提高股东价值增长率，创造更多的价值；另一种是减损价值的现金剩余，企业应当把现金还给股东，避免更多的价值减损。

综上所述，影响价值创造的因素主要有：投资资本回报率、资本成本、增长率、可持续增长率。它们是影响财务战略选择的主要因素，也是管理者为增加企业价值可以操作的主要内容。

2）价值创造和增长率矩阵。根据以上分析，我们可以通过一个矩阵把价值创造（投资资本回报率－资本成本）和现金余缺（销售增长率－可持续增长率）联系起来。该矩阵称为财务战略矩阵，可以作为评价和制定战略的分析工具，如图3－5所示。

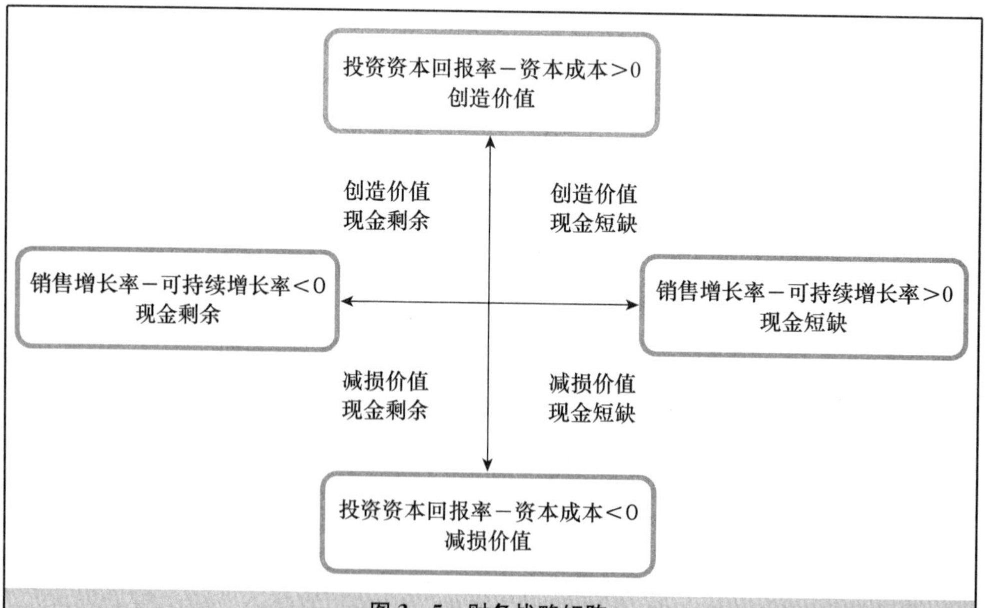

图3－5 财务战略矩阵

财务战略矩阵假设一个企业有一个或多个业务单元。纵坐标是一个业务单元的投资资本回报率与资本成本的差额，实际上就是EVA，也就是经济增加值，财务战略矩阵用该指标来评价公司的价值增减状况。如果 EVA 大于零，说明一个业务单元的税后净经营利润大于资金成本，该业务单元为股东创造价值；如果 EVA 小于零，说明企业的税后净经营利润不能够弥补其资金成本，该业务单元减损股东价值。

财务战略矩阵的横坐标用销售增长率减去可持续增长率来表示，用以衡量企业资源的耗费状况。可持续增长率是指不增发新股并保持目前经营效率和财务政策条件下公司销售可以实现的最高增长率。如果销售增长率大于可持续增长率，说明企业销售带来的现金流量不能维持其自身发展，现金短缺；反之则表示企业销售带来的现金流量可以满足自身发展需要，企业有剩余现金。

据此建立的矩阵有四个象限，处于不同象限的业务单元（或企业）应当选择不同的财务战略。

①第一象限：增值型现金短缺的财务战略选择。该象限业务往往处于成长期，一方面能够带来企业价值增值，另一方面其产生的现金流量不足以支持业务增长，会产生现金短缺的问题。在这种情况下，业务增长越快，现金短缺越严重。

如果预计现金短缺会持续较长时间，不能用短期借款来解决，企业必须采取战略性措施解决现金短缺问题。长期高速增长的现金问题有两种解决途径：一是提高可持续增长率，使之向销售增长率靠拢；二是增加权益资本，提供增长所需的现金。有关的财务战略选择如表 3-54 所示。

表 3-54 增值型现金短缺的财务战略选择

财务战略选择		概述
提高可持续增长率	提高经营效率	提高经营效率是应对现金短缺的首选战略。它不但可以增加现金流入，还可以减少增长所需的现金数额。企业需要改变经营战略，采取降低成本、提高价格、减少营运资金、剥离资产、改变供货渠道等措施，实现突破性的改善。
	改变财务政策	改变财务政策也可以暂时缓解现金短缺，如停止支付股利、增加借款等。
增加权益资本	增发股票	争取新的权益资本投入，配股或增发都可以获得大量的现金流入，但昂贵的股权资本成本使得企业必须增加负债资金来降低资本成本，并保持最优资本结构。
	兼并成熟企业	兼并现金牛企业，即那些增长缓慢、有多余现金的企业。

②第二象限：增值型现金剩余的财务战略选择。该象限业务往往能随着企业发展产生持续增长的现金净流量，足以满足企业自身发展的需求，即该业务单元能够为企业带来价值增值。这里的关键问题是能否利用剩余现金迅速增长，使销售增长率接近可持续增长率。这时企业可以选择加速增长或分配现金剩余，如表 3-55 所示。

表3-55 增值型现金剩余的财务战略选择

财务战略选择	概述
加速增长	加速增长可以增加股东财富，因此首选的战略是利用剩余现金促进业务增长，可以通过内部投资和收购相关业务来实现。
分配现金剩余	如果找不到进一步投资的机会，企业应通过增加股利支付、回购股份等途径把这些现金返还给股东，使他们可以选择其他创造价值的投资。

③第三象限：减损型现金剩余的财务战略选择。该象限业务虽然能够产生足够的现金流量维持自身发展，但是业务的增长反而会降低企业的价值，这是业务处于衰退期的前兆。减损型现金剩余的主要问题是盈利能力差，而不是增长率低，简单的加速增长很可能有害无益。应分析盈利能力差的原因，寻找提高投资资本回报率或降低资本成本的途径，使投资资本回报率超过资本成本。减损型现金剩余的财务战略选择如表3-56所示。

表3-56 减损型现金剩余的财务战略选择

财务战略选择	概述
提高投资资本回报率	这是企业首选的战略。需要仔细分析经营业绩，寻找提高投资资本回报率的途径。提高投资资本回报率的途径有：提高税后经营利润率，包括扩大规模、提高价格、控制成本等；提高经营资产周转率，如降低应收账款和存货等资金占用。
降低资本成本	在提高投资资本回报率的同时，审查目前的资本结构政策，如果负债比率不当，可以适度调整，以降低平均资本成本。
出售业务单元	如果企业不能提高投资资本回报率或者降低资本成本，无法扭转价值减损的状态，就应当出售业务单元。

④第四象限：减损型现金短缺的财务战略选择。该象限业务既不能带来企业价值的增值，又不能支持业务自身的发展，由于业务增长缓慢，企业会遇到现金短缺问题。这种情况不能通过扩大销售得到改变。由于股东财富和现金都在被吞食，企业需要快速解决问题。有关的财务战略选择如表3-57所示。

表3-57 减损型现金短缺的财务战略选择

财务战略选择	概述
彻底重组	如果盈利能力低是企业独有的问题，则企业应在仔细分析经营业绩、找到价值减损和不能充分增长的内部原因后，对业务进行彻底重组。这样做的风险是，如果重组失败，股东将蒙受更大损失。
出售	如果盈利能力低是由整个行业的衰退引起的，企业无法对抗市场衰退的自然结局，则应尽快出售以减少损失。即使是企业独有的问题，由于企业缺乏核心竞争力，无法扭转价值减损的局面，也需要选择出售。

3.4　特殊的企业战略选择

3.4.1　国际化经营战略

3.4 即测即评

第二次世界大战结束后，商业贸易发展成为全球经济的主流诉求，自 1950 年起，世界商品贸易总量的增速就超过了世界经济增速，并在 70 年代实现爆发式增长，跨国公司随之出现。在国际化初级阶段，国际化经营的主要形态就是出口。为服务出口活动，公司会在国外建立办事处或分公司，抑或建立合资或全资的销售子公司，并在母公司设立专门处理相关业务的职能部门。随着出口的扩大和业务需要，相关职能部门从母公司独立出来自主运作。随着贸易量的进一步扩大，基于降低成本和规避贸易壁垒的需要，企业开始在海外建厂，并将母公司原来的部分管理职能转移至海外公司，海外公司的独立程度更高，通过更加深入的属地融合实现进一步发展。为了克服国际化的局限性，企业更强调不同子公司之间、子公司与母公司之间的战略协作，通过联盟、并购、股权投资及非股权投资等多种形式，使企业国际化战略落地生根。

1. 企业国际化经营动因

进入 21 世纪，随着发展中国家企业国际化经营现象日益增多，关于企业国际化经营动因的研究成为关注的焦点。2006 年联合国贸易和发展会议（UNCTAD）发表的《世界投资报告》对发展中经济体和转型期经济体日益成为世界重要的对外投资来源这一趋势进行了调查与研究，提出了影响发展中国家跨国公司对外投资决策的四大动机与三大竞争优势，具体如表 3－58 所示。

表 3－58　发展中国家跨国公司对外投资的动机和主要竞争优势

发展中国家跨国公司对外投资的动机	寻求资源：因担心关键资源和经济扩展的投入将会出现短缺，一些政府鼓励跨国公司向具有丰富资源的国家投资，以获得重要原材料。
	寻求市场：是发展中国家跨国公司对外投资最重要的动机。这类投资主要形成区域内和发展中国家内部的外国直接投资。
	寻求效率：驱动因素包括本国生产成本上涨和面临的国内竞争压力。
	寻求现成资产：主动获取发达国家企业的品牌、先进技术与管理经验等现成资产。
主要竞争优势	倾向于劳动密集型产业，具有创造就业机会的潜力。
	技术和经营模式接近发展中国家的东道国的公司，有利于联系和吸收。
	进入模式多采用新建投资而非并购，对发展中国家生产能力的推动更明显。

2. 国际市场进入模式

（1）出口。出口被认为是企业国际化进程中最理想的初级进入方式，被各国企业广泛采用。

1）目标市场选择。目标市场选择涉及两个层面：目标市场的区域路径和在东道国细分市场中对目标客户的定位。

目前存在两种选择目标市场的区域路径的方式（见图 3－6 和图 3－7）。其中，传统方式也称连续方式。一般而言，高新技术产品在发达国家出口的国别路径是先到经济技术发展水平相类似的发达国家，再到发展中国家；发展中国家则是先到环境类似的发展中国家，再逐步走向发达国家。

图 3－6 区域路径——传统方式

新型方式又称为不连续方式。不论是发达国家还是发展中国家，高新技术产品出口的国别路径都是先到发达国家（特别是美国）以占领世界最大市场，再走向发展中国家。

图 3－7 区域路径——新型方式

在目标客户选择方面，首先要进行市场细分。各国的细分市场通常在数量、大小和特点上存在差别。不同国家细分市场的比例也不相同。

2）选择进入战略。在目标细分市场被选定后，企业就需要选择进入战略。在这一步，企业应该决定是在全球推广标准化产品，还是针对不同国家的不同需求修改产品和营销组合。

3）选择分销渠道与出口营销。企业需要选择国际分销渠道，通常包括制造商的销售代表、代理商、经纪人、零售商、贸易公司等。国际分销渠道具有四个重要的特征：国际分销渠道比国内分销渠道更复杂，涉及更多的中间环节；国际分销渠道的成本通常比国内分销渠道的成本高；出口商有时必须通过与国内市场不同的分销渠道向海外市场进行销售；国际分销渠道通常为公司提供海外市场信息，包括产品在市场上的销售情况及其原因。

4）出口市场定价。在出口市场定价方面，有定价偏高、定价接近、定价较低、成本收益定价四种策略，分别对应获得大于国内市场的收益、国内外市场同等对待、抢占市场以达到规模经济效益、解决过剩生产能力这四种不同目的。

（2）对外股权投资。对外股权投资涉及对东道国企业的股权参与，与出口方式相比，是一种控制程度更强、参与程度更高的进入方式，包括对外证券投资与对外直接投资两种方式，其主要特点如表3-59所示。

表3-59 对外股权投资的主要特点

类型	含义	优点	缺点
对外证券投资	个人或机构取得外国证券，但并不控制企业或参与管理。	可作为直接投资的前期准备；可作为企业长期计划的一部分；是一种扩大企业在其他国家的利益的方法。	很少或没有涉及管理和控制问题，不能管理企业持有的资产；难以发挥公司技术或产品优势。
对外直接投资	将管理、技术、营销、资金等资源以自己控制企业的形式转移到目标国家，以便更充分地发挥竞争优势。	缩短了生产和销售的距离，减少了运输成本；可利用当地便宜的生产要素降低制造成本；能随时获得当地市场信息和产品信息的反馈；跨越东道国政府的各种贸易和非贸易壁垒，享受东道国优惠。	需要大量的资金、管理和其他资源的投入，也意味着风险更大、灵活性差。

其中，对外直接投资包括建立全资子公司和合资经营两种形式。全资子公司由母公司拥有全部股权和经营权。合资经营是指协议共同投资的各方按一定比例的股份出资，组成具有法人地位、在经济上独立核算、在业务上独立经营的企业。这两种形式的优缺点如表3-60所示。

表3-60 建立全资子公司与合资经营的优缺点

类型	优点	缺点
建立全资子公司	可以完全控制子公司日常经营活动，并确保有价值的无形资产都留在子公司；可以摆脱合资经营各方在利益、目标等方面的冲突问题，从而使国外子公司的经营战略与企业的总体战略融为一体。	耗费大量资金；因为占用母公司大量资源，目标市场的政治、社会及市场风险可能会传递到母公司并影响母公司安全；由于没有东道国企业的合作与参与，难以获得当地的政策与各种经营资源的支持，规避政治风险的能力也明显弱于合资经营企业。
合资经营	减少国际化经营的资本投入；弥补跨国经营经验不足的缺陷；有利于吸引和利用东道国合资方的资源。	在多方参与下，目标、文化差异造成协调成本较高，因此合资经营失败率较高。

一般来说，创建国际合资企业是为了实现以下四个目标，如表3-61所示。

表3-61 创建国际合资企业的目标

目标	模式	动因
加强现有业务	现有产品与现有市场	采用多种方式利用国际合资企业加强或保护公司现有业务。
将现有产品打入国外市场	现有产品与新市场	建立全资子公司非常缓慢而且要求的资源太多，许可证方式不能得到足够的财务回报，而创立国际合资企业并给产品贴上本土制造的标签通常是最具吸引力的折中方法。
将国外产品引入国内市场	新产品与现有市场	公司采用国际合资企业方式将其产品投入国外市场的同时，将东道国的产品引入投资国市场，往往是一个很具吸引力的动因。
经营一种新业务	新产品与新市场	有些合资公司通过开发新领域，使一方或双方进入它们鲜有所知的市场。

（3）非股权形式。非股权形式包括合约制造、服务外包、订单农业（相对于大规模土地收购）、特许经营、许可经营、管理合约及其他类型的合约关系，跨国公司通过非股权形式协调其在全球价值链中的活动并影响东道国公司的管理，并不拥有其股份。非股权形式往往被看作对外直接投资与贸易两种方式的中间道路。表3-62展示了价值链中非股权形式的若干范例。

表3-62 价值链中非股权形式的若干范例

企业服务和支撑流程	业务流程外包
技术/知识产权开发	合约开发、合约设计、指定技术输入
采购/内向物流	订单农业、采购中心、合约制造（中间产品）
运作/制造	合约制造（组装/最终产品）、指定技术输出
外向物流/分销	合约物流
销售、服务提供、营销	特许经营、管理合约、品牌许可经营
售后服务	售后服务外包，呼叫中心

3. 国际化经营的战略类型

国际化经营成功与否取决于企业如何利用自身优势在国际化中建立新优势。优势可以分为国家竞争优势和企业自身竞争优势。波特识别出决定国家竞争优势的四个要素为生产要素，需求条件，相关与支持性产业，企业战略、结构和同业竞争，并提出四个要素之间的关系决定着国家竞争优势。迈克尔·希特从“全球协作程度”与“本土独立性和适应能力”两个维度，将公司层面的国际化经营战略划分为全球（标准）化战略、跨国（经营）战略、国际战略和多国本土化战略，如图3-8所示。

国际战略是指企业将具有价值的产品与服务转移到国外市场以创造价值，本质上指的是企业在国内外市场销售同一种产品或服务的战略。国际战略对全球协作和本土化的需求都较低，是一种较低层次的国际化经营战略，也是企业在海外开展业务时常采用的第一步。

多国本土化战略的前提是每个国家或区域的市场不同，通过为当地市场提供更加本土化的产品和服务，对当地消费者偏好、产业特性和政府法规做出响应。这种战略对公司的本土化需求比较高，而对全球协作的需求比较低。

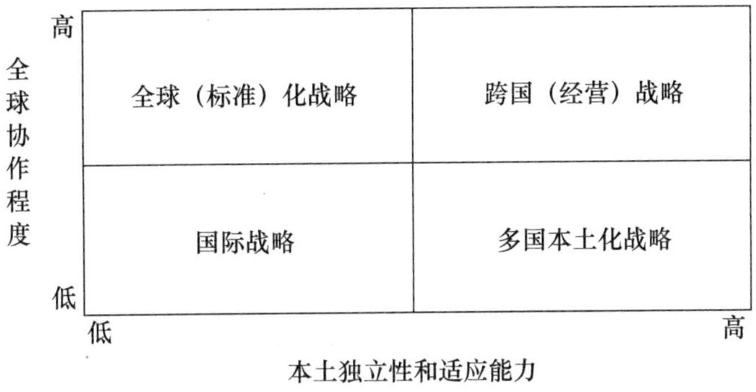

图3-8 国际化经营战略的类型

全球（标准）化战略是向全世界市场推销标准化的产品和服务，并在较有利的国家集中进行生产经营活动，由此形成经验曲线和规模经济效益，以获得高额利润。该战略对全球协作的需求比较高，对本土化的需求比较低。

跨国（经营）战略是在全球竞争激烈的情况下形成以经验为基础的成本效益和区位效益，转移企业的特殊竞争力，同时注意当地市场的需要。跨国战略目前被认为是跨国公司的最佳战略选择。

表3-63对四种战略的特征、适用条件及局限性进行了分析。

表3-63 国际化经营战略的特征、适用条件及局限性

战略	特征	适用条件	局限性
国际战略	企业总部一般会严格控制产品与市场战略决策权，多把产品开发的职能留在总部，而在东道国建立制造和营销职能。	如果企业在国外市场上拥有竞争优势，而且在该市场上降低成本的压力较小，那么采取国际战略是非常合理的。	此战略无法满足更加本土化的产品需求。同时，在海外可能形成重复建设，加大经营成本，给企业带来负担。
多国本土化战略	这种战略的成本较高，无法获得经验曲线效益和区位效益。	当地市场强烈要求根据当地需求提供产品和服务，并降低成本。	在成本压力大的产业中不适用；过于本土化使海外子公司过于独立，母公司权力分散，难以将自己的产品和服务向这些子公司转移。

续表

战略	特征	适用条件	局限性
全球（标准）化战略	企业采取这种战略主要是为了实施成本领先战略。通过销售标准化的产品，促使不同国家的习俗和偏好趋同。	适用于成本压力大而当地特殊要求少的情况。	无法适应要求提供特色产品的市场。
跨国（经营）战略	母公司与子公司、子公司与子公司之间的关系是双向的，不仅母公司向子公司提供产品与技术，子公司也可以向母公司提供产品与技术；充分考虑东道国的需求，同时保证跨国公司核心目标的实现。	试图兼顾全球效率、国别反应和世界性学习效果三种战略需要。	在实践中，地区适应性和全球效率的平衡点难以确定，最优平衡是主观和经常变动的。跨国（经营）战略往往被看成一种理想化的而非现实的战略。

4. 新兴市场的企业战略

新兴市场指市场发展潜力巨大的发展中国家。这类国家对世界经济的发展具有较大的推动作用，其进出口贸易在全球贸易中占有越来越重要的地位。近年来，新兴市场成为跨国公司的重要目标市场，本土企业因更加强大的外国竞争对手大规模进入感受到了巨大的市场压力。本部分内容从新兴市场的企业角度出发，探讨新兴市场中本土企业如何在全球竞争中进行战略选择。

（1）按产业特性配置资源。要应对强大的跨国公司，新兴市场的本土企业必须对所在产业的全球化压力及自身优势资源的跨国转移能力做出正确的评估，如图 3－9 所示。

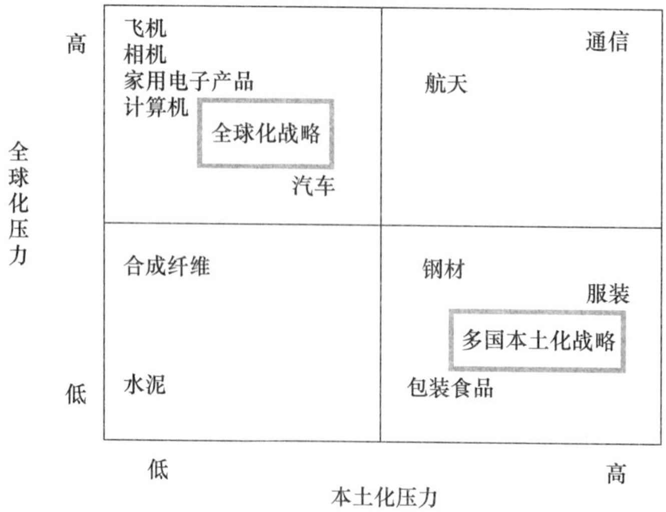

图 3－9 全球化对组织的影响

首先，在评估所在产业的全球化压力时，必须认识到不同产业面临的压力不同。例如，飞机、相机、家用电子产品、计算机等产业在参与全球竞争时都遵循同一套规则，消费者对此的标准化产品以及市场营销的诉求方式比较满意，通过全球化，企业可以分摊巨额固定成本；包装食品、钢材、服装等产业存在损耗、运输、技术标准、市场需求、顾客偏好等限制，全球化压力不大，对这些产业来说，适应本土化需要比全球化发展更为重要。

一旦本土企业对自身所处的产业有所了解，接下来要做的就是评估自身的优势资源。新兴市场中的大部分本土企业拥有一些资源，这些资源使其在本土市场上具有竞争优势。本土销售网络、与当地政府的关系、特色产品、资源优势、专门技术等，都可以成为本土企业在本地或海外成功的影响因素。

（2）新兴市场本土企业的战略选择。将产业面临的全球化压力和新兴市场本土企业的优势资源作为两个变量来分析本土企业的战略选择问题，如图3-10所示。

1）防御者战略：利用本土优势进行防御。企业可以从目标客户、产品或服务、分销网络等方面进行调整，同时，应注意不要试图赢得所有顾客，避免模仿跨国竞争对手的战略而陷入误区。

2）扩张者战略：向海外延伸本土优势，战略定位是将企业的经验转移到周边市场。企业应慎重并有选择地将企业的核心资源用于海外扩张战略，可以增加收入，促进规模经济，还能获得颇有价值的国际化经营的经验。

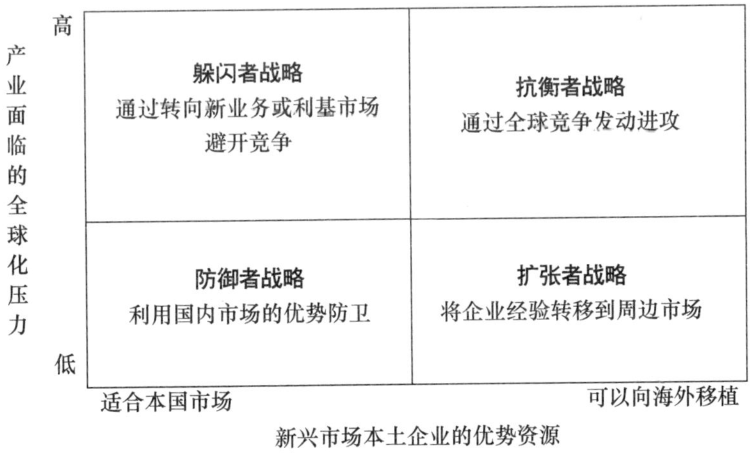

图3-10　本土企业的战略选择

在向海外延伸本土优势时应当注意寻找在消费者偏好、地缘关系、分销渠道或政府管制方面与本国市场类似的市场，最有效地利用自己的资源。

3）躲闪者战略：避开跨国公司的冲击，战略定位是通过转向新业务或利基市场避开竞争。在全球化压力很大的产业中，躲闪者必须重新考虑自身的商业模式。企业有几个较好的选择：与跨国公司建立合资、合作企业；将企业出售给跨国公司；重新定义自己的核心业务，避免与跨国公司直接竞争；将业务重心转向价值链中的某些环节；生产与跨国公司产品互补的产品，或将其改为适合本国人需求的产品。

作为“躲闪者”，企业必须对其战略进行重大调整。此战略可能是四种战略中最难付诸实践的，企业要在被淘汰出局前完成战略变革。

4）抗衡者战略：在全球范围内对抗。实施本战略的关键在于权衡各种机会和制约因素：不要拘泥于成本竞争，而应该比照行业中的领先公司来衡量自己的实力；找到一个定位明确又易于防守的市场；在全球化的产业中找到合适的突破口，通过核心聚焦和边缘外包的企业重组实现专业化和全球化；学习从发达国家获取资源，以克服自身技能的不足和资本的匮乏。

案例分析

三峡集团在“一带一路”倡议中的表现

中国三峡集团在“一带一路”倡议中的战略表现充分体现了中国企业在新兴市场扩展中的卓越能力。作为中国最大的水电企业，三峡集团在“一带一路”倡议中的战略主要集中在能源、基础设施和环保领域。

首先，三峡集团在新兴市场积极推进水电项目，为中国能源合作树立了榜样。它在“一带一路”沿线国家建设水电站，提供电力，有助于满足这些国家的电力需求。这种合作不仅提供了可再生能源，而且提高了“一带一路”沿线国家的电力供应可靠性，促进了当地的工业和经济增长。建设满足了当地电力需求，也为三峡集团提供了国际市场机会，巩固了它在新兴市场中的地位。其次，三峡集团积极参与基础设施建设，如港口、水利工程和交通基础设施建设。这些项目不仅改善了“一带一路”沿线国家的基础设施，而且提升了区域互联互通，促进了贸易和经济增长。三峡集团参与这些基础设施项目建设不仅有助于中国企业的国际存在，而且增强了中国与“一带一路”沿线国家之间的合作，为“一带一路”倡议的成功贡献了力量。最后，三峡集团还注重环保技术的输出，分享中国在水资源管理、环境保护和生态恢复方面的专业知识。这不仅是商业机会，也是中国在全球可持续发展中的积极贡献。三峡集团提供的环保技术解决方案，有助于解决一些国家面临的环境挑战，如水资源短缺和污染问题，同时也在国际市场上树立了良好的声誉。

综上所述，三峡集团的战略突显了中国企业在新兴市场扩展和国际合作中的引领地位，三峡集团在能源、基础设施、环保和多元化合作方面的成功实践为中国在全球舞台上的影响力提供了有力支持，也推动了新兴市场的可持续发展和繁荣。

资料来源：张心林，高婕. 资本运作促进“一带一路”项目可持续发展. [2020-05-18]. https://baijiahao.baidu.com/s?id=1667001307416926846&wfr=spider&for=pc.

3.4.2 中小企业竞争战略

波特认为，产业环境对企业战略有根本性的影响。依照行业集中程度、行业成熟度、面临的国际竞争强度这三个维度，波特将产业环境分为几个基本类型。对于零散产业和新兴产业这两类环境，中小企业是其中的主要力量。下面我们将对处于这两类环境中的企业的竞争战略进行重点分析。

1. 零散产业中的竞争战略

理发店、小卖部、旅店、饭馆等分散在广阔的市场中，没有任何一家企业能在产业中占据具有明显优势的市场份额，也没有任何一家企业能对整个产业的发展产生重大影响，这样的产业就是零散产业。波特认为，零散产业是很多企业竞争的重要结构性环境，这类产业没有精确的定量定义。在这个重要的产业环境中，讨论战略问题也没有必要使用定量定义。该产业环境与众不同的地方在于缺乏领导者，所有企业都不具备影响产业的能力。

（1）造成产业零散的原因。对产业零散原因的分析是制定战略的基础。有些产业零散是由于历史原因，是各家企业的历史资源或者实力使然，而不是经济原因使然。造成产业零散的原因如表3-64所示。

表3-64 造成产业零散的原因

原因	概述
总体进入障碍不高	几乎所有的零散产业的进入障碍都较低，否则这些产业不会聚集众多的中小企业。新企业持续不断地进入使得产业零散化。
存在退出障碍	如果存在退出障碍，那么边缘型企业会愿意留在产业中，这阻碍了产业集中。
新兴产业	若产业很新或者没有哪家企业具有足够的技能或资源占据较大的市场份额，尽管不存在任何妨碍产业集中的因素，这种情况本身也足以导致产业零散。
市场需求多样化	产业中顾客的需求呈现多元化趋势，不同的顾客看重产品的不同方面，他们愿意出高价获得某些优质功能或者服务，而不愿意以平价购买标准化的产品或服务。因此，产业内每一种产品的需求都很少，大型企业在这样的产业中不占优势。
不存在规模经济或者经验曲线	绝大多数零散产业没有形成规模经济，或者业务领域不存在经验曲线，包括生产、营销、分销和研发等领域。
其他因素	例如，政府政策和地方法规对某些产业集中有限制；又或者产业内现有企业目光短浅、裹足不前，缺乏对外部企业的关注。

产业不存在规模经济或者经验曲线可能是因为需要投入的固定资产较少，而专门技能是产业中竞争优势的主要来源，由于复制专门技能不是件轻而易举

的事情，所以这样的产业中不存在规模经济。有时产业运输成本很高，从而限制了高效车间或者生产地点的规模。再如，产业存货成本很高，销售波动很大，虽然生产过程本身具有规模经济，但如果存货成本过高，销售不稳定，就很难获得规模经济效益。又或者在应对买方或者供应商时，企业毫无规模优势。买方群体和供应商产业的结构使大型企业无法在应对之时获得较强的议价能力。最后，有些产业产品的快速变化或者样式变化要求企业做出快速回应，各职能部门之间需要紧密协调，在这样的情况下，小型企业可能比大型企业效率更高。

（2）零散产业的战略选择。处于零散产业的企业主要有以下战略选择：

1）整合零散产业。整合零散产业这个过程中蕴含着重要的战略机遇，企业可以借此获得规模经济效益与成本优势。零散产业中的一部分中小企业如果能够对产业进行整合，就可能逐步发展为大企业。整合零散产业的途径如表3－65所示。

表3－65　整合零散产业的途径

途径	概述
连锁经营	连锁经营带来的巨大购买力使得企业能对供应商大幅压低价格，从而提升竞争优势。企业建立区域配送中心，降低库存成本，最大限度地满足商店和客户的需求，从而消除高额运输成本问题。通过在整个供应链上共享管理技能以及覆盖全国而非区域的广告最终实现规模经济效应。
特许经营	由于被特许人实际上拥有特许企业，其有很强的动力使商业模式在企业范围内有效运行，并确保始终如一的高质量和高标准来满足客户需求，有助于企业实施差异化战略。除此之外，特许经营还减轻了企业快速扩张过程中的财务负担，使企业飞速成长。最后，特许经营企业可以获取大规模广告的优势，以及采购、管理和分销方面的规模经济效益。
技术创新	如果技术变化能够产生规模经济，就可能发生产业集中，尤其是IT技术的发展给企业开发新战略、整合零散产业创造了机会。例如，亚马逊和eBay利用互联网与电子商务实施成本领先战略，整合了零散的拍卖和图书销售业。
尽快意识到产业趋势	有时随着产业发展，产业集中水到渠成，尤其是如果产业零散的主要原因在于产业本身是新兴产业。外部的产业趋势能通过改变零散的原因来促进产业集中。意识到这类趋势的最终成效，并让企业按照有利于自身的方式定位，可以整合零散产业。

如果无法对产业进行有效整合，中小企业可以考虑增加附加价值和专业化这两种战略选择。

2）增加附加价值。很多零散产业生产的商品属于大众商品，很难实现差异化，有些分销企业库存的商品和竞争对手的商品完全一致或者类似。在这类情况下，有效的战略是提升业务的附加值：提供更多的销售服务，参与产品的最终装配，或者在出售产品给客户之前参与部件的安装等。如果在基础产品或者服务上无法实现差异化，无法实现高利润率，就可以通过这样的方式来提升产品的差异化程度。

3）专业化。利用零散产业多样化的需求，企业可以考虑以下几种专业化战略，如表3-66所示。

表3-66 专业化战略

类型	概述
产品类型或者产品细分专业化	假如产业零散源于产品线上存在多样产品，那么能实现超过平均利润水平目标的有效战略就是严格控制产品类型并实现产品的专业化。这种方法能使企业在大量开发产品的同时提高对供应商的议价能力。有了在特定产品领域的专业性，企业就能提升产品的差异化程度，但这可能会限制企业在某些方面的成长。
客户类型专业化	企业可以通过向产业特定客户群体实施专业化受益。这部分客户群体理应是产业内议价能力最弱的群体，其采购数量通常较少，或者本身的规模不大。企业也可以专门服务那些价格敏感度最低的客户，或者最需要基础产品或者服务附加值的客户。
订单类型专业化	企业可以通过实现订单类型专业化应对竞争压力。一种方法是企业只处理那些需要即刻交货、价格敏感度最低的客户的小批量订单。或者企业只处理私人定制订单，充分利用客户较低的价格敏感度，通过构建转换成本来保持利润率。当然，这必然会增加专业化成本，限制企业规模的增长，但这样做能提高企业的盈利水平。
地理区域专门化	有些产业在大的地域范围内可能不存在规模经济，但企业可以实现区域内的规模经济。通过集中生产设施、营销活动、销售活动，企业可以充分利用销售力量，提升广告活动的成效。覆盖某个特定区域的战略在食品销售产业非常有效。

（3）谨防潜在的战略陷阱。零散产业独特的环境给企业设下了很多战略陷阱。常见的战略陷阱可以作为在所有零散产业内制定战略行动的红色警戒，如表3-67所示。

表3-67 零散产业的战略陷阱

战略陷阱	概述
寻求统领地位	导致零散的基本经济原因通常会使企业在增加市场份额的同时效率低且失去产品差异性。在零散产业中，企业贪多求大的心态会让其在面对竞争对手时不堪一击。即使是在其他产业具有大批量生产的成本优势以及其他类型优势的企业，在零散产业中的情况也将大不相同。
缺乏战略纪律	在零散产业中，要赢得竞争就必须集中精力实现战略。实现战略要求企业有魄力做到有所为和有所不为，敢于反其道而行之，而不必严格遵从传统做法。投机的战略实施方式会削弱企业长期的竞争力。
过度集权化	很多零散产业竞争的实质是个人服务、本地人脉、运营过程等方面的竞争。集权化的组织在绝大多数情况下效率不高，因为集权化会延长响应时间，降低本地经营的积极性，甚至会使能够提供个人服务的高技能人才流失。

续表

战略陷阱	概述
误判竞争企业的管理费用和目标	零散产业的特殊性质表明业内有很多小型民营企业，这类企业常常是家庭作坊，使用家庭劳动力。虽然企业效率可能不高，但其运营成本可以得到有效控制。此外，这些企业对利润水平的要求较低，它们可能对如何为员工提供就业机会更感兴趣，利润反而不是最重要的。因此，这些企业对价格变化以及其他事件的反应会与一般企业不同。
对新产品的反应过于激烈	在零散产业中，新产品的出现往往会引发各家企业高度关注，它们会纷纷投资新产品以抢占市场。不过一旦产品进入成熟期，由于零散产业需求的多样性以及缺乏规模经济，本来以为有利可图的投资活动会变得不太划算。因此对于新产品，企业往往有应变过度的风险。在价格战中，高昂的成本、管理费用和投资使企业处于竞争劣势。

2. 新兴产业中的竞争战略

波特在《竞争战略》一书中指出，新兴产业是指由技术创新、相对成本关系、新的消费者需求或者其他有可能催生新产品或者服务商机的经济和社会变革推动的新成立或者重生的产业。从制定战略的角度来看，新兴产业的基本特征是没有游戏规则。缺乏游戏规则既是风险又是机会。

（1）新兴产业内部结构的共同特征。虽然新兴产业在结构方面有很多差异，但是有些共同的结构要素可以说明产业在这个发展阶段的典型特征，如表 3-68 所示。

表 3-68 新兴产业典型的结构特征

结构特征	概述
技术不确定	在新兴产业中，企业的生产技术还不成熟，有待完善。同时，企业的生产经营还没有形成一整套的方法和流程，哪种产品结构最佳，哪种生产技术最有效率等都还没有明确的结论。
战略不确定	战略不确定与技术不确定相关。企业采用的战略各种各样，按照不同的产品结构和配置或者生产技术，在产品和市场定位、营销、服务等方面采用不同的方法。企业通常对产业新兴阶段的竞争对手、客户的特征、产业条件等知之甚少，也没有现成的可靠的产业销售和市场份额数据可供参考。
成本迅速下降	新兴产业的产品产量小、技术新，初始成本往往很高。之后就算不考虑技术的学习曲线变化的情况，企业在运营方面的学习曲线肯定也很陡峭，初始的高成本很快就会下降。如果学习曲线的作用能与产业增长时不断增加的获得规模经济的机会相结合，则成本会下降得更快。
萌芽公司和自立门户的公司	新兴产业中没有确定的竞争规则，也没有规模经济来阻止企业进入，新企业很容易进入新兴产业，萌芽企业很多。此外，产业内现有企业的员工往往更有能力看清形势，利用自身的优势来厘清产业发展的思路。这就导致这些员工可能会另立门户，创立自己的企业。

续表

结构特征	概述
首次购买者	新兴产业中许多顾客都是第一次购买产品，同时还有许多顾客对新兴产业持等待观望的态度。新兴产业的产品或服务的买方本质上是首次购买者。因此，营销的首要任务是促使替代的发生，或者说让买方购买新产品或服务。

（2）新兴产业的发展障碍。新兴产业面临不同程度的发展障碍。这类发展障碍主要源于新兴产业的性质、依赖于外部经济的特征和因本身需要吸引买方购买产品而受制于产业的外在因素。波特在《竞争战略》中列举了几类新兴产业的发展障碍，如表 3－69 所示。

表 3－69　新兴产业的发展障碍

发展障碍	概述
原材料与生产部件的短缺	严重的原材料和零部件短缺在新兴产业中很常见。上涨的需求和匮乏的供给常常导致重要的原材料和零部件的价格大幅上涨。
在金融界的形象和信誉	由于技术与战略具有不确定性，新兴产业在金融界的形象和信誉可能较差，会影响企业低成本融资的能力。
缺乏基础设施	新兴产业往往缺乏基础设施，包括缺乏分销渠道、服务设施、训练有素的机械工程师、互补产品（例如煤炭气化技术需要足量的煤炭供应等）。
缺乏产品或者技术标准	无法就产品或者技术标准达成一致意见，会激化原材料或者互补产品供应的问题，从而妨碍产业改善自己的成本地位。
客户不清楚具体情况或认定技术已经过时	新兴产业中顾客的困惑来源于众多产品方案、技术种类以及竞争者互相冲突的宣传效果，这是由于技术的不确定性以及缺乏技术标准和总的技术协议。此外，如果购买者认定第二代技术的出现会使现有产品很快过时，就有可能采取等待观望的态度。这些都压制了产业销售额的增长。
产品质量不稳定	由于产业缺乏统一标准，技术不确定，产品的质量很不稳定。虽然这种情况可能只存在于几家企业，但会对整个产业的形象和可信度带来极大的负面影响。
监管许可	新兴产业为满足某种需求提供了新的方法，需要得到监管机构的批准，就会面临诸多的繁文缛节。
高昂的成本	新兴产业往往要求企业低于成本定价，否则产业发展就会受阻。
受到威胁的企业的反应	在面临新产品替代威胁时，被替代产品的利益相关主体可能会从多个方面反对新产业的发展。一种方式是通过监管或者政治手段施压，另一种方式是邀请各方坐下来谈判。老产品生产厂商会采用各种有效的办法降低替代品的威胁。例如，老产品可能会进一步降低成本，从而给新兴产业的发展增加难度。

在新兴产业中制定战略必须处理产业发展的不确定性及风险问题。从根本上看，竞争规则尚未确立，产业结构还不明朗，还在变化，而分析竞争对手也有很大的困难。但是相对于成熟产业，新兴产业的进入障碍与竞争代价都会低得多，这就是机会的来源。

（3）新兴产业的战略选择。当产业处在新兴阶段，并未发展成熟时，虽然具有很大的风险和不确定性，但产业在战略选择上有最大的自由度，优秀的战略决策往往能最大限度提升企业的业绩。

1）塑造产业结构。新兴产业中最主要的战略问题是考虑企业是否有能力促进产业结构趋于稳定而且成型。这种战略选择使企业能够在产品策略、营销方法以及价格策略等方面建立一套有利于自身发展的竞争原则，从而有利于企业建立长远的产业地位。

2）正确对待产业发展的外在性。在新兴产业中，重要的战略问题是在对产业倡导和追求自身利益的努力之间做出平衡。产业的整体形象、信誉、与其他产业的关系、产业吸引力、顾客对产业的认知程度、产业与政府及金融界的关系等都与企业的生产经营状况息息相关。企业为了产业的整体利益以及企业自身的长远利益，有时必须放弃暂时的自身利益。

3）注意产业机会与障碍的转变，在产业发展变化中占据主动地位。新兴产业迅速发展可能会使原有的障碍和机会都发生变化。当产业在规模上有所发展，企业也证明了自身价值时，供应商和分销渠道的态度和行为可能会向有利于企业发展的方向转变，那么企业尽早挖掘这些方向变化可能会抓住战略机会。新兴产业早期的发展障碍也可能会迅速变化，当产业规模扩大和技术成熟时，诸如选择和获取专有技术的发展障碍可能会转变为需要投入比早期阶段更多的资金。

4）选择适当的进入时机与领域。选择适当的进入时机在新兴产业中非常重要。早期进入涉及高风险，但面对的进入障碍较低，可以在关键市场获得支配地位。企业应根据实际情况进行选择，如表3-70所示。

表3-70　进入时机与领域的选择

适合早期进入的情况	不适合早期进入的情况
● 企业的形象和声望对顾客至关重要，企业作为先驱者发展会提高声望。 ● 产业中的学习曲线很重要，经验很难模仿，早期进入企业可以较早地开始这一学习过程。 ● 顾客忠诚非常重要，那些首先对顾客销售的企业将获得较高的收益。 ● 早期与原材料供应商、分销渠道建立的合作关系对产业发展至关重要。	● 产业发展成熟后，早期进入的企业面临过高的转换成本。 ● 为了塑造产业结构，需要付出开辟市场的高昂代价，其中包括顾客教育、法规批准、技术开拓等。 ● 技术变化使早期投资过时，并使晚期进入的企业因拥有最新技术和工艺而获益。

3.4.3　环境-社会-治理（ESG）战略

可持续发展与绿色经济已成为共识。环境-社会-治理（ESG）战略强调重视公司股东价值的同时，还要兼顾环境保护、社会责任以及公司治理等要素，助力构建绿色发展的长效机制。ESG 战略越来越受到重视，吸引全球越来越多的企业投身其中。

1. ESG 理念的提出

ESG 是 Environment，Social，Governance 的简称，于 2004 年在联合国报告中首次被提出。2006 年，联合国责任投资原则组织（Principles for Responsible Investment，PRI）在报告中再次强调 ESG 在投资决策中的重要地位。ESG 倡导在基础的投资分析和决策制定过程中，融入环境、社会和公司治理的因素，在传统方法的基础上，进一步度量了企业在环境保护、社会责任、公司治理方面的非财务指标。

ESG 投资理念提出以来，监管部门、证券交易所、行业协会等陆续出台政策，在中国构建 ESG 战略的进程中发挥了重要作用。相关监管政策如表 3－71 所示。

表 3－71　中国 ESG 相关政策

时间	主体	政策
2006 年	深交所	《深圳证券交易所上市公司社会责任指引》
2008 年	上交所	《上海证券交易所上市公司环境信息披露指引》
	上交所	《〈公司履行社会责任的报告〉编制指引》
2014 年	银监会	《中国银监会办公厅关于信托公司风险监管的指导意见》
2015 年	保监会	《中国保监会关于保险业履行社会责任的指导意见》
	环境保护部、国家发展改革委	《关于加强企业环境信用体系建设的指导意见》
2016 年	人民银行等七部委	《关于构建绿色金融体系的指导意见》
2017 年	人民银行等	《落实〈关于构建绿色金融体系的指导意见〉的分工方案》
	中国金融学会绿色金融专业委员会等	《中国对外投资环境风险管理倡议》
2018 年	人民银行等	《关于规范金融机构资产管理业务的指导意见》
	证监会	《上市公司治理准则》（修订版）
	证券投资基金业协会	《绿色投资指引（试行）》
		《中国上市公司 ESG 评价体系研究报告》
	保险资产管理业协会	《中国保险资产管理业绿色投资倡议书》

续表

时间	主体	政策
2019年	国家发展改革委等	《绿色产业指导目录（2019年版）》
	国家发展改革委、科技部	《关于构建市场导向的绿色技术创新体系的指导意见》
	上交所	《上海证券交易所科创板股票上市规则》
2020年	中共中央办公厅、国务院办公厅	《关于构建现代环境治理体系的指导意见》
	证监会	《首发业务若干问题解答》（2020年修订版）
	深交所	《深圳证券交易所上市公司信息披露工作考核办法》
	香港联交所	《环境、社会及管治报告指引》（2019年修订版）
2023年	深交所	《深圳证券交易所上市公司自律监管指引第1号——主板上市公司规范运作（2023年12月修订）》
		《深圳证券交易所上市公司自律监管指引第2号——创业板上市公司规范运作（2023年12月修订）》

资料来源：根据相关资料整理。

2. ESG战略的构成

对于企业而言，ESG战略的实施是一个系统工程，需要涵盖环境、社会、公司治理三个维度的内容。《2020中国ESG发展白皮书》提出了ESG战略的具体内容，详见表3-72。

表3-72 ESG维度及内容

维度1	具体指标	维度2	具体指标	维度3	具体指标
环境	企业对气候的影响	社会	员工福利与健康	公司治理	股权结构
	企业对自然资源的保护		产品质量安全		会计政策
	废物污染防治		隐私数据保护		薪酬体系
	环境治理		公司税收贡献		道德行为准则
	绿色技术		精准扶贫		反不公平竞争
	环保投入		产业扶贫		风险管理
	绿色办公		乡村振兴		信息披露
	员工环境意识		性别及性别平衡政策		公平的劳动实践
	发掘可再生能源的可能性		人权政策及违反情况		董事会独立性
	建造更环保建筑的可能性		反强迫劳动		董事会多样性
			反歧视		
			供应链责任管理		
			社区沟通		

3. ESG战略的实施

在战略规划层面，将ESG理念融入企业战略规划并构建ESG组织管理体系，帮助企业在立足自身高质量发展的同时，满足各方利益相关者的期望与要求，共建共享可持续发展理念，以更明确的实施路径、更专业化和规范化的管理流程，深入践行ESG行动目标，助力碳中和愿景的实现。

在企业运营层面，加大绿色技术的研发和产品创新，促进企业以科技手段推动碳中和目标的实现。此外，ESG表现较好的企业可以获得更多利益相关者的信任，凭借更好的信用品质拓宽融资渠道、降低融资成本，反过来为碳中和目标的达成提供更充沛的资金支持。

在治理机制层面，ESG强调关注公司治理，认为良好的公司治理是实现环境保护和社会责任的前提。企业应完善内部治理结构，制定并落实一系列与绿色低碳发展有关的制度体系，从而在日常经营中有效落实碳中和目标。

案例分析

国家电网ESG战略助力可持续发展

国家电网有限公司是中国电力行业的龙头企业，负责国内电力输配网络的建设和运营。作为一家央企，国家电网在满足中国电力需求、推动国家电力事业发展的同时，也积极实施ESG战略，以实现可持续发展和社会责任。

在环境方面，国家电网采取积极措施提高清洁能源的比例。国家电网积极发展可再生能源项目，如建设风电和太阳能电站，以减少碳排放；注重能源效率，通过技术创新和设备优化，降低电力输配损失，减少能源浪费。在社会方面，重视员工福利和发展。公司提供培训和职业发展机会，确保员工的安全和福祉。此外，国家电网扩展电力普及工作，特别是在农村地区，通过扩建电力网络改善农村居民的生活，推动社会公平和包容性发展。在治理方面，采用透明的治理结构，确保公司运作合规。国家电网积极倡导国际最佳实践，提高公司治理水平。此外，国家电网制定反腐败措施，打击腐败行为，确保商业活动的公正性和透明性。

通过这一综合的ESG战略，国家电网为电力供应的可持续性做出了积极贡献，减少企业对环境的不利影响，促进社会发展，也提高了公司的竞争力和声誉。国家电网的ESG举措对全球可持续发展目标的实现产生了积极影响，体现了企业在推动社会责任和可持续性方面的重要作用。

资料来源：国家电网持续发力助推能源清洁低碳发展. 国家电网报. https://news.bjx.com.cn/html/20200527/1076067.shtml.

本章在历年 CPA 考试中涉及的考点

1. 发展战略
2. 基本竞争战略
3. 发展战略的主要途径
4. 战略钟
5. 市场营销战略
6. 生产运营战略
7. 财务战略
8. 企业国际化经营动因
9. 新兴市场的企业战略

思考题

1. 简述发展战略有哪些类型，应如何选择。
2. 谈谈近年来我国企业多元化有哪些经验和教训。
3. 随着我国不断加大对外开放的力度，企业的国际化进程也在逐步加快，请选取一家企业，分析其国际化经营战略。
4. 什么是非股权形式？其优缺点是什么？
5. 准时制（JIT）模式的主要特点是什么？
6. 消费者市场细分变量有哪些？
7. 简述企业战略联盟的基本特征。
8. 简述红海战略和蓝海战略的区别。

案例分析题

案例资料

鹏程旅游公司成立于 1999 年。自成立以来，该公司秉持“携手成就精彩旅程”的使命，通过资本合作或融合等多种途径实现持续快速发展，为其数千万会员提供全方位的旅游服务。

2002 年，国内旅游业呈现“群雄逐鹿”的局面，海达、云天、凯伦 3 家大公司占据了市场半壁江山，众多中小公司在激烈的价格战中苦苦挣扎。同年 9 月，鹏程公司多方筹资 3 亿元人民币投资海达公司，成为海达公司的第三大持股人，同时，向海达公司出让5%股份。一个月后，鹏程公司与凯伦公司各投资8 000万元成立同辉旅游公司。上述合作使鹏程与海达、凯伦之间的竞争减小，并使鹏程能够近距离学习、吸收旅游业巨头的先进管理经验和信息技术手段，迅速提升了自己的品牌知名度。不久，在服务游客数量、营业收入、市场份额等方面，鹏程都跻身当时国内旅游业4强之列。旅游业与航空业、酒店业等诸多产业之间有着很强的关联性、互补性。2013年初，鹏程分别斥资30亿元和18亿元入股国内两家航空公司。2014年2月至10月，鹏程先后与国内外5家酒店集团签订合作协议，后者成为鹏程游客的定点接待酒店。此举减少了鹏程与相关航空公司及酒店的利益摩擦与纠纷，显著提高了鹏程各重要管理环节的效率，有效促进了鹏程经营的稳定与业务发展，尤其是使鹏程的海外旅游市场得到极大拓展。2015年3月，经几轮协商，鹏程以自有资金2亿元、银行贷款8亿元购买在线旅游电子商务平台虹桥网51%的股权，一举进入在线旅游领域，不仅开拓了机票及酒店预订、商旅管理和旅游资讯等新的业务和市场，而且推动了其原有线下业务的开展。2016年5月至2017年10月，鹏程以“开放、平等、共赢”的态度，凭借自己逐渐积累的资金实力，收购多家中小型在线旅游企业，减轻了来自业内的竞争压力，并使自己成为一家在在线旅游市场中举足轻重的服务供应商。2018年8月，面对数字化的迅速发展，鹏程基本使用自有资金收购了一家数字科技公司，既在业内率先启动了数字化战略转型，又通过跨界融合开辟了新的业务领域。

要求

1. 简要分析鹏程旅游公司采用战略联盟的类型及动机；
2. 简要分析鹏程旅游公司采用并购战略的类型及动机。

第 4 章

战略实施与控制

思维导图

- 战略实施与控制
  - 战略实施概述
    - 战略实施的概念
    - 战略实施的基本过程
      - 编制战略计划
      - 建立与战略相匹配的组织结构
      - 配置企业资源
      - 评价与控制
  - 战略控制
    - 战略控制概述
      - 战略控制的必要性
      - 战略控制的概念
    - 战略控制的内容与关键节点
      - 战略控制的内容
      - 战略控制的关键节点
    - 战略控制系统
      - 战略控制系统的概念与运行步骤
      - 战略控制系统的构建
    - 战略控制方法
      - 预算的概念与常用类型
      - 业绩评价指标
      - 管理报告
  - 组织结构与公司战略
    - 组织设计六要素与常见组织结构类型
      - 组织设计六要素
      - 组织结构类型
    - 匹配战略与结构
    - 组织的战略类型
  - 企业文化与公司战略
    - 企业文化
      - 企业文化的概念
      - 企业文化的类型
      - 文化与绩效
    - 战略稳定性与文化适应性
      - 以企业使命为基础
      - 重新制定战略
      - 根据文化管理
      - 加强协同作用
  - 数字技术与公司战略
    - 数字技术与组织变革
      - 组织结构扁平化
      - 组织方式柔性化
      - 组织决策科学化
    - 数字技术与企业价值网络
      - 企业价值网络
      - 企业生态系统
    - 数字技术与竞争战略
      - 数字技术与成本领先战略
      - 数字技术与差异化战略
      - 数字技术与集中化战略

素养提升

党的二十大报告强调，“坚持党的全面领导是坚持和发展中国特色社会主义的必由之路”。企业要坚持党的全面领导，确保组织结构有序、高效，以更好地实施公司战略。党的二十大报告指出，“广泛践行社会主义核心价值观”。企业文化为公司战略实施提供了内在动力。企业要培育和践行社会主义核心价值观，以弘扬优秀企业文化为己任，将企业文化与公司战略相融合。党的二十大报告指出，“加快发展数字经济，促进数字经济和实体经济深度融合”。数字技术对公司战略的实施和控制发挥重要作用。企业需要积极运用数字技术助力公司战略的实施，通过数字技术赋能企业创新和可持续发展，为发展数字经济贡献力量。

学习目标

1. 了解组织结构的构成要素
2. 理解纵向分工结构与横向分工结构的基本类型
3. 掌握组织结构与战略的关系
4. 掌握组织结构的类型
5. 了解企业文化的类型
6. 掌握战略控制方法
7. 了解数字技术在战略管理中的应用

4.1 战略实施概述

4.1.1 战略实施的概念

著名战略管理学家安索夫认为，战略实施就是管理层为贯彻战略计划所采取的行动。战略实施即战略执行，是指整个企业的运营等计划活动都按照既定的战略予以实施的全部活动过程。只有将战略付诸实施，才能实现战略目标。战略实施是一个自上而下的动态管理过程，涉及从高层到基层工作目标的分解、落实，常常需要在“分析—决策—执行—反馈—再分析—再决策—再执行”的循环中达成战略目标。这个过程需要大量的工作安排和资源配置，也需要企业每个人都参与其中。

如何有效地保证战略的实施？人们在实践中逐渐认识到，企业的各种因素相互适应和相互匹配是战略成功实施的必要条件。除了适应性和匹配度之外，还需要战略计划、组织结构、资源配置和控制等活动来配合战略的有效实施。

4.1.2 战略实施的基本过程

战略实施的基本过程包括：编制战略计划、建立与战略相匹配的组织结构、配置企业资源以及评价与控制，如图4-1所示。

1. 编制战略计划

如图4-1所示，完成战略选择后，就是编制战略计划，避免人力、物力、时间的浪费。战略计划是企业战略实施的工具，是为保证既定目标顺利完成而将分解的战略目标转化成重大方案、项目、政策和预算等，将企业的总体和长期战略按照时间、层次、业务、职能、活动进行细化，使企业战略实施在进度、组织、活动、程序和资源配置上得到落实。战略计划不仅可以避免战略实施过程中出现混乱局面，而且可以让企业所有人员有明确、具体的工作目标。在编制战略计划时，必须为每个战略实施阶段制定分阶段目标，并制定每个阶段的措施和策略等。

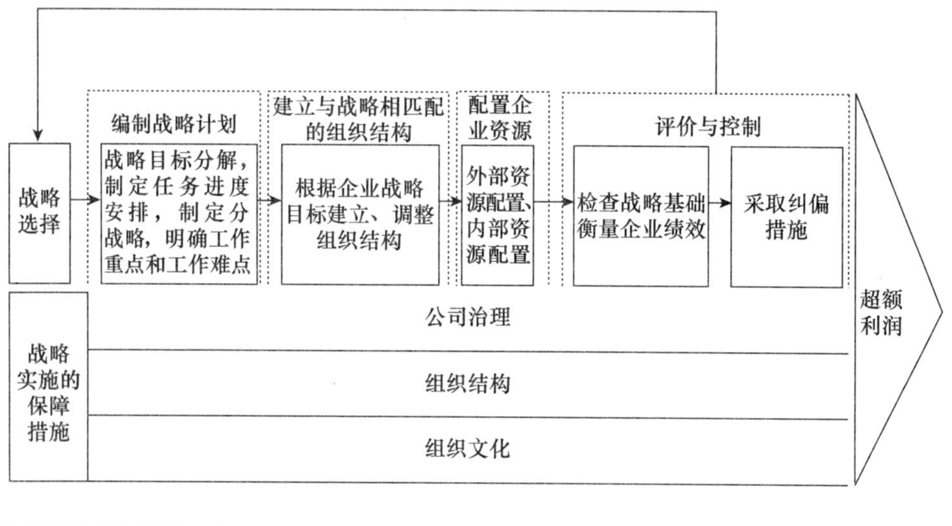

图4-1 企业战略实施流程图

战略计划的主要内容有：

第一，战略目标分解。将企业的总体和长期战略目标由上到下、由远及近地分解和落实到企业内部的各个经营单位，为有效实施目标管理和控制奠定基础。企业的目标分解必须形成一个互相关联的目标体系。

第二，制定任务进度安排。针对上述分解的各级目标，明确进度计划，分析论证既定时间框架下的可行性。

第三，制定分战略。在对总体战略目标进行分解后，需要制定各事业部和各职能部门的分战略，进一步制定出相应的实施措施和策略。

第四，明确工作重点和工作难点。明确企业在不同时期、不同阶段和企业各个部门的工作重点和难点，明确工作的先后顺序，以便有针对性地重点推进企业战略的实施，保证战略目标的实现。

2. 建立与战略相匹配的组织结构

组织是战略执行中最重要、最关键的要素之一。完善有效的组织结构不仅能为资源或要素的运行提供最为适当的空间，而且可以部分弥补资源、要素等方面的缺陷。一个好的企业战略只有通过与其相适应的组织结构去执行才能起作用。因此，战略决定组织结构，组织结构必须按照战略目标的变化进行调整。如今的企业处在动态变化的环境之中，面临的内外部环境越来越复杂，经营战略调整或变革的步伐也更加紧凑，在这样的环境下，企业更应该根据新的战略来调整旧的组织结构，以获得更大的效益。

3. 配置企业资源

资源配置是战略实施的重要内容，企业在战略实施过程中必须保证资源的优化配置。企业资源的配置包括外部资源配置和内部资源配置两个方面。外部资源配置是指企业利用外部资源保证战略实施，比如外部的公共关系资源、物质资源等。内部资源配置包括两部分：一是在组织不同部门之间，如不同的子公司、分公司、分厂以及不同业务或部门之间分配资源；二是在同一部门内部分配资源。内部资源包括人力资源、内部的物质资源和财务资源。由于资源的配置受到诸多因素的限制，而且很难量化，很可能出现企业的资源配置和战略实施不匹配的情况。因此，在战略实施过程中如何根据企业战略和实际情况配置合适的资源是一个很关键的问题。

4. 评价与控制

企业战略评价与控制是一项综合性的工作，要完成三项基本活动，分别是检查战略基础、衡量企业绩效和采取纠偏措施。各项活动之间紧密相接，按照一定的步骤操作实现，具体内容将在 4.2 节详细介绍。

4.2 战略控制

4.2.1 战略控制概述

4.2 即测即评

1. 战略控制的必要性

在战略实施过程中，企业内部缺乏沟通、信息传递和反馈受阻、资源不足、用人不当或人员不尽职、战略决策错误、内外部环境变化等，都会导致企业战略实施的结果偏离预定的战略目标或战略管理的理想状态，即战略失效。按照时间顺序，战略失效可分为早期失效、晚期失效和偶然失效三种类型，如表 4－1 所示。

表 4-1　战略失效的类型与原因

战略失效类型	产生原因
早期失效	员工不理解、不接受新战略，战略实施者不适应新的环境和工作。
晚期失效	战略推进一段时间后，之前对战略环境的预测与现实变化之间存在差距。
偶然失效	一些意想不到的因素导致战略失效。

为避免战略失效，提高战略实施的效率，企业需要进行战略控制。

2. 战略控制的概念

战略控制是把企业战略执行过程中产生的实际效果与预定的目标和评价标准进行比较，发现偏差，采取措施，以达到预期的战略目标。

战略管理者选择能够令组织有效运用其资源、实现其商业模式、创造价值和利润的组织战略和组织结构。从企业经营的层面上说，控制预算常遇到问题。为控制预算，要在一年或者更短的期间内，使用定量方法来确定实际费用是否超过了计划支出，重点关注内部经营，通常要在预算期结束之后采取正确的行动。在战略控制中，该期间通常从几年到十几年不等，定性和定量的方法都要采用，且对内部经营和外部环境都要进行评估。战略控制并不等同于预算控制，二者之间的差异见表 4-2。

表 4-2　战略控制和预算控制之间的差异

战略控制	预算控制
时间比较长，从几年到十几年不等	时间通常在一年以下
定性方法和定量方法	定量方法
重点是内部和外部	重点是内部
不断纠正行为	通常在预算期结束之后纠正行为

4.2.2　战略控制的内容与关键节点

1. 战略控制的内容

战略控制包括三项基本活动，分别是检查战略基础、衡量企业绩效和采取纠正措施。

（1）检查战略基础。该项活动主要承担了审视企业是否具备战略实施条件的任务，如果企业制定了与内外部条件不适宜的战略，就需要及时调整。具体来说，检查企业的战略基础主要包括以下两个方面的内容：检查企业内部的关键战略要素，一般包括企业研发、生产、营销、财务、人力等各职能的资源配置情况以及企业的品牌声誉、创新能力等；检查企业外部的关键战略要素，主要包括竞争者的行动、需求变化、技术变化、经济环境变化和政策变化等。这些因素都会对战略的适宜性与战略实施的效果产生重大影响。

（2）衡量企业绩效。该项活动主要通过对比实际的战略实施绩效与制定的战略目标，对战略实施的效果进行评价，找出产生偏差的原因。绩效衡量已经被公认为企业日常经营活动的一部分，主要目的在于提供能刺激所有必要的控制行为的必要反馈；帮助与利益相关者团体进行沟通；帮助实现激励政策以及绩效管理；增加管理层的动力。

1）绩效衡量的不同观点。关于衡量企业绩效当前主要有两种观点。一种观点被称为股东观，认为企业因股东的利益而存在，以股东盈利为目的，应该把股东回报率作为衡量企业绩效的指标。股东回报率由资本利得和股利构成。另一种观点被称为利益相关者观，认为企业因所有利益相关者的利益而存在。每个利益相关者在一定程度上都对该企业具有依赖性，他们会对企业提出相应的要求，这些要求很可能与其他利益相关者的利益相冲突，此观点下绩效衡量更为复杂。

2）绩效衡量指标。衡量企业绩效的标准因企业而异，制定一套适合本企业的评价指标是比较困难的，不仅需要科学的计量工具，而且需要企业家具备高超的管理艺术。由于每个企业的具体情况不同，企业绩效通常从定量与定性两个方面进行衡量。

定量指标既包括投资收益率、市场占有率、销售增长率等常规财务指标，也包括诸如人员流失率、新产品开发周期、次品率等涉及各个职能部门的测量指标。对于企业绩效的定性评价，西摩·蒂尔斯提出了以下六个关键问题：

①战略与企业内部条件是否一致？

②战略与企业外部环境是否一致？

③战略与可利用的资源是否匹配？

④战略设计的风险是否可以接受？

⑤战略实施的时间与进度是否恰当？

⑥战略是否可行？

（3）采取纠正措施。这是战略控制的最后一项活动，发挥反馈与调整的作用。针对战略目标与企业绩效产生偏差的原因，战略管理者可以采取的纠正措施有以下三种：

1）如果企业制定了不合适的战略，那么必须从企业实际具备的内外部条件出发，重新修订或制订战略计划，使其符合企业实际。

2）如果企业没能有效地实施战略，那么需要改善企业战略与具体工作间的联系，并从日常的职能活动入手，加强监管控制，确保各项工作都指向企业的战略方向。

3）如果企业内外部环境发生了变化，那么需要根据环境变化的程度，充分发挥战略管理者的管理艺术，在环境变化不大时，对相应的职能战略与各项政策进行微调，使其与环境动态相匹配；如果环境发生了重大改变，那么战略管理者可能需要领导企业进行战略转型，以适应新的环境。

2. 战略控制的关键节点

企业战略控制成功与否还取决于企业的管理者能否把握好控制过程中的关键节点，这些节点主要包括：

（1）时间节点。时间节点是最简单也最容易实现的一种规划性很强的控制节点。一般为一年、一个季度、一个月、一周甚至一天，节点的具体密度视战略类型和实施力度而定。时间节点较适合依靠总量指标进行控制的部门，比如，定期评价销售部门、生产部门的总量指标，以此来控制整体战略的推进速度。

（2）成果节点。当一个企业的战略被分割成若干子战略之后，战略控制要针对每个子战略展开。由于子战略并非一定要齐头并进地实施，因此，只要关注每个子战略的完成情况，对其成果进行检查与控制，就可以把握整体战略推进情况。成果节点比较适合由各个部门或各个分公司负责实施部门（分公司）战略的情况，尤其是研发部门。

（3）资源约束节点。如果在某种战略部署下，多个部门共同完成几个工作项目，那么会碰到几个项目同时争夺某些资源的情况，对关键资源的分配和补给就成为实现战略控制的手段。例如，当公司在扩张性战略下考虑在外地同时设立多个分公司时，资金、人才会成为各分公司争夺的资源，此时的战略控制就表现为合理的资源配置与规划。

4.2.3 战略控制系统

确定了战略控制内容之后，企业管理者要建立战略控制系统——用来监控和评价战略是否按原先的意图发挥作用，应当如何加以改进，如果不能发挥作用又该如何改变。战略控制不仅监控组织及其成员目前的绩效，或者监控该企业利用现有资源的情况，还关注如何建立激励机制来激发员工的积极性，关注组织在未来可能面临的重大问题，以便员工协同工作寻找有助于组织不断提高绩效的办法。

1. 战略控制系统的概念与运行步骤

希尔（Hill）认为战略控制系统是规范的目标设定、测量以及反馈系统，使管理者能够评价公司能否实现卓越的效率、品质、创新和客户响应，公司的战略能否成功实施。

有效的控制系统应当具有三个特点：（1）它应当非常灵活，能够使经理对突发事件做出必要的反应；（2）它应当提供精确的信息，给出对组织绩效的真实描述；（3）它应当向经理提供及时的信息，因为基于过时信息制定的决策将是失败的。战略控制系统的特点可通过程序的正式程度和能够识别的绩效评价指标的数目予以反映，其运行的具体步骤如表 4-3 所示。

表 4-3 战略控制系统运行步骤

第一步	执行战略检查。
第二步	识别里程碑：里程碑是在识别关键成功因素后识别出来的，是长期目标的分阶段目标，能使管理者有效监控行动与结果。
第三步	设定目标实现层次：提出实现战略目标的具体建议和对策。
第四步	监控：对战略过程实施状况进行正式监控。
第五步	绩效衡量：评价绩效指标，对有效实现战略目标的绩效给予奖励。

2. 战略控制系统的构建

构建完善的战略控制系统需要考虑多方面因素。

第一是连接性。如果在重要机构之间架起沟通的桥梁，那么应以避免破坏的方式进行合作。

第二是多样性。如果系统具有多样性，要注意从多种战略控制系统中选择适合性较高的控制系统。

第三是风险。高风险的企业战略决策可能会对整个企业不利。高风险的企业战略控制系统中需要包含较多的性能标准，以便把可能存在的问题检测出来。

第四是变化。例如，时尚品制造商必须能够迅速地应对战略控制系统环境的变化。

第五是竞争优势。为控制目标，要有目的地区分两个类型的业务：一是具有较弱竞争优势的业务。在这种情况下，市场份额或质量是成功的源泉。二是具有较强竞争优势的业务。

4.2.4 战略控制方法

常见的战略控制方法有编制预算、业绩评价和使用管理报告三种。

1. 预算的概念与常用类型

(1) 预算的概念。预算就是财务计划。短期计划试图在长期战略计划的框架内提供一个短期目标。目标通常用预算的形式来表示。预算是一个多目标的活动，在每个企业中广泛应用。

(2) 预算的常用类型。常用的预算类型有增量预算和零基预算。

1) 增量预算（incremental budgeting）是指使用以前期间的预算或者以实际业绩作为基础来编制新的预算，在原基础上增加相应的内容。现在的资源分配是基于以前期间的资源分配情况。这种方法并没有考虑具体情况的变化，关注财务结果而不是业绩计量，和员工的业绩没有联系。

2）零基预算（zero-based budgeting）指在每一个新期间必须重新判断所有的费用。零基预算开始于“零基础”，需要分析企业每个部门的需求和成本。无论这种预算比以前的预算高还是低，都应当根据未来的需求编制预算。零基预算在企业的特定部门试行，在预算过程中制定高层次的战略性目标。此时应当归集成本，然后根据以前的结果和当前的预测进行计量。

上述两种预算的优缺点如表4-4所示。

表4-4 常用预算类型的优缺点

类型	优点	缺点
增量预算	● 预算稳定，且变化循序渐进； ● 经理能够在稳定的基础上经营他们的部门； ● 系统相对容易操作和理解； ● 遇到类似威胁的部门能够避免冲突； ● 容易实现协调预算。	● 假设经营活动以及工作都以相同的方式继续下去； ● 没有启发新观点的动力； ● 没有降低成本的动力； ● 鼓励将预算全部用光以便明年可以保持相同的预算； ● 可能过期，并且不再和经营活动的层次或者执行工作的类型有关。
零基预算	● 能识别和去除不充分或过时的行动； ● 能够促进更为有效的资源分配； ● 需要广泛的参与； ● 能够应对环境的变化； ● 鼓励管理层寻找替代方法。	● 是一个复杂的、耗费时间的过程； ● 可能强调短期利益而忽视长期目标； ● 管理团队可能缺乏必要的技能。

2. 业绩评价指标

（1）财务业绩评价指标。财务业绩评价指标是最常用的业绩评价指标，通常会采用比率的形式，常用的财务业绩评价指标如表4-5所示。采用比率的原因在于通过比较各个时期的相应比率可以很容易发现这些比率的变动情况；相对于实物数量或货币价值的绝对数，比率更易于理解；可以进行项目比较并有助于计量绩效；比率可以用作目标；比率提供了总结企业结果的途径，可以在类似的企业之间进行比较。

表4-5 财务业绩评价指标

指标类型	指标名称及计算方法
盈利能力和回报率	毛利率=[(营业收入－营业成本)/营业收入]×100% 净利润率=[(营业收入－营业成本－期间费用)/营业收入]×100% 资本报酬率=(息税前利润/当期平均已动用资本)×100%

续表

指标类型	指标名称及计算方法
股东投资指标	每股盈余=净利润/股票数量 每股股利=股利/股票数量 市净率=(每股市价/每股净资产)×100% 股息率=(每股股利/每股市价)×100% 市盈率=(每股市价/每股盈余)×100%
流动性指标	流动比率=(流动资产/流动负债)×100% 速动比率=[(流动资产－存货)/流动负债]×100% 存货周转期=存货×365/销售成本 应收账款周转期=应收账款借方余额×365/销售收入 应付账款周转期=应付账款贷方余额×365/购买成本
负债和杠杆作用	负债率=(有息负债/股东权益)×100% 现金流量比率=(经营现金净流量/期末流动负债)×100%

当然，比率评价也存在一定的局限性，例如可比信息难以获得、信息存在滞后性、比率存在多变性、鼓励短期行为等。

(2) 平衡计分卡。平衡计分卡（balanced score card）由哈佛商学院教授罗伯特·卡普兰（Robert Kaplan）和戴维·诺顿（David Norton）于1992年提出，作为一种战略评价和控制技术延续至今。平衡计分卡的名字源于公司在进行战略评价和控制时，需要平衡财务措施与产品质量及客户服务等非财务措施。平衡计分卡是一种绩效管理的工具，它将企业战略目标逐层分解转化为各种具体的相互平衡的绩效考核指标，并对这些指标的实现情况进行不同时段的考核，从而为企业战略目标的完成建立起可靠的执行基础。

平衡计分卡突破了将财务作为唯一指标的限制，做到了多个方面的平衡。与传统评价体系相比，平衡计分卡具有为企业战略管理提供强有力支持、提高企业整体管理效率、注重团队合作、提高企业激励作用、减少企业信息负担的特点。

平衡计分卡从财务、客户、内部运营、学习与成长四个角度，确定15～20个可量化的指标，对企业进行综合考察和评价。同时，要求所确定的指标能够与企业战略的实现紧密联系，并通过将指标层层向下分解，使各级员工对企业的战略和前景都有明确的认识，从而将战略目标落实到每个员工的具体行动中。

1）财务角度。财务绩效指标定位于战略的短期收益，反映即期满足股东利益、实现股东价值最大化的目标。代表性指标有：利润、销售增长率、净资产收益率、权益报酬率、现金流量、经济增加值等，解决“如何满足股东利益”的问题。财务绩效指标能表明企业所做的努力是否对企业的经济收益产生了积极的作用，是其他三个方面指标的出发点与归宿。

2）客户角度。客户指标反映客户对企业提供的产品和服务的满意度，是从客户角度衡量企业竞争力的变化。常用指标有：目标市场的销售额（或市场份额）、客户保有率、新客户开发率、客户满意度和盈利率。

3）内部运营角度。内部运营是企业改善其经营业绩的重点。内部运营指标体现企业组织的运营效率及效果，解决“我们怎样组织生产以满足客户要求”的问题。内部运营指标重视对客户满意度和实现财务目标影响最大的内部过程，这些过程能够创造价值，推动企业的财务绩效增长。常用指标包括缺陷率、投入产出比率、产品批量、原材料整理时间或批量生产准备时间、订单发送准确率、售后保证、保修和退还以及账款回收管理。

4）学习与成长角度。学习与成长代表企业长期的竞争力，常用的指标主要有员工的满意度、员工的稳定性、员工的培训和技能、员工的创新性和信息系统的开发能力。这些指标强调企业员工成长和创新的重要性，是不断提高企业竞争力、不断提升企业价值的关键所在。

案例分析

一家酒店的平衡计分卡

随着市场竞争日益激烈，某酒店客户收入减少，餐饮和康体项目入不敷出，员工对酒店的绩效考核体系不满。酒店目前的考核指标基于预算，以财务指标作为唯一考核依据，采用相互打分的方式，仅仅实现了考核功能。员工并不清楚自己的工作对酒店的贡献，公司对员工关注的高绩效回报没有客观的评价标准，绩效考核流于形式。

为此，酒店对发展战略进行梳理，根据平衡计分卡的四个维度总结了关键成功要素，提取了绩效指标，形成了下一年度酒店的关键绩效指标。

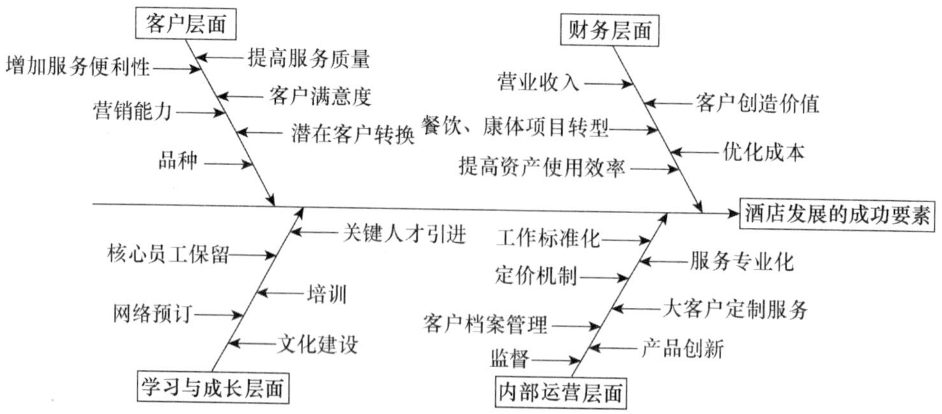

资料来源：邹善童．平衡计分卡（案例部分）．https://www.hrloo.com/dk/lshow/1000574.

3. 管理报告

专题报告和统计分析报告是战略控制中最常用的两种管理报告形式。

专题报告是根据企业管理人员的要求，指定专人对特定问题进行深入、细致的调查研究，形成包括现状与问题、对策与建议等有关内容的研究报告，以供决策者参考。专题报告有助于企业对具体问题进行控制，有助于企业管理人员开阔战略视野，有助于企业内外信息的沟通。

统计分析报告是运用统计资料和统计分析方法，以独特的表达方法和结构特点，阐释所研究事物本质和规律的一种报告。

统计分析报告通常具有以下特点：

（1）以统计数据为主体。用简洁的文字叙述事物量的方面的内容及其关系，并进行定量分析。

（2）以科学的指标体系和统计方法进行分析研究说明。通过一整套科学的统计指标体系进行数量研究，进而说明事物的本质。

（3）具有独特的表达方式和结构特点。统计分析报告属于应用文体，基本表达方式是叙述事实，让数字说话，在阐述中议论，在议论中分析。在结构上的突出特点是脉络清晰、层次分明。

4.3 组织结构与公司战略

组织结构是波特价值链理论中公司重要的支持活动，组织结构的调整与完善是战略实施的重要环节。

4.3 即测即评

4.3.1 组织设计六要素与常见组织结构类型

组织结构是组织内正式的工作安排，是组织为实现共同目标而进行各种分工和协调的系统。它可以平衡企业组织内专业化与整合两方面的要求，运用集权和分权的手段对企业生产经营活动进行组织和控制。不同产业、不同生产规模的企业的结构不同。因此，组织结构的基本构成要素是分工与整合，其中分工又分为纵向分工和横向分工。分工是将企业划分为不同职能及事业部，而整合是将不同的部门结合起来。

1. 组织设计六要素

管理者在创建或改变组织结构时需要进行组织设计，涉及六项关键因素：工作专门化、部门化、指挥链、管理跨度、集权与分权、正规化。

（1）工作专门化。工作专门化指的是把工作活动划分为各项单独的工作任务。个体员工专门从事一项活动中的某一部分而不是整项活动，以提高工作产出，企业可以高效利用员工拥有的各项技能。在大多数组织中，一些任务要求高水平技能，而其他一些任务可以由技能水平较低的员工来完成。如果所有员工都从事某一生产流程中的所有步骤，那么他们需要具备所有必要技能以完成需要高水平技能和不需要高水平技能的工作。

（2）部门化。将工作岗位组合到一起的方式称为部门化。在决定工作任务由谁来完成之后，需要将一些共同的工作活动组合在一起，使得工作可以以协调一体化的方式完成。一种流行趋势是越来越多的组织采用了顾客部门化，因为争取顾客和留住顾客对于企业的成功至关重要。同时，越来越多的组织采用的一种具体的工作团队是跨职能团队，即由来自不同职能领域的个体组成的工作团队。

（3）指挥链。指挥链是从组织的最高层延伸到最底层，用以界定汇报工作渠道的职权链，能够回答“如果遇到问题我应该向谁求助”这样的问题。为了更深入了解指挥链，需要了解其他三个重要概念：职权、职责和统一指挥。

职权：指的是某个管理职位本身所具有的发布命令和让命令得到执行的权力。

职责：当管理者利用他们的职权向员工分配工作时，这些员工就承担了履行这些指派任务的义务，这种履行任务的义务或期望就是职责。

统一指挥：主张一个人应该只向一位管理者汇报。如果缺乏统一的指挥，来自多位上司的相互矛盾的指挥可能会带来很多问题。

（4）管理跨度。管理跨度是指管理者能够有效率和有效果地管理的员工数量，在很大程度上决定了组织层级和组织中管理者的数量。在其他所有因素相同的情况下，管理跨度越大，组织运行效率就越高。

（5）集权与分权。集权是决策集中在组织高层的程度，如果高层管理者在制定关键决策时几乎不考虑低层的意见，那么这个组织是高度集权化的。低层组织成员参与或做出决策的程度越高，该组织就越分权。这种划分是相对的，即一个组织不可能是完全集权或完全分权的。

（6）正规化。正规化指的是组织中各项工作的标准化程度以及员工行为受规则和程序指导的程度。高度正规化的组织拥有清晰明确的组织描述、大量的组织规章制度以及涵盖各项工作流程的明确程序。员工对于所从事的工作、何时完成工作以及如何完成工作几乎没有什么自主权。然而，在正规化程度较低的组织中，员工在如何开展工作上拥有更多的自主权。

2. 组织结构类型

按照分工与整合方式不同，组织结构可以分成纵向分工结构和横向分工结构。

（1）纵向分工结构。纵向分工指企业高层管理人员为了有效地贯彻执行企业战略，选择适当的管理层级和正确的控制制度，并说明连接企业各层级管理人员、工作以及各项职能的关系。纵向分工结构有两种形式：一是高长型组织结构；二是扁平型组织结构，如图4-2所示。

合理运用纵向分工结构需要处理好集权与分权、中层管理人员数量设置、信息传递扭曲与成本控制、协调和激励四个方面的问题。集权型决策与分权型决策各有优缺点，应用时要综合权衡，如表4-6所示。

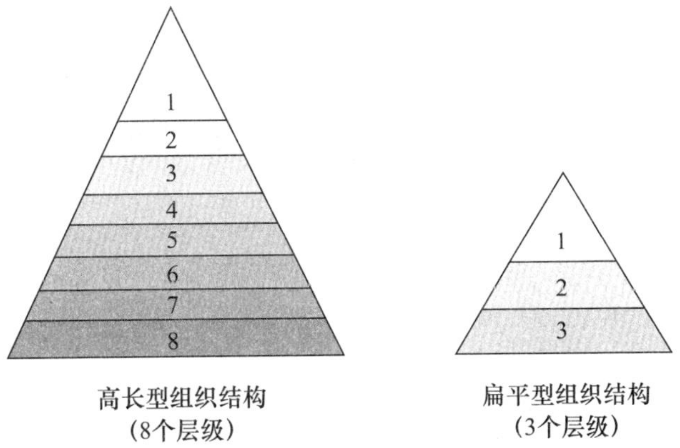

图 4-2　高长型与扁平型组织结构

表 4-6　集权型决策与分权型决策的优缺点

决策类型	优点	缺点
集权型决策	● 易于协调各职能间的决策。 ● 易于对上下沟通的形式进行规范。 ● 能与企业的目标达成一致。 ● 危急情况下能够快速做出决策。	● 高级管理层可能不会重视个别部门的不同要求。 ● 需要通过集权职能的所有层级向上汇报，决策时间过长。 ● 级别较低的管理者职业发展有限。
分权型决策	● 提高了企业的反应能力。 ● 为决策提供更多的信息。 ● 对员工产生激励效应。 ● 可以避免在多元化经营中使用职能型结构导致的复杂性。	● 不利于企业整体利益的实现。 ● 各部门之间沟通困难。

（2）横向分工结构。从横向分工结构考察，企业组织结构有七种基本类型：简式结构、职能制组织结构、事业部制组织结构、多部门结构（M 型组织结构）、战略业务单元组织结构（SBU）、矩阵制组织结构、控股企业/控股集团组织结构（H 型组织结构）。

1）简式结构。这种结构通常被组织复杂程度低的小企业采用，中注协 CPA 辅导教材中将其称为创业型组织结构。在这种企业中，创始人通常会做出所有重要的战略决策，并负责日常运营工作。简式结构为扁平式层级，以去中心化的方式运营，表现出较低程度的规范化与专业化。

2）职能制组织结构。职能制组织结构被大多数人认为是组织结构的典型模式。这种结构将员工按专业知识分配到不同的职能领域，这些职能领域通常与企业不同阶段的价值链活动相关，比如研发、工程与制造、市场营销与销售，还有支持性领域，比如人力资源、财务与会计等。职能制组织结构如图 4-3 所示。当企业提供的产品或服务的范围较为狭窄（即低程度的多元化），同时地理足迹范围较小时，一般会采用职能制组织结构。职能制组织结构与业务单元战略的匹配情况如表4-7所示。

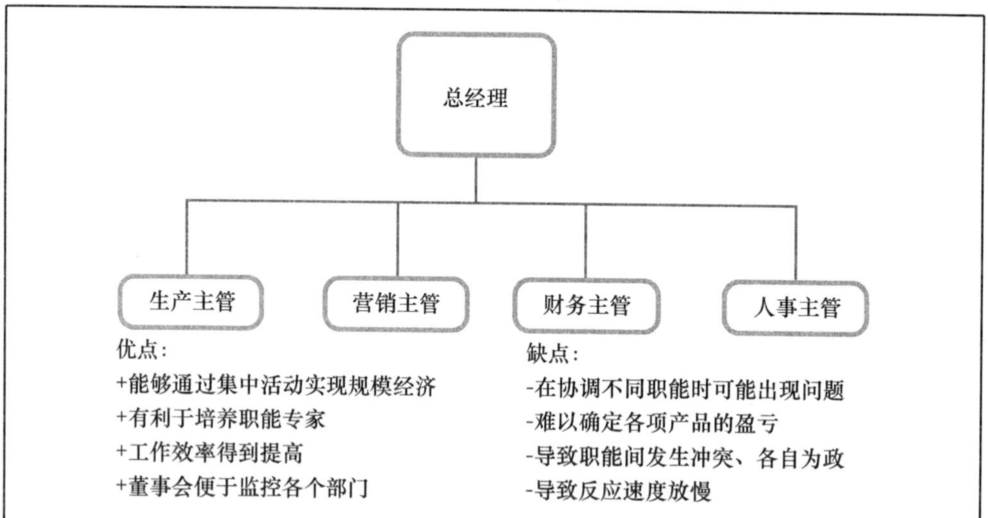

图4-3 职能制组织结构

表4-7 业务单元战略与职能制组织结构的匹配

业务单元战略	职能制组织结构
成本领先战略	机械式组织 集权化 命令与控制 有效生产与物流中的核心竞争力 通过过程创新降低成本 关注规模经济
差异化战略	有机组织 分权化 灵活性与相互调整 研发、创新与营销中的核心竞争力 产品创新 关注范围经济
集中化战略	二元组织 平衡集权与放权 产业链上的多种核心竞争力：研发、制造、物流、市场营销等 过程创新与产品创新 关注规模经济与范围经济

3）事业部制组织结构。当企业逐步发展到有多个产品线，或者由于消费者市场迅速扩张，需要跨区域经营时，职能制组织结构便束缚了企业的协调活动，事业部制组织结构应运而生。事业部制组织结构中，战略决策和经营决策相分离。

根据业务按产品、服务、市场或地区等设立半自主性的经营事业部，公司的战略决策和经营决策由不同的部门和人员负责，高层领导从繁重的日常经营业务中解脱出来，集中精力于企业的长期经营决策，监督、协调各事业部的活动和评价各部门的绩效。

事业部制组织结构可以以产品/品牌、客户/市场，或地区为依据进行细分。

① 区域事业部制组织结构。按照特定的地理位置对企业的活动和人员进行分类。例如，某公司将事业部划分为北美区域和中东区域，各区域事业部负责所在区域所有的活动、产品及客户。

② 产品/品牌事业部制组织结构。产品/品牌事业部制组织结构适用于拥有若干生产线（品牌）的企业，是以企业产品的种类或品牌为基础设立若干事业部，而不是以职能或区域为基础进行划分。

③ 客户细分/市场细分事业部制组织结构。该组织结构通常与销售部门和销售工作相关，批销企业或分包企业也可能采用这种组织结构，在这些企业中，管理者负责联系主要客户。另一种方式是将不同类型的市场按照客户进行划分，比如企业客户、零售客户或个人客户等。

事业部制组织结构的优缺点如表 4-8 所示。

表 4-8　事业部制组织结构的优缺点

组织结构类型	优点	缺点
区域事业部制组织结构	● 更好更快地进行地区决策 ● 削减建立地区工厂、办事处的成本费用 ● 有利于海外企业应对各种环境变化	● 管理成本重叠 ● 难以处理跨区域大客户的事务
产品/品牌事业部制组织结构	● 事业部/产品经理协调生产与销售不同产品的不同职能活动和工作 ● 各事业部都可以集中精力在自身产品/品牌 ● 易于出售或关闭经营不善的事业部	● 各事业部会为了争夺有限资源而产生摩擦 ● 各事业部间会存在管理成本的重叠和浪费 ● 若产品/品牌事业部数量较多，则难以协调 ● 若产品/品牌事业部数量较多，则事业部的高级管理层会缺乏整体观念
客户细分/市场细分事业部制组织结构	● 更好地满足不同客户的需求 ● 能对市场变化做出迅速反应 ● 有利于塑造多元化的企业形象	● 管理成本重叠 ● 对公司总部管理工作要求较高，否则容易失控 ● 各事业部利益相对独立，容易滋长本位主义

4）多部门结构（M 型组织结构）。通过产品线的增加，企业会不断扩张。随着企业规模的扩大，上述组织结构将不再适用。具有多个产品线的企业应采用多部门结构。多部门结构包括几个不同的战略业务单元，每一个业务单元都独立经营、自负盈亏。除此之外，各自的首席执行官负责各自的业务单元战略与日常

经营。

图4-4以A公司为例进行具体说明。该器具企业的组织结构曾经非常简单，仅有三个产品事业部：燃气产品、洗衣产品和电器产品。A公司通过收购B公司（一家空调、冰箱和火炉生产商）和C公司（一家小型家电制造商）不断扩张自身产品线。M型组织结构包含若干事业部，每个事业部都有一个或多个产品线。

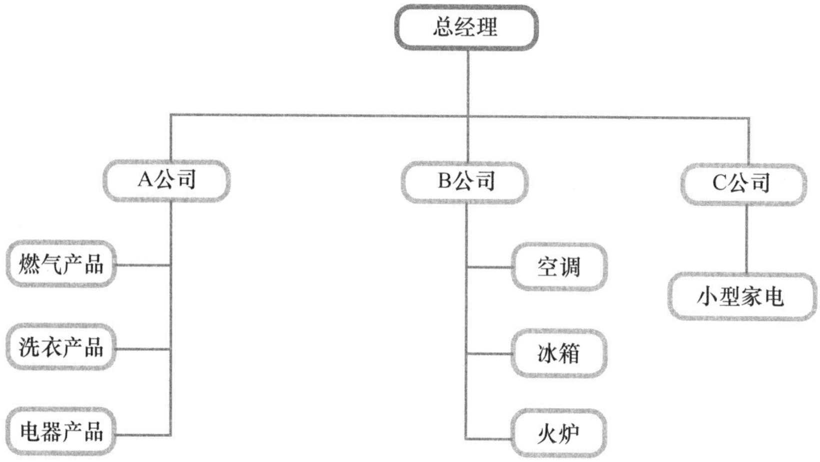

优点：

+便于将新产品线整合到现有的事业部中或作为新开发的事业部的基础，使企业持续成长
+总部员工的工作量会有所减轻
+职权被分派到总部下面的每个事业部，并在每个事业部再次分派
+通过诸如资本回报率等指标可以对事业部的绩效进行财务评估和比较

缺点：

-事业部分摊企业的管理成本比较困难并略带主观性
-事业部间可能滋生功能失调性的竞争和摩擦
-事业部间确定转移价格时可能产生冲突

图4-4 以A公司为例说明M型组织结构

图4-4中的转移价格是指一个事业部对于向另一个事业部提供的产品或部件收取的价格。销售事业部通常希望收取较高的转移价格来增加利润，而购买事业部则希望支付较低的价格来降低成本。

为了获得战略与结构之间的最佳匹配，不同的公司层战略需要不同的组织结构。公司层战略除了本书第3章提到的相关多元化和非相关多元化之外，还包括单一业务型和主导业务型两种。每种战略的定义取决于企业从主要商业活动中获取的利润比例。对于采取单一业务型战略或是主导业务型战略的企业来说，至少70%的盈利应该来自企业主要的经营活动，这种情况下通常采用职能制组织结构。对实行相关或非相关多元化战略的企业而言，M型组织结构是它们偏好的组织结构。表4-9对公司层战略与组织结构进行了匹配。

表 4-9　公司层战略与组织结构的匹配

公司层战略	组织结构
单一业务型	职能制组织结构
主导业务型	职能制组织结构
相关多元化	合作型多部门结构（M 型组织结构） ● 决策权集中 ● 公司总部高度一体化 ● 战略业务单元之间合作竞争 ● 争夺资源 ● 合作以分享竞争力
非相关多元化	竞争型多部门结构（M 型组织结构） ● 决策权下放 ● 公司总部一体化程度低 ● 战略业务单元之间争夺资源

5）矩阵制组织结构。为了获得 M 型组织结构和职能制组织结构两者的优势，许多企业采用了一种可以结合这两种组织结构的形式，称为矩阵制组织结构，如图 4-5 所示。

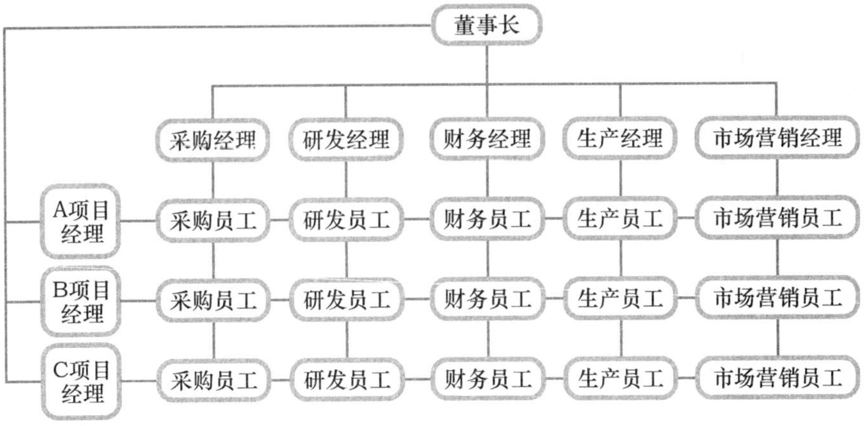

优点：

+项目经理能直接参与与其产品相关的战略，从而激发其动力

+能优先考虑关键项目，加大对产品和市场的关注

+与项目主管和职能主管之间的联系更加直接，从而能够做出更有质量的决策

+实现了各个部门之间的协作以及各项技能和专门技术的相互交融

+双重权力使得企业具有多重定位，这样职能经理就不会只关注自身的业务范围

缺点：

-可能导致权力划分不清晰，并在职能工作和项目工作之间产生冲突

-双重权力容易使管理者之间产生冲突

-管理层可能难以接受，会觉得有其他管理者争夺其权力，从而产生危机感

-协调工作会增加时间成本和财务成本，导致制定决策的时间过长

图 4-5　矩阵制组织结构

在图4－5中，A，B，C项目的员工不仅对各自项目的经理负责，还对相应的职能经理负责。矩阵制组织结构的目标就是充分利用企业中专门技术的结合，而普通的组织结构难以实现这一目标。这一混合结构在保持职能制组织结构和M型组织结构的优点方面做出了尝试。简言之，矩阵制组织结构是一种具有两个或多个命令通道的结构，包含两条权力线、两个绩效奖励来源。

在国际化经营战略下，我们需要考虑国际战略、多国本土化战略、全球（标准）化战略及跨国（经营）战略等，国际化经营战略与矩阵制组织结构的匹配情况如表4－10所示。

表4－10　国际化经营战略与矩阵制组织结构的匹配

国际化经营战略	矩阵制组织结构
国际战略	国际部结构
多国本土化战略	全球区域分部结构
全球（标准）化战略	全球产品分布结构
跨国（经营）战略	跨国结构

6）战略业务单元组织结构。企业最终需要将相关产品线归类为事业部，然后将这些事业部归类为战略业务单元（strategic business unit，SBU）。战略业务单元组织结构尤其适用于规模较大的多元化经营企业（见图4－6）。

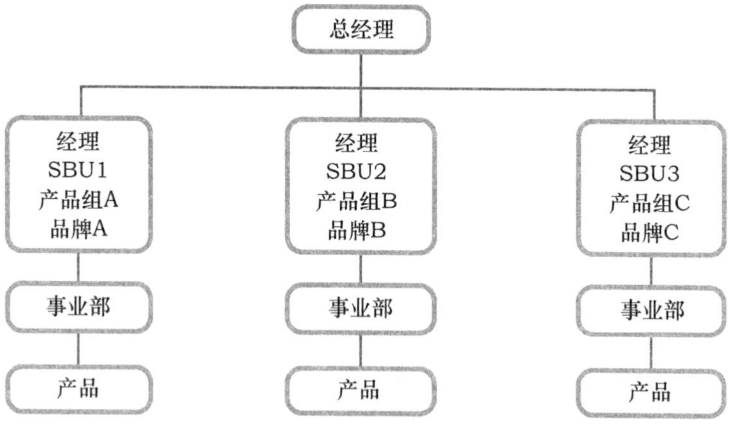

优点：

+减小了企业总部的控制跨度，管理者只需要控制少数几个战略业务单元

+控制跨度的减小减轻了总部的信息过度情况

+有类似产品、市场或技术的事业部之间能够更好地协调

+易于监控每个战略业务单元的绩效

缺点：

-总部与事业部和产品层的关系更疏远

-战略业务单元间的竞争会出现功能性失调，并对企业的总体绩效产生不利影响

图4－6　战略业务单元组织结构

案例分析

华为的组织结构变革

在华为30多年的发展历程中，其组织结构变革可以分为四个阶段。

第一阶段，从成立到1995年，直线型/直线职能型组织结构。

1987年，任正非与5位合伙人共同出资2万元成立了华为公司，当时并无所谓的组织结构。1994年，华为的销售额突破8亿元，员工达600多人，组织结构开始从直线型转变为直线职能型。

第二阶段：1996—2003年，二维矩阵式组织结构。

华为在这段时期的战略逐渐从集中化转向横向一体化，员工数量激增且没有专门的职能结构。华为从划分小经营单位开始，建立了事业部与地区部相结合的二维矩阵式组织结构。事业部的职能：一是实行独立经营、独立核算；二是建立产品或市场责任单位，对产品的设计、生产制造及销售活动的一体化进行统一领导。

第三阶段：2004—2012年，以产品线为主导的矩阵式组织结构。

到2012年，华为销售额超过2 000亿元，员工从2004年的3万人增长到2012年的13.8万人，成为通信业的龙头企业。这一阶段，华为采取了纵向一体化、多元化和国际化并举的战略。华为组织结构从事业部与地区部相结合转变成以产品线为主导的矩阵式组织结构。

第四阶段：2013年至今，动态的矩阵式组织结构。

华为已经是一家多元化企业，依然还会保持当前的矩阵式组织结构。这个巨大的矩阵式组织结构是动态的，随时会跟随战略的调整而调整。当企业遭遇外部环境挑战时，这个网络就会收缩并进行叠加，即进行岗位、人员的精简；当环境向好需要扩张时，这个网络就会打开，进行岗位与人员的扩张。基本的业务流程会保持相对稳定。

资料来源：根据相关资料整理。

7）控股企业/控股集团组织结构（H型组织结构）。企业在不断发展的过程中可能会实施多元化战略，业务涉及多个领域，甚至上升到全球化竞争层面，这时就会成立控股企业。企业成立的子企业具有独立的法人资格，可以是对某家企业进行永久投资的企业，主要负责购买和出售业务。在控股组织结构中，中央企业的员工和服务可能非常有限。控股企业可以将风险分散到多个企业中，有时很容易撤销对个别企业的投资。

4.3.2 匹配战略与结构

组织结构的功能在于分工和协调，它是保证战略实施的必要手段。战略与结构之间相互依存的关系直接影响企业绩效。另外，这种关系是动态的，随着时间的推移，企业的规模与复杂性会发生变化，从而带来可预测的模式变化。成功的创业公司通常先通过提高销量获得成长，然后覆盖更大的地理范围，最后通过纵向一体化进行多元化经营，并进入相关的或不相关的业务领域，因此企业在成长的不同阶段需要不同的组织结构。在不同的发展阶段，企业应有不同的战略，企业的组织结构也应做出反应。企业最先对经济发展做出反应的是战略而不是组织结构，即在反应的过程中存在战略的前导性和结构的滞后性现象。

4.3.3 组织的战略类型

战略的一个重要特性就是适应性。它强调企业组织要运用已有的资源和可能占有的资源去适应组织外部环境和内部条件的变化。这种适应是一种复杂的动态调整过程，要求企业在加强内部管理的同时，不断推出适应环境的有效组织结构。在选择的过程中，企业可以考虑以下四种类型：

（1）防御型战略组织。防御型战略组织主要追求一种稳定的环境，试图通过解决开创性问题来保持自己的稳定性。从防御型战略组织的角度来看，这里的开创性问题就是要创造一个稳定的经营领域，占领一部分产品市场，即生产有限的一组产品，占领整个潜在市场的一小部分。防御型战略组织常通过竞争性定价或高质量产品等来阻止竞争对手进入。

一般来说，技术效率是防御型战略组织获得成功的关键。通过纵向整合提高技术效率，将从原材料供应到最终产品销售的整个过程合并到一个组织系统里。行政管理是为了保证组织能严格地控制效率，为实现这一目的，防御型组织常常采取“机械式”结构机制。防御型战略组织适合较为稳定的产业，但该产业也有潜在的危险，不能根据市场环境做重大的改变。

（2）开拓型战略组织。开拓型战略组织追求一种更为动态的环境，其能力表现在探索和发现新产品和新市场上。开拓型战略组织的开创性问题是寻求和开发产品与市场机会。寻求和开发产品与市场机会是开拓型战略组织的战略核心任务。

开拓型战略组织的全部工程技术问题就是如何避免长期处于单一的开拓型战略组织的状态，这就要求它的技术和行政管理具有很大的灵活性，这类组织应采取“有机式”机制。开拓型战略组织可以在不断求变当中减少环境动荡的影响，但它会面临利润较低与资源分散的风险。开拓型战略组织缺乏效率，很难获得最大利润。

（3）分析型战略组织。分析型战略组织在定义开创性问题时综合了上述两种组织的特点，即在寻求新的产品和市场机会的同时保持传统的产品和市场。分析型战略组织解决开创性问题的方法也带有前两种组织的特点。这类组织只有在新市场被证明具有生命力时才开始在该市场上活动。因此，成功的分析型战略组织必须紧随领先的开拓型战略组织，同时又在自己稳定的产品和市场中保持良好的生产效率。

分析型战略组织并不是完美无缺的。由于其经营业务具有两重性，该组织不得不建立双重的技术中心，还要管理各种计划系统、控制系统和奖惩系统。这种稳定性与灵活性并存的状态在一定程度上限制了组织的应变能力。如果不能保持战略与结构的平衡，分析型战略组织最大的危险就是既无效能又无效率。

（4）反应型战略组织。反应型战略组织对外部环境采取一种动荡不定的调整模式，缺少在变化的环境中随机应变的机制。它往往会对环境变化和不确定性做出不恰当的反应，随后又会执行不力，对以后的经营行动犹豫不决。结果，反应型战略组织会永远处于不稳定的状态。因此，反应型战略是一种下策。只有在上述三种战略都无法运用时，企业才可以考虑使用这种战略。

4.4　企业文化与公司战略

4.4.1　企业文化

4.4 即测即评

1. 企业文化的概念

关于企业文化的概念，企业界和学术界有许多不同的认识和表达。

威廉·大内（William Ouchi）作为最早的企业文化概念提出者，在 1981 年给出了这样的定义：企业文化是进取、守势、灵活性，即确定活动、意见和行为模式的价值观。特伦斯·迪尔（Terrence Deal）和阿伦·肯尼迪（Allan Kennedy）在 1982 年提出，企业文化是存在于组织中的，并对整个组织发挥巨大影响的文化，包含价值观、英雄人物、习俗仪式、文化网络、企业环境五种要素。20 世纪 90 年代，赫尔雷格尔（Hellreigel）等称企业文化是企业成员共有的哲学、意识形态、价值观、信仰、假定、期望态度和道德规范。约翰·科特（John Kotter）和詹姆斯·赫斯克特（James Heskett）提出，企业文化是指一个企业中各个部门，至少是企业高层管理者共同拥有的企业价值观念和经营实践，是指企业中一个分部的各个职能部门或处于不同地区的部门所拥有的共同的文化现象。

上述定义虽有不同，但指出了企业文化的特质，即一种价值观、一种意识形态，为企业内部所拥有。

2. 企业文化的类型

查尔斯·汉迪（Charles Handy）在 1976 年提出的关于企业文化分类的相关理论至今仍具有相当重要的参考价值。他将文化从理论上分为四类：权力（power）导向型、角色（role）导向型、任务（task）导向型和人员（people）导向型。

（1）权力导向型。权力导向型文化也称作集权式文化，权力中心只有一个。企业的决策可以很快做出，但其质量在很大程度上取决于企业经理人员的能力。

企业的变革主要由企业权力中心来决定。这类文化是小业主企业的典型文化，它要求相信个人，但在企业运行中明显忽视人的价值和一般福利。这类企业经常被描述成专横和滥用权力的企业，它们可能因中层人员的低士气和高流失率蒙受损失。权力导向型文化通常存在于家族式企业和初创企业。

（2）角色导向型。角色导向型文化在大型且注重既定程序的公司十分常见，每个人的角色、工作程序以及授权程度均被清楚界定。这类企业的权力在上层，强调等级和地位，权力和特权是限定的，大家必须遵守。这类企业被称作官僚机构，此类文化常见于国有企业和政府机构。

角色导向型文化的优点是具有稳定性、持续性，企业的变革往往是循序渐进的而不是突变。在稳定环境中，这类文化可能产生高效率，但在动荡的环境中就不太适合。

（3）任务导向型。在任务导向型文化中，管理者关心的是不断成功地解决问题，对不同职能和活动的评估完全依据它们对企业目标做出的贡献。这类企业采用的组织结构往往是矩阵式的，为了解决某一特定问题，企业可以从其他部门临时抽调人力和其他资源，一旦问题解决，人员将转向其他任务。无连续性是这类企业的一个特征。

实现目标是任务导向型企业的主导思想，不允许有任何事情阻挡目标的实现。企业强调速度和灵活性，专长是个人权力和职权的主要来源，并且决定一个人在给定情景中的相对权力。这类文化常见于新兴产业中的企业，特别是一些高科技企业。

这类文化具有很强的适应性，个人能高度控制自己分内的工作，在十分动荡或经常变化的环境中会很成功。但是，这种文化会给企业带来很高的成本，由于这种文化有赖于不断地试验和学习，建立并长期保持这种文化是十分昂贵的。

（4）人员导向型。这类文化完全不同于上述三种文化。在这种文化下，企业存在的目的主要是为其员工的需要服务，企业是员工的下属，企业的生存依赖于员工，这类企业为员工提供他们不能为自己提供的服务，职权往往是多余的。员工通过示范和助人精神来互相影响，而不是通过正式的职权来互相影响，决策时意见一致是企业所需要的，角色分配的依据是个人的爱好及学习和成长的需要。这一文化常见于俱乐部、协会、专业团体和小型咨询公司。

这类文化中的人员不易管理，企业能给他们施加的影响很小，因而很多企业不适用这种文化，因为它们往往有超越员工目标的企业目标。

案例分析

华为企业文化与公司战略分析

华为作为中国最著名的国际化科技公司之一，以其强大的技术实力、创新能力和全球市场影响力闻名于世。华为的成功不仅仅体现在其技术和市场份额上，还在于其独特而坚定的企业文化。华为的文化为提升企业核心竞争力和战略的成功实施提供了保障。

1. 狼性企业文化

华为的狼性企业文化源于创始人任正非的理念，强调团队协作、敢于竞争、追求卓越。狼性文化的核心特点包括：(1) 团队协作：华为强调团队协作，相互支持；(2) 敢于竞争：狼性文化鼓励积极竞争，推动公司不断超越；(3) 追求卓越：华为要求员工不满足于平庸，持续学习和创新。

这一文化体现在公司的日常运营中，为华为注入了强大的凝聚力。华为的狼性文化意味着所有员工都以共同的目标为导向，共同努力实现企业的使命。不论来自哪个部门和国家，华为的团队都积极合作，将自身的专业知识和技能融入全球战略中。因此，团队协作、敢于竞争、追求卓越的华为企业文化成为其成功实施重要战略不可或缺的因素。

2. 客户文化

客户至上是华为文化的核心价值观之一，华为的成功与其建立长期稳定的客户关系密不可分。华为始终将满足客户需求置于首位，以客户的价值观为导向，以远大的目标规划产品战略发展，立足现实，孜孜不倦地追求，一点一滴地实现。华为的技术突破，提供优质的产品，一流的服务，准确及时地交付，系统化地解决方案等，都是为了更好地满足客户需求。此外，华为建立以客户为中心的流程化体系，比如，集成产品开发流程（IPD）、集成供应链变革（ISC）、集成财经变革（IFS）、从线索到现金变革（LTC）等一系列主要的流程体系变革都是客户化的。

资料来源：华新学社. 华为的“企业文化与战略方向”之间的关系. https://mp.weixin.qq.com/s/eOR0MBBmM8XcDtS2FflJwA.

虽然企业文化的分类不可能囊括所有文化，而且一个企业内部可能存在不同的亚文化群，但是这四种分类较好地总结了大多数企业的文化状况，可以作为研究企业文化与成功关系的重要基础。

3. 文化与绩效

企业文化对绩效的影响是双向的。这种影响取决于企业文化与所处的环境、选择的行业、市场、价值创造活动组合以及需要建立的竞争优势是否匹配、匹配程度如何。当匹配良好时，企业文化将提升企业绩效，与长期经营绩效有巨大的正相关性。企业长期经营绩效的好坏与企业文化的强弱无关，而与企业文化是否适应外部环境变化有关。建设提升绩效的文化需要管理层长期努力。与其他组织资源相同，企业文化具有很大的惯性，当环境、行业等变化时，这种惯性势必会阻碍企业发展。

此外，企业文化还可以帮助企业维持其竞争优势。杰伊·巴尼（Jay Barney）提出了让企业文化成为维持企业竞争优势的源泉的条件：首先，企业文化必须为企业创造价值，这是通过简化信息处理、补充正式控制、促进合作并减少讨价还价的成本实现的。其次，作为维持竞争优势的源泉之一，企业文化必须为企业所特有。最后，企业文化必须很难被模仿。

4.4.2 战略稳定性与文化适应性

考察战略与文化的关系时，除了文化与绩效的关系外，还有一项重要的内容，即分析企业的战略稳定性与文化适应性。战略稳定性反映企业在实施一个新战略时，企业的结构、技能、共同价值、生产作业程序等各种组织要素变化的程度；文化适应性反映企业所发生的变化与企业目前的文化相一致的程度。

二者关系的处理方式可以用下面的矩阵表示（见图 4－7）。

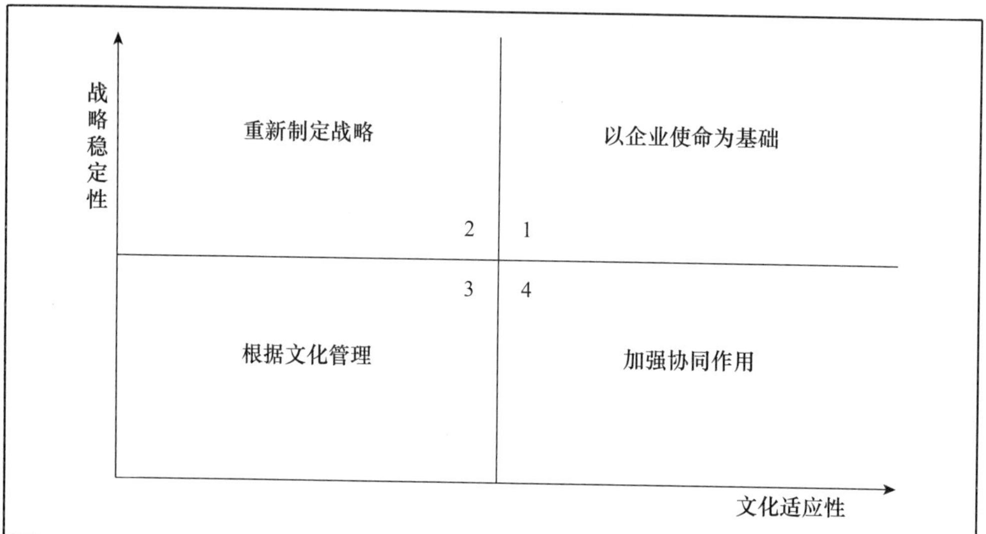

图 4－7 战略稳定性与文化适应性

1. 以企业使命为基础

在第一象限中，当企业实施一个新战略时，重要的组织要素会发生很大变化，这些变化大多与企业目前的文化有潜在的一致性。这种企业多是那些以往效益好的企业，可以根据自己的实力，寻找可以利用的重大机会，或者试图改变自己的主要产品和市场，以适应新的要求。这种企业由于有固有文化的大力支持，实行新战略不会有大的困难，非常有前途。在这种情况下，企业处理战略与文化的关系时要注意以下几点：

一是企业在进行重大变革时必须考虑其与企业使命的关系。企业使命是企业文化的基础。高层管理人员在管理的过程中一定要注意变革与使命不可分割的联系。

二是发挥企业现有人员在战略变革中的作用。现有人员具有共同的价值观和行为准则，有助于企业在文化一致的条件下实施变革。

三是在调整企业的奖励系统时，必须注意与企业目前的奖励行为保持一致。

四是考虑进行与企业目前的文化相适应的变革，不要破坏企业已有的行为准则。

2. 重新制定战略

在第二象限中，企业在处理战略与文化的关系时遇到了极大的挑战。企业在实施一个新战略时，组织要素会发生重大的变化，又多与企业现有的文化不一致，或受到现有文化的抵制。对于企业来讲，这是个两难问题。

在这种情况下，企业首先要考察是否有必要推行这个新战略。如果没有必要，企业需要考虑重新制定战略。在外部环境发生重大变化，企业考虑到自身长远利益，必须实施不能迎合现有文化的重大变革时，企业必须进行文化管理，使企业文化有重大的改变。为了处理这种重大的变革，企业需要从四个方面采取行动：

一是企业的高层管理人员要痛下决心进行变革，并向全体员工讲明变革的意义。

二是为了形成新的文化，企业要招聘或从内部提拔一批与新文化相符的人员。

三是改变奖励结构，重点奖励具有新文化意识的事业部或个人，促进企业文化的转变。

四是设法让管理人员和员工明确新文化需要的行为，形成一定的规范，以保证新战略顺利实施。

3. 根据文化管理

在第三象限中，当企业实施一个新战略时，主要的组织要素变化不大，但多与企业目前的文化不太一致。例如，当企业准备推行某种新的激励方式时，这种方式与过去的激励方式相比并没有根本性的变化，但是某些利益相关者基于自身利益的考虑，可能会反对实施新的方式。此时，企业需要研究这些变化是否可能给企业带来成功的机会。企业可以根据经营需要，在不影响企业总体文化一致性的前提下，对不同的经营业务进行不同的文化管理。同时，企业在对像企业结构这样与企业文化密切相关的因素进行变革时，也需要根据文化进行管理。

4. 加强协同作用

在第四象限中，当企业实施一个新战略时，组织要素发生的变化不大，又多与企业目前的文化相一致。这类情况往往发生在采用稳定战略（或维持不变战略）的企业中，这类企业应考虑利用目前的有利条件，巩固和加强企业文化并利用文化相对稳定这一特点，根据企业文化的需求，解决生产经营中的问题。

4.5 数字技术与公司战略

4.5 即测即评

数字技术主要包括三大类技术，即与数据有关的技术、与网络有关的技术及与计算有关的技术（简记为数据技术、网络技术和计算技术）。在新一代信息技术浪潮中，大数据是核心生产要素，人工智能是具体应用，移动互联网和移动物联网是基础设施，云计算是支撑。工业史和技术史的发展表明，每一次重大的技术变革均会带来生产组织形式的重大变化。现阶段数字技术的发展和广泛应用正在对企业管理产生深刻影响。

4.5.1 数字技术与组织变革

组织变革是指组织根据内外环境的变化，对组织要素、组织结构、组织运行机制等进行调整、改进和革新的过程。关于技术与组织变革的关系一共有三种观点：技术决定论、组织决定论、互补论。技术决定论认为技术决定组织的变化。组织决定论认为技术不能决定组织变革，是组织变革的实现手段。互补论认为，技术与组织变革相互作用、相互补充，一方面，技术是推动组织变革的诱因；另一方面，组织变革进一步促进技术应用和创新，二者相互影响。数字技术对组织变革的影响主要体现在如下几个方面。

1. 组织结构扁平化

科层组织结构是工业文明时代的典型组织形态，其特点是分工明确、边界清晰、权力集中；在数字经济时代，科层组织管理层级多、决策重心高、市场反应慢的缺陷凸显，而数字技术则通过减少管理层级、提升管理跨度推进组织扁平化。一方面，依托大数据、移动互联网、物联网等技术，信息自动采集、实时传输，不同部门、不同层级间的信息屏障逐步打破，自上而下的层层下达或自下而上的逐级汇报不再必要，中层管理者的信息传递功能被弱化。另一方面，数字技术提高了员工的工作透明度，包括工作内容、响应时间、分享协同等工作特征可以被实时量化统计，使得中层管理者的监督功能被弱化。此外，高效的移动通信技术增加了沟通渠道，提高了沟通效率，强化了组织内部通信、监控协调能力，从而扩大了管理跨度。

2. 组织方式柔性化

当今时代，社会生产方式正从供给推动型向需求拉动型转变，产品服务个性化、市场响应及时化成为新趋势，亟须企业推进组织方式变革。依托大数据、人工智能等新技术，企业开始向多品种、小批量、按需定制的生产方式转变，进而构建快速响应、精准管理、灵活制造、高效服务的柔性化组织。比如华为，以“简化组织管理，让组织更轻更灵活”为新时期的变革目标，从集权控制向小团队作战转变，让“听得见炮火的人指挥战斗”，打造由客户经理、解决方案专家、交付专家组成的“铁三角”工作小组，其他部门则提供服务保障，这一机制使得企业能够深入理解客户需求，有的放矢地开展合作，充分赢得客户青睐。

3. 组织决策科学化

数字经济时代，企业所处的环境复杂多变，管理者往往需要依据多个因素及其相互影响进行决策，决策难度越来越大，仅仅依靠洞察力、见识、经验等的传统决策方法远不能满足日益复杂的管理决策需要。数字技术不仅显著提高了决策相关的信息数量，而且通过深入的数据挖掘和智能分析提高了决策相关的信息质量，从而提高决策的科学性。一个典型的例子是对消费者偏好的预测，大数据技术通过匹配历史数据和即时数据，刻画真实情景与行为规律，将大量具有隐蔽性、易变性、复杂性、情景依赖性的客户潜在需求挖掘出来，为企业的产品开发和市场营销提供精准参考。

4.5.2 数字技术与企业价值网络

1. 企业价值网络

企业价值网络是利益相关者之间相互影响而形成的价值生成、分配、转移和使用的动态网络。企业价值网络强调“以顾客为中心”，在专业化分工的生产服务模式下，把处于价值链上不同位置并存在密切关联的企业或者利益相关者整合在一起，建立一个以顾客为核心的价值创造体系，共同为顾客创造价值。数字技术的广泛应用进一步推动了企业价值网络的形成，一个典型的例子是虚拟聚集。传统上，产业集群是降低交易成本、提高规模经济的重要方式，但存在时空局限。随着互联网、物联网、大数据技术的发展，以数据为中心、网络为渠道、平台为载体的虚拟产业集群开始出现，并呈现出组织结构离散化、空间区域分布无界化特征，可以快速实现不同地区、不同企业间的分工与合作，支撑企业快速的市场进入和及时的客户响应。

2. 企业生态系统

企业生态系统（business ecosystems）的概念建立在价值网络理念基础上，是以组织和个人的相互作用为基础的经济联合体。依托数字技术，企业生态系统突破传统的组织边界，实现跨企业、跨区域、跨行业，甚至全球化的发展和合作。企业生态系统通常由一个或少数几个企业统领，并建造平台以供其他专业定位的企业应用。一个典型例子是海尔搭建的开放式平台。对内，海尔集团大力推动“员工创客化”，将员工从原来被动的执行者变成主动的创业者，具体方式就是依托海尔平台成立小微企业，“小微主”负责产品研发和用户交互，而交易、交付、制造、服务等环节全部借助海尔平台完成，通过市场化机制来整合。对外，海尔的平台向其他供应商开放，以形成大数据运营的基础，旨在为消费者提供更好的成套智慧生活体验。由此，海尔已从一个封闭的组织演变为一个开放的生态系统。

4.5.3 数字技术与竞争战略

1. 数字技术与成本领先战略

成本领先战略的目标是建立成本优势，数字技术有助于企业在价值链的多个环节实现降本增效，见表4-11。以生产环节为例，传统上，上下游企业往往因为信息时滞、信息封闭出现生产波动或者中断，导致资本的闲置、浪费。物联网、移动互联网等技术则推动生产从自动化、数字化向智能化转变：覆盖全流程的传感器能够实时开展生产特征数据的采集、分析、处理，并通过衡量投入产出绩效测算投入品的边际生产率，进而适时调整原料、机器和劳动力等要素的比例，使得生产过程实现完美拟合。此外，基于人工智能技术的工业机器人可以实现对部分人工劳动的完美替代，能够全天候（7×24）不间断地提供高质量产出，极大地提高生产效率。

表4-11 数字技术在控制成本方面的典型应用

活动类型	价值链环节	数字技术的代表性应用
基本活动	进货物流	基于物联网、云计算技术实现进货的智能化管理
	生产经营	利用工业机器人替代人工，利用物联网监控生产状态
	出货物流	基于车联网技术的智慧物流
	市场销售	利用大数据技术挖掘用户偏好，开展智能推荐和差异化定价
	服务	基于人工智能技术开发智能客服，降低人力成本
支持活动	采购管理	基于物联网、大数据实现动态预测、精准采购
	技术开发	基于大数据技术挖掘用户潜在需求，减少研发偏差，缩短研发周期
	人力资源管理	利用大数据技术精准实施人员招聘、培训
	基础设施	计算资源、办公空间、关键设备的共享使用，以租代购

2. 数字技术与差异化战略

差异化战略的目标是通过新产品和新服务为客户创造独特的价值，其关键在于深入了解顾客需求，找到产品或服务的差异化方向。数字技术为差异化战略的实施提供了重要支撑：在数字经济时代，客户不再是一个群体标准化的面孔，而是立体、独立的形象；企业借助大数据技术可以快速解构消费者行为，并通过对消费者行为与潜在需求之间价值关联的挖掘，重构企业价值导向，摆脱与竞争对手之间的价格竞争。表4-12列举了数字技术支撑下的几个典型的差异化战略。

表 4－12　数字技术支撑下的差异化战略

新产品与新服务	关键技术	差异化描述
网约车	移动互联网、物联网	改变传统扬招方式，网络在线预约，算法智能匹配，减少司机空驶里程，降低乘客等候时间。代表企业：滴滴。
内容推荐	大数据	改变传统人找信息的方式，采用大数据技术打造推荐引擎，实现信息与人的精准匹配。代表企业：今日头条。
房屋短租	大数据	改变传统的出行居住选择，整合社会闲置资源提供增量、个性化的居住空间。代表企业：爱彼迎。
UBI 车险	物联网	改变传统车险单一定价方式，依据驾驶风险和行驶里程进行差异化定价。代表企业：美国前进保险公司。
自动驾驶	人工智能	改变自汽车诞生以来的驾驶方式，依托人工智能技术将驾驶员从行车过程中解放出来。代表企业：百度。

3. 数字技术与集中化战略

集中化战略的一个主要特征是聚焦于特定的细分市场，数字技术同样可以为集中化战略的实施提供支撑。一方面，依托大数据技术，消费者的异质性需求得以显性化表达，这为企业开展市场细分提供了数据支撑。另一方面，依托人工智能、物联网、云计算技术，企业的生产组织方式开始向模块化、分散化、柔性化转变，个性化生产成本大幅降低，这使得规模经济和范围经济不再是企业追求的唯一方向，长尾经济的吸引力迅速上升。基于此，数字经济时代，更多的企业不再追求横向扩张，而是更加注重垂直领域的精耕细作，集中化战略被广泛采用。

案例分析

三一重工集团的数字化战略

近年来，三一重工集团紧跟数字化革命潮流，紧抓智能制造大势，以数字化和智能化转型作为企业战略发展的大前提和大逻辑。其大力推进数字化、智能化转型升级，全面推进研发、采购、制造、营销、服务、管理的数字化，实施设备互联、营销信息化、产销存一体化、研发信息化等一批数字化项目并取得积极进展，推动了各项业务的在线化和智能化。三一集团要求智能化和数字化转型满足以下四点要求：核心业务必须全部在线上、全部管理流程必须可预见、产品必须高度自动化及管理流程必须高度信息化。三一集团实施“1＋5”数字化转型战略和“3 个 3”战略规划，全力支持企业智能化转型。

“1+5”数字化转型战略

“1+5”数字化转型战略主要是指：“1”表示一把手躬身入局，“5”代表转型的五个抓手——电动化智能化、流程四化、八大软件应用、数据采集应用、灯塔工厂。

第一，电动化智能化。三一集团不断投入研发，推陈出新，提升产品力。第二，流程四化。三一集团聚焦概念到产品、线索到回款、订单到交付、问题到解决四大主线，推动流程的标准化、在线化、自动化、智能化四化建设。第三，八大软件应用。2020年，三一集团实现智能制造八项技术突破。第四，数据采集应用。三一集团构建数据中台，挖掘数据价值，将信息技术和工业技术结合起来。第五，灯塔工厂。灯塔工厂的评判标准包括是否拥有第四次工业革命的所有必备特征，三一重工北京桩机工厂成为全球重工行业首家获认证的灯塔工厂。此外，三一集团已在北京等地继续进行45个灯塔工厂的建设，并将申请更多灯塔工厂的世界认证。

“3个3”战略规划

三一集团的数字文化与能力还体现在日常的经营管理中，包括数字化思维和数字化人才培养。未来5年，三一集团将通过数字化实现“3个3”战略规划，即30 000名研发工程师加上3 000名产业工人，实现整体3 000亿元的销售额。这意味着集团整体人员结构要发生变化，利用更少的人员实现更多的产值，数字化和智能制造的提升在其中起着关键性作用。除自身的数字化转型外，三一集团还推动成熟智能制造模式和系统向其他产业链拓展，以物联网、大数据、云计算等技术带动制造业升级，助力工业互联体系的建立。

资料来源：首席数字官. 除了一把手躬身入局，三一集团的数字化战略竟还有这五大抓手! https://mp.weixin.qq.com/s/c3EZHatx9oIWpP5QFbqPfg.

本章在历年CPA考试中涉及的考点

1. 战略实施的基本流程
2. 战略失效类型
3. 常见组织结构类型及特点
4. 战略匹配与组织结构对应关系
5. 企业文化类型
6. 常见预算方法
7. 平衡计分卡
8. 数字技术与公司战略的关系

思考题

1. 战略实施的基本内容有哪些?
2. 纵向分工结构的基本分类有哪些?
3. 横向分工结构的基本分类有哪些?
4. 简述职能制组织结构的优缺点。
5. 简述事业部制组织结构的优缺点。
6. 简述 M 型组织结构的优缺点。
7. 战略控制系统的运行步骤有哪些?
8. 简述企业文化的类型及特点。
9. 简述数字技术对企业竞争战略发挥的作用。

案例分析题

案例资料

三镇钢铁集团为了提高产品质量、降低成本、减少能源消耗、最大限度地满足客户个性化需求，以信息技术为手段，特别是在资源的开发和利用中，使用先进的信息技术实现了产品的优化设计、制造和管理。集团通过对钢铁生产过程中的原料运输、储存、投料到焦化、冶炼、连铸、轧钢等基础信息资源进行深度开发和利用，实现了管理高度集中、产销高度衔接、数据高度一致和信息高度安全。精准的温度控制是钢铁生产中保障产品质量、降低能耗的关键环节。传统钢铁厂因各生产环节衔接不畅，温度不稳定。2016 年三镇钢铁集团引进并开发了数字监测和分析系统，实现了对高炉铁水、炼钢钢水、出钢钢坯等各工序温度情况的实时跟踪，并基于模型预测目标温度，为铁水吊运、出钢节奏、精炼加热升温提供指导。2018 年三镇钢铁集团在现有技术基础上引进 5G 专网技术，利用 5G 网络低时延、大带宽、广连接等优势，打通厂区内的信息孤岛，并与国内数据服务商和云服务商开展全方位合作，构建了钢铁工业数据收集平台和私有云监测平台，实现了数据双向互通、数据融合，在市场预判、交易节点、产品结构、硬件健康状态等方面提供全面实时的数据支撑和量化监测。2019 年，集团建成三镇智慧中心，下设 7 个工作岛，实时收集分析生产区 35 万个互联设备的数据，监测、调度 8 大工序、30 个系统，替代了原来的 42 个中控室，让 400 多名员工撤出操作现场。2020 年集团打造了全国钢铁行业首个智能 3 环保无人原料场、无人码头系统、智慧铁水运输系统。2021 年集团在钢铁工业大数据平台基础上，打通基于分布式数据存储中心的管控架构，打造了一个具有去中心化、不可篡改、全程留痕、公开透明等特点的产业协同体系，实现了降本增效。

要求

1. 简要分析三镇钢铁数字化技术的发展历程；
2. 简要分析三镇钢铁数字化技术的应用领域。

第5章

风险管理概述

思维导图

- 风险管理概述
  - 风险的概念、构成要素
    - 风险的概念
    - 风险的构成要素
      - 风险因素
      - 风险事件（事故）
      - 损失
      - 风险因素、风险事故与损失三者的关系
  - 风险的分类
    - 学术文献中常用的风险分类
      - 纯粹风险和投机风险
      - 静态风险和动态风险
      - 财产风险、人身风险、责任风险和信用风险
      - 自然风险、社会风险、经济风险和政治风险
      - 客观风险和主观风险
      - 可分散风险和不可分散风险
    - 监管机构常用的风险分类
      - COSO的分类
      - ISO的分类
      - 巴塞尔委员会的分类
      - 国务院国资委的分类
      - 五部委的分类
    - 其他的风险分类
      - 外部风险
      - 内部风险
  - 风险管理的含义、目标与演进
    - 风险管理的含义
      - 风险原理的概念
      - 风险管理中的常用术语解析
    - 风险管理的目标
      - 2004年COSO《企业风险管理——整合框架》中的风险管理目标
      - 2006年国务院国资委印发的《中央企业全面风险管理指引》中的目标表述
    - 风险管理的演进
      - 朴素的风险管理思想萌芽阶段
      - 科学的风险管理发展阶段

素养提升

党的二十大报告指出："我国发展进入战略机遇和风险挑战并存、不确定难预料因素增多的时期，各种'黑天鹅'、'灰犀牛'事件随时可能发生。我们必须增强忧患意识，坚持底线思维，做到居安思危、未雨绸缪，准备经受风高浪急甚至惊涛骇浪的重大考验"。那么，什么是风险？作为宏观经济的微观主体，企业面临哪些风险？又该如何管理？本章将就上述内容展开详细介绍。

学习目标

1. 掌握风险的不同概念和风险的构成要素
2. 熟悉风险的不同分类方式
3. 理解风险管理的含义和目标
4. 了解风险管理演进发展的历史及不同阶段风险管理的特点

5.1 风险的概念、构成要素

5.1 即测即评

5.1.1 风险的概念

风险无处不在，无时不有。从某种意义上说，人类发展的历史就是应对风险的历史。远古时代人类的祖先遇到的风险主要是对身体的伤害，随着社会的发展、贸易的出现、金融市场的发展，人类面临的风险种类日渐增多，除了身体的伤害，对于投资者来说还有金钱的损失。

对风险的界定多种多样，这与人们关注的视角和重点不同有关。

弗兰克·奈特（Frank Knight，1921）对风险和不确定性进行如下区分："风险与不确定性根本是两码事，然而，人们从来没有对它们进行过明确的区分。究其原因，'风险'在一般情况下是可以量化的，而在有些特殊的情况下又不能量化。在不同的环境中，风险或不确定性会造成截然不同的后果。可以预测的不确定性（我们将其称作'风险'）与不可预测的不确定性有本质的差异。所以，不可预测的不确定性就不能称为'风险'。"

风险指损失的不确定性。风险是一种不确定的状态，风险与可能性（或概率）有必然的联系。风险导致的各种结果出现的概率总是在0～1之间波动，概率越接近0，表明发生的可能性越小；概率越接近1，说明发生的可能性越大。

风险指事件未来结果的不确定性。不确定性是指人们不能确切知道或掌握事物的未来状态，也就是说，人们总是对事物未来的发展与变化缺乏信息与控制力。根据能否事前估计事件的最终结果，将不确定性分为可衡量的不确定性和不可衡量的不确定性。

风险指实际结果与预期结果的偏差。这种说法在统计学、投资学中广为使用。

市场风险中的利率风险、汇率风险、股价风险都是由于市场风险因素变量围绕其期望值上下波动造成的，描述这种波动的方法是计算期望值和方差（或标准差）。

监管部门对风险的定义最为实务界所熟悉。

国际标准化组织发布的 ISO 31000 对风险的界定是：风险是不确定性对目标的影响。

美国反虚假财务报告委员会下属的发起人委员会（Committee of Sponsoring Organizations of the Treadway Commission，COSO）2004 年提出：风险是一个事项将会发生并给目标实现带来负面影响的可能性。

2006 年我国国务院国有资产监督管理委员会印发了《中央企业全面风险管理指引》，其中对企业风险的定义是：未来的不确定性对企业实现其经营目标的影响。

COSO（2017）又做了重新定义，认为风险是事项发生并影响实现战略和经营目标的可能性。

上述定义可以让我们从多维度理解企业风险。第一，风险与企业战略相关，企业战略不同，面临的风险就会不同；第二，风险具有双重性，风险有不利的一面，也有有利的一面，风险往往伴随着机会；第三，风险具有相对性，这与企业应对风险的能力有关；第四，风险是一系列可能发生的结果，它可能不会发生，也不是唯一结果；第五，风险兼具客观性和主观性。

5.1.2　风险的构成要素

在保险学术语中，风险由风险因素、风险事件（事故）、损失共同构成。之所以把保险人视角中的风险三要素借鉴过来，是因为风险因素、风险事件、损失之间有相互作用的关系，理解此关系有利于提高管理风险的效率和效果。

1. 风险因素

风险因素（hazard）是指引起或增加风险事故发生的机会或扩大损失程度的原因和条件。它是风险事故发生的潜在原因，是造成损失的内在或间接原因。例如，抽烟是导致肺癌的重要因素，酒后开车、汽车刹车系统失灵可能导致车祸等。

风险因素根据性质通常分为实质风险因素、道德风险因素和心理风险因素三种类型。

（1）实质风险因素（physical hazard），又称物理风险因素，是有形的并能直接影响事物物理功能的因素。即某一标的本身具有的足以引起损失的机会或增加损失程度的客观原因和条件，如汽车的刹车系统失灵是车祸发生的实质风险因素，环境污染是影响人们健康的实质风险因素。

（2）道德风险因素（moral hazard），是与人的品德修养有关的无形因素，即由于个人不诚实、不正直或不轨企图导致风险事故发生，引起社会财富损毁或人身伤亡的原因和条件，如欺诈、纵火骗赔、盗窃、抢劫、贪污等。

（3）心理风险因素（morale hazard），是与人的心理状态有关的无形因素，即由于人们主观上的疏忽或过失，以致增加风险事故发生的机会或扩大损失程度的原因和条件。例如，由于投保人的疏忽，出门时忘了锁门；仓库值班人员未尽职守，增加了偷窃发生的风险等。

2. 风险事件（事故）

风险事件被定义为损失发生的原因。如果房子因为火灾烧毁，风险事故或者损失的原因就是火。如果汽车在与其他汽车碰撞中损毁，风险事故或者损失的原因就是碰撞。导致财产发生损失的普通风险事故包括火、闪电、风暴、冰雹、龙卷风、地震、洪水、抢劫和盗窃等。

3. 损失

在风险管理中，损失（loss）是指非故意的、非预期的和非计划的经济价值的减少。显然，风险管理中的损失包括两个条件：一是非故意的、非预期的和非计划的；二是经济价值，即损失必须能以货币来衡量。二者缺一不可。如折旧和馈赠虽有经济价值的减少，但不符合第一个条件；又如企业产品质量问题导致客户抱怨，虽然符合第一个条件，但不符合第二个条件，因此客户抱怨不能称为损失。

4. 风险因素、风险事故与损失三者的关系

风险因素、风险事故与损失三者的关系在于：风险是由风险因素、风险事故与损失三者构成的统一体。风险因素是引起或增加风险事故发生的机会或扩大损失程度的原因和条件，是风险事故发生的潜在原因；风险事故是造成生命财产损失的偶发事件，是造成损失的直接或外在原因，是损失的媒介；损失是指非故意的、非预期的和非计划的经济价值的减少。综合来看，三者关系可概括为：风险是由风险因素、风险事故和损失三者构成的统一体，风险因素引起或增加风险事故，风险事故发生可能造成损失，如图5-1所示。

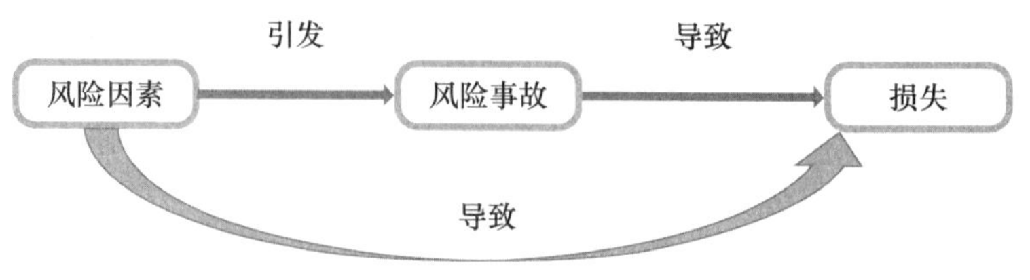

图5-1 风险因素、风险事故与损失的关系

对三者关系的分析有两种理论：一个是亨里希（H. W. Henrich）的多米诺骨牌理论；另一个是哈登（William Haddon）的能量释放理论。这两种理论都认为风险因素可能引起风险事故，风险事故可能导致损失，但二者强调的重点不同，亨里希强调，风险因素、风险事故、损失三者之所以相互关联，主要是人的错误行为所致，因而强调人的因素，而哈登则强调，三者之所以有这种关系，是因为事物承受的能量超过了它能容纳的能量，因而强调物理因素。两种理论的不同导致预防损失的具体策略可能不同。

案例分析

从新冠疫情看风险

2020 年 3 月 16 日，美股三大指数集体低开，该月第三次触发熔断。道指跌 9.78%，跌超 2 200 点，纳指跌 6.12%，标普 500 指数跌 8.14%，触发熔断。紧接着，美联储将利率降至零，同时推出 700 亿美元大规模量化宽松（QE）计划。

席卷全球的新冠疫情对金融市场、大宗商品市场及消费市场影响巨大。首先，它导致消费需求快速、大幅萎缩，对第三产业冲击最大；其次，部分企业被迫停产，导致全球供应链发生局部断裂，反过来又引发其他企业停产。

跟之前的任何一次经济危机相比，新冠疫情导致需求萎缩更严重，对全球和区域内的供应链破坏力更强，人的生命健康受到威胁，因此财政和货币政策很难像过去缓解经济危机带来的冲击那样产生立竿见影的效果，这是世界各国股市和主要大宗商品价格持续暴跌的根本原因。

新冠疫情给除少数细分行业（如网络办公）之外的各行各业带来了巨大的消极影响，其中受冲击最为严重的主要有航空运输、公路运输、国际贸易、石油开采、汽车及零配件生产、旅游、酒店、餐饮、线下培训等。

资料来源：陈莉．道指跌超 2 200 点，标普月内三次熔断，美股会继续跌吗？http://www.bjnews.com.cn/finance/2020/03/16/704738.html.

风险的内涵 1

风险的内涵 2

5.2 风险的分类

5.2 即测即评

5.2.1 学术文献中常用的风险分类

1. 纯粹风险和投机风险

这是按风险的性质进行的分类。

纯粹风险（pure risk）是指只能造成损失而无获利可能的风险。纯粹风险所导致的结果只有两种：损失和无损失。纯粹风险如火灾、水灾、车祸、坠机、疾病、战争等。纯粹风险能够预测，是风险管理的主要对象。

投机风险（speculative risk）是既可能造成损失也可能产生收益的风险。其所导致的结果有三种：损失、无损失和获利。投机风险如股市行情的变动、商品价格的涨落、赌博等。保险人对于投机风险一般不予承保。

二者的区别在于：前者总是不幸的，可能会带来损失，因此被人们畏惧和厌恶；后者有可能获利，具有诱惑力，故有些人为了获利，甘愿冒这种风险。

2. 静态风险和动态风险

这是按产生风险的环境进行的分类。

静态风险（static risk）是由自然力变动或人的行为失常引起的风险。前者如地震、海难、雹灾等；后者如人的死亡、残疾、盗窃、欺诈等。此类风险大多在社会经济结构未发生变化的条件下发生，因此是静态风险。

动态风险（dynamic risk）是由人类社会活动引起的各种风险。如政府经济政策的改变、新技术的运用、产业结构的调整、人们消费观念的改变、军事政变等。此类风险多与经济及社会变动密切相关。

上述风险都具有不确定性，二者的区别是：静态风险的变化比较有规律，能较好地适用大数法则，因此较容易预测；动态风险的变化极不规律，难以预测。

3. 财产风险、人身风险、责任风险和信用风险

这是按风险损失的对象进行的分类。

财产风险（property risk）是可能导致财产发生毁损、灭失和贬值的风险。例如，厂房、机器事故的发生，一方面直接导致厂房、机器的经济价值减少，另一方面使企业面临不能再利用这些厂房、机器获取正常经济利益的间接损失。

人身风险（personal risk）指人们因生、老、病、死、伤残等遭受经济损失的风险。例如，疾病、伤残、死亡、失业等导致个人、家庭或企业经济收入减少。生、老、病、死虽然是人生的必然现象，但在何时发生并不确定，一旦发生，将给本人和家属在精神和经济生活方面造成困难。

责任风险（liability risk）指因侵权或违约，依法对他人遭受的人身伤亡或财产损失担负赔偿责任的风险。例如，开车撞伤了行人，如果属于驾驶人的过失，那么按照法律规定，驾驶人应该对受害人或其家属给付赔偿金。又如，根据合同、法律规定，雇主对其雇员从事工作范围内的活动所造成的身体伤害，应承担必要的经济给付责任。

信用风险（credit risk）指在经济交往中，权利人与义务人之间由于一方违约或犯罪而给对方造成经济损失的风险。如银行贷款的还款风险、出口企业的收汇风险等。

4. 自然风险、社会风险、经济风险和政治风险

这是按损失发生的原因进行的分类。

自然风险（natural risk）指由自然现象或物理现象导致的风险。如洪水、地震、风暴、火灾、泥石流等导致人身伤亡或财产损失的风险。

社会风险（social risk）指个人行为的反常或不可预料的团体行为导致的风险。产生的原因有两个：一是个人行为失常，如盗窃、疏忽等；二是不可预料的团体行为，如罢工、动乱等。

经济风险（economic risk）指在产销过程中，各种因素的变动或估计错误导致产量减少或者价格涨跌的风险。它是在生产经营过程中，由于经营管理不善、市场预测错误或者其他相关因素的变化导致企业收入损失甚至破产的风险。

政治风险（political risk）是由宗教或种族的冲突、叛乱、战争引起的风险。社会风险与政治风险很难严格区分，一个社会问题很可能因累积过久而成为政治问题，从而引起政治风险。

5. 客观风险和主观风险

这是按对风险是否可以进行客观计算进行的分类。

客观风险（objective risk）是不以人的意志为转移的实际存在的风险。如自然灾害和意外事故等。客观风险的概率可以通过大数法则进行分析和测算，即通过实际损失与预期损失的变动区间和预期损失的比例计算客观风险发生的概率。从风险分析的角度来看，实际损失与预期损失的变动区间越小，客观风险发生的概率越小；实际损失与预期损失的变动区间越大，客观风险发生的概率越大。

主观风险（subjective risk）是基于个人观点所认识到的风险。产生这种情况往往是由于缺乏系统的数据资料，只能根据经验和判断来处理现有的风险资料，估测风险因素向风险事故转化的趋势和过程，以求得主观上的概率数值。由于人们处理风险的态度和观念不同，这种概率数值可能会存在较大的差异。

6. 可分散风险和不可分散风险

可分散风险（diversifiable risk）是仅影响个体或小群体而不会影响总体经济

情况的风险，可通过分散来降低或消除。例如，一个包括股票、债券和定期存单的分散的投资组合比完全投资于股票的投资组合的风险要低，因为一种投资损失可能被其他投资收益抵销。因为可分散风险只会影响特定的个体或小群体，所以这种风险也被称作非系统性风险或特定风险。

不可分散风险（non-diversifiable risk）是影响整个经济或经济体中的大多数人或群体的风险，无法通过分散予以消除或减少。这样的例子包括快速的通货膨胀、周期性失业、战争、台风、洪水和地震，在这些例子中很多人或群体都受到了影响。因为不可分散风险会影响整体经济或经济体中的大多数人，所以也被称作系统性风险或基础风险。

区分可分散风险和不可分散风险非常重要，因为应对不可分散风险需要政府支持。例如，大量的失业和洪水风险很难通过商业保险承保，对于这类风险，理论上的可保风险条件并不容易达到，因此国家层面的失业补偿计划和洪水保险计划就显得格外重要。

5.2.2 监管机构常用的风险分类

1. COSO的分类

按照COSO（2004）框架，企业目标包括如下四类：战略目标、经营目标、报告目标、合规目标，因此，企业风险可按照这一框架划分为战略风险、经营风险、报告风险、合规风险。

2. ISO的分类

《风险管理——术语》（ISO Guide 73：2009）中将风险分为因素类风险、控制类风险、机会类风险。

3. 巴塞尔委员会的分类

《巴塞尔协议》把风险分为市场风险、信用风险、操作风险三类。其中，市场风险是指基础资产市场价格的不利变动或者急剧波动导致价格或者价值变动的风险。基础资产市场价格的变动包括市场利率、汇率、股票和债券行情的变动等。信用风险是指借款人、证券发行人或交易对方由于种种原因不愿或无力履行合同条件而构成违约，致使银行、投资者或交易对方遭受损失的可能性。操作风险可以分为由人员、系统、流程和外部事件引发的四类风险，并由此分为七种表现形式：内部欺诈，外部欺诈，聘用员工和工作场所安全性，客户、产品及业务活动，实物资产损坏，业务中断和系统失灵，交割及流程管理。

4. 我国国务院国资委的分类

我国国务院国资委在2006年印发的《中央企业全面风险管理指引》中提出，

企业风险一般可分为战略风险、财务风险、市场风险、运营风险、法律风险等；也可以能否为企业带来盈利等机会为标志，将风险分为纯粹风险（只有带来损失一种可能性）和机会风险（带来损失和盈利的可能性并存）。

5. 五部委的分类

2010年财政部等五部委联合发布的《企业内部控制配套指引》把企业内部控制活动分为18项（见表5-1），与之对应将企业内部风险分为18类。

表5-1 企业18项内部控制活动

组织架构	发展战略	人力资源	社会责任	企业文化	资金活动
采购业务	资产管理	销售业务	研究与开发	工程项目	担保业务
业务外包	财务报告	全面预算	合同管理	内部信息传递	信息系统

（1）组织架构。依据《企业内部控制应用指引第1号——组织架构》，组织架构设计与运行中至少应当关注下列风险，如表5-2所示。

表5-2 组织架构风险

- 治理结构形同虚设，缺乏科学决策、良性运行机制和执行力，可能导致企业经营失败，难以实现发展战略。
- 内部机构设计不科学，权责分配不合理，可能导致机构重叠、职能交叉或缺失、推诿扯皮，运行效率低下。

（2）发展战略。依据《企业内部控制应用指引第2号——发展战略》，企业制定与实施发展战略至少应当关注下列风险，如表5-3所示。

表5-3 发展战略风险

- 缺乏明确的发展战略或发展战略实施不到位，可能导致企业盲目发展，难以形成竞争优势，丧失发展机遇和动力。
- 发展战略过于激进，脱离企业实际能力或偏离主业，可能导致企业过度扩张，甚至经营失败。
- 发展战略因主观原因频繁变动，可能导致资源浪费，甚至危及企业的生存和持续发展。

（3）人力资源。依据《企业内部控制应用指引第3号——人力资源》，企业人力资源管理至少应当关注下列风险，如表5-4所示。

表5-4 人力资源风险

- 人力资源缺乏或过剩、结构不合理、开发机制不健全，可能导致企业发展战略难以实现。
- 人力资源激励约束制度不合理、关键岗位人员管理不完善，可能导致人才流失、经营效率低下或关键技术、商业秘密和国家机密泄露。
- 人力资源退出机制不当，可能导致法律诉讼或企业声誉受损。

（4）社会责任。依据《企业内部控制应用指引第4号——社会责任》，企业至少应当关注在履行社会责任方面的下列风险，如表5-5所示。

表5-5 社会责任风险

● 安全生产措施不到位，责任不落实，可能导致企业发生安全事故。 ● 产品质量低劣，侵害消费者利益，可能导致企业巨额赔偿、形象受损，甚至破产。 ● 环境保护投入不足，资源耗费大，造成环境污染或资源枯竭，可能导致企业巨额赔偿、缺乏发展后劲，甚至停业。 ● 促进就业和员工权益保护不够，可能导致员工积极性受挫，影响企业发展和社会稳定。

（5）企业文化。依据《企业内部控制应用指引第5号——企业文化》，加强企业文化建设至少应当关注下列风险，如表5-6所示。

表5-6 企业文化风险

● 缺乏积极向上的企业文化，可能导致员工丧失对企业的信心和认同感，企业缺乏凝聚力和竞争力。 ● 缺乏开拓创新、团队协作和风险意识，可能导致企业发展目标难以实现，影响可持续发展。 ● 缺乏诚实守信的经营理念，可能导致舞弊事件的发生，造成企业损失，影响企业信誉。 ● 忽视企业间的文化差异和理念冲突，可能导致并购重组失败。

（6）资金活动。依据《企业内部控制应用指引第6号——资金活动》，企业资金活动至少应当关注下列风险，如表5-7所示。

表5-7 资金活动风险

● 筹资决策不当，引发资本结构不合理或无效融资，可能导致企业筹资成本过高或债务危机。 ● 投资决策失误，引发盲目扩张或丧失发展机遇，可能导致资金链断裂或资金使用效益低下。 ● 资金调度不合理、营运不畅，可能导致企业陷入财务困境或资金冗余。 ● 资金活动管控不严，可能导致资金被挪用、侵占、抽逃或企业遭受欺诈。

（7）采购业务。依据《企业内部控制应用指引第7号——采购业务》，企业采购业务至少应当关注下列风险，如表5-8所示。

表5-8 采购业务风险

● 采购计划安排不合理，市场变化趋势预测不准确，造成库存短缺或积压，可能导致企业生产停滞或资源浪费。 ● 供应商选择不当，采购方式不合理，招投标或定价机制不科学，授权审批不规范，可能导致采购物资质次价高，出现舞弊或遭受欺诈。 ● 采购验收不规范，付款审核不严，可能导致采购物资、资金损失或信用受损。

（8）资产管理。依据《企业内部控制应用指引第 8 号——资产管理》，企业资产管理至少应当关注下列风险，如表 5－9 所示。

表 5－9　资产管理风险

- 存货积压或短缺，可能导致流动资金占用过量、存货价值贬损或生产中断。
- 固定资产更新改造不够、使用效能低下、维护不当、产能过剩，可能导致企业缺乏竞争力、资产价值贬损、安全事故频发或资源浪费。
- 无形资产缺乏核心技术、权属不清、技术落后、存在重大技术安全隐患，可能导致企业法律纠纷、缺乏可持续发展能力。

（9）销售业务。依据《企业内部控制应用指引第 9 号——销售业务》，企业销售业务至少应当关注下列风险，如表 5－10 所示。

表 5－10　销售业务风险

- 销售政策和策略不当，市场预测不准确，销售渠道管理不当等，可能导致销售不畅、库存积压、经营难以为继。
- 客户信用管理不到位，结算方式选择不当，账款回收不力等，可能导致销售款项不能收回或遭受欺诈。
- 销售过程存在舞弊行为，可能导致企业利益受损。

（10）研究与开发。依据《企业内部控制应用指引第 10 号——研究与开发》，企业开展研发活动至少应当关注下列风险，如表 5－11 所示。

表 5－11　研究与开发风险

- 研究项目未经科学论证或论证不充分，可能导致创新不足或资源浪费。
- 研发人员配备不合理或研发过程管理不善，可能导致研发成本过高、舞弊或研发失败。
- 研究成果转化应用不足、保护措施不力，可能导致企业利益受损。

（11）工程项目。依据《企业内部控制应用指引第 11 号——工程项目》，企业工程项目至少应当关注下列风险，如表 5－12 所示。

表 5－12　工程项目风险

- 立项缺乏可行性研究或者可行性研究流于形式，决策不当，盲目上马，可能导致难以实现预期效益或项目失败。
- 项目招标暗箱操作，存在商业贿赂，可能导致中标人实质上难以承担工程项目、中标价格失实及相关人员涉案。
- 工程造价信息不对称，技术方案不落实，概预算脱离实际，可能导致项目投资失控。
- 工程物资质次价高，工程监理不到位，项目资金不落实，可能导致工程质量低劣，进度延迟或中断。
- 竣工验收不规范，最终把关不严，可能导致工程交付使用后存在重大隐患。

（12）担保业务。依据《企业内部控制应用指引第 12 号——担保业务》，企业办理担保业务至少应当关注下列风险，如表5-13所示。

表5-13 担保业务风险

- 对担保申请人的资信状况调查不深，审批不严或越权审批，可能导致企业担保决策失误或遭受欺诈。
- 对被担保人出现财务困难或经营陷入困境等状况监控不力，应对措施不当，可能导致企业承担法律责任。
- 担保过程中存在舞弊行为，可能导致经办审批等相关人员涉案或企业利益受损。

（13）业务外包。依据《企业内部控制应用指引第13号——业务外包》，企业的业务外包至少应当关注下列风险，如表5-14所示。

表5-14 业务外包风险

- 外包范围和价格确定不合理，承包方选择不当，可能导致企业遭受损失。
- 业务外包监控不严、服务质量低劣，可能导致企业难以发挥业务外包的优势。
- 业务外包存在商业贿赂等舞弊行为，可能导致企业相关人员涉案。

（14）财务报告。依据《企业内部控制应用指引第14号——财务报告》，企业编制、对外提供和分析利用财务报告至少应当关注下列风险，如表5-15所示。

表5-15 财务报告风险

- 编制财务报告违反会计法律法规和国家统一的会计准则制度，可能导致企业承担法律责任和声誉受损。
- 提供虚假财务报告，误导财务报告使用者，造成决策失误，干扰市场秩序。
- 不能有效利用财务报告，难以及时发现企业经营管理中存在的问题，可能导致企业财务和经营风险失控。

（15）全面预算。依据《企业内部控制应用指引第15号——全面预算》，企业实行全面预算管理至少应当关注下列风险，如表5-16所示。

表5-16 全面预算风险

- 不编制预算或预算不健全，可能导致企业经营缺乏约束或盲目经营。
- 预算目标不合理、编制不科学，可能导致企业资源浪费或发展战略难以实现。
- 预算缺乏刚性、执行不力、考核不严，可能导致预算管理流于形式。

（16）合同管理。依据《企业内部控制应用指引第16号——合同管理》，企业合同管理至少应当关注下列风险，如表5-17所示。

表5-17 合同管理风险

- 未订立合同、未经授权对外订立合同、合同对方主体资格未达要求、合同内容存在重大疏漏和欺诈，可能导致企业合法权益受到侵害。
- 合同未全面履行或监控不当，可能导致企业诉讼失败、经济利益受损。
- 合同纠纷处理不当，可能损害企业利益、信誉和形象。

（17）内部信息传递。依据《企业内部控制应用指引第 17 号——内部信息传递》，企业内部信息传递至少应当关注下列风险，如表 5 - 18 所示。

表 5 - 18　内部信息传递风险

- 内部报告系统缺失、功能不健全、内容不完整，可能影响生产经营有序运行。
- 内部信息传递不通畅、不及时，可能导致决策失误、相关政策措施难以落实。
- 内部信息传递中泄露商业秘密，可能削弱企业核心竞争力。

（18）信息系统。依据《企业内部控制应用指引第 18 号——信息系统》，企业利用信息系统实施内部控制至少应当关注下列风险，如表 5 - 19 所示。

表 5 - 19　信息系统风险

- 信息系统缺乏或规划不合理，可能造成信息孤岛或重复建设，导致企业经营管理效率低下。
- 系统开发不符合内部控制要求，授权管理不当，可能导致无法利用信息技术实施有效控制。
- 系统运行维护和安全措施不到位，可能导致信息泄露或毁损，系统无法正常运行。

案例分析

华为风险分类框架

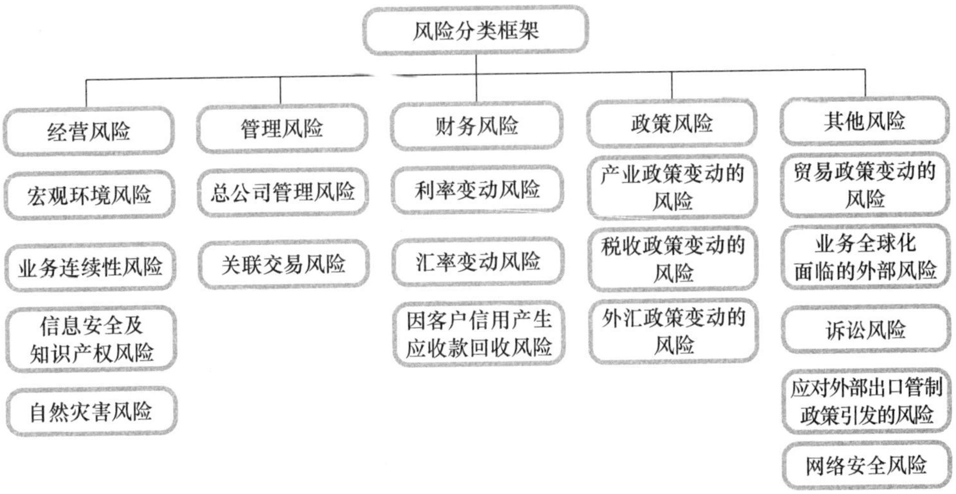

资料来源：华为投资控股有限公司 2019 年度第一期中期票据募集说明书.

5.2.3　其他的风险分类

中国注册会计师协会组织编写的考试辅导材料把 2010 年五部委联合发布的《企业内部控制配套指引》中的 18 项应用指引按战略、运营和财务归类为战略风险、运营风险（体现为组织架构、人力资源、社会责任、企业文化、采购业务、资产管理、销售业务、研究与开发、工程项目、担保业务、业务外包、合同管理、内部信息传递、信息系统 14 项）和财务风险（体现为全面预算、资金活动、财务报告 3 项），并统称为内部风险。与此内部风险相对应，归纳总结了外部风险，如图 5－2 所示。

1. 外部风险

（1）政治风险。政治风险也称政策风险，指一个企业所处的国内外的政治和政策环境对企业的影响，一般是完全或部分由政府官员行使权力和政府组织的行为而产生的不确定性。虽然政治风险更多地与海外市场风险有关，但这一定义适用于国内外所有市场。

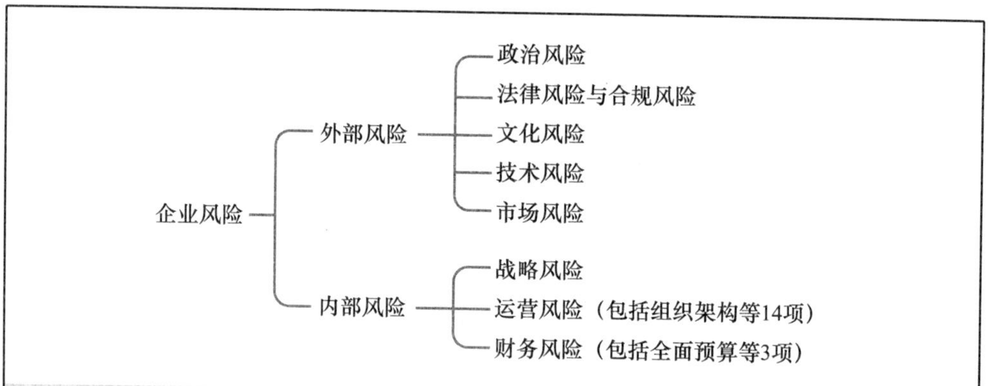

图 5－2 企业风险分类

政治风险常常表现为：

1）限制投资领域。出于保护东道国产业安全的目的，大多数国家对外国企业在本国的投资领域进行限制。

2）设置贸易壁垒。一些发达国家对新兴经济体的企业与本国的贸易设置了多种壁垒，如制定限制本国高新技术产品出口等知识产权保护政策，开展对进口产品反倾销、反补贴、反垄断等的调查与诉讼等。

3）外汇管制规定。通常欠发达国家制定的外汇管制规定更为严格。例如，外币供应实行定量配给，从而限制本国企业从外国购买商品和禁止其向外国股东支付股利。

4）进口配额和关税。规定进口配额可以限制在东道国的子公司从其控股公司购买已投放到国内市场上销售的商品的数量。有时东道国会要求征收额外税收，即对外国企业按高于本国企业的税率征税，目的是为本国企业提供优势条件，甚至有可能故意按超高税率征税，使得外国企业难以盈利。

5）组织结构及要求最低持股比例。通过要求所有投资方必须采取与东道国的公司进行联营的方式，东道国政府可决定组织结构。最低持股比例是指外资公司的部分股权必须由当地投资人持有。

6）限制向东道国的银行借款。限制甚至禁止外资企业向东道国的银行和发展基金按最低利率借款。某些国家仅向本国企业提供获取外币的渠道，以迫使外资企业将外币带入本国。

7）没收资产。出于对国家利益的考虑，东道国可能会没收外国财产。国际法认为，这是主权国的权力，但主权国要按照公平的市场价格迅速地以可自由兑换的货币进行赔偿。问题常常出现在"迅速"和"公平"这两个词的准确含义，货币的选择，以及如果对主权国提出的赔偿不满，企业可以采取哪些措施等方面。

（2）法律风险与合规风险。法律风险与合规风险都是现代企业风险体系中的重要部分，两者有所重合，又各有侧重。

合规风险是指违反法律或监管要求而受到制裁、遭受财务损失以及未能遵守所有适用法律、法规、行为准则或相关标准而给企业信誉带来损失的可能性。

法律风险是指企业在经营过程中自身经营行为的不规范或者外部法律环境发生重大变化造成不利法律后果的可能性。法律风险通常包括以下三方面：一是法律环境因素，包括立法不完备、执法不公正等；二是市场主体自身法律意识淡薄，在经营活动中不考虑法律因素等；三是交易对方失信、违约或欺诈等。

合规风险侧重于承担行政责任和道德责任，而法律风险则侧重于承担民事责任。比如，如果银行与客户约定的利率超出了央行规定的基准利率幅度，那么银行合规风险突出表现在监管机关的行政处罚、重大财产损失和声誉损失几方面，而法律风险则表现为银行对客户承担民事赔偿责任。

合规风险和法律风险有时会同时发生，比如在上一个例子中，银行将会同时面临监管机关的处罚和客户的起诉。两者有时也会发生分离，比如银行的违规经营被媒体曝光，银行的声誉面临重大损失，这属于合规风险，与法律风险无关。

（3）文化风险。文化风险是指文化这一不确定性因素给企业经营活动带来的影响。从成因来看，文化风险存在并作用于企业经营的更深领域，主要包括以下方面：

1）跨国经营活动引发的文化风险。跨国经营使企业面临东道国文化与母国文化的差异，这种文化差异直接影响管理的实践，构成经营中的文化风险。将在一种特定文化环境中行之有效的管理方法应用到另一种文化环境中，也许会产生截然相反的结果。

2）企业并购活动引发的文化风险。并购活动导致企业双方的文化直接碰撞与交流。对于跨国并购而言，面临组织文化与民族文化的双重风险。如果一个组织中存在两种或两种以上的组织文化，对于任何一个成员来说，识别组织的目标都是困难的；同样，在为达成组织目标而努力时，判断针对不同情景应当实施何种行为也是困难的。

3）组织内部因素引发的文化风险。广泛开展的跨国、跨地区的经济合作与往来会导致组织内部的价值观念、经营思想与决策方式不断面临冲击、更新与交替，进而在组织内部引发多种文化的碰撞与交流。组织文化的变革、组织员工队伍的多元文化背景会导致个人层面文化风险的出现。

（4）技术风险。从风险范围来看，技术风险的定义有广义和狭义之分。

1）广义的技术风险是指某一种新技术给某一行业或某些企业带来增长机会的同时，可能对另一个行业或另一些企业构成巨大威胁。例如，晶体管的发明和生产严重损害了电子管行业；高性能塑料和陶瓷材料的研制和开发严重削弱了钢铁业的获利能力。

2）狭义的技术风险是指在技术创新过程中，技术本身的复杂性和其他相关因素变化的不确定性导致技术创新遭遇失败的可能性。

从技术活动过程所处的不同阶段来看，技术风险可以分为技术设计风险、技术研发风险和技术应用风险。

①技术设计风险，是指技术在设计阶段，技术构思或设想的不全面致使技术及技术系统存在先天缺陷或创新不足而引发的各种风险。如氟利昂技术在设计之初就存在缺陷，产生的氯原子会不断分解大气中的臭氧分子从而破坏臭氧层。

②技术研发风险，是指在技术研究与开发阶段，外界环境变化的不确定性、技术研发项目本身的难度和复杂性、技术研发人员自身知识和能力的有限性导致技术研发面临失败的风险。例如，外部环境中不具备一个由协调规范的产权制度、市场结构、投资管理政策组成的社会技术创新体系，没有形成一个由社会流动资本、专业技术人员、风险投资者/风险投资公司、筹资/退资渠道组成的高效便利的风险投资体系，或者从微观组织结构看，缺乏灵活的技术开发组织形式，缺乏创新观念和创业理念等，都可能会由于低水平管理、低效率运行等，企业的技术研发活动陷入困境，难以实现预期目标。

③技术应用风险，是指技术成果在产品化、产业化的过程中带来的一系列不确定的负面影响或效应。例如，外部环境没有良好的社会化服务和技术的聚集效应，缺乏成熟的市场经济体制、规范的市场环境、透明的行业政策等；市场对新技术的接受程度不高；出现技术模仿行为；由于市场准入的技术门槛较低，大量企业涌入致使竞争激烈；人为的道德诚信问题等，这些都可能使企业面临技术应用风险。

（5）市场风险。市场风险指企业面对的外部市场的复杂性和变动性带来的与经营相关的风险。依据《中央企业全面风险管理指引》，市场风险至少要考虑以下几个方面：产品或服务的价格及供需变化；能源、原材料、配件等物资供应的充足性、稳定性和价格变化；主要客户、主要供应商的信用情况；税收政策和利率、汇率、股票价格指数的变化；潜在竞争者、竞争者及其主要产品、替代品情况。

2. 内部风险

(1) 战略风险。战略风险指企业在战略管理过程中，由于内外部环境的复杂性和变动性以及主体对环境的认知能力和适应能力的有限性，企业整体性损失和战略目标无法实现的可能性。

(2) 运营风险。运营风险指企业在运营过程中，由于内外部环境的复杂性和变动性以及主体对环境的认知能力和适应能力的有限性，企业运营失败或运营活动达不到预期目标的可能性。

(3) 财务风险。财务风险指企业在生产经营过程中，内外部环境中各种难以预料或无法控制的不确定性因素使企业在一定时期内获取的财务收益与预期收益产生偏差的可能性。财务风险是客观存在的，企业管理者对财务风险只能采取有效措施来降低而不可能完全消除。

5.3 风险管理的含义、目标与演进

5.3.1 风险管理的含义

5.3 即测即评

1. 风险管理的概念

如同对风险的认识，人们对风险管理也有多种理解。

2004 年 COSO《企业风险管理——整合框架》中对风险管理的定义是：一个由董事会、管理层和其他人员实施，应用于战略制定并贯穿于企业之中，旨在识别可能影响主体的潜在事项并管理风险，以使其在该主体的风险容量之内，并为主体目标的实现提供合理保证的过程。

这个定义包含了几个基本概念。企业风险管理是：一个过程，它持续地流动于主体之内；由组织各个层级人员实施；用于战略制定；贯穿企业，在各个层级和单元应用，还涉及企业层级的风险组合观；旨在识别一旦发生将会影响主体的潜在事件，并把风险控制在风险容量以内；能够向一个主体的管理当局和董事会提供合理保证；力求实现一个或多个不同类型但相互交叉的目标——风险管理只是实现结果的一种手段，并不是结果本身。

2006 年国务院国资委印发的《中央企业全面风险管理指引》对全面风险管理给出的定义是：全面风险管理是指企业围绕总体经营目标，通过在企业管理的各个环节和经营过程中执行风险管理的基本流程，培育良好的风险管理文化，建立健全全面风险管理体系，包括风险管理策略、风险理财措施、风险管理的组织职能体系、风险管理信息系统和内部控制系统，从而为实现风险管理的总体目标提

供合理保证的过程和方法。

ISO 31000：2009《风险管理——原则与实施指南》对风险管理的定义是：一个组织对风险的指挥和控制的一系列协调活动。

2017年COSO在其新版《企业风险管理——整合战略与绩效》中对风险管理的定义是：组织在创造、保持和实现价值的过程中，结合战略制定和执行，赖以管理风险的文化、能力和实践。

企业风险管理发展至今，表现出以下几方面的特征：

第一，战略为先。风险管理要支持企业的战略和价值创造，在战略层面整合和管理企业业务层面风险是全面风险管理的意义所在，战略风险管理统领企业其他风险管理，风险管理要融入企业日常经营管理中。

第二，全员参与。企业风险管理是一个由企业治理层、管理层和所有员工参与，旨在把风险控制在风险容量以内，提高企业价值的过程。企业风险管理本身并不是一个结果，而是实现结果的一个过程。只有将风险意识转化为全体员工的共同认识和自觉行动，才能确保风险管理目标的实现。

第三，强调专业化。要求风险管理的专业人才实施专业化管理。

第四，二重性。企业风险管理的使命在于：损失最小化管理、绩效最优化管理、不确定性管理。企业风险管理既要管理纯粹风险，又要管理机会风险。

第五，系统管理。企业风险管理必须拥有一套系统的、规范的方法，建立健全风险管理体系，从而为实现风险管理的总体目标提供合理保证。

在企业风险管理的视野下，风险具有二重性，风险总是与机遇并存，风险既包含损失的一面，又包含获利的机会。这就区分了传统风险管理与企业风险管理，二者对比如表5-20所示。

表5-20 传统风险管理与企业风险管理的对比

项目	传统风险管理	企业风险管理
目标	与企业战略联系不紧密，目的是转移或避免风险	紧密联系企业战略，目的是寻求风险优化措施
态度	被动地将风险管理作为成本中心	主动积极地将风险管理作为价值中心
方法	事后反应式的风险管理方法，即先检查和预防经营风险，然后采取应对措施	事前风险防范，事中风险预警和及时处理，事后风险报告、评估、备案及采取其他相应措施
焦点	专注于纯粹和灾害性风险	焦点在所有利益相关者的共同利益最大化方面
参与者（涉及面）	主要是财务会计主管和内部审计等部门负责；就风险个体实施风险管理，主要是可保风险和财务风险	在高层的参与下，每个成员都承担与自己行为相关的管理责任；从总体上集中管理风险（包括纯粹风险和机会风险）

续表

项目	传统风险管理	企业风险管理
连续性	只有当管理层认为有必要时才进行	是企业系统的、有重点的、持续的行为

资料来源：中国注册会计师协会. 公司战略与风险管理. 北京：中国财政经济出版社，2019.

2. 风险管理中的常用术语解析

（1）风险偏好、风险承受度。风险偏好和风险承受度是风险管理概念和策略的重要组成部分。

风险偏好是企业希望承受的风险范围，分析风险偏好要回答的问题是公司希望承担什么风险和承担多大风险。风险偏好直接反映了一个企业的运营风格；风险偏好影响利益相关者对企业形象的认识；不同的业务部门和不同风险类型，风险偏好也不尽相同；企业应使用不同方法计量风险偏好。

对重大风险的风险偏好是企业的重大决策，应由董事会讨论确定；风险偏好指标要尽可能量化并与经营指标结合；风险偏好要随企业风险变化不断调整；对非重大风险的风险偏好和风险承受度企业可依据企业需要和能力酌情确定。

界定风险偏好的指标包括：1）定量指标，如资本充足率、目标债务评级、收益波动率、信贷评级或者其他外部评级指标；2）定性指标，如声誉的影响、管理层投入及监管的影响等。

风险偏好应反映企业战略目标；反映企业所有业务的主要方向；表明承担风险的意愿、能力；有可以量化的可容忍损失及负面影响表达；有明确的在管控风险时需要具备的技能、资源和技术。

风险承受度（也称风险容限、风险极限）指企业风险偏好的边界，分析风险承受度可以将其作为企业采取行动的预警指标，企业可以设置若干风险承受度指标以显示不同的警示级别。

（2）风险评估与风险地图。风险评估是量化评测某一事件或事物带来影响或损失的可能程度。ISO 31000 认为风险评估包括风险识别、风险分析和风险评价。风险识别是发现、辨认和描述风险的过程；风险分析是理解风险特性、确定风险等级的过程；风险评价是将风险分析的结果与准则相比较，以决定风险及其大小是否可接受或可容忍。风险评估的过程见图 5－3。

在风险评估中经常采用定量分析、定性分析或定性与定量分析相结合的方法。之所以采用二者相结合的方法，因为风险是未来不确定性对企业实现目标的影响，当下很难得到未来的真实数据，加之企业情况复杂，提高了收集数据的难度。

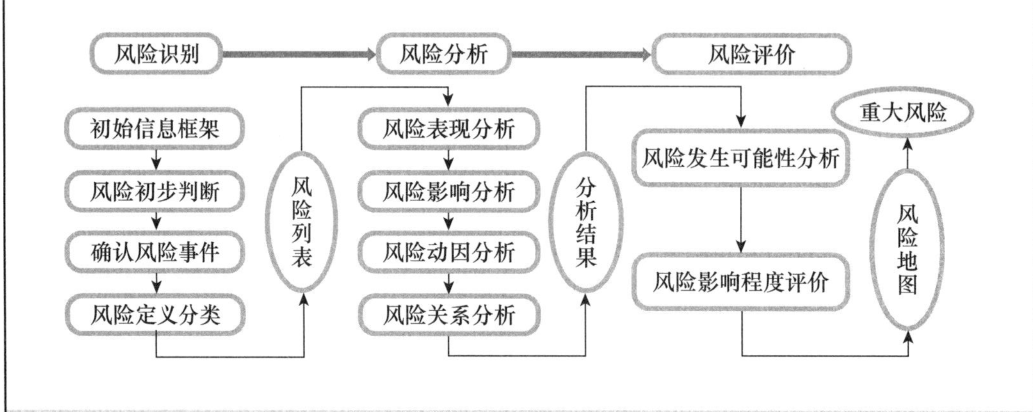

图5－3 风险评估过程

风险评估有两个维度：一是事件发生的可能性（概率）；二是事件影响程度。根据这两个维度的分析结果计算数学期望值，期望值等于事件发生的可能性乘以事件影响程度。

事件发生的可能性可以是定量的，如百分比、频率等，也可以是定性的，如高、中、低等。

事件影响程度可以是定量的具体指标，如标准、产值、在险值（VaR）等，也可以是定性或半定量描述，如重要、中等、不重要，1、2、3级等。

定性指标通常称为直观（主观）的度量方式，采用的方法有调查问卷、核对清单、专家打分法、层次分析法等。

表5－21列出了对风险发生可能性的定性、定量评估标准及其描述。

表5－21 风险发生可能性的定量与定性评估举例

半定量方法	评分	1	2	3	4	5
定量方法	一定时期内发生的概率	10%	20%	50%	70%	90%
定性方法	文字描述一	极低	低	中等	高	极高
	文字描述二	一般情况下不会发生	极少情况下才发生	某些情况下发生	较多情况下发生	常常会发生
	文字描述三	今后10年内发生的次数可能少于1次	今后5～10年内可能发生1次	今后2～5年内可能发生1次	今后1年内可能发生1次	今后1年内至少发生1次

表5－22列出了某公司风险发生可能性的定性、定量评估标准。

表 5-22　风险发生可能性的定量与定性评估举例

<table>
<tr><td rowspan="6">适用于所有行业</td><td>半定量方法</td><td colspan="2">评分</td><td>1</td><td>2</td><td>3</td><td>4</td><td>5</td></tr>
<tr><td>定量方法</td><td colspan="2">企业财务损失占税前利润的百分比（%）</td><td>1%以下</td><td>1%～5%</td><td>6%～10%</td><td>11%～20%</td><td>20%以上</td></tr>
<tr><td rowspan="4">定性方法</td><td colspan="2">文字描述一</td><td>极轻微的</td><td>轻微的</td><td>中等的</td><td>重大的</td><td>灾难性的</td></tr>
<tr><td colspan="2">文字描述二</td><td>极低</td><td>低</td><td>中等</td><td>高</td><td>极高</td></tr>
<tr><td rowspan="2">文字描述三</td><td>企业日常运营</td><td>不受影响</td><td>轻度影响（造成轻微的人身伤害，情况立刻受到控制）</td><td>中度影响（造成一定人身伤害，需要医疗救援，情况需要外部支持才能得到控制）</td><td>严重影响（企业失去一些业务能力，造成严重人身伤害，情况失控，但无致命影响）</td><td>重大影响（重大业务失误，造成重大人员伤亡，情况失控，给企业带来致命影响）</td></tr>
<tr><td>财务损失</td><td>较低的财务损失</td><td>轻微的财务损失</td><td>中等的财务损失</td><td>重大的财务损失</td><td>极大的财务损失</td></tr>
</table>

风险地图又叫风险坐标图或风险矩阵，是把风险发生可能性等级、风险发生对目标的影响程度作为两个维度绘制在同一个平面上，如图 5-4 所示。

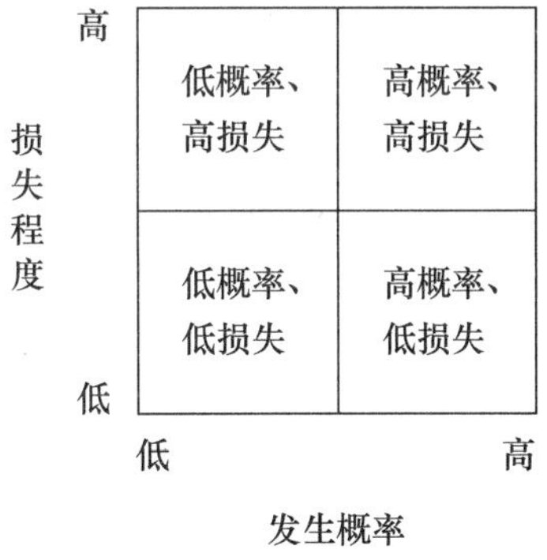

图 5-4　风险地图

风险地图的横坐标表示风险发生的概率，纵坐标表示风险发生的损失程度，可直观地展现风险的态势，方便管理者采取相应的风险控制措施。风险地图分成四个象限，其中，右上方的“高概率、高损失”区域表明风险状况非常严重，应引起管理层的高度重视并力争避免；对于“低概率、高损失”的风险情况，应保持警惕，注意进行风险转移；对于“高概率、低损失”的风险情况，应积极管控，以降低风险的发生；至于“低概率、低损失”的风险，作为日常管理的部分，常被列入成本控制的范围。

5.3.2 风险管理的目标

1. 2004年COSO《企业风险管理——整合框架》中的风险管理目标

2004年COSO《企业风险管理——整合框架》中将风险管理的目标分为战略目标和相关目标，相关目标又包括经营目标、报告目标和合规目标。

（1）战略目标。一个主体的使命从广义上确定了该主体希望实现什么。不管采用什么术语，诸如“使命”（mission）、“愿景”（vision）或是“目的”（purpose），重要的是管理层——在董事会的监督下——确定主体存在的广泛意义上的原因。由此，管理层设定战略目标，进行战略规划，并为组织确定相关的经营、合规和报告目标。尽管一个主体的使命和战略目标一般是稳定的，但它的战略和许多相关目标是动态的，会随着内部和外部条件的变化调整，以便与战略目标相协调。

战略目标是高层次的目标，它与主体的使命或愿景相协调，并支持后者。战略目标反映了管理当局就主体如何努力为它的利益相关者创造价值所做出的选择。

相对于主体的所有活动，制定支持选定的战略并与之相协调的正确目标是成功的关键。通过首先关注战略目标和战略，主体可能会建立主体层次的相关目标，它们的实现将会创造和保持价值。主体层次的目标与更多的具体目标相关联和整合，这些具体目标贯穿整个组织，细化为针对诸如销售、生产和工程设计等各项活动和基础职能机构所确立的次级目标。

通过设定主体和活动层次的目标，主体能够识别关键成功因素。要想达到目的，就必须处理好这些关键成功因素。关键成功因素存在于主体、业务单元、职能机构、部门或分部之中。通过设定目标，管理当局能够根据对关键成功因素的关注来确定业绩的计量标准。

如果目标与以前的活动和业绩相一致，那么各项活动之间的联系是已知的。但是，如果目标与主体过去的活动相背离，管理当局就必须指明这种联系以应对更大的风险。在这种情况下，需要与新的方向相一致的业务单元目标或次级目标。目标需要得到充分了解并且可计量。企业风险管理要求各个层级的人员根据各自影响范围的不同对主体层次的目标有所了解。所有员工都必须对要实现什么有共同的认识，并且有办法去计量实现的情况。

（2）相关目标。相关目标大致可以分成以下几类：

1）经营目标。这类目标与主体经营的效果和效率有关，包括业绩、盈利目标和保护资源不受损失。

2）报告目标。这类目标与报告的可靠性有关，包括内部和外部报告，可能涉及财务和非财务信息。

3）合规目标。这类目标与符合相关法律法规有关。它们取决于外部因素，在一些情况下对所有主体而言都很类似，在另一些情况下只在一个行业内有共性。

特定的目标取决于主体所从事的经营业务。例如，一些公司向环境机构提交信息，而公开上市的公司则向证券监管机构申报信息。这些外部施加的要求是通过法律或法规的形式形成的，它们属于报告目标或合规目标，或者两者都是。

相反，经营目标以及那些内部管理报告目标更多建立在偏好、判断和管理风格的基础上。它们在不同的主体之间存在广泛的区别，因为知情、能胜任和诚实的人可能会选择不同的目标。例如，在产品开发方面，一个主体选择充当早期的改进者，另一个选择作为一个快速的跟随者，还有一个则选择作为迟缓的落伍者。这些选择会影响研究与开发职能机构的结构、人员招录和控制。因此，对所有主体而言都最优的目标模式是不存在的。

2. 2006年国务院国资委印发的《中央企业全面风险管理指引》中的目标表述

全面风险管理紧密联系企业战略，为实现公司总体战略目标寻求风险优化措施，因而风险管理目标的设计要充分体现这一思想。

《中央企业全面风险管理指引》中对企业开展全面风险管理要努力实现的风险管理总体目标的表述是：(1) 确保将风险控制在与总体目标相适应并可承受的范围内；(2) 确保内外部，尤其是企业与股东之间实现真实、可靠的信息沟通，包括编制和提供真实、可靠的财务报告；(3) 确保遵守有关法律法规；(4) 确保企业相关规章制度和为实现经营目标而采取重大措施的贯彻执行，保障经营管理的有效性，提高经营活动的效率和效果，降低实现经营目标的不确定性；(5) 确保企业建立针对各项重大风险发生后的危机处理计划，保护企业不因灾害性风险或人为失误而遭受重大损失。

5.3.3 风险管理的演进

1. 朴素的风险管理思想萌芽阶段

人类与风险的斗争如人类历史一样久远，尽管人类祖先已经开始探索应对风险的方法，但这些探索往往缺乏科学的理论支撑，呈现出零散、朴素的特点。

(1) 中国古代的风险管理思想萌芽。在中国古代，著名的“积谷防饥”典故以及义仓制度、船帮组织等都体现了风险管理思想。在《礼记·礼运篇》中有这样一段话：“大道之行也，天下为公，选贤与能，讲信修睦。故人不独亲其亲，不独子其子，使老有所终，壮有所用，幼有所长，鳏寡孤独废疾者皆有所养”。这足以证明中国古代就有谋求经济生活安定的强烈愿望，实为最古老的社会保险思想。

中国古代的救济措施一般采取实物形式，即后备仓储制度。根据《周礼·地官司徒》的记载，从公元前11世纪的周朝开始，就有后备仓储制度，书中所称“县都之委积，以待凶荒”即指集粮储谷，以备荒年救灾之用。又如西汉创建的“常平仓”，隋朝推行的“义仓”。宋朝和明朝还出现了民间的“社仓”制度，属于相互保险形式。在宋朝还有专门赡养老幼贫病的“广惠仓”，这可以说是原始形态的人身救济后备制度。

尽管中国保险思想和救济后备制度产生很早，但因中央集权的封建制度和重农抑商的传统观念，商品经济发展缓慢，缺乏经常性的海上贸易，所以中国古代社会没有产生商业保险。

（2）西方的风险管理思想萌芽。根据史料记载，原始的保险思想在西方出现较早，但不是出现在现代保险业发达的大国，而是出现在处于东西方贸易要道上的文明古国，如古巴比伦、古埃及、古希腊和古罗马。据古埃及的文献记载：在修建金字塔的古埃及石匠中曾建立一种互助基金组织，用参加者平时缴付的会费支付会员死亡后的丧葬费用；古罗马时代，在士兵中曾出现丧葬互助会，用收取的会费作为士兵战死后付给其家属的抚恤费用，在士兵调职或退役时则发放旅费。上述两种做法可以说是人身保险的最古老形态。

在公元前 18 世纪古巴比伦的《汉谟拉比法典》中有类似运输保险和火灾保险的规定。该法典中有这样一条规定：商人可以雇用一个销货员去外国港口销售货物，若这个销货员航行归来，商人可收取一半的销货利润；如果销货员未归，或者回来时既无货也无利润，商人可以没收其财产，甚至可以把他的妻子和孩子作为奴隶；但如果货物被强盗劫夺，则可以免除销货员的债务。这正是海上保险的一种起源。该法典中还有类似火灾保险的规定，古巴比伦国王命令僧侣、官员和村长向居民征税以筹集火灾救济基金。

随着对外贸易的发展，古巴比伦第六代国王汉谟拉比在位期间，在巴比伦人的对外贸易运输队中曾出现过马匹死亡的救济办法，即如果运输队中某个人的马匹死亡，由运输队全体给予补偿；公元前 1000 年左右，以色列联合王国的君主所罗门曾对从事海外贸易的本国商人征税，作为对在海难中遭受损失的人员的补偿资金。这两种做法可以说是运输保险的原始形式。

此外，共同海损（general average）分摊原则的确立进一步推动了海上保险的发展。公元前 2000 年左右，地中海一带就有了广泛的海上贸易活动。为使航海船舶免遭倾覆，最有效的解决办法就是抛弃船上货物，以减轻船舶的载重量。为了使被抛弃的货物能从其他受益方获得补偿，当时的航海商提出了一条需要共同遵循的原则：“一人为众，众为一人。”该原则为公元前 916 年的《罗地安海商法》所采用，并正式规定为：“凡因减轻船舶载重投弃大海的货物，如为全体利益而损失的，须由全体来分摊。”这就是著名的“共同海损分摊”原则。这一分摊原则至今仍为各国海商法所采用。由于该原则体现了海上保险分摊损失、互助共济的要求，因而被视为海上保险的萌芽。

无论是西方采取的资金后备形式，还是我国采取的物资后备形式，都体现了互助共济的原始保险思想，蕴含着风险管理的雏形。

2. 科学的风险管理发展阶段

彼得·伯恩斯坦在《与天为敌》一书中写道："一个具有革命意义的看法是，对风险的掌握程度是划分现代和过去时代的分水岭。所谓对风险的掌握就是说未来不再更多地依赖上帝的安排，人类在自然面前不再是被动的。在人们发现跨越这个分水岭的道路之前，未来只是过去的镜子，或者是属于那些垄断了对未来事件进行预测的圣贤和占卜者的黑暗领地。"这个分水岭就是文艺复兴。自风险量化的数理基础——概率论提出以来，人类对风险的量化和管理已有几百年历史，并集中表现为以量化分析为基础的风险管理、以行为分析为基础的风险管理和以管理控制为基础的风险管理三个发展阶段，如图5-5所示。

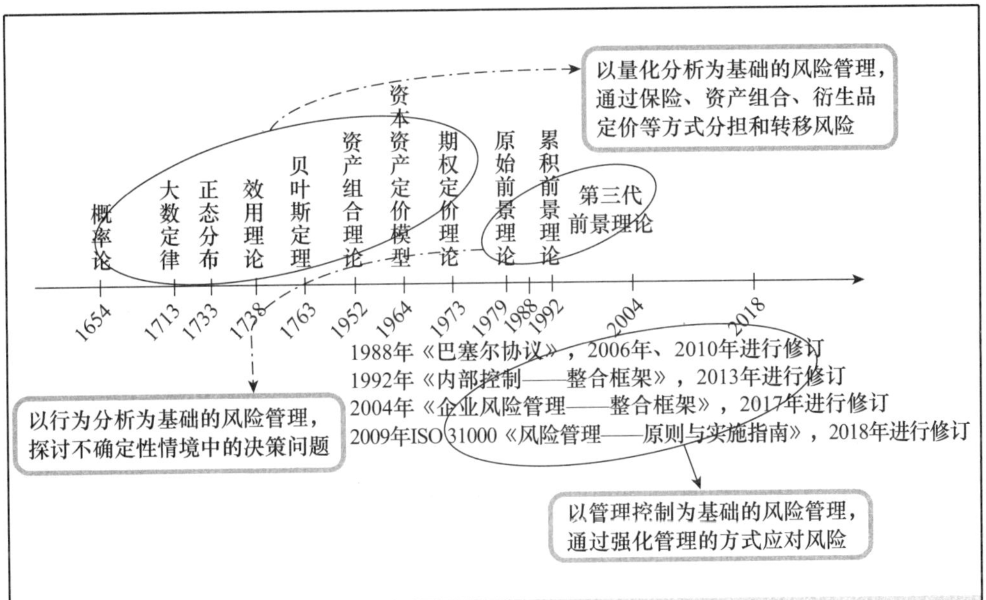

图5-5 风险管理发展的三个阶段

(1) 以量化分析为基础的风险管理。以量化分析为基础的风险管理起步最早，成果也最丰富。早期学者对掷色子问题的关注孕育了概率理论（Cardano，1525），而对更广泛社会问题的探讨激发了概率统计理论的进一步发展（Bernoulli，1713；Bayes，1764；Galton，1852），这些共同构成了风险量化的数理基础。现代意义上的风险转移、风险分担开始出现，并催生出保险、套期保值及其他的风险融资机制。此后，马科维茨（Markowitz，1952）提出了具有跨时代意义的资产组合理论，将风险分析的视角从单一资产拓展到多种资产的组合。布莱克和斯科尔斯（Black and Scholes，1973）则奠定了现代衍生品定价的理论基础。此外，监管层也采用风险量化的手段对金融业风险进行监管，代表性的包括银行业的《巴塞尔协议》和保险业的"偿付能力标准"。

(2) 以行为分析为基础的风险管理。以行为分析为基础的风险管理主要探讨不确定性情境中的决策问题，理论基础是前景理论。前景理论最初由卡尼曼和特沃斯基（Kahneman and Tversky，1979）提出，至今已经经历了三个发展阶段：原始前景理论、累积前景理论和第三代前景理论。原始前景理论主要关注个体在风险决策过程中的行为偏差，提出并检验了框架依赖偏差、直觉偏差、确定性效应、孤立效应、反射效应等理论模型（Kahneman and Tversky，1979；Fiegenbaum and Thomas，1988；Jegers，1991）。累积前景理论则通过引入累积函数，将前景理论的解释范围从个体层面拓展至总体层面（Kahneman and Tversky，1992），随后，学者又对累积前景理论的函数模型进行了深化和发展（Prelec，1998；Wakker and Zankh，2002）。第三代前景理论起源于对风险偏好逆转现象的解释，该理论提出，当决策权重被指定为等级依赖时，参考点可以不确定（Schmidt et al. 2008）。

（3）以管理控制为基础的风险管理。

1）内部控制整合阶段。在量化分析之外，实践中还产生了以管理控制为手段的风险应对方法，并逐步发展为今天的内部控制理论。内部控制是一个受董事会、经理层和其他人员影响的过程，该过程的设计是为实现企业的经营目标、合规目标、报告目标提供合理保证（COSO，1992）。内部控制理论的发展大致经历了如下四个阶段。

第一阶段为内部牵制阶段，时间在20世纪40年代之前，主要任务是查错防弊，以内部会计控制为重点，强调主要控制手段为职务分离和交互核对，主要控制事项为钱、账、物等会计事项，以保护资产的安全、账簿记录的准确性。由于控制方法以及概念上的单一性，这一阶段的内部控制也称为单要素内部控制。

第二阶段为内部控制制度阶段，时间为20世纪40—80年代，主要任务是推动企业制定的各项政策贯彻落实，这一阶段内部控制的范围从第一阶段的内部会计控制扩大到内部管理控制，包括授权与批准制度、从事财务记录和审核与从事经营或财产保管职务分离的控制、财务的实物控制和内部审计。内部控制第一次被分为会计控制和管理控制两个部分是在1958年，由AICPA的审计程序委员会在《审计程序公告第29号》中提出。因此，这一阶段的内部控制也称为两要素内部控制。

第三阶段为内部控制结构阶段，时间为20世纪80年代至90年代初。1988年，在AICPA发布的《审计准则公告第55号》中，内部控制结构被分成控制环境、会计制度和控制程序三个要素，其中控制环境因素被作为重点强调，因此这一阶段的内部控制也称作三要素内部控制。

第四阶段为内部控制整体框架阶段，时间为20世纪90年代初至21世纪初，其典型代表包括：

第一，1992年COSO发布的《内部控制——整合框架》。其内部控制的目标划分为三个：经营目标、报告目标和合规目标。COSO在整个框架中提出内部控制活动有五个组成部分，分别是控制环境、风险评估、控制活动、信息和沟通、监督，这五个组成部分也称作内部控制五要素。COSO 的《内部控制——整合框架》目前被国内外内部控制专家视作最权威的内部控制理论，大家普遍认为，COSO 的《内部控制——整合框架》中对内部控制的内涵和外延的定义比以往更为深刻和宽泛。

第二，我国财政部等五部委 2008 年发布的《企业内部控制基本规范》。该规范借鉴了 COSO 内部控制框架的理论思想，并遵循全面性原则、重要性原则、制衡性原则、适应性原则、成本效益原则，制定出 18 项具体应用指引，包括组织架构、发展战略、人力资源、社会责任、企业文化、资金活动、采购业务、资产管理、销售业务、研究与开发、工程项目、担保业务、业务外包、财务报告、全面预算、合同管理、内部信息传递、信息系统。这也是国内大中型企业在内部控制实践中主要遵循的标准。

2）整合式风险管理阶段。随着经济一体化进程的加速和行业竞争的加剧，整合式风险管理的理念开始受到重视。一方面，经济全球化及跨行业并购使得企业的经营环境和业务内容更加复杂，不同类型风险之间的联系更加紧密，对风险进行分割管理会因为缺少部门协同而产生效率损失（Liebenberg and Hoyt，2003）。另一方面，行业竞争的加剧使得风险管理的重心发生了改变，风险管理不再是被动地防止财务损失，而要提升其战略性和主动性，从而帮助企业更好地进行风险决策以最大化股东价值（Meulbroek，2002），由此推动了整合式风险管理理念的诞生。

整合式风险管理强调风险和收益的协调，目标是在一定风险水平下实现收益最大化，是一种主动型风险管理（offensive risk management）。同时，整合式风险管理强调风险管理的“整体观”，通过将企业所有的风险管理活动整合到一个统一的框架内，可以揭示不同风险之间的关联，帮助企业更准确地理解整体风险状况，并通过优化资源配置提升资产回报率（Hoyt and Liebenberg，2011）。此外，整合式风险管理框架还从内容上完成了对保险、套期保值和内部控制等传统风险管理支流的整合（COSO，2004）。

从实践发展看，整合式风险管理理念一经推出便受到各界热捧。各类专业协会（CAS，2003；COSO，1992，2004；RIMS，2011）、监管机构（SASAC，2006）、评级组织（S&P，2013）、国际标准化组织（ISO，2010）、咨询公司（Tillinghast-Towers Perrin，2001）纷纷采取措施推动整合式风险管理的发展。其中，在国内最受关注的框架有三个：《企业风险管理——整合框架》（COSO，2004）、《中央企业全面风险管理指引》（国务院国资委，2006）、《企业风险管理——整合战略与绩效》（COSO，2017）。

COSO（2004）框架被视为对 COSO（1992）框架的拓展，提出企业风险管理是一个由董事会、管理层和其他人员实施，应用于战略制定并贯穿于企业之中，旨在识别可能会影响主体的潜在事项并管理风险，以使其在该主体的风险容量之内，并为主体目标的实现提供合理保证的过程。COSO（2004）提出要将战略实施纳入风险管理的目标，并将风险管理的要素拓展为八个方面：内部环境、目标制定、事件识别、风险评估、风险应对、控制活动、信息与沟通、监督。COSO（2004）与COSO（1992）框架的比较见图5-6。

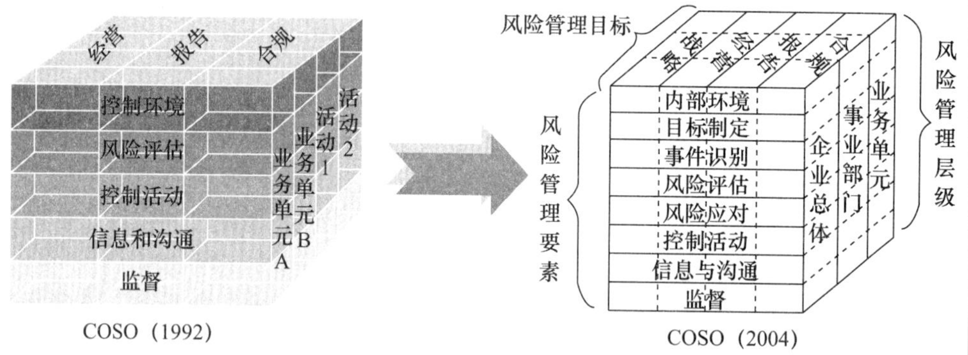

图5-6 COSO（1992）与COSO（2004）的比较

作为对2008年金融危机中企业风险管理脆弱性的反思，COSO在2017年提出了新的风险管理框架《企业风险管理——整合战略与绩效》。新框架关注既有风险管理理论与战略和绩效相割裂的问题，明确了内部控制与风险管理的关系，并坦承2004版的《企业风险管理——整合框架》充其量仅是一个大内部控制的框架，尝试构建“战略-风险管理-绩效”一体化的风险管理框架体系。具体来说，新框架将企业风险管理设计为相互支撑的DNA结构，包含五大要素20项原则（见图5-7）。

图5-7 企业风险管理框架

①治理与文化：设定了组织的基调，提高了企业风险管理的重要性，并建立了监督职责。文化涉及道德价值、期望行为和对主体风险的理解。

②战略与目标制定：战略规划过程由企业风险管理、战略与目标制定工作共同构成。风险偏好建立在战略上并与其保持一致，经营目标将战略付诸实践，同时作为识别、评估和应对风险的基础。

③执行：需要识别和评估可能影响战略及经营目标实现的风险。在风险偏好的背景下，风险是按其严重程度排序的。要做出风险应对，并用组合观看待组织承受的风险总量。这一过程的结果将报告给关键利益相关方。

④检查与修订：通过评估主体绩效，组织可以发现企业风险管理随着时间的推移及重大事件的变化是如何运作的，并判断需要做出怎样的修订。

⑤信息、沟通与报告：企业风险管理需要持续地从内外部渠道获取并分享必要信息，这些信息将在组织各层级间交流。

以管理控制为基础的风险管理演进及相互关系如图5-8所示。

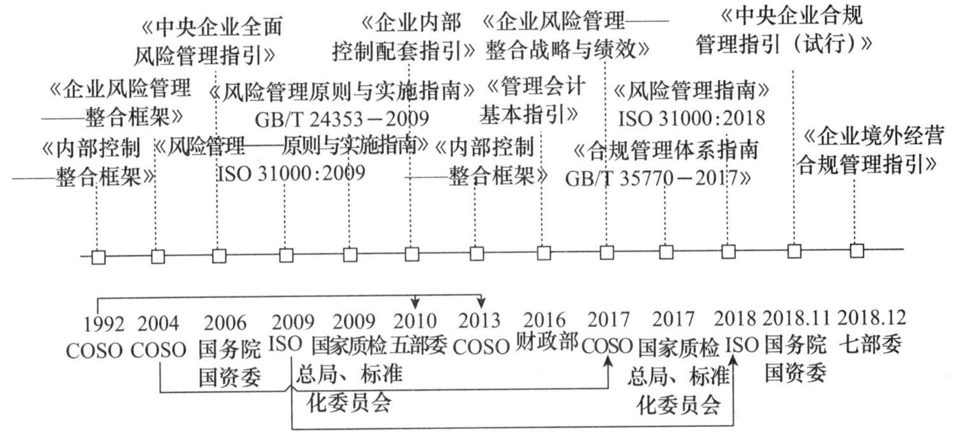

图5-8 以管理控制为基础的风险管理演进及相互关系

从图5-8可以看出COSO关于内部控制、风险管理的历程，以及我国内部控制和风险管理的源起。1992年的COSO《内部控制——整合框架》是近30多年内部控制发展的起点，2013年COSO对其进行了修订。2004年COSO在1992年《内部控制——整合框架》的基础上出台了《企业风险管理——整合框架》，2017年COSO重新编写了《企业风险管理——整合战略与绩效》。

国务院国资委2006年出台的《中央企业全面风险管理指引》是依据2004年COSO《企业风险管理——整合框架》编写的。2010年五部委联合发布的《企业内部控制配套指引》主要是依据1992年COSO《内部控制——整合框架》编写的。近年来，我国并没有根据COSO相关框架的变化修订相关指引的内容，而是针对外贸环境的变化，出台了有关海外经营的"合规管理指引"，如2018年11月国务院国资委发布了《中央企业合规管理指引（试行）》（6章31条），2018年12月国家发展改革委、外交部、商务部、人民银行等七部委联合发布了《企业境外经营合规管理指引》（8章30条）。

风险管理的内涵

本章在历年CPA考试中涉及的考点

1. 注册会计师协会对于风险的分类
2. 风险管理的概念

思考题

1. 风险三要素是什么？它们之间有什么样的关系？
2. 国务院国资委出台的《中央企业全面风险管理指引》是如何界定全面风险管理的？
3. 传统风险管理与企业风险管理相比有何不同？
4. 什么是风险偏好和风险承受度？
5. 2004年COSO《企业风险管理——整合框架》的风险管理目标包含什么？

案例分析题

案例资料

硅谷银行1983年成立，后发展成硅谷银行金融集团，资产达2 120亿美元。按资产总额排序，该银行是美国第16大商业银行。从商业模式来看，硅谷银行主要服务于私募股权投资或风险投资、高科技企业及这些企业的员工等高净值个人客户。由于得天独厚的地理优势和独特的市场定位，硅谷银行一直是硅谷科技和生命科学初创公司最受欢迎的金融机构之一。正是这样一家明星企业，却在2023年3月10日突然倒闭。安然度过千禧年互联网泡沫破灭，平稳运行已经40年的硅谷银行，为何突然崩盘呢？

这要从3年前说起。2020年3月，美联储开启量化宽松政策，把基准利率降到0左右，在流动性泛滥的背景下，硅谷银行的核心储户，即科技公司，手头拥有大量现金，该行因此吸引了大量存款。该行存款规模从 2019 年的 617.6 亿美元跃升至 2021 年底的 1 892 亿美元（尤其以活期存款为主）。与此同时，手握大量现金的硅谷银行为了获取高额收益，选择进行证券投资，主要买入了投资抵押贷款支持证券和美国国债。问题是，硅谷银行投入在证券上的存款太多了。截至 2022 年底，硅谷银行买下了 1 200 亿美元的投资证券，其中包括 910 亿美元的抵押贷款支持证券组合和 260 亿美元的可供出售金融资产，甚至远远超过了 740 亿美元的贷款总额。更不利的是，为了获取更高的收益，硅谷银行买入了大量长久期的证券资产，尤其是中长期国债。

2022 年 3 月，美联储启动了力度空前的加息周期，为硅谷银行的扩张故事画上了休止符。随着加息周期的到来，一方面，存款的成本变得更高，难以低成本揽储——该行有息存款成本从 2021 年的 0.13%大幅攀升到 2022 年的 1.13%；另一方面，债券价值走低，这就意味着硅谷银行持有的大量证券资产的缩水。更重要的是，科技初创公司转而变得需要现金，选择提取存款。年报显示，2022 年该行全年存款总额下降了 160 亿美元，大约占存款总额的 10%，特别是活期无息存款由 1 260 亿美元骤降至 810 亿美元。

这还远远不够，为了填补资金缺口，硅谷银行只能选择卖出此前囤下的巨额证券。2023 年 3 月 8 日盘后，该行发布公告称出售了 210 亿美元的可供出售资产来重塑资产负债表，税后损失达 18 亿美元（硅谷银行 2022 年全年归母公司普通股股东净利润仅为 15 亿美元）。此时，硅谷银行还持有久期更长的高达 913 亿美元的“持有到期”债券，而这部分债券在整个 2022 年的价值已经缩水了 69 亿美元，还有可能持续缩水。

随着流动性压力的暴露，投资者对于硅谷银行的信心坍塌，挤兑风潮到来。3 月 9 日，硅谷银行从开盘价 176.55 美元暴跌至 106 美元，并在 10 日的美股盘前交易中再度暴跌逾 60%，随后进入停牌状态。当地时间 3 月 10 日，美国联邦存款保险公司（FDIC）发布声明，美国加州金融保护和创新部（DFPI）当日宣布关闭美国硅谷银行，并任命 FDIC 为破产管理人。

总体来看，“期限错配”是硅谷银行失败的核心原因，其持有资产的期限远远大于负债期限，极易导致流动性风险。硅谷银行成为 2008 年金融危机以来倒闭的最大银行，也是美国历史上第二大倒闭的银行。

要求

1. 请基于风险三要素理论，分析硅谷银行事件。
2. 硅谷银行的风险属于操作风险还是市场风险？为什么？

第6章

风险管理框架流程

思维导图

- 风险管理框架流程
  - COSO企业风险管理框架流程
    - 2004年COSO《企业风险管理——整合框架》的框架流程
    - 2017年COSO《企业风险管理——整合战略与绩效》的框架流程
  - ISO风险管理的框架流程
    - ISO 31000：2009《风险管理——原则与实施指南》的框架流程
    - ISO 31000：2018《风险管理指南》中风险管理的原则、框架、流程
      - 风险管理的原则
      - 风险管理的框架
      - 风险管理的流程
  - 2006年国务院国资委企业全面风险管理的流程
    - 基本流程图
    - 《中央企业全面风险管理指引》流程详解
      - 收集风险管理初始信息
      - 进行风险评估
      - 制定风险管理策略
      - 提出和实施风险管理解决方案
      - 风险管理监督与改进
  - 五部委内部控制规范框架
  - 风险管理流程的比较与总结
    - 风险管理流程简介
    - 风险管理流程的比较与总结

素养提升

党的二十大报告指出："全党必须坚定信心、锐意进取，主动识变应变求变，主动防范化解风险，不断夺取全面建设社会主义现代化国家新胜利！"企业管理亦如是。本章将详细介绍风险管理的基本框架和流程。

学习目标

1. 掌握2004年COSO《企业风险管理——整合框架》的框架流程
2. 掌握2017年COSO《企业风险管理——整合战略与绩效》的框架流程
3. 掌握ISO 31000：2009《风险管理——原则与实施指南》、ISO 31000：2018《风险管理指南》中风险管理的原则、框架、流程

4. 掌握2006年国务院国资委《中央企业全面风险管理指引》中的风险管理基本流程
5. 掌握2008年五部委《企业内部控制基本规范》中的内部控制基本流程
6. 了解上述五个风险管理流程的异同

6.1　COSO企业风险管理框架流程

6.1.1　2004年COSO《企业风险管理——整合框架》的框架流程

6.1 即测即评

2004年COSO《企业风险管理——整合框架》把风险管理的目标、要素和涉及的管理层级三者之间的关系通过一个三维矩阵以立方体（“大魔方”）的形式表示出来（见图6-1）。

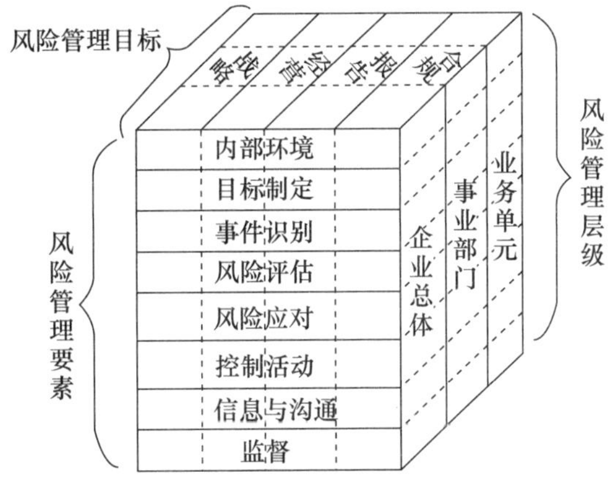

图6-1　2004年COSO企业风险管理框架

企业风险管理是一种流程，在一个实体进行战略决策和执行决策的过程中，由董事会、管理层和其他人员实施，为确定可能影响实体的潜在事件，对风险进行有效管理，使其处于偏好内，以便提供关于实体目标实现的合理保证。

企业风险管理包括八个相互关联的构成要素，它们源于管理当局经营企业的方式，并与管理过程整合在一起。这些构成要素是：

（1）内部环境。管理当局确立关于风险的理念，并确定风险容量。内部环境为主体中的人们看待风险和着手控制确立了基础。所有企业的核心都是人——他们的品性，包括诚信、道德价值观和胜任能力——以及经营环境。

（2）目标制定。必须先有目标，管理当局才能识别影响实现该目标的潜在事项。企业风险管理确保管理当局采取恰当的程序设定目标，确保所选定的目标支持和切合该主体的使命，并且与它的风险容量相一致。

（3）事件识别。必须识别可能对主体产生影响的潜在事项，涉及从影响目标实现的内部或外部原因中识别潜在的事项。包括区分代表风险的事项和代表机会的事项，以及二者兼有的事项。机会被反馈到管理当局的战略或目标制定过程中。

（4）风险评估。要对识别的风险进行分析，以便形成确定应该如何对它们进行管理的依据。风险与可能被影响的目标相关联。既要对固有风险进行评估，又要对剩余风险进行评估，评估要考虑风险的可能性和影响。

（5）风险应对。员工应识别和评价可能的风险应对，包括回避、承担、降低和分担风险。管理当局应选择一系列措施使风险与主体的风险容量相协调。

（6）控制活动。制定和实施政策与程序以确保管理当局选择的风险应对可以有效实施。

（7）信息与沟通。相关的信息能确保员工履行职责的方式和时机得到识别、获取和沟通。主体的各个层级都需要借助信息来识别、评估和应对风险。有效沟通的含义比较广泛，包括信息在主体中的向下、平行和向上流动，员工获得有关其职能和责任的信息。

（8）监督。对企业风险管理进行全面监控，必要时加以修正。这种方式能够动态反映情况，根据条件的要求而变化。监督通过持续的管理活动、对企业风险管理的个别评价或者两者结合来完成。

6.1.2 2017年COSO《企业风险管理——整合战略与绩效》的框架流程

2017年COSO对企业风险管理进行了颠覆和变革，重新定位了风险管理工作的高度。原因是过去十年间外部环境的复杂变化使利益相关方更加关注风险管理创造的企业价值，尤其是风险管理价值在战略制定和执行中的体现，以及增强风险管理和企业绩效之间的协同关系，即风险管理与战略的协同作用。风险管理被视为战略制定的重要组成部分以及识别机遇、创造和保留价值的必要部分。《企业风险管理——整合战略与绩效》指明了风险管理流程和各环节的工作内容，如图6-2所示。

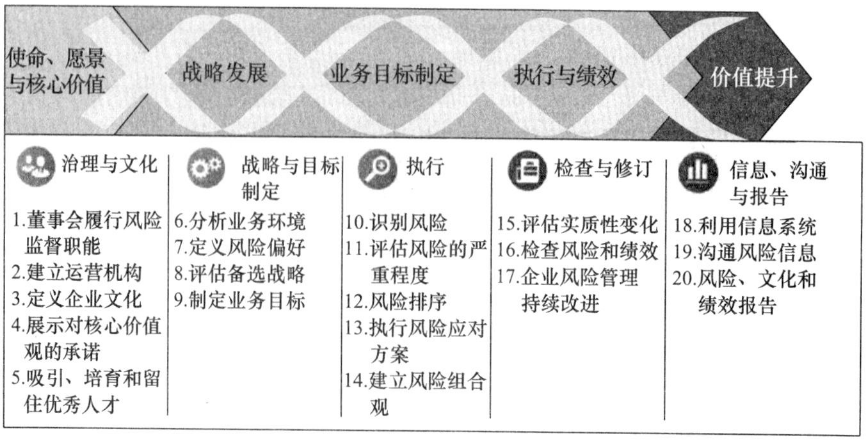

图6-2 企业风险管理流程

风险管理框架——COSO 内部控制框架

风险管理框架——COSO 企业风险管理框架

6.2　ISO 风险管理的框架流程

6.2.1　ISO 31000：2009《风险管理——原则与实施指南》的框架流程

6.2 即测即评

2009 年 ISO 推出了 ISO 31000《风险管理——原则与实施指南》文件，ISO 31000 中包括一系列和风险管理相关的标准，如 ISO Guide 73：2009《风险管理——术语》、ISO 31010 风险评估技术、ISO/TR 31004 风险管理标准实施指导等。2009 年 ISO 31000《风险管理——原则与实施指南》中介绍的风险管理的原则、框架、流程如图 6－3 所示。

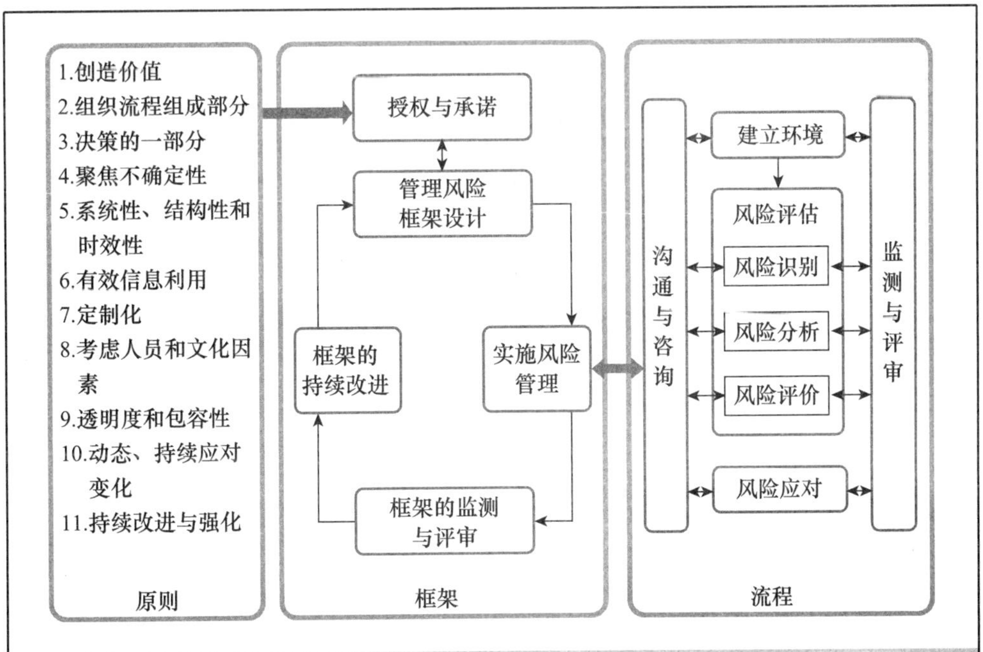

图 6－3　ISO 31000：2009《风险管理——原则与实施指南》的原则、框架、流程

6.2.2 ISO 31000：2018《风险管理指南》中风险管理的原则、框架、流程

2018年ISO对之前的标准进行了修订并给出了框架图，如图6－4所示。这次修订使风险管理标准更简洁，更利于理解和运用。新标准较老标准的进步之处主要体现在五个方面：重新审阅了所有的风险管理原则；从组织的治理着眼，重点强调了高级管理层的职责以及和各项管理活动的整合；强化了风险管理工作的迭代性质，提示在每一个流程环节要根据新的实践、知识和分析能力对流程要素、方案和控制进行修正；满足多样化的需求，成为一个更加开放和包容的系统；表述更加清楚、简洁、明了。

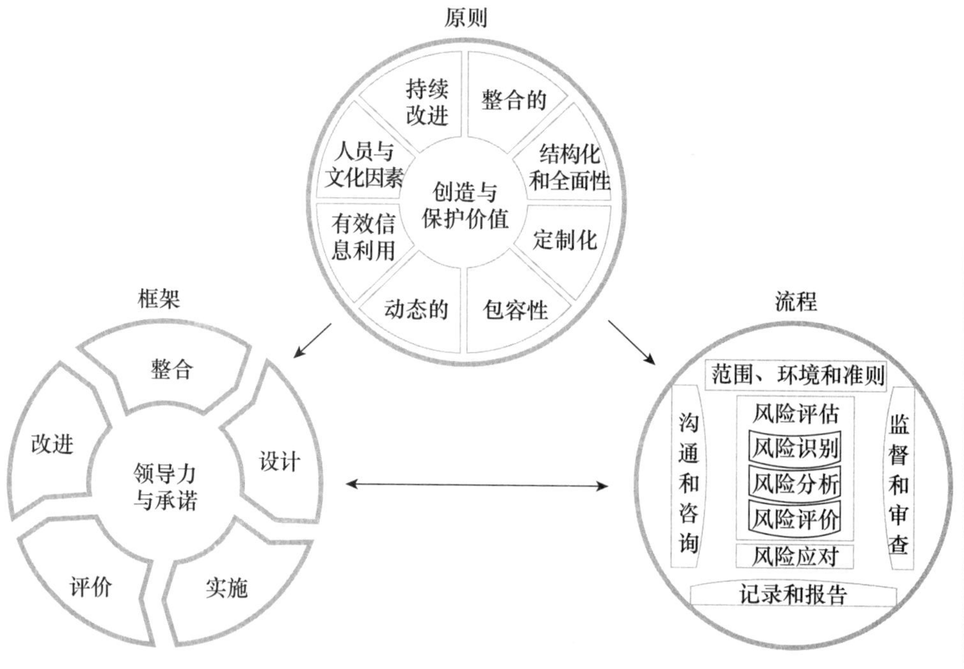

图6－4 ISO 31000：2018《风险管理指南》的原则、框架和流程

1. 风险管理的原则

风险管理的目的是创造和保护价值，提升绩效，鼓励创新并支持目标实现。图6－4中描述的原则为实施有效的风险管理提供了指导，传达了价值并解释了意图和目的。这些原则是管理风险的基础，应在建立组织的风险管理框架和流程时予以考虑。这些原则可以使组织管理不确定性对其目标的影响。

ISO围绕“创造与保护价值”确定了八个原则：

（1）整合的。风险管理是所有组织活动的组成部分。

（2）结构化和全面性。风险管理的结构化和全面性有助于获得一致和可比较

的结果。

(3) 定制化。风险管理框架和流程是根据组织与其目标相关的外部和内部环境来制定的，并与其密切相关。

(4) 包容性。需要考虑利益相关方适当和及时的参与，融入他们的知识、观点和看法。这可以增强风险意识并明智地管理风险。

(5) 动态的。随着组织内部和外部环境的变化，风险可能会出现、变化或消失。风险管理会以适当和及时的方式预测、监督、掌握和响应这些变化和事件。

(6) 有效信息利用。风险管理的输入基于历史和当前的信息以及对未来的预期。风险管理应明确考虑到与这些信息和期望相关的任何限制和不确定性。信息应及时、清晰地提供给利益相关方。

(7) 人员与文化因素。人员行为和文化明显影响着各级和各阶段风险管理的各个方面。

(8) 持续改进。通过学习和经验积累不断提高风险管理水平。

2. 风险管理的框架

建立风险管理框架的目的是协助组织将风险管理纳入重要的活动和职能中。风险管理的有效性取决于是否将风险管理纳入组织治理和决策中。这需要利益相关方，特别是最高管理层的支持。框架包括在整个组织内整合、设计、实施、评价和改进风险管理。组织应评估其现有的风险管理实践和流程，评估差距并依照框架去消除这些差距。框架的组成要素及其协同作用的方式应根据组织的具体需求进行定制。

ISO 围绕“领导力与承诺”(在适当的情况下，高级管理层和监督机构应确保风险管理融入组织所有活动，并通过适当的方式表现出领导力与承诺，其中，高级管理层负责管理风险，监督机构负责监督风险管理)，确定了风险管理框架的五个组成要素。

(1) 整合。整合风险管理依赖于对组织架构和环境的理解。架构因组织的目的、目标和复杂程度而异。组织架构中的每个部分都需要进行风险管理。组织中的每个人都有责任管理风险。治理为组织如何处理内外部关系，如何设置规则、流程和实践以实现其目的提供了指引。管理架构将治理的方向转化为战略和相关目标，以实现组织理想水平的绩效和永续经营。确定组织内部的风险管理责任和监督角色是组织治理的一部分。将风险管理整合到组织中是一个动态和反复优化的过程，应该根据组织的需求和文化进行定制。风险管理应该成为组织目的、治理、领导力和承诺、战略、目标和运营的一部分，而不是相互分离。

(2) 设计。

1) 在设计风险管理框架时，组织应该检视并理解其内部和外部环境。

2) 在适当的情况下，高级管理层和监督机构应通过政策、声明或其他形式清楚地表达组织的目标和对风险管理的承诺，展示并阐明对风险管理的持续承诺。

3）在适当的情况下，高级管理层和监督机构应确保在组织各级分配和传达有关风险管理的权限和职责。

4）在适当的情况下，高级管理层和监督机构应确保为风险管理分配适当资源。

5）为支持框架和促进风险管理的有效应用，组织应建立经过批准的沟通和咨询方法。沟通涉及与目标受众共享信息。咨询包括参与者期望对决策或其他活动做出贡献，以便更好决策的反馈信息。

（3）实施。框架的成功实施需要利益相关方的参与和了解。这使组织能够明确地应对决策中的不确定性，同时确保在出现任何新的不确定性时可以将其考虑在内。通过正确地设计和实施风险管理框架，可以确保风险管理流程是整个组织中所有活动（包括决策）的一部分，并充分反映内外部环境的变化。

（4）评价。为了评估风险管理框架的有效性，组织应该根据其目的、实施计划、指标和预期行为定期衡量风险管理框架的绩效，并确定它是否仍然适合支撑组织目标的实现。

（5）改进。组织应持续监控和调整风险管理框架，以适应内外部的变化。这样做可以提升组织价值。组织应不断提高风险管理框架的适用性、充分性和有效性，改进风险管理流程的整合方式。如果已经确定差距或改进的机会，组织应制定计划和任务，并将其分派给负责实施的人员。这些改进措施一旦实施，将有助于增强风险管理的作用。

3. 风险管理的流程

风险管理的流程涉及系统地将政策、程序和实践应用于沟通和咨询活动，明确环境信息，评估、应对、监督和审查、记录和报告风险。

风险管理流程应成为管理和决策的一个组成部分，并融入组织的架构、运营和流程中。它可以应用于战略、运营、计划或项目层面。组织内部可以有很多风险管理流程的应用方式，这些应用方式是为实现目标而定制的，并适用于组织所在的内外部环境。在整个风险管理流程中，应考虑人员行为和文化因素的动态性和变化性。虽然风险管理流程通常表现为有一定的顺序，但实际上不同流程步骤之间是可以反复交错进行的。

（1）沟通和咨询。沟通和咨询的目的是协助利益相关方理解风险、明确做出决策的依据以及需要采取特定行动的原因。沟通旨在提升对风险的认识和理解，而咨询涉及获取反馈和信息以支持决策。两者之间的密切协调应该促进真实、及时、相关、准确和可理解的信息交换，同时需要考虑信息的保密性和完整性以及个人的隐私权。

（2）范围、环境和准则。确定范围、环境和准则的目的是有针对性地设置风险管理流程，实现有效的风险评估和恰当的风险应对。范围、环境和准则涉及界定流程的范围并理解内外部环境。

1）组织应该确定其风险管理活动的范围。由于风险管理流程可能适用于不同的层面（例如战略、运营、计划、项目或其他活动），因此重要的是明确所考虑的范围、相关目标以及与组织目标的一致性。

2）外部和内部环境是组织制定和实现其目标的土壤。风险管理流程的环境应根据对组织运行的外部和内部情况的理解来确定，并反映适用风险管理流程的具体活动情况。

3）定义风险准则。相对于目标而言，组织应该明确承担风险的数量和类型，还应该定义评估风险重要性水平和支持决策过程的准则。风险准则应与风险管理框架相一致，并根据具体活动的目的和范围进行设计。风险准则还应反映组织的价值观、目标和资源，并与风险管理的政策和声明保持一致。应根据组织的义务和利益相关方的考虑来定义准则。

（3）风险评估。风险评估是风险识别、风险分析和风险评价的整个过程。风险评估应该借助利益相关方的知识和观点，系统、协作地开展并反复优化。风险评估应该使用最好的可用信息，并在必要时辅以进一步的调查。

1）风险识别。风险识别的目的是发现、识别和描述可能有助于或妨碍组织实现目标的风险。相关的、适当的和最新的信息对于识别风险很重要。

2）风险分析。风险分析的目的是理解包括风险水平在内的风险性质和特征。风险分析涉及对不确定性、风险源、后果、可能性、事件、情景、控制及其有效性的详细考虑。事件可能有多种原因和后果，并可能影响多个目标。

风险分析的结果是风险评价的基础，能决定风险是否需要应对，以及如何使用最合适的风险应对策略和方法。这些结果为未来进行决策提供了依据和参考，并且涉及不同类型和水平的风险。

3）风险评价。风险评价的目的是支持决策。风险评价涉及将风险分析的结果与既定的风险准则进行比较，以确定需要采取何种应对措施。

（4）风险应对。风险应对的目的是选择和实施应对风险的方案。风险应对涉及以下反复优化过程：

1）制定和选择风险应对方案；

2）计划和实施风险应对方案；

3）评估风险应对方案的有效性；

4）确定剩余风险是否可接受；

5）如果不能接受，做出进一步应对。

（5）监督和审查。监督和审查的目的是保证和提升流程设计、实施和结果的质量和有效性。在最开始规划风险管理流程时，应该将持续监督和定期审查作为一部分内容，明确界定职责。流程的所有阶段都应该进行监督和审查。监督和审查包括计划、收集和分析信息、记录结果和提供反馈。监督和审查的结果应纳入整个组织绩效的管理、评估和报告等活动中。

（6）记录和报告。应通过适当的机制记录和报告风险管理流程及其成果。应考虑有关创建、保存和处理记录信息的决策，包括但不限于使用的信息的敏感性以及内外部环境。报告是组织治理的一个组成部分，应提高与利益相关方的沟通质量，并支持高级管理层和监督机构履行其职责。

6.3 2006年国务院国资委企业全面风险管理的流程

6.3 即测即评

6.3.1 基本流程图

2006年国务院国资委印发的《中央企业全面风险管理指引》中指出风险管理基本流程包括以下主要工作：（1）收集风险管理初始信息；（2）进行风险评估；（3）制定风险管理策略；（4）提出和实施风险管理解决方案；（5）风险管理监督与改进（见图6－5）。

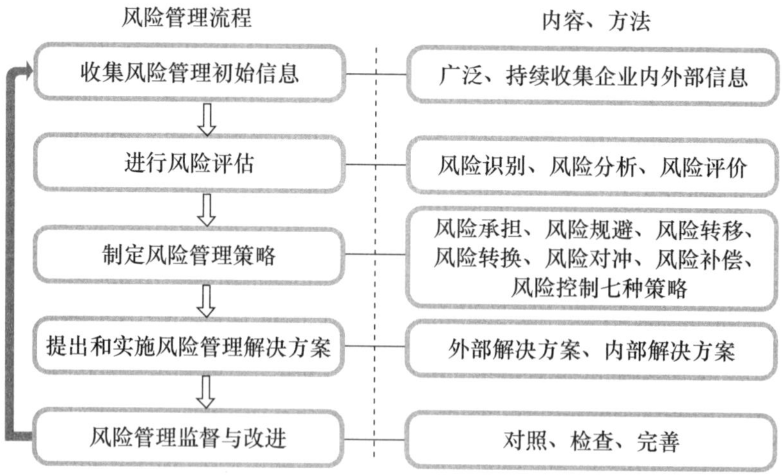

图6－5 《中央企业全面风险管理指引》风险管理基本流程

6.3.2 《中央企业全面风险管理指引》流程详解

1. 收集风险管理初始信息

风险管理基本流程的第一步是广泛、持续不断地收集与本企业风险和风险管理相关的内外部初始信息，包括历史数据和未来预测。应把收集初始信息的职责分工落实到各有关职能部门和业务单位。

收集初始信息要根据所分析的风险类型具体展开。

（1）在战略风险方面，企业应广泛收集国内外企业战略风险失控导致企业蒙受损失的案例，并至少收集与本企业相关的以下重要信息：

1）国内外宏观经济政策以及经济运行情况、本行业状况、国家产业政策；

2）科技进步、技术创新的有关内容；

3）市场对本企业产品或服务的需求；

4）与企业战略合作伙伴的关系，未来寻求战略合作伙伴的可能性；

5）本企业主要客户、供应商及竞争对手的有关情况；

6）与主要竞争对手相比，本企业实力与差距；

7）本企业发展战略和规划、投融资计划、年度经营目标、经营战略，以及编制这些战略、规划、计划、目标的有关依据；

8）本企业对外投融资流程中曾发生或易发生错误的业务流程或环节。

（2）在财务风险方面，企业应广泛收集国内外企业财务风险失控导致危机的案例，并至少收集本企业的以下重要信息：

1）负债、或有负债、负债率、偿债能力；

2）现金流、应收账款及其占销售收入的比重、资金周转率；

3）产品存货及其占销售成本的比重、应付账款及其占购货额的比重；

4）制造成本和管理费用、财务费用、营业费用；

5）盈利能力；

6）成本核算、资金结算和现金管理业务中曾发生或易发生错误的业务流程或环节；

7）与本企业相关的产业会计政策、会计估算、与国际会计制度的差异与调节（如退休金、递延税项等）等信息。

（3）在市场风险方面，企业应广泛收集国内外企业忽视市场风险、缺乏应对措施导致企业蒙受损失的案例，并至少收集与本企业相关的以下重要信息：

1）产品或服务的价格及供需变化；

2）能源、原材料、配件等物资供应的充足性、稳定性和价格变化；

3）主要客户、主要供应商的信用情况；

4）税收政策和利率、汇率、股票价格指数的变化；

5）潜在竞争者、竞争者及其主要产品、替代品情况。

（4）在运营风险方面，企业应至少收集与本企业、本行业相关的以下信息：

1）产品结构、新产品研发；

2）新市场开发，市场营销策略，包括产品或服务定价与销售渠道、市场营销环境状况等；

3）企业组织效能、管理现状、企业文化，高、中层管理人员和重要业务流程中专业人员的知识结构、专业经验；

4）期货等衍生产品业务中曾发生或易发生失误的流程和环节；

5）质量、安全、环保、信息安全等管理中曾发生或易发生失误的业务流程或环节；

6）因企业内、外部人员的道德风险致使企业遭受损失或业务控制系统失灵；

7）给企业造成损失的自然灾害以及除上述有关情形之外的其他纯粹风险；

8）对现有业务流程和信息系统操作运行情况的监管、运行评价及持续改进能力；

9）企业风险管理的现状和能力。

（5）在法律风险方面，企业应广泛收集国内外企业忽视法律法规风险、缺乏应对措施导致企业蒙受损失的案例，并至少收集与本企业相关的以下信息：

1）国内外与本企业相关的政治、法律环境；

2）影响企业的新法律法规和政策；

3）员工道德操守的遵从性；

4）本企业签订的重大协议和有关贸易合同；

5）本企业发生重大法律纠纷案件的情况；

6）企业和竞争对手的知识产权情况。

企业对收集的初始信息应进行必要的筛选、提炼、对比、分类、组合，以便进行风险评估。

2. 进行风险评估

完成风险管理初始信息收集之后，企业应对收集的风险管理初始信息和企业各项业务管理及其重要业务流程进行风险评估。

风险评估应由企业组织有关职能部门和业务单位实施，也可聘请有资质、信誉好、风险管理专业能力强的中介机构协助实施。

风险评估包括风险辨识、风险分析、风险评价三个步骤。

风险辨识是指查找企业各业务单元、各项重要经营活动及其重要业务流程中有无风险、有哪些风险。风险分析是对辨识出的风险及其特征进行明确的定义描述，分析和描述风险发生可能性的高低、风险发生的条件。风险评价是评价风险对企业实现目标的影响程度、风险的价值等。

进行风险辨识、分析、评价，应将定性与定量方法相结合。定性方法可采用问卷调查、集体讨论、专家咨询、情景分析、政策分析、行业标杆比较、管理层访谈、由专人主持的工作访谈和调查研究等。定量方法可采用统计推论（如集中趋势法）、计算机模拟（如蒙特卡罗分析法）、失效模式与影响分析、事件树分析等。进行风险定量评估时，应统一制定各类风险的度量单位和风险度量模型，并通过测试等方法，确保评估系统的假设前提、参数、数据来源和定量评估程序的合理性和准确性。要根据环境的变化，定期对假设前提和参数进行复核和修改，并将定量评估系统的估算结果与实际效果对比，据此对有关参数进行调整和改进。

风险分析应包括风险之间的关系分析，以便发现各类风险之间的自然对冲、风险事件发生的正负相关性等组合效应，从风险策略上对风险进行统一集中管理。

企业在评估多项风险时，应根据对风险发生可能性的高低和对目标影响程度的评估，绘制风险坐标图，对各项风险进行比较，初步确定各项风险的管理优先顺序和策略。

企业应对风险管理信息实行动态管理，定期或不定期实施风险辨识、分析、评价，以便对新的风险和原有风险的变化重新评估。

3. 制定风险管理策略

风险管理策略指企业根据自身条件和外部环境，围绕企业发展战略，确定风险偏好、风险承受度、风险管理有效性标准，选择风险承担、风险规避、风险转移、风险转换、风险对冲、风险补偿、风险控制等适合的风险管理工具的总体策略，并确定风险管理所需人力和财力资源的配置原则。

一般情况下，对战略、财务、运营和法律风险，可采取风险承担、风险规避、风险转换、风险控制等方法。对能够通过保险、期货、对冲等金融手段进行理财的风险，可以采用风险转移、风险对冲、风险补偿等方法。

企业应根据不同业务特点统一确定风险偏好和风险承受度，即企业愿意承担哪些风险，明确风险的最低限度和不能超过的最高限度，并据此确定风险的预警线及相应采取的对策。确定风险偏好和风险承受度，要正确认识和把握风险与收益的平衡，防止和纠正忽视风险，片面追求收益而不讲条件、范围，认为风险越大、收益越高的观念和做法；同时，也要防止单纯为规避风险而放弃发展机遇。

企业应根据风险与收益相平衡的原则以及各风险在风险坐标图上的位置，进一步确定风险管理的优先顺序，明确风险管理成本的资金预算和控制风险的组织体系、人力资源、应对措施等总体安排。

企业应定期总结和分析已制定的风险管理策略的有效性和合理性，结合实际不断修订和完善。其中，应重点检查依据风险偏好、风险承受度和风险控制预警线实施的结果是否有效，并提出定性或定量的有效性标准。

4. 提出和实施风险管理解决方案

企业应根据风险管理策略，针对各类风险或每一项重大风险制定风险管理解决方案。方案一般应包括风险解决的具体目标，所需的组织领导，所涉及的管理及业务流程，所需的条件、手段、资源等，风险事件发生前、中、后所采取的具体应对措施以及风险管理工具（如关键风险指标管理、损失事件管理等）。

（1）制定风险解决的外包方案。企业制定风险管理解决的外包方案，应注重成本与收益的平衡、外包工作的质量、自身商业秘密的保护以及防止自身对风险解决外包产生依赖性风险等，并制定相应的预防和控制措施。

（2）制定风险解决的内控方案。企业制定风险解决的内控方案，应满足合规的要求，坚持经营战略与风险策略一致、风险控制与运营效率及效果相平衡的原则，针对重大风险所涉及的各管理及业务流程，制定涵盖各个环节的全流程控制措施；对其他风险所涉及的业务流程，要把关键环节作为控制点，采取相应的控制措施。

企业制定内控措施，一般至少应包括以下内容：

1）建立内控岗位授权制度。对内控所涉及的各岗位明确规定授权的对象、条件、范围和额度等，任何组织和个人不得超越授权做出风险性决定。

2）建立内控报告制度。明确规定报告人与接受报告人，报告的时间、内容、频率、传递路线、负责处理报告的部门和人员等。

3）建立内控批准制度。对内控所涉及的重要事项，明确规定批准的程序、条件、范围和额度、必备文件以及有权批准的部门和人员及其相应责任。

4）建立内控责任制度。按照权利、义务和责任相统一的原则，明确规定各有关部门和业务单位、岗位、人员应负的责任和奖惩制度。

5）建立内控审计检查制度。结合内控的有关要求、方法、标准与流程，明确规定审计检查的对象、内容、方式和负责审计检查的部门等。

6）建立内控考核评价制度。具备条件的企业应把各业务单位风险管理执行情况与绩效薪酬挂钩。

7）建立重大风险预警制度。对重大风险进行持续不断的监测，及时发布预警信息，制定应急预案，并根据情况变化调整控制措施。

8）建立健全以总法律顾问制度为核心的企业法律顾问制度。大力加强企业法律风险防范机制建设，形成由企业决策层主导、企业总法律顾问牵头、企业法律顾问提供业务保障、全体员工共同参与的法律风险责任体系。完善企业重大法律纠纷案件的备案管理制度。

9）建立重要岗位权力制衡制度，明确规定不相容职责的分离，主要包括：授权批准、业务经办、会计记录、财产保管和稽核检查等职责。对内控所涉及的重要岗位可设置一岗双人、双职、双责，相互制约；明确该岗位的上级部门或人员对其应采取的监督措施和应负的监督责任；将该岗位作为内部审计的重点等。

企业应当按照各有关部门和业务单位的职责分工，认真组织实施风险管理解决方案，确保各项措施落实到位。

5. 风险管理监督与改进

企业应以重大风险、重大事件和重大决策、重要管理及业务流程为重点，对风险管理初始信息、风险评估、风险管理策略、关键控制活动及风险管理解决方案的实施情况进行监督，采用压力测试、返回测试、穿行测试以及风险控制自我评估等方法对风险管理的有效性进行检验，根据变化情况和存在的缺陷及时加以改进。

企业应建立贯穿于整个风险管理基本流程，连接各上下级、各部门和业务单位的风险管理信息沟通渠道，确保信息沟通的及时、准确、完整，为风险管理监督与改进奠定基础。

企业各有关部门和业务单位应定期对风险管理工作进行自查和检验，及时发现缺陷并改进，其检查、检验报告应及时报送企业风险管理职能部门。

企业风险管理职能部门应定期对各部门和业务单位风险管理工作实施情况和有效性进行检查和检验，要根据在制定风险策略时的有效性和合理性的要求对风险管理策略进行评估，对跨部门和业务单位的风险管理解决方案进行评价，提出调整或改进建议，出具评价和建议报告，及时报送企业总经理或其委托分管风险管理工作的高级管理人员。

企业内部审计部门应至少每年一次对包括风险管理职能部门在内的各有关部门和业务单位能否按照有关规定开展风险管理工作及其工作效果进行监督评价，监督评价报告应直接报送董事会或董事会下设的风险管理委员会和审计委员会。此项工作也可结合年度审计、任期审计或专项审计工作一并开展。

企业可聘请有资质、信誉好、风险管理专业能力强的中介机构对企业全面风险管理工作进行评价，出具风险管理评估和建议专项报告。报告一般应包括以下几方面的实施情况、存在的缺陷和改进建议：（1）风险管理基本流程与风险管理策略；（2）企业重大风险、重大事件和重要管理及业务流程的风险管理及内部控制系统的建设；（3）风险管理组织体系与信息系统；（4）全面风险管理总体目标。

6.4　五部委内部控制规范框架

6.4 即测即评

2008 年 5 月，财政部、证监会、审计署、银监会、保监会五部委联合发布《企业内部控制基本规范》。2010 年 4 月，五部委又联合发布《企业内部控制配套指引》，并对每项指引逐项进行了深入且权威的解读。2012 年 2 月，财政部会同相关部门，发布《企业内部控制规范体系实施中相关问题解释第 1 号》；2012 年 9 月，发布了《企业内部控制规范体系实施中相关问题解释第 2 号》；2013 年 12 月，财政部发布《石油石化行业内部控制操作指南》；2014 年 12 月，财政部发布《电力行业内部控制操作指南》，从而形成了较为完整的中国企业内部控制规范体系，见图 6－6。

根据基本规范，企业建立与实施有效的内部控制，应当包含内部环境、风险评估、控制活动、信息与沟通、内部监督五大要素。

（1）内部环境。内部环境是企业实施内部控制的基础，一般包括治理结构、机构设置及权责分配、内部审计、人力资源政策、企业文化等。

（2）风险评估。风险评估是企业及时识别、系统分析经营活动中与实现内部控制目标相关的风险，合理确定风险应对策略。

（3）控制活动。控制活动是企业根据风险评估结果，采用相应的控制措施，将风险控制在可承受范围之内。

（4）信息与沟通。信息与沟通是企业及时、准确地收集、传递与内部控制相关的信息，确保信息在企业内部、企业与外部之间进行有效沟通。

（5）内部监督。内部监督是企业对内部控制的建立与实施情况进行监督检查，评价内部控制的有效性。一旦发现内部控制有缺陷，应当及时加以改进。

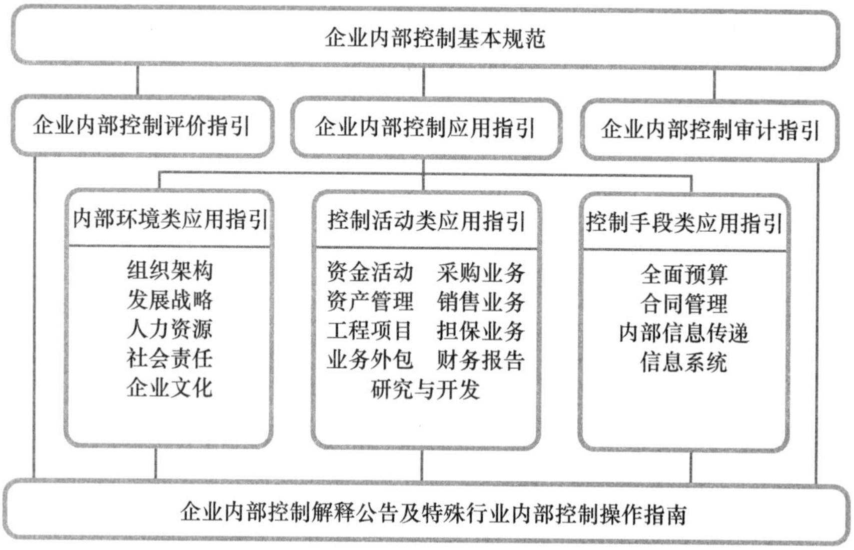

图 6-6 五部委内部控制规范体系

风险管理框架——国务院国资委

风险管理框架——五部委

6.5 风险管理流程的比较与总结

6.5 即测即评

6.5.1 风险管理流程简介

2004 年 COSO《企业风险管理——整合框架》中的风险管理要素包括：内部环境；目标制定；事件识别；风险评估；风险应对；控制活动；信息与沟通；监督（见图 6-1）。

2006 年国务院国资委《中央企业全面风险管理指引》中的风险管理流程包括：收集风险管理初始信息；进行风险评估；制定风险管

理策略；提出和实施风险管理解决方案；风险管理监督与改进（见图6－5）。

2017年COSO重新认识并定位了风险管理，《企业风险管理——整合战略与绩效》指出，企业风险管理应关注企业战略并支撑企业的价值创造，围绕战略-风险管理-价值这一主线，确定了治理与文化，战略与目标制定，执行，检查与修订，信息、沟通与报告的风险管理流程（见图6－2）。

2018年ISO发布了ISO 31000《风险管理指南》，绘制了风险管理的流程图，如图6－4所示。风险管理流程包括：范围、环境和准则；风险评估（风险识别、风险分析、风险评价）；风险应对；记录和报告；沟通和咨询；监督和审查。

《企业内部控制基本规范》及其配套指引的发布，标志着我国内部控制规范体系基本形成，是我国内部控制体系建设的里程碑。目的是加强和规范企业内部控制，提高企业经营管理水平和风险防范能力，促进企业可持续发展，维护社会主义市场经济秩序和社会公众利益。基本规范确立了我国企业建立和实施内部控制的基础框架，是我国内部控制建设的纲领性文件，是制定配套指引、解释公告和操作指南的基本依据。《企业内部控制基本规范》见图6－7。

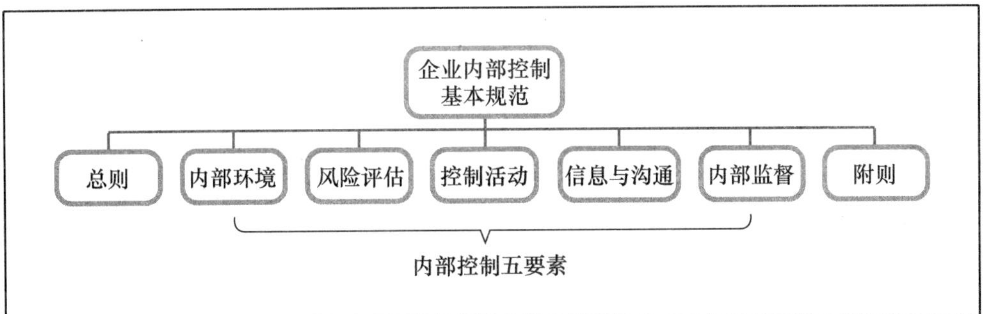

图6－7 《企业内部控制基本规范》

6.5.2 风险管理流程的比较与总结

上述五个风险管理流程在企业风险管理领域有较大影响力，其中在全球最具影响力的当属COSO（2004）的企业风险管理流程，它也是我国国务院国资委制定风险管理流程的参考。五个风险管理流程的文字表述并不相同，如表6－1所示。

通过对比，五个风险管理流程的共性内容是：风险管理目标；风险管理基础条件；风险评估；风险应对；监督改进。风险管理目标，是指企业开展风险管理工作应有明确具体的目标，这是风险管理工作的起点；风险管理基础条件，是指企业开展风险管理工作应具备的环境、条件与文化；风险评估，是指通过风险识别、风险分析、风险评价三个步骤，确定风险等级，进而找出企业的重大风险；风险应对是指对评估的风险分别采用风险承担、风险规避、风险转移、风险控制等方法进行管理；监督改进是指风险管理要随着外部环境和自身情况的变化不断改进。

表 6-1 五个风险管理流程的比较

<table>
<tr><th colspan="2">ISO 31000：2018</th><th>COSO（2004）</th><th>国务院国资委（2006）</th><th>COSO（2017）</th><th>企业内部控制基本规范（2008）</th></tr>
<tr><td colspan="2" rowspan="2">1. 范围、环境和准则</td><td>1. 内部控制</td><td rowspan="2">1. 收集风险管理初始信息</td><td>1. 治理与文化</td><td rowspan="2">1. 内部环境</td></tr>
<tr><td>2. 目标制定</td><td>2. 战略与目标制定</td></tr>
<tr><td rowspan="3">2. 风险评估</td><td>风险识别</td><td>3. 事件识别</td><td rowspan="3">2. 进行风险评估</td><td rowspan="5">3. 执行</td><td rowspan="3">2. 风险评估</td></tr>
<tr><td>风险分析</td><td rowspan="2">4. 风险评估</td></tr>
<tr><td>风险评价</td></tr>
<tr><td colspan="2" rowspan="2">3. 风险应对</td><td>5. 风险应对</td><td>3. 制定风险管理策略</td><td rowspan="2">3. 控制活动</td></tr>
<tr><td>6. 控制活动</td><td>4. 提出和实施风险管理解决方案</td></tr>
<tr><td colspan="2">4. 记录和报告</td><td rowspan="2">7. 信息与沟通</td><td rowspan="3">5. 风险管理监督与改进</td><td rowspan="2">4. 检查与修订</td><td rowspan="2">4. 信息与沟通</td></tr>
<tr><td colspan="2">5. 沟通和咨询</td></tr>
<tr><td colspan="2">6. 监督和审查</td><td>8. 监督</td><td>5. 信息、沟通与报告</td><td>5. 内部监督</td></tr>
</table>

案例分析

中小商业银行信用风险管理的程序

1. 信用风险识别

风险识别贯穿业务调查、审查和审批等各个环节。它的目的是对客户已提出申请但尚未实际发生的信用业务潜在风险进行判断和鉴定。通过权衡该信用业务可能给银行带来的损失和收益，来决定是否对客户发生信用业务，以及以何种条件发生信用业务。

从方法上，信用风险的识别和分析可以综合采用定性、定量相结合的方法。通过定性识别，银行可以评估借款人的信用历史、财务状况、经营状况等因素，从而判断其信用风险水平。定量识别则是通过使用各种定量指标和模型，如财务比率分析、违约概率模型等，对借款人的信用风险进行量化测算。通过综合定性和定量的识别方法，中小商业银行可以更准确地评估借款人的信用风险水平，从而制定相应的风险控制措施。

2. 信用风险控制

（1）制定信用风险管理政策。具体包括：1）设定标准。①确定贷款授信的最低要求，包括借款人的信用评级、还款能力等。②设定不同类型贷款的风险限额，确保分散风险。③制定审查和批准程序，确保所有贷款决策都经过适当的审查和授权。2）确定流程和文件要求。①设立申请贷款的流程，包括资料提交、审核和批准流程。②确定所需的贷款申请文件和支持文件，如财务报表、借款合同。

③确保所有文件和流程符合法规和内部政策要求。3）确保决策过程的透明度和合规性。①建立独立的信用委员会或决策机构，负责审查和批准重要贷款。②确保贷款决策过程中的信息披露和记录的完整性。③定期进行内部审计和合规检查，确保信用风险管理程序的有效性和合规性。

（2）明确信用风险的控制手段。信用风险控制是通过限额管理、信贷审批、贷后管理和经济资本配置等手段来实现的。①限额管理。是指对某一客户（单一法人或集团法人）在一定时间内接受的最大信用风险暴露进行确定和管理。当某一客户的信用风险暴露超过既定限额时，应采取更严格的准入审批或更高层次的审批来处理。②信贷审批。包括建立贷款定价机制和贷款发放机制。贷款发放机制坚持授权管理制度和授信审批制度。③贷后管理。通常采取贷款转让和贷款重组的方式来控制信用风险。贷款转让是指商业银行将已经发放但未到期的贷款有偿转让给其他金融机构，以分散风险、增加收益、实现资产多元化，提高经济资本配置效率。贷款重组是指当债务人因种种原因无法按原有合同履约时，商业银行为降低客户违约风险引致的损失，而对原有贷款结构（期限、金额、利率、费用、担保等）进行调整、重新安排、重新组织。④资本配置。商业银行将进一步细化对信用风险的管理，为信用风险分配一定比例或额度的经济资本。这样可以更好地组织发生信用风险损失时的应对能力，确保银行运营安全。

3. 信用风险监测机制

一方面，设立信用风险监测指标和阈值。①确定关键的信用风险指标，如不良贷款率、逾期贷款比例。②设定适当的阈值，一旦超过或接近阈值，需要采取相应的措施进行监测和控制。

另一方面，开展信用风险评估和压力测试。定期进行信用风险评估和压力测试。①定期评估借款人的信用状况，并对不同类型的借款进行分类和评级。②适时进行压力测试，模拟不同市场环境下的信用风险情况，以确保银行能够承受各种不利情况。

4. 事后管理机制

（1）建立追踪和催收机制。包括：1）监测借款人的还款情况。①确保建立有效的还款记录跟踪系统，监测借款人的还款表现。②定期对借款人的还款能力进行评估，以及时发现潜在的违约风险。2）及时采取催收措施。①设立明确的催收流程，并确保员工了解和遵守该流程。②在借款人逾期后，及时与其联系并采取适当的催收手段，如电话通知、发函警告等。③如果借款人拒绝还款或无法达成一致，可以考虑采取法律诉讼等法律手段。3）考虑适当的弥补措施。①对于出现还款困难的借款人，可以考虑与其协商重组贷款，调整还款计划以减轻其负担。②对于无法恢复正常还款的不良资产，可以考虑将其出售给专门的不良资产管理机构，以减少信用风险的损失。

（2）建立风险应对和处置机制。商业银行应当设立信用风险应对团队和流程，制定应对不同信用风险情况的应急预案，确保及时采取措施，减少潜在损失。

资料来源：卜范涛．中小商业银行信用风险管理的程序和内容．（2023－06－23）．万兴源大数据综合风险预警平台．本书作者进行了加工。

本章在历年 CPA 考试中涉及的考点

《中央企业全面风险管理指引》中风险管理的基本流程

思考题

1. 2004 年 COSO《企业风险管理——整合框架》的八要素是什么？
2. ISO31000：2018《风险管理指南》中提出的风险管理原则包括什么？
3. 国务院国资委《中央企业全面风险管理指引》提出的风险管理流程包括什么？
4. 我国五部委联合发布的《企业内部控制应用指引》中，有关内部环境类应用指引包括哪些？
5. 我国五部委联合发布的《企业内部控制应用指引》中，有关控制活动类应用指引包括哪些？
6. 我国五部委联合发布的《企业内部控制应用指引》中，有关控制手段类应用指引包括哪些？

案例分析题

案例资料

2005 年夏季，5 级飓风卡特里娜横扫美国南部七州，其中路易斯安那州新奥尔良市受灾最为严重，造成 1 865 人遇难、705 人失踪，80 多万人流离失所，损失超过 2 000 亿美元。卡特里娜飓风的悲剧，很大程度上是风险应对失策造成的。

事前风险防范松懈。新奥尔良市三面环水，地处密西西比河三角洲，濒临墨西哥湾，北面是庞恰特雷恩湖，南面是密西西比河，呈碗状下凹地形，大部分地区海拔高度处在海平面以下。但是，新奥尔良市防洪堤坝设计标准仅能应对 2 级飓风，更意外的是，政府为节省开支多次否决了加固防洪大堤的意见，甚至从 2000 年后削减了在建防洪堤预算。此外，罔顾城市本已存在的脆弱性，新奥尔良市不断在低地上扩大城区建筑。最终，新奥尔良市在卡特里娜飓风中几乎被摧毁。

事中风险控制无序。在气象预报卡特里娜飓风即将登陆的两天前，新奥尔良市政府仍在权衡利弊，斟酌是否应当下达强制疏散令。在这个城市近300年的历史上，还从没有过强制疏散。强制疏散会不会出现混乱？发布强制疏散令后飓风改变了路径，民众是否会怨声载道？当距离飓风登陆不到24小时，此时发布强制疏散令为时已晚，集中出城车辆严重拥堵，延迟了疏散进程。此外，美国是一个飓风高发的国家，很多人并不重视政府的警告。因此，政府下达强制疏散令后仍有数万人选择留在家中，侥幸认为会如常"抗"过这次飓风。另外，超过20%的人没有私家车，而市政府也没有为他们提供公共交通工具进行疏散。最终，由于疏散不力，死难人员多数来自留在家中的人。

事后风险救济不力。当飓风来临时，很多居民和游客进入避难所。然而，这些避难所事先并未储备足够物资，有些甚至根本没有储备。其中，有能力容纳7万多人的"超级穹顶"体育馆是最大的一个，前后大约3万人进入。但是，这里储备的食物和饮用水只可供1.5万人使用3天。医疗设施更是无从谈起，不少病人相继离世，灾后大水致使这里变成了一座孤岛。于是，食物短缺导致骚乱不断发生，甚至出现了斗殴事件。此外，直升机是大水泛滥、陆路交通中断情况下搜救难民、运输生存必需品的急需装备，但灾前并未在附近预先部署，导致灾后48小时内仅有20架直升机在广大区域参加应急行动，严重影响了灾后救济的效率和效果。

资料来源：张伟."卡特里娜"飓风：巨灾风险应对之困.（2023-08-30）.理论网.

要求

请结合COSO（2004）提出的风险管理八要素，分析卡特里娜飓风事件中存在的问题。

第 7 章

风险管理体系

思维导图

- 风险管理体系
  - 风险管理策略
    - 风险管理策略的内涵
    - 风险管理工具
      - 风险承担
      - 风险规避
      - 风险转移
      - 风险转换
      - 风险对冲
      - 风险补偿
      - 风险控制
  - 风险理财措施
    - 风险理财的基础知识
      - 风险理财的发展历史
      - 风险理财的分类
      - 风险理财的必要性
      - 风险理财的特征
      - 风险理财与公司理财
      - 风险理财创造价值
      - 选择风险理财策略的原则和要求
    - 风险自留
      - 风险资本
      - 应急资本
      - 专业自保
    - 保险
      - 人身保险
      - 财产保险
      - 责任保险
    - 套期保值
      - 金融衍生品的类型、特点与应用原则
      - 套期保值工具

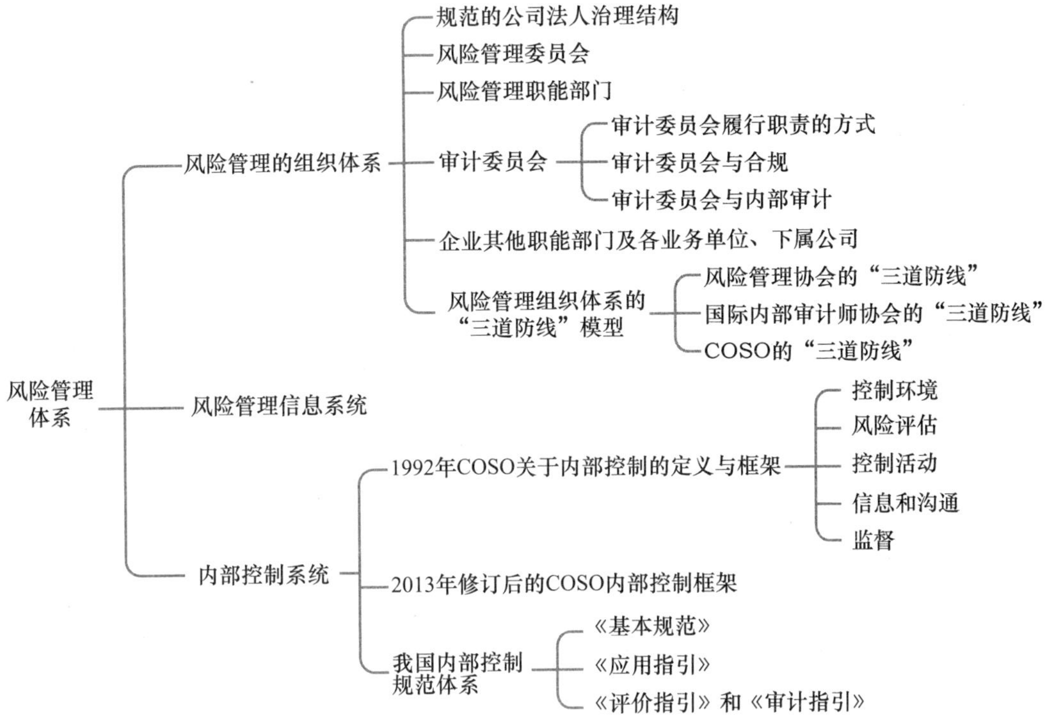

素养提升

党的二十大报告将系统思维应用到风险管理工作，在谈到深化金融体制改革时，提出“守住不发生系统性风险底线”；在谈到国家安全工作时，提出要“完善国家安全法治体系、战略体系、政策体系、风险监测预警体系”“提高防范化解重大风险能力，严密防范系统性安全风险”。本章将基于系统思维，介绍风险管理体系相关内容。

学习目标

1. 熟知风险管理策略及其内涵
2. 熟练掌握风险管理（风险应对）工具
3. 掌握主要的风险理财措施
4. 熟悉风险管理的组织体系和信息系统的内容
5. 熟练掌握 COSO 内部控制框架体系和我国内部控制发展状况

风险管理体系是 2006 年国务院国资委《中央企业全面风险管理指引》中的专有提法。国务院国资委在《中央企业全面风险管理指引》中提出，“建立健全全面风险管理体系，包括风险管理策略、风险理财措施、风险管理的组织职能体系、风险管理信息系统和内部控制系统”。

下面将依次介绍风险管理策略、风险理财措施、风险管理的组织体系、风险管理信息系统和内部控制系统。[①]

---

① 本章对引用自《中央企业全面风险管理指引》的内容进行了标注，标注格式为“指引第×条”。

7.1 风险管理策略

7.1 即测即评

7.1.1 风险管理策略的内涵

风险管理策略是企业根据自身条件和外部环境，围绕企业发展战略，确定风险偏好、风险承受度、风险管理有效性标准，选择风险承担、风险规避、风险转移、风险转换、风险对冲、风险补偿、风险控制等适合的风险管理工具的总体策略，并确定风险管理所需人力和财力资源的配置原则。风险管理策略是公司战略的有效组成部分，影响公司风险战略的计划和执行。

风险管理策略是根据企业经营战略制定的全面风险管理的总体策略，其定位是：在整个风险管理体系中起着统领全局的作用；在企业战略管理过程中起着承上启下的作用。其作用是：为企业的总体战略服务，保证企业经营目标的实现；连接企业的整体经营战略和运营活动；指导企业的一切风险管理活动；为各领域的风险管理提供指导方针。

风险偏好、风险承受度已在第5章论述，此处不再赘述。下面重点介绍风险管理工具。

7.1.2 风险管理工具

风险管理工具在实践中通常称为风险应对。《中央企业全面风险管理指引》明确了企业管理重大风险的七种工具：风险承担、风险规避、风险转移、风险转换、风险对冲、风险补偿和风险控制。

1. 风险承担

风险承担也称风险保留、风险自留，是指企业对所面临的风险采取接受的态度，从而承担风险带来的后果。

企业面临的风险有很多，能够被企业明确辨识的风险通常只占全部风险的少数。风险评估的结果对于企业是否采用风险承担影响很大。

对未能辨识出的风险，企业只能采用风险承担。对辨识出的风险，企业也可能由于以下几种原因采用风险承担：缺乏能力进行主动管理，对这部分风险只能承担；没有其他备选方案；从成本效益考虑，这一方案是最适宜的方案。

对于企业的重大风险，即影响企业目标实现的风险，企业一般不应采用风险承担。

2. 风险规避

风险规避是指企业回避、停止或退出暗含某一风险的商业活动或商业环境，避免成为风险的所有人。

3. 风险转移

风险转移是指企业通过合同将风险转移到第三方，企业对转移后的风险不再拥有所有权。风险转移通常使用的方式有：

（1）保险。保险合同规定保险公司为预定的损失支付补偿，作为交换，在合同开始时投保人要向保险公司支付保险费。

（2）非保险型的风险转移。将风险可能导致的财务风险损失转移给非保险机构，如服务保证书等。

（3）保险风险证券化。指利用保险资产证券化技术，通过构造和在资本市场上发行保险连接型证券，使保险市场上的风险得以分割和标准化，将承保风险转移给资本市场。它涉及可转换风险的最终接受者，并且取代了保险公司原来把保险风险转嫁给再保险人的做法，而是把风险转嫁给了更广泛的资本市场。这是典型的通过金融工具买卖来实现风险转移的做法，如可流通、可交易的巨灾期权、巨灾期货、巨灾债券等。

4. 风险转换

风险转换指企业通过战略调整等手段将企业面临的风险转换成另一种风险。风险转换的手段包括战略调整和衍生产品等。

风险转换一般不会直接降低企业的总风险，它是在减少某一风险的同时增加另一种风险。例如，通过放松交易客户信用标准，增加了应收账款，但扩大了销售。企业可以通过风险转换在两个或多个风险之间进行调整，以达到最佳效果。风险转换可以在低成本或者无成本的情况下达到目的。

5. 风险对冲

风险对冲是指采取各种手段，引入多个风险因素或承担多个风险，使这些风险能够互相对冲，使这些风险的影响互相抵消。例如，使用资产组合，使用多种外币进行结算，战略上进行多种经营等。又如，利用期货等衍生产品进行金融资产的套期保值。

要善于利用某些风险具有的自然对冲性质，如不同行业的经济周期风险对冲。风险对冲的前提是要有风险组合；对于单一风险，只能风险规避、风险控制或风险承担，不能风险对冲。

6. 风险补偿

风险补偿是指企业对风险可能造成的损失采取适当的措施进行补偿。风险补偿表现为企业主动承担风险，并采取措施补偿可能的损失。风险补偿的形式有财务补偿、人力补偿、物质补偿等。

7. 风险控制

风险控制是指控制风险事件发生的动因、环境、条件等，达到减轻风险事件发生时的损失或降低风险事件发生的概率的目的。

风险控制对象一般是可控风险，包括多数运营风险，如质量、安全和环境风险，以及法律风险中的合规风险。

可以通过控制风险因素中的一个或多个来达到目的，主要控制的是事前风险事件发生的概率和事后风险带来的损失。

国务院国资委《中央企业全面风险管理指引》总结了七种风险应对方式，而在其他风险管理的原则、框架中，应对风险的方式通常是四种，即风险规避、风险承担、风险控制、风险转移。本书认为，国务院国资委指引中提出的风险对冲、风险转换可以归入风险转移大类，风险补偿可以归入风险承担大类。

7.2 风险理财措施

7.2.1 风险理财的基础知识

7.2 即测即评

风险理财又称融资型风险应对措施，是与控制型风险应对措施（以下简称“风险控制”）相对应的风险管理手段。风险控制强调防患于未然，是一种事前、事中阶段的风险管理措施，目的是降低损失发生的可能性或缩小损失规模。但在现实条件下，人们对风险的预测不可能完全准确，风险控制措施也很难完全到位，因此风险控制不可能解决所有风险问题。如果风险事故的损失不可避免，尤其当损失金额较大时，就需要风险理财加以解决。风险理财通过事前的制度安排，让企业在损失发生后能够获得资金弥补损失，从而为恢复正常经济活动提供财务支撑。从这个意义上看，风险理财就是通过金融手段来应对风险。风险理财与风险控制的关系可用图 7-1 表示。

企业的下列行为属于典型的风险理财行为：

（1）物流仓储企业为转移火灾损失，购买火灾保险。

（2）外贸企业为控制汇率波动带来的损失，用远期合约进行风险对冲。

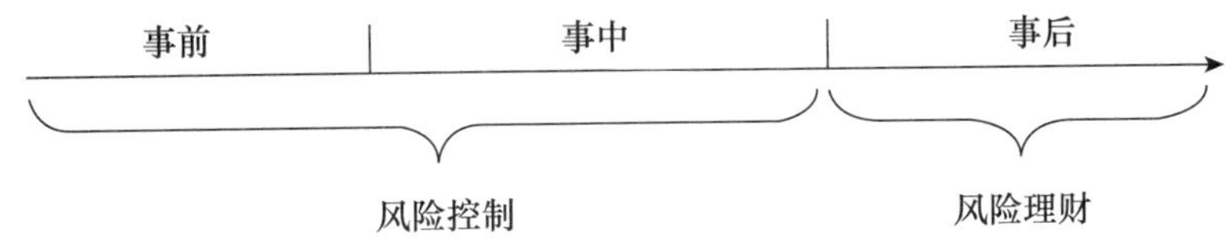

图7-1 风险理财与风险控制的关系

(3) 石油加工企业为避免原油价格波动带来的损失，用期货进行套期保值。

(4) 公司为了应对可能的突发性资金需求，与银行签订应急资本协议。

1. 风险理财的发展历史

最初的风险理财工具主要是准备金和保险，逐渐发展出专业自保、金融衍生品等风险理财工具。

专业自保公司可以追溯到中世纪的互助保险，现代意义上的专业自保公司最早创立于20世纪20年代的挪威。60—80年代，由于财产保险和责任保险市场的承保周期出现变化，市场状况恶化，专业自保公司在美国得到快速发展。目前的专业自保公司通常提供财产险和责任险，如职业责任保险、产品责任保险等。

现代意义上的金融衍生品产生于20世纪70年代，并在随后的八九十年代加速发展。基于公司股权、利率、商品价格、汇率的衍生工具不断增加，不仅武装了投资者，使他们拥有基于这些基础价值的投机头寸，也使公司获得了对这些风险进行套期保值的工具。在这些新的混合衍生工具中，一个具有特别意义的新成员是90年代出现的保险衍生品。这种衍生品最早出现在芝加哥商品交易所，其出售价格和执行价格与保险业的巨灾损失相关联。因此，投资者可以利用风暴和飓风来进行投机，保险公司可以利用这一工具对它们面临的此类事件带来的风险损失进行规避。

2. 风险理财的分类

根据资金来源的不同，风险理财可以分为风险自留和风险转移两类（见图7-2）。其中，风险自留的资金主要来源于企业内部，代表性工具包括准备金、风险资本、应急资本、专业自保等。风险转移的资金则来源于企业外部，保险和套期保值是两类最为重要的风险转移工具，分别应对纯粹风险和投机风险。我们将在下面详细介绍各类风险理财工具。

3. 风险理财的必要性

风险理财是全面风险管理的重要组成部分，可以对可控风险和不可控风险都发挥作用。一方面，对于可控风险，风险理财是风险控制的重要补充。对于可

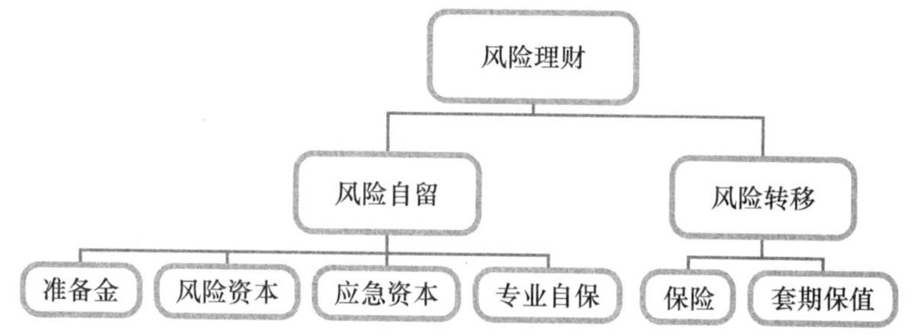

图 7-2 风险理财的分类

控风险而言，所有的风险控制措施，除了风险规避在特定范畴内完全有效外，其余均无法保证损失不会发生，而风险理财有助于提供合理的保证，使人安心。另一方面，对于难以利用风险控制手段管理的风险，风险理财是重要的应对手段。

风险理财发展迅速，形式灵活，覆盖面广，有很多创新，日益成为企业经营中不可回避的重要内容。

4. 风险理财的特征

风险理财具有如下四个典型特征：

第一，风险理财既不改变风险事件发生的可能性，也不改变风险事件可能引起的直接损失的程度，只是提供事后的损失补偿。

第二，风险理财需要判断风险的定价，因此量化的标准较高，不仅需要知道风险事件的可能性和损失分布，更需要量化风险本身的价值。

第三，风险理财的应用范围一般不包括声誉等难以衡量其价值的风险，难以消除战略失误造成的损失。

第四，风险理财技术性强，许多风险理财工具本身具有比较复杂的风险特性，使用不当容易造成重大损失。

5. 风险理财与公司理财

传统观点认为，风险理财是公司理财的一部分，但现代观点普遍认为，风险理财已经超出公司理财的范畴，具体表现在：

第一，风险理财关注的是风险因素对现金流的影响。

第二，风险理财影响公司的资本结构，强调以最低成本获得稳定的现金流。

第三，风险理财是公司战略的有机组成部分，其风险管理的结果直接影响公司整体价值的提升。

6. 风险理财创造价值

传统的风险理财是损失理财，即为可能发生的损失融资，补偿风险造成的财务损失，如购买保险。传统的风险理财的目的是降低公司承担的风险。

与损失理财相反，公司可以通过使用金融工具来承担额外风险，改善公司的财务状况，创造价值。例如，一家矿产公司在市场上通过期货的方式出售产品，增加收入的稳定性，提高回报。因此，风险理财对机会的利用是整个公司战略的有机组成部分。

7. 选择风险理财策略的原则和要求

企业在选择风险理财策略时应注意以下原则和要求：

第一，风险理财策略要与公司整体风险管理策略一致。应根据公司整体风险管理策略确定的风险偏好和风险承受度确定风险理财的目标，并量化风险的特性及其价值。要考虑到对公司资产负债率等方面的影响，以及对零容忍度的具体安排等问题。

第二，风险理财策略要与公司面对的风险的性质相匹配。在经营活动中，企业面临的风险多种多样，这些风险性质差异很大，适合使用的风险管理手段不尽相同。要采用与公司面对的风险的性质相匹配的风险理财手段。

第三，选择风险理财工具的要求。风险理财工具有多种，如准备金、保险、应急资本、期货、期权、其他衍生工具等，企业在选择这些风险理财工具时，要考虑如下几点：合规要求、可操作性、法律法规环境、企业的熟悉程度、风险理财工具的风险特征等。需要强调的是，不同的风险理财手段可能适用于同一风险的管理。

第四，成本与收益的平衡。公司进行风险管理时要注意风险管理成本与收益的平衡；同样，选择风险理财策略时也要考虑这一原则。风险理财的基础是对风险的定价，相对于其他风险应对手段，风险理财的成本与收益比较容易计算，但是要注意纠正忽视风险价值的心理。

7.2.2 风险自留

风险自留是由经历风险的组织自己承担风险事故导致的损失，它通过内部资金的融通来弥补损失。通常来讲，那些发生频率较高但损失不大的风险会留在企业内部。风险自留也被视为一种残余型风险管理技术。一般来讲，在制定风险管理策略时，企业会优先考虑控制型措施和风险理财手段，除此之外的风险才会被有意识或无意识地自留下来。

企业损失可分为预期损失和非预期损失。在风险自留情境下，预期损失摊入营业成本，预期损失融资一般作为运营资本的一部分，而非预期损失融资则属于风险资本的范畴。我们将在下面介绍风险资本的内涵，以及两类重要的风险资本管理工具。

1. 风险资本

风险资本是除经营所需资本之外，公司需要用于补偿风险造成的财务损失的额外资本。传统的风险资本表现形式是风险准备金。风险资本是使公司破产的概率低于某一给定水平所需的资金，取决于公司的风险偏好。

例如，一家公司每年最低运营资本是 15 亿元，但是有 5%的可能性需要 17.5 亿元，有 1%的可能性需要 20 亿元才能维持运营。在这一假设下，如果公司的风险资本为 2.5 亿元，那么这家公司的生存概率就是 95%，而 5 亿元的风险资本对应的则是 99%的生存概率。

2. 应急资本

应急资本是风险资本的表现形式之一。

应急资本是一个金融合约，规定在某个时间段内、在某个特定事件发生的情况下，公司有权从应急资本提供方募集股本或贷款（或资产负债表上的其他实收资本项目），并为此按时间向资本提供方缴纳相关费用。这里的特定事件又称为触发事件。其中，应急资本费用、利息和额度在合同签订时由双方约定。

应急资本最简单的形式是公司为满足特定条件下的经营需要从银行获得的信贷额度，一般通过与银行签订协议加以明确，比如信用证、循环信用工具等。

图 7－3 展示了某公司应急资本的结构。

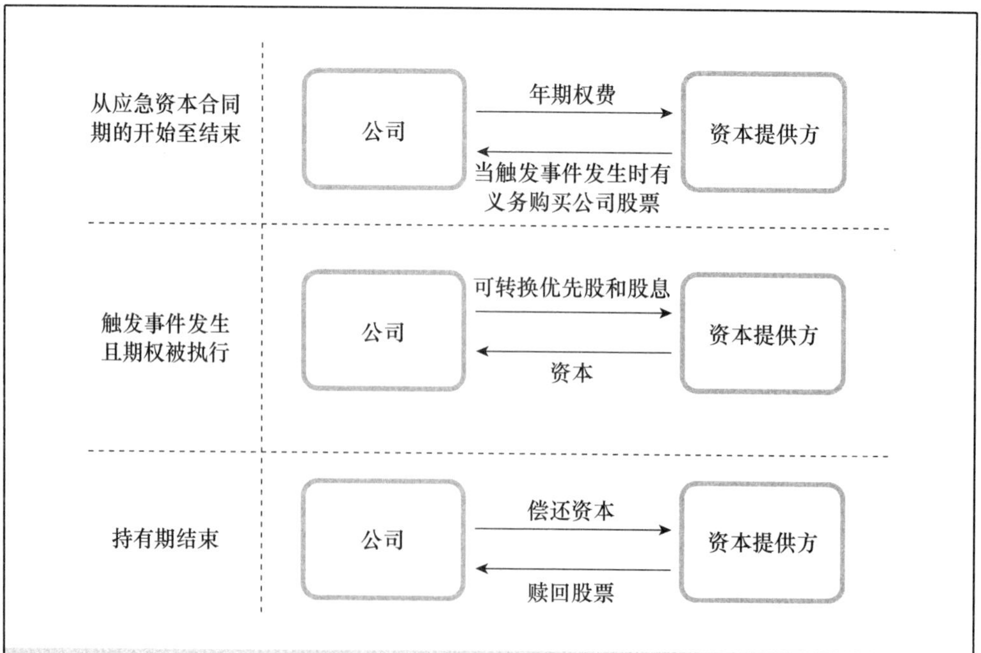

图 7－3 某公司应急资本的结构

资料来源：中国注册会计师协会. 公司战略与风险管理. 北京：中国财政经济出版社，2019.

应急资本具有如下特点：

第一，应急资本的提供方并不承担特定事件发生的风险，而只是在事件发生并造成损失后提供用于弥补损失、持续经营的资金。事后公司要向资本提供者归还这部分资金，并支付相应的利息。

第二，应急资本是一个综合运用保险和资本市场技术进行设计和定价的产品。与保险不同，应急资本不涉及风险的转移，是企业风险补偿策略的一种方式。

第三，应急资本是一个有一定使用条件的融资选择权，公司可以不使用这个权利。

第四，应急资本可以为经营持续性提供保证。

3. 专业自保

专业自保是另一类重要的风险资本管理工具。专业自保公司是企业自己设立的保险公司，主要为母公司及其子公司提供保险并开办再保险，有的自保公司也可以承保外界风险并接受分入业务。在具体运营中，母公司负责筹集保险费，建立损失储备金。成立自保公司的企业规模通常较大，现阶段几乎所有的大型跨国公司都有专业自保公司，如英国石油公司和帝国化学公司为承保它们业务范围内的风险在英国设立了专业自保公司。

自保公司的主要业务集中于建筑物及其内部财产的火险、营业中断险、运输险、责任险和保证保险。很多自保公司为了享受税收优惠将公司注册在离岸金融中心，如百慕大、开曼群岛、卢森堡、马恩岛、都柏林等。

如果母公司是跨国公司，自保公司就会委托在东道国的许可保险公司作为出面公司签发保单并提供服务。出面公司收取签单费用或代办费用，然后将收取的保险费自留一小部分，其余以再保险的方式缴予自保公司。

专业自保公司的优点如下：降低运营成本；改善公司现金流；保障项目更多；公平的承保费率；保障的稳定性；直接进行再保险；提高服务水平；减少规章限制；国外课税扣除和流通转移。

专业自保公司的缺点如下：内部管理成本高；资本投入较高；规模有限，损失储备金薄弱；面临税收检查；有可能减少其他保险的可得性。

7.2.3 保险

保险是一种金融合约，是应对可保的纯粹风险的一种重要的风险理财工具。对于企业来说，通过缴纳保费将自身面临的风险转移给保险公司，即以小额成本（保费）替代大额的不确定损失（保险所保障的意外事故）。保险并没有改变企业面临的风险，而是通过事先的合约安排，使得一旦发生约定的保险事故，企业就能够从保险公司那里获得资金以弥补损失。换言之，保险消除了损失发生后经济负担的不确定性。

保险的基本功能是损失分担和经济补偿。派生功能则包括风险管理、资金融通、社会管理等。

按照承保对象的差异，保险大致可划分为人身保险、财产保险、责任保险三类。

1. 人身保险

人身保险是以人的寿命和身体为保险标的的一种保险，人身保险的投保人按照保单约定向保险人缴纳保险费，当被保险人在合同期限内发生死亡、伤残、疾病等保险事故或达到人身保险合同约定的年龄、期限时，由保险人依照合同约定承担给付保险金的责任。按照保障范围的不同，人身保险可以划分为如下几类：

（1）人寿保险。人寿保险是以被保险人的生命为保险标的，以生存和（或）死亡为给付保险金条件的人身保险。人寿保险又可细分为：

1）死亡保险。死亡保险是仅在被保险人保险期间内死亡的条件下，保险人才给付保险合同约定金额的保险。死亡保险的常见险种包括定期寿险和终身寿险。

2）生存保险。生存保险是以被保险人于保险期满时仍然生存为保险金给付条件的保险。从保险金给付的条件看，生存保险与死亡保险正好相反，死亡保险是被保险人在期内死亡给付，期满生存不给付；生存保险是期内死亡不给付，期满生存给付。

3）两全保险。两全保险指无论被保险人在保险期内死亡或者生存到保险期满，保险人均给付保险金的保险。

4）年金保险。年金保险是生存保险中一类特殊的险别。生存保险的保险金可以一次性给付，也可以分期给付。如果保险金按事先约定的周期分期给付，便是年金保险。

5）投资连结保险。又称投连险，是具有保险保障功能并至少在一个投资账户拥有一定的资产价值，而不保证最低收益的人身保险。

（2）健康保险。健康保险是以人的身体为对象，以被保险人在保险期限内因患病、生育所致医疗费用支出和工作能力丧失、收入减少及因疾病、生育致残或死亡为保险事故的人身保险。通常包括疾病保险、医疗保险、失能收入损失保险和护理保险。

（3）意外伤害保险。意外伤害保险是指以被保险人的身体或劳动能力为保险标的的保险，在保险期间内，当被保险人遭受非本意的、外来的、突然的意外事故，以致死亡、身体残废、暂时或永久丧失劳动能力，由保险人给付保险金。

2. 财产保险

财产保险是以财产以及与其相关的利益为保险标的的保险，主要包括如下几类：

（1）火灾保险。保险人对不动产和动产因火灾、雷击造成的直接损失以及搬迁财产损失负赔偿责任，并能扩展保险责任，附加间接损失保险，如营业中断、额外居住费用、租金损失等。

（2）海洋运输保险。保险人对船舶及运输货物因特定原因，如恶劣天气、碰撞、沉没、搁浅、投弃等造成的损失负赔偿责任。

（3）内陆运输保险。内陆运输保险是随着海洋运输保险的发展而产生的，对陆上运输过程中的设备、货物的损失提供风险保障。

（4）盗窃保险。赔偿因抢劫和偷窃造成的财产破坏或丢失的损失。

（5）忠诚保证保险。对雇主因雇员的不诚实行为，如贪污、挪用、诈骗等遭受的损失提供保障。

（6）锅炉保险。承保锅炉和其他一些机械装置由于爆炸和机械故障等原因对企业财产造成的直接损失和间接损失。

（7）农业保险。承保自然灾害导致的农作物损失，如冰冻、旱涝、病虫害等。

（8）信用保险。以被保险人的信用作为保险标的的险种，承保债权人因债务人不偿付债务而遭受的损失。

此外，还有玻璃保险、地震保险、电子数据处理保险等新兴财产保险类型。

3. 责任保险

责任保险是指以被保险人依法应负的侵权损害赔偿责任和依据合同约定应负的合同（契约）责任为保险标的，当被保险人因此遭受损失，保险人根据保险合同约定承担赔偿责任的一种财产保险。常见的责任保险包括：

（1）公众责任保险。公众责任保险是指行为人以在公众场所从事生产、经营或者日常生活中由于过失或者意外事故造成他人人身伤亡或者财产损失，依法应该由被保险人承担的各种民事损害赔偿责任为保险标的的一种责任保险。国内常见的公众责任保险的种类主要有：场所责任保险、电梯责任保险、承运人责任保险、环境污染责任保险等。

（2）产品责任保险。产品责任保险是以产品的生产商、销售商或者修理商等为被保险人，以他们依法应该承担其生产、销售或者修理的产品存在缺陷给消费者或者第三人造成人身伤害或财产损失而引起的经济赔偿责任作为保险标的的一种责任保险。

（3）雇主责任保险。雇主责任保险是以被保险人（雇主）因其工作人员在保险期间从事本职工作或与工作有关的活动时遭受职业伤害或者视同职业伤害而依法应该承担的经济赔偿责任为保险标的的一种责任保险。

（4）职业责任保险。职业责任保险是以各种专业技术人员（及其服务的单位）为被保险人，以其从事专业技术工作时的疏忽或者过失造成合同相对方或者他人的人身伤害或者财产损失依法应该承担的民事损害赔偿责任为保险标的的一种责任保险。

7.2.4 套期保值

早期的风险理财工具主要针对纯粹风险，但从 20 世纪中期开始，风险管理开始越来越多涉及金融领域，其风险转变为投机风险。与之相对，套期保值策略蓬勃发展，主要手段是各种金融衍生工具。

金融衍生品的买卖具有双重属性。为冲抵风险而进行的买卖属于套期保值；与之相反的操作属于投机行为。套期保值的目的是降低风险；投机的目的是承担额外的风险以盈利。套期保值的结果是降低了风险；投机的结果是增加了风险。

一般来说，不能从衍生产品的交易本身判断该交易是套期保值还是投机，要考虑它的头寸。

1. 金融衍生品的类型、特点与应用原则

（1）金融衍生品的类型。金融衍生品是一种金融合约，是在商品、货币、利率、汇率、股票、债券、股票指数等原生金融资产的基础上派生出来的，其价值取决于原生金融资产的价格及其变化。目前发展较为成熟的金融衍生品主要有四类——远期合约、期货合约、期权合约、互换交易，如表 7-1 所示。

表 7-1 金融衍生品的主要类型

资产对象	原生金融资产	远期合约	期货合约	期权合约	互换交易
商品	各类商品	商品远期合约	商品期货	商品期权	商品互换
货币	各类现汇	汇率远期合约	汇率期货	利率期权、利率互换期权	汇率互换、汇率期货互换
利率	短期存款、长期债券	利率远期合约	利率期货、债券期货	利率上限期权、利率下限期权、利率上下限期权、债券期权、利率期货期权、债券期货期权	利率互换
股票	股票、股票指数		股票期货、股票指数期货	股票指数期权、股票期权	股票互换

资料来源：林发春. 企业风险管理：基于金融衍生工具应用案例研究. 北京：中国金融出版社，2014.

（2）金融衍生品的特点。

1）优点：准确性高、时效性强、使用方便、有成本优势、有灵活性，对于管理金融资产价格等市场风险具有不可替代的作用。

2）缺点：衍生产品的杠杆作用很大，因而风险很大，如用来投机可能会造成巨大损失。

（3）运用金融衍生品进行风险管理的主要思路：

1）增加自己愿意承担的风险；

2）消除或减少自己不愿承担的风险；

3）转换不同的风险。

（4）运用金融衍生品进行风险管理需要满足的条件：

1）满足合规要求；

2）与公司的业务和发展战略保持一致；

3）要建立完善的内部控制措施，包括授权、计划、报告、监督、决策等流程和规范；

4）采用能够准确反映风险状况的风险计量方法，明确头寸、损失、风险限额；

5）具备完善的信息沟通机制，保证头寸、损失、风险敞口的报告及时可靠；

6）具备合格的操作人员。

2. 套期保值工具

下面介绍四种常见的套期保值工具。

（1）远期合约套期保值。远期合约（forward contract）指合约双方同意在未来日期按照固定价格交换金融资产的合约，承诺以当前约定的条件在未来进行交易，会指明买卖的商品或金融工具种类、价格及交割结算的日期。远期合约是必须履行的协议，不像可选择不行使权利（即放弃交割）的期权。远期合约亦与期货不同，其合约条件是为买卖双方量身定制的，通过场外交易（OTC）达成，而期货则是在交易所买卖的标准化合约。远期合约规定了将来要交换的资产、交换的日期、交换的价格和数量，合约条款因合约双方的需要不同而不同。远期合约主要有远期利率协议、远期外汇合约、远期股票合约。

远期合约是现金交易，买方和卖方达成协议在未来的某一特定日期交割一定质量和数量的商品。价格可以预先确定或在交割时确定。

远期合约是场外交易，如同即期交易一样，交易双方都存在风险。因此，远期合约通常不在交易所内交易。伦敦金属交易所中的标准金属合约是远期合约，它们在交易所大厅中交易。

在远期市场中经常用到两个术语：如果即期价格低于远期价格，市场状况被描述为正向市场或溢价（contango）；如果即期价格高于远期价格，市场状况被描述为反向市场或差价（backwardation）。

例如，A 贸易公司预计半年后将从国外收到一笔 1 亿美元的汇款。为规避汇率下行的风险，A 公司与中国建设银行签订了一笔期限为半年、金额为 1 亿美元的远期合约，执行汇率为 6.14。半年后，公司收到 1 亿美元汇款，中国建设银行按照 6.14 的汇率办理了结汇，公司得到人民币 6.14 亿元。但当时的即期汇率仅为 6.10。A 公司不仅规避了汇率下行风险，还得到了额外收益 400 万元。

（2）互换交易套期保值。互换交易（swap transaction，swaps）主要指对相同货币的债务和不同货币的债务通过金融中介进行互换的一种行为。目前，许多大型跨国银行和投资银行都提供互换交易服务。最大的互换交易市场是伦敦和纽约的国际金融市场。

互换的种类包括：

1）利率互换。指双方同意在未来的一定期限内根据同种货币同样的名义本金交换现金流，其中一方的现金流根据浮动利率计算，而另一方的现金流根据固定利率计算。

2）货币互换。指将一种货币的本金和固定利息与另一货币的等价本金和固定利息进行交换。

3）商品互换。是一种特殊类型的金融交易，交易双方为了管理商品价格风险，同意交换与商品价格有关的现金流。它包括固定价格及浮动价格的商品价格互换和商品价格与利率的互换。

4）其他互换。包括股权互换、信用互换、气候互换和互换期权等。

例如，假设存在A和B两家公司，由于A公司的信用级别高于B公司，因此B公司在固定利率和浮动利率市场上借款所需支付的利率要比A公司高。现在A，B两家公司都希望借入期限为5年的1 000万美元，并提供了如下利率：A公司，固定利率为7%，浮动利率为6个月期LIBOR+0.30%；B公司，固定利率为8.20%，浮动利率为6个月期LIBOR+1.00%。

在固定利率市场上，B公司比A公司多付1.20%，但在浮动利率市场上只比A公司多付0.7%，说明B公司在浮动利率市场上有比较优势，而A公司在固定利率市场上有比较优势。假如B公司想按固定利率借款，而A公司想借入与6个月期LIBOR相关的浮动利率资金，比较优势的存在将产生可获利润的互换：A公司可以按7%的利率借入固定利率资金，B公司以6个月期LIBOR+1%的利率借入浮动利率资金，然后它们签订一项互换协议，以保证最后A公司得到浮动利率资金，B公司得到固定利率资金。

假设A公司与B公司直接接触，A公司同意向B公司支付本金为1 000万美元以6个月期LIBOR计算的利息作为回报，B公司同意向A公司支付本金为1 000万美元以6.95%固定利率计算的利息。

则A公司的现金流为：1）支付给外部贷款人年利率为7%的利息；2）从B公司得到年利率为6.95%的利息；3）向B公司支付6个月期LIBOR的利息。三项现金流的总结果是A公司只需支付6个月期LIBOR+0.05%的利息，比它直接到浮动利率市场借款少支付0.25%的利息。

B公司的现金流为：1）支付给外部贷款人年利率为6个月期LIBOR+1%的利息；2）从A公司得到6个月期LIBOR的利息；3）向A公司支付年利率为6.95%的利息。三项现金流的总结果是B公司只需支付7.95%的利息，比它直接到固定利率市场借款少支付0.25%的利息。

（3）期货合约套期保值。期货（futures）指在约定的将来某个日期按约定的条件（包括价格、交割地点、交割方式）买入或卖出一定标准数量的某种资产。期货合约（futures contract）是期货交易的买卖对象或标的物，是由期货交易所统一制定的、规定在某一特定的时间和地点交割一定数量和质量商品的标准化合约。期货价格是通过公开竞价达成的。

期货通常集中在期货交易所进行买卖，但亦有部分期货可通过柜台交易进行买卖。期货是一种金融衍生品，按现货标的物的种类可分为商品期货与金融期货两大类。商品期货是指标的为实物商品的期货。金融期货中，外汇期货的标的物是外汇，如美元、欧元、英镑、日元等；利率期货是标的资产价格依赖于利率水平的期货，如长期国债、短期国债、商业汇票和欧洲美元期货；股票指数期货的标的物是股价指数。

期货合约中，期货价格和现货价格是两个重要的概念。现货价格是交易资产当前的价格，期货价格表现的是市场对标的物的远期预期价格。标的物的现货价格与所用合约的期货价格之差就是基差。基差在期货合约到期日为零，在此之前可正可负。一般而言，离到期日越近，基差就越小。需要指出的是，绝大多数期货合约不会在到期日用标的物兑现。

期货的套期保值亦称期货对冲，是指为配合现货市场上的交易，在期货市场上做与现货市场商品相同或相近但交易方向相反的买卖，以便将现货市场价格波动的风险在期货市场上抵消。期货的套期保值交易有利于回避价格风险的基本原理在于：某一特定商品的期货价格和现货价格受相同的经济因素影响和制约。

利用期货套期保值一般涉及两个时间的四个交易。利用期货套期保值有做空和做多两种方式。下面分别结合案例对两者的套期保值策略进行详细阐述。

1）空头期货套期保值。如果某公司要在未来某时间出售资产，可以通过持有该资产期货合约的空头来对冲风险。如果到期日资产价格下降，可以利用期货空头获利弥补现货亏损；如果到期日资产价格上升，则可以利用现货盈利弥补期货空头亏损。

假如在 6 月份，一家原油加工商接到一个订单，要在 12 月份按照 12 月 15 日的现货价格向一个客户提供 100 万加仑的汽油。此时的现货价格为 40 美元/加仑，如果这个价格能够稳定到 12 月，那么这个原油加工商的收益将为 4 000 万美元。不过在这期间，汽油价格的波动会直接影响该原油加工商的收益。为了消除价格不确定性带来的风险，原油加工商在纽约商业交易所以 42 美元/加仑的价格卖出了 100 万加仑的汽油合约，即在期货市场上的卖出价值为 4 200 万美元。

12 月 15 日，汽油价格跌到 35 美元/加仑，原油加工商的现货收益为 3 500 万美元，比 6 月份少了 500 万美元。但因为该原油加工商在 12 月 15 日已经以 36 美元/加仑的价格购买了 100 万加仑的汽油期货合约，从而获得了期货空头部位 600 万美元的收益，所以其出售汽油的总收益是 4 100 万美元（3 500＋600），比 6 月份期望的出售价值还高出 100 万美元。交易过程可见表 7－2。

表7-2 空头期货套期保值

时间	现货市场交易	期货市场交易
6月	无交易 现货价格40美元/加仑	卖出100万加仑的12月期货合约 期货价格42美元/加仑
12月	卖出100万加仑 现货价格35美元/加仑	买入100万加仑的期货合约 期货价格36美元/加仑
收益	－500万美元	600万美元
净收益		100万美元

2）多头期货套期保值。如果要在未来某时间买入某种资产，则可通过持有该资产期货合约的多头来对冲风险。如果到期日资产价格下降，可以利用现货盈利弥补期货多头亏损；如果到期日资产价格上升，则可以利用期货多头盈利弥补现货亏损。

同样以上面的原油加工商为例，假如在6月份，该原油加工商确定在12月15日需要采购原油100万加仑。此时的现货价格为20美元/加仑，如果这个价格能够稳定到12月，那么这个原油加工商的预期支出为2 000万美元。不过在这期间，原油价格可能向上波动。为了消除价格上涨带来的风险，原油加工商在纽约商业交易所以21美元/加仑的价格买入了100万加仑的原油期货合约，即在期货市场上的买入价值为2 100万美元。

12月15日，原油价格涨到25美元/加仑，原油加工商的现货支出为2 500万美元，比6月份多了500万美元，但因为该原油加工商在12月15日已经以26美元/加仑的价格卖出100万加仑的原油期货合约，从而获得了期货多头部位500万美元的收益，所以经过对冲，其买入原油的总支出是2 000万美元，和6月份预期支出相等。交易过程可见表7-3。

表7-3 多头期货套期保值

时间	现货市场交易	期货市场交易
6月	无交易 现货价格20美元/加仑	买入100万加仑的12月期货合约 期货价格21美元/加仑
12月	买入100万加仑 现货价格25美元/加仑	卖出100万加仑的期货合约 期货价格26美元/加仑
收益	－500万美元	500万美元
净损失		0

3）期货投机的风险。期货投机是基于对市场价格走势的预期，为了盈利而在期货市场上进行的买卖。由于远期市场价格的波动性，与套期保值相反，期货的投机会增加风险。

例如，假设原油市场现价每桶 60 美元，而公司判断半年后会大跌至每桶 40 美元，因此公司卖出 100 万桶半年后交割的原油期货，卖出价格为每桶 65 美元。如果市场发展如公司预期，则公司将盈利 2 500 万美元。但半年后，原油价格上涨为每桶 100 美元，公司因此亏损 3 500 万美元。假设半年后，原油价格涨为每桶 150 美元，公司将亏损 8 500 万美元。

(4) 期权合约套期保值。期权（option）是在规定的一段时间内，可以以规定的价格购买或者出售某种规定的资产的权利。期权是在期货的基础上产生的一种金融衍生工具，这种金融衍生工具的最大魅力在于可以使期权的买方将风险锁定在一定的范围之内。从本质上讲，期权是在金融领域中将权利和义务分开进行定价，使得权利的受让人在规定时间内对于是否进行交易行使其权利，而义务方必须履行。在期权交易时，购买期权的合约方叫作买方，出售合约的一方叫作卖方；买方即权利的受让人，而卖方则是必须履行买方行使的权利对应的义务的人。

期权合约（option contract）指以金融衍生产品作为行权品种的交易合约，是在特定时间内以特定价格买卖一定数量交易品种的权利。期权合约的内容一般包括：

1）标的资产：指期权能够买入或者卖出的规定资产。

2）执行价格：指行权时，可以以此价格买入或卖出规定资产的价格。

3）到期日：指期权有效期截止的时间。

4）行权方式：如果在到期日之前的任何时间以及到期日都能执行，则称这种期权为美式期权。如果只能在到期日执行，则称为欧式期权。

5）期权价格：指为获得该期权，期权的持有人付出的代价。

按交易主体划分，期权可分为买入期权和卖出期权两类。下面分别结合案例阐述利用两者进行套期保值的具体过程。

1）买方期权套期保值。买方期权指赋予期权持有人在期权有效期内按履约价格买进（但不负有必须买进的义务）规定的资产的权利。

假如 A 公司在 6 月 15 日计划在 9 月 15 日出售 2 000 吨的产品，该产品的现货价格为 106 元/吨，但 A 公司担心未来 3 个月内该商品价格会大幅下降。为了避免价格下降的风险，A 公司买入 2 000 吨看跌期权，执行价格为 103 元/吨，期权价格为 2 元/吨。公司这样做，实际上是以 4 000 元（2 元/吨×2 000 吨）的代价，保证了在期权有效期内至少可以以 103 元/吨的价格出售该商品。

如果在 9 月 15 日，商品价格为 100 元/吨，则 A 公司可以执行期权，出售商品，获得 206 000 元（103×2 000），扣除期权价格 4 000 元，还剩下 202 000 元。

如果在 9 月 15 日，商品价格达到 108 元/吨，则 A 公司可以放弃执行期权，按照市价出售获得 216 000 元，虽然付出了 4 000 元期权费用，但仍剩余 212 000 元。

综上，通过买入看跌期权，A 公司实际上将自己的收入保证在不低于 202 000 元的水平，达到了减少风险的目的。

2）卖方期权套期保值。卖方期权指期权持有人在期权有效期内按履约价格卖出（但不负有必须卖出的义务）规定的资产的权利。

假设投资者B购入100股通用电气的股票，准备持有2个月再出售，购入价格为50美元/股。为转移持股期间市场价格下跌的风险，该投资者卖出以通用电气股票为标的物的看涨期权，期权协定价格为48美元/股，收取的期权费用为3美元/股，权利期间为2个月。卖出看涨期权后，随着到期日股票价格的变化，该投资者的损益如表7-4所示。

表7-4　卖出看涨期权的套期保值结果　　单位：美元

到期日价格	现货市场损益	期权市场损益	净损益
60	10	−12+3	1
55	5	−7+3	1
48	−2	3	1
47.5	−2.5	3	0.5
47	−3	3	0
45	−5	3	−2
40	−10	3	−7

从上表可知，执行价格48美元/股是一个转折点。当到期日价格高于这个价格时，虽然投资者B有正的投资收益，但是期权买入方恰好有损失，要执行期权，这使投资者B仅能得到固定的净收益。当股票价格低于48美元/股时，期权买入方不会执行期权，该投资者只能得到固定的期权费用，当现货损失超过期权收益时，就会产生净亏损。

3）期权投机的风险。期权也可以作为投机的工具，但风险更大。例如，公司判断半年内原油价格不会超过每桶80美元，因此卖出半年期行权价格为每桶80美元的原油期货买方期权，价格为7美元。

如果半年内原油价格不超过80美元，交易对手不会行权，公司将盈利每桶7美元；

如果原油价格高于80美元，但不超过87美元，对手行权，公司仍将盈利，但盈利小于每桶7美元；

如果原油价格高于87美元，交易对手行权，公司将亏损。亏损额随原油价格的上升而上升，上不封顶。

7.3 风险管理的组织体系

企业应建立健全风险管理组织体系，主要包括规范的公司法人治理结构、风险管理职能部门、内部审计部门和法律事务部门以及其他有关职能部门、业务单位的组织领导机构及其职责（指引第42条）。

7.3.1　规范的公司法人治理结构

7.3 即测即评

企业应建立健全规范的公司法人治理结构，股东（大）会（对于国有独资公司或国有独资企业，即指国资委，下同）、董事会、监事会、经理层依法履行职责，形成高效运转、有效制衡的监督约束机制（指引第 43 条）。

国有独资公司和国有控股公司应建立外部董事、独立董事制度，外部董事、独立董事人数应超过董事会全部成员的半数，以保证董事会能够在重大决策、重大风险管理等方面作出独立于经理层的判断和选择（指引第 44 条）。

董事会就全面风险管理工作的有效性对股东（大）会负责。董事会在全面风险管理方面主要履行以下职责（指引第 45 条）：

（1）审议并向股东（大）会提交企业全面风险管理年度工作报告；

（2）确定企业风险管理总体目标、风险偏好、风险承受度，批准风险管理策略和重大风险管理解决方案；

（3）了解和掌握企业面临的各项重大风险及其风险管理现状，做出有效控制风险的决策；

（4）批准重大决策、重大风险、重大事件和重要业务流程的判断标准或判断机制；

（5）批准重大决策的风险评估报告；

（6）批准内部审计部门提交的风险管理监督评价审计报告；

（7）批准风险管理组织机构设置及其职责方案；

（8）批准风险管理措施，纠正和处理任何组织或个人超越风险管理制度做出的风险性决定的行为；

（9）督导企业风险管理文化的培育；

（10）全面风险管理其他重大事项。

7.3.2　风险管理委员会

具备条件的企业，董事会可下设风险管理委员会。该委员会的召集人应由不兼任总经理的董事长担任；董事长兼任总经理的，召集人应由外部董事或独立董事担任。该委员会成员中需有熟悉企业重要管理及业务流程的董事，以及具备风险管理监管知识或经验、具有一定法律知识的董事（指引第 46 条）。

风险管理委员会对董事会负责，主要履行以下职责（指引第 47 条）：

（1）提交全面风险管理年度报告；

（2）审议风险管理策略和重大风险管理解决方案；

（3）审议重大决策、重大风险、重大事件和重要业务流程的判断标准或判断机制，以及重大决策的风险评估报告；

（4）审议内部审计部门提交的风险管理监督评价审计综合报告；

（5）审议风险管理组织机构设置及其职责方案；

（6）办理董事会授权的有关全面风险管理的其他事项。

企业总经理对全面风险管理工作的有效性向董事会负责。总经理或总经理委托的高级管理人员，负责主持全面风险管理的日常工作，负责组织拟订企业风险管理组织机构设置及其职责方案（指引第48条）。

7.3.3 风险管理职能部门

企业应设立专职部门或确定相关职能部门履行全面风险管理的职责。该部门对总经理或其委托的高级管理人员负责，主要履行以下职责（指引第49条）：

（1）研究提出全面风险管理工作报告；

（2）研究提出跨职能部门的重大决策、重大风险、重大事件和重要业务流程的判断标准或判断机制；

（3）研究提出跨职能部门的重大决策风险评估报告；

（4）研究提出风险管理策略和跨职能部门的重大风险管理解决方案，并负责该方案的组织实施和对该风险的日常监控；

（5）负责对全面风险管理有效性评估，研究提出全面风险管理的改进方案；

（6）负责组织建立风险管理信息系统；

（7）负责组织协调全面风险管理日常工作；

（8）负责指导、监督有关职能部门、各业务单位以及全资、控股子企业开展全面风险管理工作；

（9）办理风险管理其他有关工作。

7.3.4 审计委员会

企业应在董事会下设立审计委员会，企业内部审计部门对审计委员会负责。审计委员会和内部审计部门的职责应符合《中央企业内部审计管理暂行办法》的有关规定。内部审计部门在风险管理方面，主要负责研究提出全面风险管理监督评价体系，制定监督评价相关制度，开展监督与评价，出具监督评价审计报告（指引第50条）。

1. 审计委员会履行职责的方式

董事会应决定委派给审计委员会的责任，审计委员会的任务会因企业的规模大小、复杂性及风险状况而有所不同。

审计委员会应满足其职责的要求。建议审计委员会每年至少举行三次会议，并于审计周期的重要日期举行。审计委员会应每年至少与外聘及内部审计师会面一次，讨论与审计相关的事宜，但管理层无须出席。审计委员会主席可能特别希望与其他关键人员（比如董事会主席、首席执行官、财务总监、高级审计合伙人和内部审计主管）私下会面。审计委员会成员之间的不同意见如无法内部调解，应提请董事会解决。

此外，审计委员会应每年对其权限及其有效性进行复核，并就必要的人员变更向董事会报告。为了很好地完成这项工作，行政管理层必须向审计委员会提供恰当的信息。管理层对审计委员会有告知义务，并应主动提供信息，而不应等待审计委员会索要。

2. 审计委员会与合规

审计委员会的主要活动之一是核查对外报告规定的遵守情况。审计委员会一般有责任确保企业履行对外报告的义务。审计委员会应结合企业财务报表的编制情况，对重大的财务报告事项和判断进行复核。管理层的责任是编制财务报表，审计师的责任是编制审计计划和执行审计。

审计委员会应倾听审计师对这些问题的看法。如果对拟采用的财务报告有任何方面不满意，审计委员会应告知董事会。审计委员会还应对财务报表后所附的与财务有关的信息（如运营和财务复核信息及公司治理部分关于审计和风险管理的陈述）进行复核。

3. 审计委员会与内部审计

确保充分且有效的内部控制是审计委员会的义务，其中包括负责监督内部审计部门的工作。审计委员会应监察和评估内部审计职能在企业整体风险管理系统中充当的角色和发挥的作用。应该核查内部审计的有效性，并决定对内部审计主管的任命和解聘，还应确保内部审计部门能直接与董事会主席接触，并负有向审计委员会说明的责任。审计委员会复核及评估年度内部审计工作计划。审计委员会收到关于内部审计部门工作的定期报告，复核和监察管理层对内部审计的调查结果的反应。审计委员会还应确保内部审计部门提出的建议已执行。审计委员会有助于保持内部审计部门的独立性。审计委员会及内部审计师需要确保内部审计部门正在有效运作，它将在四个主要方面对内部审计进行复核，即组织中的地位、职能范围、技术才能和专业应尽义务。

7.3.5　企业其他职能部门及各业务单位、下属公司

企业其他职能部门及各业务单位在全面风险管理工作中，应接受风险管理职能部门和内部审计部门的组织、协调、指导和监督，主要履行以下职责（指引第 51 条）：

（1）执行风险管理基本流程；

（2）研究提出本职能部门或业务单位重大决策、重大风险、重大事件和重要业务流程的判断标准或判断机制；

（3）研究提出本职能部门或业务单位的重大决策风险评估报告；

（4）做好本职能部门或业务单位建立风险管理信息系统的工作；

（5）做好培育风险管理文化的有关工作；

（6）建立健全本职能部门或业务单位的风险管理内部控制子系统；

（7）办理风险管理其他有关工作。

企业应通过法定程序，指导和监督其全资、控股子企业建立与企业相适应或符合全资、控股子企业自身特点、能有效发挥作用的风险管理组织体系（指引第52条）。

7.3.6 风险管理组织体系的“三道防线”模型

上述职能部门相互支撑，共同构筑了风险管理的“三道防线”。现阶段，三道防线的含义并未统一。目前包括三种主流的提法，分别是风险管理协会（The Institute of Risk Management）、国际内部审计师协会以及COSO提出的。

1. 风险管理协会的“三道防线”

风险管理协会认为，企业的业务部门作为前端部门是风险管理的第一道防线；企业风险管理职能机构作为风险管理的第二道防线；企业的内部审计职能机构作为风险管理的第三道防线，如表7-5所示。

表7-5 风险管理协会的风险管理“三道防线”

第一道防线 建立风险偏好 实行风险管理程序 风险管理控制 实施风险应对 明确风险管理的责任	1. 首席执行官 确定风险管理战略决策 建立风险管理的主框架 找出最关键的重要风险 考虑决策失误潜在风险 拯救企业于各类危机
	2. 区域经理 在所管辖区域内营造风险管理文化 明确所辖区域的风险管理绩效目标 确保风险改善建议得以顺利实施 留心周围环境以及风险变化并报告
	3. 员工个人 理解、接受并认真贯彻风险管理流程 报告低效、冗余或不可行的控制措施 报告损失事件及险些发生的意外事故 负责与上级协调，完成对事故的调查 确保来宾以及承包商的行为符合规定

续表

第二道防线 促进风险识别与评估 在风险应对方面提供指导 统筹企业风险管理活动 综合风险报告 保持和完善企业风险管理框架 构建企业风险管理体系 制定风险管理战略并获得董事会认可	4. 风险经理人 制定风险管理政策且定期更新 建立内部风险防护政策及框架 协调企业的整个风险管理活动 编制风险信息并向决策层汇报
	5. 专业风险管理人员 协助公司建立专门的风险管理政策 制定企业的专项预警以及重建计划 不断更新专业领域的风险管理信息 协助调查意外事故和准事故情况 精心准备专项风险的详细报告内容
第三道防线 为风险管理过程提供保障 确保风险评估的可靠性 评估风险管理程序 评估关键风险的报告 审查关键风险管理	6. 内部审计经理人 对企业内部风险管理做出审计 为日后风险管理工作提供保障 支持推进企业的风险管理工作 报告内部控制效率和效果

2. 国际内部审计师协会的“三道防线”

2013年，国际内部审计师协会提出，管理控制和内部控制措施是风险管理的第一道防线；管理层建立的各种风险控制和合规监督职能是风险管理的第二道防线，具体包括财务控制、安全、风险管理、质量、检查、合规等；内部审计部门是风险管理的第三道防线，就风险管理的有效性向董事会和高级管理层提供独立保证，如图7-4所示。

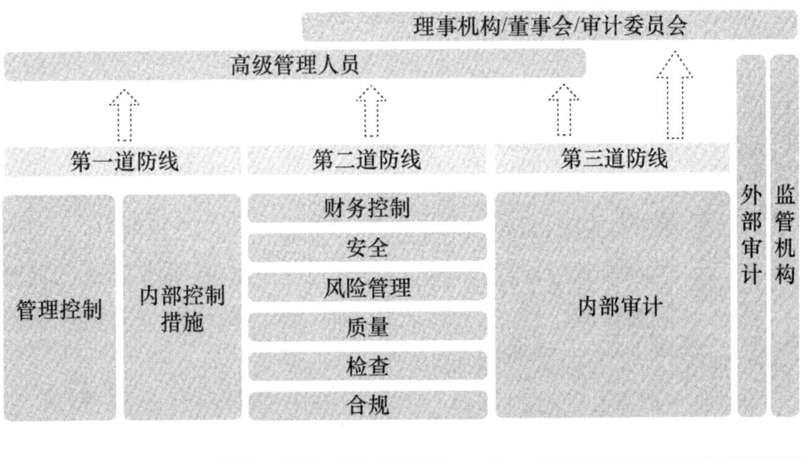

图7-4 国际内部审计师协会的风险管理“三道防线”

3. COSO 的“三道防线”

COSO（2017）从风险管理责任的角度论述了 CEO、CRO 和管理层三个层面各自的风险责任，同时阐述了风险管理责任落实的三道防线——核心业务（core business）、支持职能（supporting function）和保证职能（assurance function）。

第一道防线为核心业务，是管理层为了实现战略及经营目标，开展绩效和风险管理的日常工作。管理人员负责识别及管理由其负责的业务及系统所产生的绩效及风险。第一道防线的职责主要是对战略及经营目标中的固有风险负责。管理层作为风险的主要所有者，制定经营目标、可接受的绩效偏差，培训员工并加强风险应对。

第二道防线为支持职能（也称为业务辅助职能），包括负责监管绩效及企业风险管理的管理层及其他人员。他们对绩效及企业风险管理的要求提供指导，并评估对已定标准的遵守情况。每一个辅助职能在某种程度上都独立于第一道防线，并且从管理绩效和谨慎性的角度挑战第一道防线的职能，以实现战略及经营目标。在一些企业中，不同团队缺少单独且清晰的报告线，这可能带来一定程度的挑战。这些组织职能或运营单位通过专业技巧（如专业的技术风险管理、财务、产品/服务质量管理、技术、合规、法律、人力资源等）辅助企业，可以在适当的风险应对中直接干预或支持第一道防线。

第三道防线为保证职能，常由内部审计部门负责。他们通过对企业风险管理实践的审计或检查、识别问题和改进机会、提出建议并使董事会及管理层时刻关注需要解决的问题来履行最后一道防线的职能。第三道防线的职能与前两道防线有两点不同：一是高度的独立性及客观性（通过直接向董事会报告体现）；二是对整个企业的设计及运营效率进行评估及提出改进建议。

7.4 风险管理信息系统

7.4 即测即评

企业应将信息技术应用于风险管理的各项工作，建立涵盖风险管理基本流程和内部控制系统各环节的风险管理信息系统，包括信息的采集、存储、加工、分析、测试、传递、报告、披露等（指引第 53 条）。

企业应采取措施确保向风险管理信息系统输入的业务数据和风险量化值的一致性、准确性、及时性、可用性和完整性。对输入信息系统的数据，未经批准，不得更改（指引第 54 条）。

风险管理信息系统应能够进行对各种风险的计量和定量分析、定量测试；能够实时反映风险矩阵和排序频谱、重大风险和重要业务流程的监控状态；能够对超过风险预警上限的重大风险实施信息报警；能够满足风险管理内部信息报告制度和企业对外信息披露管理制度的要求（指引第 55 条）。

风险管理信息系统应实现信息在各职能部门、业务单位之间的集成与共享，既能满足单项业务风险管理的要求，也能满足企业整体和跨职能部门、业务单位的风险管理综合要求（指引第 56 条）。

企业应确保风险管理信息系统的稳定运行和安全，并根据实际需要不断进行改进、完善或更新（指引第 57 条）。

已建立或基本建立企业管理信息系统的企业，应补充、调整、更新已有的管理流程和管理程序，建立完善的风险管理信息系统；尚未建立企业管理信息系统的，应将风险管理与企业各项管理业务流程、管理软件统一规划、统一设计、统一实施、同步运行（指引第 58 条）。

7.5 内部控制系统

国务院国资委《中央企业全面风险管理指引》中所称的内部控制系统，指围绕风险管理策略目标，针对企业战略、规划、产品研发、投融资、市场运营、财务、内部审计、法律事务、人力资源、采购、加工制造、销售、物流、质量、安全生产、环境保护等各项业务管理及其重要业务流程，通过执行风险管理基本流程，制定并执行的规章制度、程序和措施（指引第 6 条）。

7.5 即测即评

7.5.1　1992 年 COSO 关于内部控制的定义与框架

1992 年 9 月，COSO 发布了《内部控制——整合框架》，如图 7 5 所示，为内部控制构建了一个框架，并提供了企业和其他主体可以用来评价其控制系统的工具。COSO 对内部控制的定义是："由企业董事会、管理层和全体员工共同实施的、旨在合理保证实现企业基本目标的一系列控制活动。"

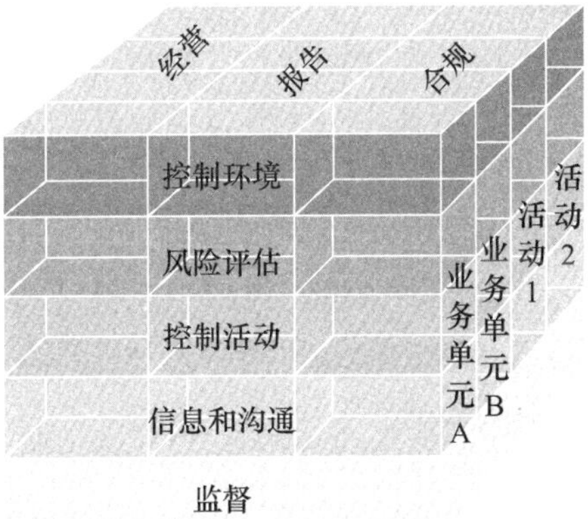

图 7-5　COSO 企业内部控制整体框架图

COSO（1992）提出了内部控制的三项目标和五大要素（或称包含五要素的流程）。

内部控制的三项目标包括：取得经营的效率和效果、确保财务报告的可靠性、遵循适用的法律法规。

COSO（1992）对内部控制五要素的概述是：

1. 控制环境

控制环境决定了企业的基调，直接影响企业员工的控制意识。控制环境提供了内部控制的基本规则和架构，是其他四要素的基础。控制环境包括员工的诚信度、职业道德和才能；管理哲学和经营风格；权责分配方法、人事政策；董事会的经营重点和目标等。

2. 风险评估

每个企业都面临诸多来自内部和外部有待评估的风险。风险评估的前提是使经营目标在不同层次上相互衔接、保持一致。风险评估指识别、分析相关风险以实现既定目标，从而形成风险管理的基础。由于经济、产业、法规和经营环境不断变化，企业需要确立一套机制来识别和应对这些变化带来的风险。

3. 控制活动

控制活动指那些有助于管理层决策顺利实施的政策和程序。控制活动有助于确保实施必要的措施以管理风险，实现经营目标。控制活动体现在整个企业的不同层次和不同部门中，包括诸如批准、授权、查证、核对、复核经营业绩、资产保护和职责分工等活动。

4. 信息和沟通

公允信息必须被确认、捕获并以一定形式及时传递，以便员工履行职责。信息系统产出涵盖经营、财务和遵循性信息的报告，以帮助经营和控制企业。信息系统不仅处理内部产生的信息，还处理与企业经营决策和对外报告相关的外部事件、行为和条件等。有效的沟通从广义上说是信息自上而下、横向以及自下而上的传递。所有员工必须从管理层得到准确的信息，认真履行控制职责。员工必须理解自身在整个内控系统中的位置，理解个人行为与其他员工工作的相关性。员工必须有向上传递重要信息的途径。同时，与外部人员如客户、供应商、管理当局和股东之间也需要有效沟通。

5. 监督

内部控制系统需要被监督，即对该系统有效性进行评估。可以通过持续的监督行为、独立评估或两者结合来实现对内控系统的监督。持续的监督行为发生在企业的日常经营过程中，包括企业的日常管理和监督行为、员工履行各自职责的行为。独立评估活动的广度和频度有赖于风险预估和日常监督程序的有效性。内部控制的缺陷应该自下而上进行汇报，性质严重的应上报最高管理层和董事会。

COSO（1992）强调：

（1）内部控制是一个实现目标的程序及方法，其本身并非目标。

（2）内部控制只提供合理保证而非绝对保证。

（3）内部控制要由企业各级人员实施与配合。

COSO（1992）在全球有广泛的影响力。当时我国财政部、证监会、审计署、银监会、保监会（简称“五部委”）出台的有关内部控制规范和指引是基于它编制的。

7.5.2 2013年修订后的COSO内部控制框架

2013年5月，COSO发布了更新后的内部控制框架。

2013年版与1992年版相比，以下内容没有发生变化：内部控制的定义、内部控制五要素、评估内控体系有效性的标准等。

2013年版与1992年版相比发生变化的是：

（1）强化公司治理的理念（旨在反映目前商业和运营环境的变化）。

（2）原则导向（基于原有COSO五要素提出了17条核心原则）（见表7-6）。

（3）扩大了报告目标的范畴（包括财务和非财务报告在内的内部报告）。

（4）强调管理层的判断。企业选择、制定并实行持续或单独的评估，以判定内部控制各要素是否存在且发挥效用。企业及时评估内部控制缺陷，并将有关缺陷及时通报给负责整改措施的相关方，包括高级管理层和董事会。

表7-6 COSO（2013）五要素及17条核心原则

五要素	17条核心原则
控制环境	（1）组织对正直和道德价值观做出承诺。 （2）董事会独立于管理层，并对内部控制的推进和成效进行监督。 （3）管理层在委员会的监督下，围绕其目标建立健全组织架构、汇报关系以及合理的授权和责任机制。 （4）组织对吸引、发展和保留认同组织目标的人才做出承诺。 （5）组织本着实现其目标的宗旨，让员工各自担负起内部控制的相关责任。
风险评估	（6）就识别和评估与其目标相关的风险，组织做出清晰的目标设定。 （7）组织对影响其目标实现的风险进行全范围的识别和分析，并以此为基础来决定应如何管理风险。 （8）组织在对影响其目标实现的风险进行评估时，考虑潜在的舞弊行为。 （9）组织识别和评估可能对内部控制体系造成较大影响的改变。

续表

五要素	17条核心原则
控制活动	(10) 组织选择并开展控制活动，将风险对其目标实现的影响降到可接受水平。 (11) 针对（信息）技术，组织选择并开展一般控制活动以支持其目标的实现。 (12) 组织通过合理的政策和确保其得以贯彻执行的程序来开展控制活动。
信息和沟通	(13) 组织获取或生成信息，并使用相关的、优质的信息来支持内部控制发挥作用。 (14) 组织在其内部沟通传递包括内部控制的目标和责任在内的必要信息以支持内部控制发挥作用。 (15) 组织与外部相关方就影响内部控制发挥作用的事宜进行沟通。
监督	(16) 组织选择、推动并实施持续和/或独立的评估以确认内部控制的要素存在且正常运转。 (17) 组织及时评价内部控制的缺陷，并视情况与那些负责采取纠正措施的相关方（包括高级管理层、董事会）进行沟通。

7.5.3 我国内部控制规范体系

2008年5月，财政部会同证监会、审计署、银监会、保监会制定并印发《企业内部控制基本规范》（以下简称《基本规范》）；2010年4月，财政部、证监会、审计署、银监会及保监会联合发布了《企业内部控制配套指引》（以下简称《配套指引》），其中包括《企业内部控制应用指引》（以下简称《应用指引》）、《企业内部控制评价指引》（以下简称《评价指引》）和《企业内部控制审计指引》（以下简称《审计指引》）。《基本规范》《应用指引》《评价指引》《审计指引》构成一个相辅相成的整体，标志着适应我国企业实际情况、融合国际先进经验的中国企业内部控制规范体系基本建成。

1.《基本规范》

《基本规范》所称内部控制，是由企业董事会、监事会、经理层和全体员工实施的、旨在实现控制目标的过程。

《基本规范》规定了内部控制的目标、要素、原则和总体要求，是内部控制的总体框架，在内部控制标准体系中起统领作用。

内部控制的目标是合理保证企业经营管理合法合规、资产安全、财务报告及相关信息真实完整，提高经营效率和效果，促进企业实现发展战略。

《基本规范》借鉴了以COSO内部控制整合报告为代表的国际内部控制框架，并结合中国国情，要求企业建立与实施的内部控制包括下列五个要素：内部环境、风险评估、控制活动、信息与沟通、内部监督。

(1)《基本规范》关于内部环境要素的要求。

1）企业应当根据国家有关法律法规和企业章程，建立规范的公司治理结构和议事规则，明确决策、执行、监督等方面的职责权限，形成科学有效的职责分工和制衡机制。

2）董事会负责内部控制的建立健全和有效实施。监事会对董事会建立与实施内部控制进行监督。经理层负责组织领导企业内部控制的日常运行。企业应当成立专门机构或者指定适当的机构具体负责组织协调内部控制的建立实施及日常工作。

3）企业应当在董事会下设立审计委员会。审计委员会负责审查企业内部控制，监督内部控制的有效实施和内部控制自我评价情况，协调内部控制审计及其他相关事宜等。审计委员会负责人应当具有相应的独立性、良好的职业操守和专业胜任能力。

4）企业应当结合业务特点和内部控制要求设置内部机构，明确职责权限，将权利与责任落实到各责任单位。企业应当通过编制内部管理手册，使全体员工掌握内部机构设置、岗位职责、业务流程等情况，明确权责分配，正确行使职权。

5）企业应当加强内部审计工作，保证内部审计机构设置、人员配备和工作的独立性。内部审计机构应当结合内部审计监督，对内部控制的有效性进行监督检查。内部审计机构对监督检查中发现的内部控制缺陷，应当按照企业内部审计工作程序进行报告；对监督检查中发现的内部控制重大缺陷，有权直接向董事会及其审计委员会、监事会报告。

6）企业应当制定和实施有利于企业可持续发展的人力资源政策。人力资源政策应当包括下列内容：员工的聘用、培训、辞退与辞职；员工的薪酬、考核、晋升与奖惩；关键岗位员工的强制休假制度和定期岗位轮换制度；掌握国家秘密或重要商业秘密的员工离岗的限制性规定；有关人力资源管理的其他政策。

7）企业应当将职业道德修养和专业胜任能力作为选拔和聘用员工的重要标准，切实加强员工培训和继续教育，不断提升员工素质。

8）企业应当加强文化建设，培育积极向上的价值观和社会责任感，倡导诚实守信、爱岗敬业、开拓创新和团队协作精神，树立现代管理理念，强化风险意识。董事、监事、经理及其他高级管理人员应当在企业文化建设中发挥主导作用。企业员工应当遵守员工行为守则，认真履行岗位职责。

9）企业应当加强法制教育，增强董事、监事、经理及其他高级管理人员和员工的法制观念，严格依法决策、依法办事、依法监督，建立健全法律顾问制度和重大法律纠纷案件备案制度。

（2）《基本规范》关于风险评估要素的要求。

1）企业应当根据设定的控制目标，全面系统持续地收集相关信息，结合实际情况，及时进行风险评估。

2）企业开展风险评估，应当准确识别与实现控制目标相关的内部风险和外部风险，确定相应的风险承受度。风险承受度是企业能够承担的风险限度，包括整体风险承受能力和业务层面的可接受风险水平。

3）企业识别内部风险，应当关注下列因素：董事、监事、经理及其他高级管理人员的职业操守、员工专业胜任能力等人力资源因素；组织机构、经营方式、资产管理、业务流程等管理因素；研究开发、技术投入、信息技术运用等自主创新因素；财务状况、经营成果、现金流量等财务因素；营运安全、员工健康、环境保护等安全环保因素；其他有关的内部风险因素。

4）企业识别外部风险，应当关注下列因素：经济形势、产业政策、融资环境、市场竞争、资源供给等经济因素；法律法规、监管要求等法律因素；安全稳定、文化传统、社会信用、教育水平、消费者行为等社会因素；技术进步、工艺改进等科学技术因素；自然灾害、环境状况等自然环境因素；其他有关的外部风险因素。

5）企业应当采用定性与定量相结合的方法，按照风险发生的可能性及其影响程度等，对识别的风险进行分析和排序，确定关注重点和优先控制的风险。企业进行风险分析，应当充分吸收专业人员，组成风险分析团队，严格按照规范的程序开展工作，确保风险分析结果的准确性。

6）企业应当根据风险分析的结果，结合风险承受度，权衡风险与收益，确定风险应对策略。企业应当合理分析、准确掌握董事、经理及其他高级管理人员、关键岗位员工的风险偏好，采取适当的控制措施，避免因个人风险偏好给企业经营带来重大损失。

7）企业应当综合运用风险规避、风险降低、风险分担和风险承受等风险应对策略，实现对风险的有效控制。

8）企业应当结合不同发展阶段和业务拓展情况，持续收集与风险变化相关的信息，进行风险识别和风险分析，及时调整风险应对策略。

（3）《基本规范》关于控制活动要素的要求。

1）企业应当结合风险评估结果，通过手工控制与自动控制、预防性控制与发现性控制相结合的方法，运用相应的控制措施，将风险控制在可承受度之内。控制措施一般包括：不相容职务分离控制、授权审批控制、会计系统控制、财产保护控制、预算控制、运营分析控制和绩效考评控制等。

2）不相容职务分离控制要求企业全面系统地分析、梳理业务流程中所涉及的不相容职务，实施相应的分离措施，形成各司其职、各负其责、相互制约的工作机制。

3）授权审批控制要求企业根据常规授权和特别授权的规定，明确各岗位办理业务和事项的权限范围、审批程序和相应责任。企业应当编制常规授权的权限指引，规范特别授权的范围、权限、程序和责任，严格控制特别授权。常规授权是指企业在日常经营管理活动中按照既定的职责和程序进行的授权。特别授权是指企业在特殊情况、特定条件下进行的授权。企业各级管理人员应当在授权范围内行使职权和承担责任。企业对于重大的业务和事项，应当实行集体决策审批或者联签制度，任何个人不得单独进行决策或者擅自改变集体决策。

4）会计系统控制要求企业严格执行国家统一的会计准则制度，加强会计基础工作，明确会计凭证、会计账簿和财务会计报告的处理程序，保证会计资料真实完整。企业应当依法设置会计机构，配备会计从业人员。会计机构负责人应当具备会计师以上专业技术职务资格。大中型企业应当设置总会计师，设置总会计师的企业，不得设置与其职权重叠的副职。

5）财产保护控制要求企业建立财产日常管理制度和定期清查制度，采取财产记录、实物保管、定期盘点、账实核对等措施，确保财产安全。企业应当严格限制未经授权的人员接触和处置财产。

6）预算控制要求企业实施全面预算管理制度，明确各责任单位在预算管理中的职责权限，规范预算的编制、审定、下达和执行程序，强化预算约束。

7）运营分析控制要求企业建立运营情况分析制度，经理层应当综合运用生产、购销、投资、筹资、财务等方面的信息，通过因素分析、对比分析、趋势分析等方法，定期开展运营情况分析，发现存在的问题，及时查明原因并加以改进。

8）绩效考评控制要求企业建立和实施绩效考评制度，科学设置考核指标体系，对企业内部各责任单位和全体员工的业绩进行定期考核和客观评价，将考评结果作为确定员工薪酬以及职务晋升、评优、降级、调岗、辞退等的依据。

9）企业应当根据内部控制目标，结合风险应对策略，综合运用控制措施，对各种业务和事项实施有效控制。

10）企业应当建立重大风险预警机制和突发事件应急处理机制，明确风险预警标准，对可能发生的重大风险或突发事件，制定应急预案、明确责任人员、规范处置程序，确保突发事件得到及时妥善处理。

(4)《基本规范》关于信息与沟通要素的要求。

1）企业应当建立信息与沟通制度，明确内部控制相关信息的收集、处理和传递程序，确保信息及时沟通，促进内部控制有效运行。

2）企业应当对收集的各种内部信息和外部信息进行合理筛选、核对、整合，提高信息的有用性。企业可以通过财务会计资料、经营管理资料、调研报告、专项信息、内部刊物、办公网络等渠道，获取内部信息。企业可以通过行业协会组织、社会中介机构、业务往来单位、市场调查、来信来访、网络媒体以及有关监管部门等渠道，获取外部信息。

3）企业应当将内部控制相关信息在企业内部各管理级次、责任单位、业务环节之间，以及企业与外部投资者、债权人、客户、供应商、中介机构和监管部门等有关方面之间进行沟通和反馈。信息沟通过程中发现的问题，应当及时报告并加以解决。重要信息应当及时传递给董事会、监事会和经理层。

4）企业应当利用信息技术促进信息的集成与共享，充分发挥信息技术在信息与沟通中的作用。企业应当加强对信息系统开发与维护、访问与变更、数据输入与输出、文件储存与保管、网络安全等方面的控制，保证信息系统安全稳定运行。

5）企业应当建立反舞弊机制，坚持惩防并举、重在预防的原则，明确反舞弊工作的重点领域、关键环节和有关机构在反舞弊工作中的职责权限，规范舞弊案件的举报、调查、处理、报告和补救程序。企业至少应当将下列情形作为反舞弊工作的重点：①未经授权或者采取其他不法方式侵占、挪用企业资产，牟取不当利益；②在财务会计报告和信息披露等方面存在的虚假记载、误导性陈述或者重大遗漏等；③董事、监事、经理及其他高级管理人员滥用职权；④相关机构或人员串通舞弊。

6）企业应当建立举报投诉制度和举报人保护制度，设置举报专线，明确举报投诉处理程序、办理时限和办结要求，确保举报、投诉成为企业有效掌握信息的重要途径。举报投诉制度和举报人保护制度应当及时传达至全体员工。

（5）《基本规范》关于内部监督要素的要求。

1）企业应当根据本规范及其配套办法，制定内部控制监督制度，明确内部审计机构（或经授权的其他监督机构）和其他内部机构在内部监督中的职责权限，规范内部监督的程序、方法和要求。内部监督分为日常监督和专项监督。日常监督是指企业对建立与实施内部控制的情况进行常规、持续的监督检查；专项监督是指在企业发展战略、组织结构、经营活动、业务流程、关键岗位员工等发生较大调整或变化的情况下，对内部控制的某一或者某些方面进行有针对性的监督检查。专项监督的范围和频率应当根据风险评估结果以及日常监督的有效性等予以确定。

2）企业应当制定内部控制缺陷认定标准，对监督过程中发现的内部控制缺陷，应当分析缺陷的性质和产生的原因，提出整改方案，采取适当的形式及时向董事会、监事会或者经理层报告。内部控制缺陷包括设计缺陷和运行缺陷。企业应当跟踪内部控制缺陷整改情况，并就内部监督中发现的重大缺陷，追究相关责任单位或者责任人的责任。

3）企业应当结合内部监督情况，定期对内部控制的有效性进行自我评价，出具内部控制自我评价报告。内部控制自我评价的方式、范围、程序和频率，由企业根据经营业务调整、经营环境变化、业务发展状况、实际风险水平等自行确定。国家有关法律法规另有规定的，从其规定。

4）企业应当以书面或者其他适当的形式，妥善保存内部控制建立与实施过程中的相关记录或者资料，确保内部控制建立与实施过程的可验证性。

2.《应用指引》

《应用指引》是对企业按照内部控制原则和内部控制五要素建立健全本企业内部控制所提供的指引，在配套指引乃至整个内部控制规范体系中占据主体地位。

《应用指引》针对组织架构、发展战略、人力资源、社会责任、企业文化、资金活动、采购业务、资产管理、销售业务、研究与开发、工程项目、担保业务、业务外包、财务报告、全面预算、合同管理、内部信息传递、信息系统共18项企业主要业务的内控领域或内控手段，提出了建议性的应用指引，为企业以及外部审核人建立与评价内控体系提供了参照性标准。

3.《评价指引》和《审计指引》

《评价指引》和《审计指引》是对企业按照内部控制原则和内部控制五要素建立健全本企业事后控制的指引，是对企业贯彻《基本规范》和《应用指引》效果的评价与检验。

《评价指引》为企业对内部控制的有效性进行全面评价，形成评价结论，出具评价报告提供了指引。指引明确内部控制评价应围绕内部环境、风险评估、控制活动、信息与沟通、内部监督等要素，企业应当确定评价的具体内容及对内部控制设计与运行情况进行全面评价。同时，指引中对内部控制评价的内容、程序、缺陷的认定、评价报告、工作底稿要求、评估基准日等做出了规定。

《审计指引》为会计师事务所对特定基准日与财务报告相关的内部控制设计与执行的有效性进行审计提供了指引。它明确指出注册会计师应对财务报告内部控制的有效性发表审计意见，并对内部控制审计过程中注意到的非财务报告内部控制的重大缺陷予以披露。同时，就审计计划工作、审计实施、如何评价控制缺陷、审计期后事项、审计报告内容和方法以及审计工作底稿做出了规定。

区分内部控制与风险管理

本章在历年 CPA 考试中涉及的考点

1. 风险管理策略
2. 风险理财措施
3. 风险管理组织体系
4. 2013 年版 COSO 内部控制框架

思考题

1. 风险管理策略包括哪些?

2. 风险理财措施包含哪几类？
3. 风险理财的特征是什么？
4. COSO提出的风险管理三道防线指什么？
5. 风险管理体系包含哪几个方面的内容？

案例分析题

案例资料

中信泰富有限公司是在中国香港交易所上市的综合型控股公司，成立于1990年，有三大主要业务：特钢生产、铁矿开采以及房地产开发。2007年8月至2008年8月，为对冲其澳大利亚附属公司的铁矿石项目可能存在的汇率风险，中信泰富与包括花旗银行、汇丰银行在内的13家银行共签下24款外汇累计期权合约，名义金额总数达94亿澳元，平均价为1澳元兑换0.87美元。此外合约还规定中信泰富每月都要买入，当汇率低于0.87美元时，公司要两倍买入，直至2010年。这一合约的特点是“止赚不止蚀”，中信泰富获利达到一定金额时合约将自动中止，而如果澳元实际汇率持续走低，便会放大损失。在这种安排下，中信泰富最多可赚5 350万美元，但要面对巨大的亏损风险，也就是说，该方案完全忽略了澳元贬值的风险。

2008年9月之后，澳大利亚储备银行为应对金融危机连续两次降息，第二次降息幅度达100个基点，澳元兑美元的汇率大幅下跌，最低跌至1澳元兑0.600 6美元。2008年9月12日，中信泰富发布通函否认其财务或交易状况出现任何重大不利变动，2008年10月20日，中信泰富发布公告称其所持澳元累计目标可赎回远期合约因澳元大贬值已确认156亿港元亏损。公告一出，中信泰富股价当即暴跌，当日收报6.52港元，重挫55%。10月27日，股价跌至3.66港元，创1999年以来新低，公司市值蒸发76%。对此次巨亏事件，中信泰富解释是该集团财务董事没有遵守风险政策，未事先取得主席批准就签订期权合同，最终导致亏损。但实际上，其风险管理存在显而易见的巨大漏洞，其余高管即使对巨额衍生品交易“不知情”，亦难逃失察之责。之后，由于未能及时进行信息披露，中信泰富被香港监管部门立案查处，多名高管因为虚假陈述或内幕交易而被判刑或被迫辞职。

要求

1. 风险理财措施包含哪几类？中信泰富在管控汇率风险时主要采用的是哪一种？

2. 风险理财的特征是什么？在中信泰富事件中是如何体现的？

3. 什么是风险管理的三道防线？在中信泰富事件中，三道防线是如何失效的？

第 8 章

企业面对的主要风险与应对

思维导图

- 企业面对的主要风险与应对
  - 战略风险管理及其创新
    - 传统战略风险管理
      - 战略风险的内涵
      - 战略风险识别
      - 战略风险评估
      - 战略风险应对
    - 基于弹性视角的战略风险管理
      - 传统战略风险管理的局限
      - 弹性战略风险管理的核心概念
      - 风险、弹性、阈值
      - 弹性风险管理
      - 弹性战略风险管理的框架体系
  - 经营风险管理
    - 经营风险管理概述
    - 经营风险识别
    - 经营风险分析
    - 经营风险评价
    - 经营风险应对
  - 报告风险管理
    - 报告风险管理概述
    - 报告风险识别
    - 报告风险分析
    - 报告风险评价
    - 报告风险应对
  - 合规风险管理
    - 合规风险管理概述
    - 合规风险识别
    - 合规风险分析
    - 合规风险评价
    - 合规风险应对

素养提升

企业面临的商业环境日趋复杂和难以预测，各种矛盾交织、风险增多，易变性、不确定性、复杂性和模糊性（缩写为VUCA）是时代的特征，给企业运营和组织管理方式带来颠覆性的挑战。在VUCA时代，企业如何应对面临的风险成为企业实现高质量发展的关键性问题。本章将就企业面对的主要风险和应对方式展开详细介绍。

学习目标

1. 熟悉传统战略风险管理的方法与流程，明确战略风险的内涵与特征
2. 了解传统战略风险管理的局限，以及弹性战略风险管理的作用
3. 掌握弹性风险管理的核心概念与框架体系，理解相关流程、路径与策略
4. 熟悉经营风险管理的含义与流程
5. 熟悉报告风险管理的含义与流程
6. 熟悉合规风险管理的含义与流程

2004年COSO《企业风险管理——整合框架》将主体风险管理的目标分成四类：战略——与高层次目的相关，协调并支撑主体的目标；经营——与主体经营的有效性和效率有关；报告——与报告的可靠性有关；合规——与符合相关法律和法规有关。将主体目标分成四类可以关注企业风险管理的不同侧面，这些各不相同却又相互交叉的类别反映了不同的主体需要。因此，按照这一框架，将企业风险分为战略风险、经营风险、报告风险及合规风险。

8.1 战略风险管理及其创新

8.1.1 传统战略风险管理

8.1 即测即评

商业环境的变化是企业战略风险的主要来源，而战略风险管理与其他企业风险管理方法类似，包括风险识别、风险评估与风险应对三大关键步骤。

1. 战略风险的内涵

战略风险是指企业在运用各类资源与能力追求发展的过程中，自身要素与外部复杂环境匹配失衡引发企业在实现战略目标中产生的各种阻碍或者机遇。理解战略风险的含义需要把握两个要点：第一，战略风险基于未发生的各种不确定性事件，已经发生的确定性事件不属于企业战略风险的考虑范围。第二，虽然影响企业战略的因素很多，但并不是每个可能性事件都构成战略风险，只有当某个事件的偶然发生影响到战略目标实现时，它才成为战略风险。

战略是关于企业经营目标或模式的设定，旨在帮助企业获取竞争优势与超额

利润，因而战略风险与企业竞争优势的构建、维持之间存在密切的联系（Raynor，2016）。随着经营环境变化加快，企业战略越来越不能保持某些特定的长久优势，这些特定竞争优势消失的速度也在加快（Teixeira and Werther，2013）。哈梅尔和瓦里康加斯（Hamel and Valikangas，2003）总结了四种战略衰退情况，均与商业环境的变化密切相关：（1）复制，即由于竞争对手的模仿，战略失去其独特性；（2）取代，即不连续性技术或模式的出现使战略变得无关或无用；（3）枯竭，即由于市场饱和或顾客偏好变化等原因，绩效增长速度下降或停滞；（4）核心受损，即客户议价能力的增强或生产效率的提高蚕食或影响企业利润。因此，商业环境的动荡变化将导致企业战略风险的加剧，这直接体现为公司成长轨迹或股东价值的下滑（Slywotzky and Drzik，2005）。

战略风险具备以下几个明显区别于其他类型风险的特征：（1）战略风险是关于组织设定的战略目标本身，且主要来自外部环境，区别于来自内部执行、可控制的运营风险，例如公司员工的未授权行为、不道德行为或日常工作程序失误等（Raynor，2016）；（2）战略风险是公司为了实现预期的收益而愿意承担的一定程度的风险，例如海外扩张、研发投入、新产品开发等，这些活动包含潜在收益与潜在损失两个方面，因而区别于纯粹或主要带来价值损害的灾害风险（Kaplan and Mikes，2012）；（3）战略风险较其他类型风险具备较高的不确定性，技术不连续发展、消费者偏好转变、非传统竞争对手出现、经济主体之间不断增加的相互依赖性和复杂性等因素导致企业经营环境充满了“未知的未知”，因而企业无法根据已有经验和认知去预测未来的机遇和威胁，以及做出相应的规划和应对（Slagmulder and Devoldere，2018）。

2. 战略风险识别

战略风险识别是战略风险评估的前置步骤，目标是尽可能寻找可能会导致公司战略风险的环境要素。米勒（Miller，1992）指出，战略风险主要源自环境变量的不确定性造成的企业绩效波动，包括所有行业的总体环境，如政治、政府政策、宏观经济、社会因素、技术条件、自然因素等，以及投入市场、产品市场、竞争者等行业环境。针对上述两大类与战略风险相关的环境要素，约翰逊等（Johnson et al.，2005）提供了进行全面和系统的环境扫描的分析框架与工具（见表8-1）。

在总体环境方面，PESTEL框架涵盖了政治、经济、社会、技术、环境和法律六大因素，政治因素强调政府在贸易壁垒、产业保护等方面的作用，经济因素指世界各地的汇率、商业周期、经济增长率等宏观经济因素，社会因素包括文化、人口红利或老龄化等，技术因素涉及互联网等新技术的兴起和创新，环境因素特别针对污染、废弃物等问题，法律因素包含产品健康和安全、公司并购等方面的立法限制或变更。

表8-1 战略风险来源识别

环境类别	风险要素
总体环境	PESTEL框架： ● 政治因素（贸易壁垒、产业保护等） ● 经济因素（汇率、商业周期等） ● 社会因素（文化、人口红利等） ● 技术因素（互联网、生物科技等） ● 环境因素（污染、废弃物等） ● 法律因素（产品安全、并购限制等）
行业环境	波特五力模型： ● 潜在进入者的威胁 ● 替代产品的威胁 ● 购买者讨价还价的能力 ● 供应商讨价还价的能力 ● 产业内部竞争
竞争环境	● 战略群组 ● 细分市场

资料来源：根据Johnson et al.（2005）整理。

在行业环境方面，波特的五力模型提供了了解特定行业吸引力或潜在利润的分析思路，这五种力量包括潜在进入者的威胁、替代产品的威胁、购买者讨价还价的能力、供应商讨价还价的能力以及产业内部竞争。根据波特（1980）的观点，当某一行业的这五种力量都处于比较高的水平时，该行业存在激烈的竞争和巨大的压力，进而导致行业内的企业无法获得合理或预期的利润。

此外，考虑到上述五种力量对同一行业不同参与者的影响可能存在差异，即行业环境分析可能无法提供关于竞争的详细和准确信息，约翰逊等（Johnson et al.，2005）进一步提出需要对行业内的战略群组与细分市场进行分析。战略群组是指具有相似战略特征的同一行业内的组织，它们采用类似的竞争策略或在类似的基础上展开竞争。细分市场是指同一市场内存在一组或几组客户，他们的需求与市场其他部分的客户的需求明显不同。不同战略群组的划分可以帮助企业识别那些更为接近或偏远的竞争对手，另外，通过细分市场可以了解潜在客户的价值与关键成功要素（如特定产品或服务的特征），这些可以帮助企业更好地了解战略风险的来源，制定更加明智的战略规划。

3. 战略风险评估

识别和明确了潜在的战略风险因素后，企业应当评估相关风险可能造成的经济后果或影响，以便采取合适的风险应对措施。关于战略风险评估的具体方法，安德森和施罗德（Andersen and Schrøder，2010）根据可预测性将风险划分为三类，包括可预测风险、不确定性风险、未知风险，并分别针对这三类风险提出了适用的评估方法（见表 8-2）。

表 8-2　战略风险评估方法

风险类型	评估方法	评估内容
可预测风险	风险地图	事件发生的可能性、时间、预期经济影响等
不确定性风险	情境规划	不同商业环境情境下公司战略选择的稳健性
未知风险	反复试验	多项并行的战略试验中最有利的解决方案

资料来源：根据 Andersen and Schrøder（2010）整理。

关于可预测风险的评估，通常从潜在风险事件发生的可能性及其对公司造成的预期经济影响两个角度进行分析。因为人们实际上并不能准确预测特定事件发生的具体概率与经济后果，所以通常采用定性评价或由管理者判断不同事件发生的相对可能性，以及事件可能造成的直接经济损失或对公司未来盈利潜力的影响。在战略风险的定性评价中，通过分别对事件发生的可能性与预期经济影响采用评级量表（如从高到低的等级划分），可以绘制一个 2×2 矩阵的风险地图。将公司所面临的全部风险要素归入风险地图的相应位置，可以获取对公司战略风险的评估结果，其中，最重要的风险，也就是那些具备高可能性与高影响的事件，是公司管理层需要紧急处理或关注的。另外，由于某些风险可能会产生短期或立即的影响，而其他风险则可能产生长期或潜在的影响，考虑风险发生的时机与时间长短会影响风险应对的优先顺序与资源分配，一些风险地图会分别采用事件发生的时间与预期经济影响作为分类变量。

关于不确定性风险的评估，情境规划（scenario planning）是一种比较简单可行的分析方法和工具。针对可预测风险的风险地图评估方法本质上是静态的，公司基于所预期的未来风险概况制定战略规划，重点关注如何最有效地解决关键问题而未考虑其他替代方案。然而，由于商业环境中存在许多客观的不确定性，企业应该对现有的关于未来商业环境的观点提出质疑。在这方面，情境规划通过蒙特卡罗模拟等工具设置了更多可能的变量分布，能够帮助管理层考虑其他的假设以及评估预计的结果。情境规划在公司财务领域使用比较广泛，作为定量分析方法评估销售增长、运营成本等要素的不同组合下现金流的稳健性。但是，在战略风险管理领域，由于经验数据的缺乏与商业环境的动态变化，情境规划通常被用作定性分析工具，对未来商业环境的变化发展提出多种可能的假设，帮助管理者评估不确定的未来商业环境中公司不同战略选择的稳健性，以及应对突发和极端环境变化所需的资源与能力。

上面讨论的两种战略风险评估方法假定风险事件不可预测成分缺失（或仅适度存在），公司在一开始就能够识别所有潜在的重要风险因素，从而推断可能的未来情况（包括可预测的单一假设或不确定的多种可能假设），据此在业务应急计划中制定许多响应方案，明确在各种特定情况出现时应开展预先计划的活动。一般而言，公司会建立一套关键风险指标并从可能的结果中监测重大的偏差，通过设置适当的阈值水平来决定是否触发或启动某种应对方案。然而，各种风险事件本身以及它们之间的相互作用有时是非常复杂和不可预测的，以至于某一事件是否会发生以及可能的结果实际上是未知的（或不可识别的）。在这样的情况下，假设公司可以设计一套适当且万无一失的应急计划是不可行的，因为环境变化是公司无法预知的。更糟糕的是，由于对应急计划的解释和行动可能会导致忽视任何被认为与现有计划无关的事物，公司往往会因为自以为制定了强有力的应急计划而变得盲目和短视。

当风险事件不可知（或不确定）时，上面讨论的基于预测与计划的战略风险管理方法是不充分的，因为公司不可能也无法为未知的、尚未识别的事情提前做计划。在这种情况下，基于反复试验的试错、学习与选择机制可以帮助企业应对未知的环境变化。不同于静态地制定传统的规划方案，反复试验强调公司以不同的方式进行多种试验，通过系统地反复试验来测试多种替代方案，最终选择更为优越或最有利的解决方案，以此迎合未知的环境变化趋势。这种有组织的、独立的并行试验方法能提供多样的战略选择，但在公司后续的评估中大多数试验会被放弃，因为通常只有一个解决方案能够在行业中占主导地位。虽然广泛地进行并行试验往往是昂贵的，但这个过程可以在复杂多变的环境下为公司提供更多的灵活性，更好地帮助公司快速获取最优的战略定位。因此，在充满未知的战略风险的商业环境下，公司需要对反复试验持开放和支持的态度，通过不断试错和学习来应对不确定性。

4. 战略风险应对

战略风险评估的结果是制定战略风险应对措施的主要依据，考虑到需要实现自身资源能力与外部环境的匹配，SWOT 分析框架通常用于企业的战略规划活动（Andrews，1971）。SWOT 分析框架列示了企业内部环境的优势和劣势与外部市场环境中的机遇和威胁（以及结合战略风险评估所明确的各种风险因素的相对重要性），通过四者之间的相互比较确定合理的战略风险应对举措及其优先级，在此基础上对企业的资源能力进行有效配置以实现战略目标。关于具体的战略风险应对方法，现有文献的探讨主要分为两大类：（1）按传统的风险处理方法（如风险规避、控制与保留）分析战略风险应对策略；（2）按不同战略风险的来源与特征分析合适的应对策略。

关于前者，与传统的风险应对策略一致，米勒（Miller，1992）总结了五种战略风险应对的方法，分别是规避、控制、合作、模仿与灵活性，这些措施与传统风险应对方法的内涵一致。具体而言，规避是指企业放弃进入或退出高不确定性市场；控制是指企业试图降低环境变量的不确定性，如通过政治游说、纵向整合、建立壁垒等增强市场力量；合作相对于单边控制而言，是指以合作的方式来降低不确定性，如双边协议、长期契约、战略联盟等；模仿是指通过模仿竞争对手（尤其是行业领导者）来应对不确定性；灵活性是指通过增强组织或战略的灵活性来应对不确定性，包括产品或市场多样化和运营层面的灵活性（如生产流程、设备、劳动力等）。米勒特别强调，不同于侧重增强对环境因素的可预测性的控制、合作策略，灵活性是通过增强内部的响应能力来应对环境变化，而外部环境因素的可预测性并未改变，因而它更加适用于重大的、不确定的、快速发生的环境变化的情况。

关于后者，斯莱沃茨基和德兹克（Slywotzky and Drzik，2005）将战略风险分为七大类别——行业、技术、品牌、竞争对手、客户、项目和停滞，并分别在每个类别中选择最危险的风险要素探讨了公司如何采取有效的对策来消除威胁或利用机遇。作者总结的七种主要的战略风险及其应对方法如下：

（1）行业利润挤压风险。随着行业的发展，产能过剩、商品化等因素的结合会导致所有参与者的利润率逐渐被挤压，应对这种整个行业利润挤压风险的最有效对策是增加相关企业之间的协作，包括共享后台功能、共同生产或资产共享、采购和供应链协调、联合研发、协同营销等方式。

（2）技术转变风险。当新技术突然或意外进入市场时，特定产品和服务可能会在短时间内过时，但是由于通常难以判断新技术如何以及何时会在市场上获得认可，或者哪种版本的新技术会最终占据上风，管理者可以采取双重投注的方式，同时投资两种或更多版本的技术，这样无论最终哪个版本的技术成为赢家，公司都可以实现茁壮成长。

（3）品牌侵蚀风险。品牌价值可能会由于受到一系列可预测或不可预测事件的影响而大幅降低或彻底崩溃，品牌侵蚀最有效的对策之一是重新定义品牌投资的范围，超越单纯的营销，同时考虑影响品牌的其他因素（如服务或产品质量）。另一个有效的对策是通过不断监测影响品牌价值的关键指标，确定早期的微弱迹象，进而及时、快速地重新分配品牌投资资源加以应对。

（4）独特竞争对手风险。竞争对手的新产品或较低成本结构是主要的商业风险之一，企业需要时刻警惕、识别和跟踪现有或潜在的竞争对手，当发现攫取市场最大份额的独一无二的竞争对手时，最好的回应方式是快速变化或重新设计业务活动，最大限度地减少自身与竞争对手在战略上的重叠，巧妙地在相邻的经济空间中创建一个能够实现盈利的位置。

（5）客户偏好转变风险。客户偏好转变始终在发生，可能是突然的、逐渐的甚至是无形的，风险大小取决于变化的速度、广度和深度。应对这种风险的对策包括不断分析能够检测客户下一阶段偏好的专有信息，以及进行快速、低成本的市场试验，这样有助于公司快速掌握市场情况并向细分客户提供正确和满意的产品或服务，进而保留和发展客户群以及提高单位客户收入。

（6）新项目失败风险。绝大部分新项目（如新产品或服务、新营销活动、技术研发、公司并购等）会由于各种原因失败，而防范新项目失败风险的最佳方法通常是在项目启动前对项目成功的机会进行清晰的评估，然而由于缺乏相关经验数据，往往不能实现准确判断，还需要其他方法帮助公司提高项目成功的可能性，包括通过排序以首先开展更好理解和更可控制的项目，开发其他的选择以提高最终获取最佳成果的机会，采用垫脚石策略创建一系列从不确定到成功的项目。

（7）市场停滞风险。市场停滞的表现包括销量增长放缓、价格下跌、市场疲软、股市低迷等，解决市场长期停滞不前的最有效对策是进行需求创新以开发公司新的价值增长来源，包括站在客户的角度重新定义公司的市场，并将公司提供给客户的价值扩展到产品或服务之外。例如，帮助客户降低成本、降低资本密集度、减少周期时间和运营风险等，提高客户的盈利能力，进而反过来维持或扩大公司的市场。

方法论与风险管理有效性1

方法论与风险管理有效性2

8.1.2 基于弹性视角的战略风险管理

党的二十大报告指出，“我国发展进入战略机遇和风险挑战并存、不确定难预料因素增多的时期，各种‘黑天鹅’、‘灰犀牛’事件随时可能发生。”企业面临的商业环境日趋复杂和难以预测，传统的风险管理模型和方法难以准确评估战略风险，弹性视角为战略风险管理提供了全新的解决方法。

1. 传统战略风险管理的局限

在传统的战略风险管理框架体系下，战略风险被视为外生环境变化对企业预期战略目标实现的影响，也就是环境变化给企业竞争优势构建与维持带来的机遇与威胁，结果表现为公司财务绩效或成长轨迹的波动。基于这种概念界定，战略风险管理遵从三个基本步骤，分别是识别外部环境风险要素，评估风险事件发生的可能性与经济后果，制定合适的风险应对方案并在事件发生时执行计划。考虑到战略风险要素可预测性与可知性的差异，现有战略风险管理理论根据不同战略风险类型讨论合适的管理方法，这些方法之间的最大区别在于战略风险评估的方法与内容，所使用的评估方法包括风险地图、情境规划、关键风险指标、反复试错等。

然而，风险管理理论的持续改进并没有完全解决企业在风险管理实践中面临的困境。2015年，美国CEB公司对1万家会员公司高管进行调查后发现，过去几十年里，引发公司市值重大损失的各种类型风险的比例为：战略风险86%、运营风险9%、合规风险3%、财务报告风险2%，但公司管理上述风险的耗时比例为6%，42%，13%，39%（CEB，2015）。遭遇如此重大的战略风险的企业为何在战略风险管理方面投入如此之小，却为应对加起来刚到5%的合规风险和财务报告风险投入了超过 50%的精力？我们认为其根源在于下面两个问题。

第一，现有风险评估方法无法准确评估战略风险。虽然战略风险对于组织的发展至关重要，但既有的风险管理强调根据历史数据预测、评估未来不确定性事件发生的概率和危害程度，并采取相关措施管控风险。上述方法对于规律性的、经常出现的风险是有效的，如大多数运营风险、合规风险、报告风险，其基本应对策略是通过制定制度、规章和流程来解决问题。但是随着经营环境的动态性和复杂性日益增加，组织需要面对大量新兴的、难以预期的、非连续出现的风险，如颠覆式技术创新、国家间贸易争端、消费者偏好的转移等，这类风险往往会影响组织战略的有效性，并给竞争优势带来持续损害。这类风险其实就是奈特（Knight，1921）认为的“真正的不确定性”。塔勒布（Taleb，2007）则称之为“黑天鹅”事件。从竞争角度看，战略往往事关组织未来，因此试图用过去的数据预测新战略的可能风险不仅无益甚至有害。

第二，风险管理无法支撑企业战略和价值创造。企业风险管理的目标不仅仅是控制损失，更重要的是利用风险管理能力获取持续的竞争优势（Bromiley et al.，2015）。既有的风险管理理论往往侧重于损失控制，追求经营的稳定性。不同于单纯带来负面损失的风险事件，战略风险通常会伴随着潜在的、较高的战略收益，如兼并与收购、多样化业务、新产品研发等。企业为了实现较高的战略收益需要主动承担一定的风险，而程式化的合规做法以及基于规则制定的控制模式并不适用于战略风险管理，反而会妨碍公司的成长与盈利（Kaplan and Mikes，2012）。COSO（2017）虽然提出了风险管理与战略、绩效融合的想法，但并没有明确阐述其内在机理及实现方式。

如何解决既有风险管理理论的突出问题？鉴于不确定性表现出的多样性、交叉性、繁杂性等特点，需要从多学科、多视角探索风险管理的理论、方法。布罗米利等（Bromiley et al.，2015）提出，要充分吸收管理学尤其是战略管理的相关成果，对风险管理理论进行完善。2015 年，《管理学会杂志》（*Academy of Management Journal*）刊文呼吁管理学者从弹性视角对风险管理理论进行重新构建（van der Vegt et al.，2015）。作为对上述倡议的一个回应，吕文栋等（2017；2019）提出了弹性风险管理理念，该方法能够很好地弥补现有战略风险管理的不足。

2. 弹性战略风险管理的核心概念

弹性（resilience）的最初含义是反弹（McAslan，2010），现已是一个跨学科的词汇，先后出现在材料科学（Fairbairn，1865）、生态学（Holling，1973）、人类学（Vayda and McCay，1975）、心理学（Lamson and Cynthia，1986；Luthar et al.，2000）、文化（Thompson et al.，1990）、计算机科学（Najjar and Gaudiot，1990）、战略管理（Hamel and Valikangas，2003）、供应链（Christopher and Peck，2004；Sheffi，2005）、灾害管理（Paton et al.，2000；Bruneau，2003）、安全工程（Wang，2013；Hollnagel et al.，2006）、考古学（Redman，2005）、创新

（Lv et al.，2018；Lv et al.，2019）等领域。各领域对弹性的解读各不相同，即便是在组织管理领域，对组织弹性也存在多种不同的解释。

现阶段，弹性研究的主体、情境、功能或结果均存在很大差异。在研究主体方面，既包括生态系统或社会生态系统与工程系统，又包含个体、组织、供应链、社区、区域等社会主体。在研究情境方面，既可以是某个特定的、突然发生的、意外的外部环境冲击、威胁或困境，又可以是长期的、持续的压力、不利条件或外部环境变化。相应地，弹性的作用可以划分为从某个一次性危机中恢复或反弹，以及通过不断调整实现长期发展。另外，不同领域对弹性内涵的界定存在两个明显的趋势：在工程领域及灾难管理领域，学者对弹性的解读侧重于系统或组织的恢复力与稳定性；在生态领域、社会生态领域及组织管理领域，学者对弹性的理解超越了稳定性，更多关注研究主体的适应能力、学习能力与成长能力。关于弹性理论起源及其发展的详细介绍可参见吕文栋等的文章。

弹性研究虽有诸多分歧，但也有共识，即弹性是系统应对内外部环境冲击的能力。在风险管理视域下，内外部环境冲击在一定程度上可解释为组织不确定性的来源。因此，弹性领域的相关研究可启迪风险管理研究。

第一，为解决不可度量的不确定性问题提供了契机。风险评估是风险管理的核心步骤，常用的风险评估方法是概率论与数理统计，对组织内外部的不确定性因素进行识别、分析、评价，算出期望值。与战略风险相关的不确定性绝大多数难以量化，即使量化也是估算，因此在实践中意义不大。弹性关注的是组织自身的应变能力，量化战略风险很难，评估自身能力则易。因此，借助弹性，从研究外部不确定性因素对组织实现目标的影响转向研究组织遇到不确定性时应对内外部冲击的能力评估与构建，就为解决不可度量问题提供了新思路。

第二，风险研究重点应转向组织的价值创造。风险管理从诞生之日起就以损失控制为重点，无论是采用保险、套期保值还是内部控制方法。既有的风险管理理论也重视组织的价值创造活动，如2017年COSO发布的《企业风险管理——整合战略与绩效》把风险管理与组织的价值创造联系起来，希望风险管理能支撑战略，并实现组织的价值创造，但理论研究并没有明确阐述其内在机理和实现方式。弹性相关研究表明，弹性包括企业的学习能力、适应能力和发展能力，是企业在动态环境中不断重塑其商业模式和经营战略，创造持续竞争优势的能力（Hamel and Valikangas，2003）。因此，从弹性视角研究风险管理可以兼顾组织的损失控制与价值创造。

第三，风险管理应兼顾组织的稳定性和持续性发展。既有风险管理通过控制实际结果与预期结果的偏差降低波动性，主要的应用场景是规律的、平稳的和可预测的环境，追求在可预期的环境中保持组织的稳定性。弹性可应用于多个场景，特别适合无序的、突变的和不可预测的环境，重视选择的多样性及异质性。弹性强调阈值及可持续性，由于组织处在多变的、不平稳的、竞争激烈的环境中，广受意外因素的冲击，于是追求稳定和可持续发展成为组织发展的要义。

党的二十大报告指出，“必须坚持系统观念。万事万物是相互联系、相互依存的。只有用普遍联系的、全面系统的、发展变化的观点观察事物，才能把握事物发展规律。”针对风险管理理论存在的不足，基于系统观思想以及组织弹性理论，吕文栋等（2017；2019）构建了弹性风险管理理论的框架体系，该理论框架界定了风险、弹性、阈值、弹性风险管理等核心概念，并在此基础上明确了弹性风险管理框架体系、流程与方法。

3. 风险、弹性、阈值

（1）风险的新定义。既有风险管理理论面临的挑战之一是如何针对真正的不确定性（Knight，1921）提出系统化的解决方案，因而转变对风险的认知是弹性战略风险管理的前提条件。

人们对风险的认识各不相同，风险是不确定性事件对组织目标的影响（ISO 31000，2009）这一说法已被大多数人接受，有些人甚至将风险与不确定性等同起来。但是按照奈特（Knight，1921）的想法，不确定性分为可以度量的不确定性和不可度量的不确定性，可以度量的不确定性是风险，不可度量的不确定性不是风险。传统风险管理理论在定义风险时将不可度量的不确定性包含进来，在风险评估时一概用概率论的方法对各种不确定性进行度量，这种研究问题和研究方法的不匹配是既有风险管理理论被诟病的根源，但一直没能引起人们的重视。

既然从不确定性事件入手难以进行风险识别和量化，吕文栋等（2017；2019）尝试从能力视角对风险进行新的阐释。管理学相关研究认为组织是能力的集合体（Eisenhardt and Martin，2000；Prahalad and Hamel，1990；Teece et al.，1997）。系统科学的观点认为任何组织都是一个系统，都具有系统的特征和功能；系统功能是组成系统的要素、结构、运行机制、与外部环境的关系共同作用的结果，管理学中对组织资源（组织用来开发、制造以及向顾客供应产品的各种资产）与能力（用来从事一切必要活动的技能和才智）的描述与系统科学中系统要素、系统结构、运行机制、与外部环境的关系的分类并不矛盾，因为系统要素可理解为系统资源，而系统结构、运行机制、与外部环境的关系可理解为系统的做事方式，系统资源与做事方式共同体现了系统的功能，也即组织的能力。

组织现实具有的能力（简称现实能力）决定了组织的生存状态和竞争优势。所有组织都有追求的目标且目标会因时间、条件不同而变化，组织要实现目标，就必须具备实现目标所需要的能力（简称目标能力）。基于组织目标能力和现实能力之差的三种结果（见图8-1），吕文栋等（2017；2019）对风险做如下解读。

风险是组织实现目标时现实能力达不到目标能力的后果。基于能力定义风险能深化风险认知：

第一，在风险评估时，从评估未来的不确定性对组织实现目标的影响转变为评估组织自身能力的差距，这就为将风险管理研究对象从不确定性转向在不确定情境下的组织应变能力铺平了道路。

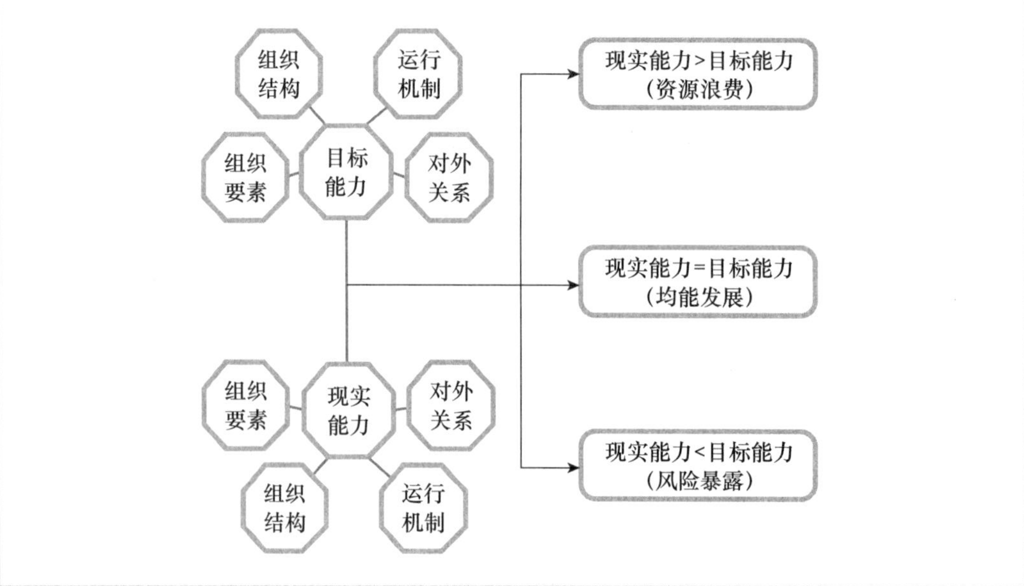

图8-1 基于能力视角的风险内涵示意图

第二，对风险产生原因的理解更为深刻。所有风险虽与外部的不确定性有关，但外部的不确定性充其量是外因，而能力不足是内因，外因通过内因起作用，内因才是导致风险发生的真正原因。

第三，通过风险在组织的战略目标、能力间建立起直接的联系。风险虽与不确定性相关，但更是实现组织战略目标时能力不足的后果，这就为后续研究组织战略、风险管理、价值创造提供了思路。

（2）对弹性的再认识。弹性是一个新兴的跨学科词汇，各学科对它的理解有所不同，即使在组织管理领域，不同的学者理解也不同：其一，认为弹性是受到外部冲击后的恢复能力（Comfort et al.，2010；Coutu，2002；McAslan，2010；Sutcliffe and Vogus，2003）；其二，认为弹性是吸收扰动并保持基本功能的适应能力（Adger，2000；Bremer and Linnenluecke，2017；Lengnick-Hall and Beck，2005；Mallak，1998；van der Vegt et al.，2015）；其三，认为弹性不仅仅是吸收能力和恢复能力，还包括适应之后创造更优状态的能力（Hamel and Valikangas，2003）。

弹性是组织的性质，也是组织的能力，它根植于构成组织的要素（人、财、物、技术、信息、声誉等）、结构、运行方式、组织与外部环境的关系中，组织要在充满不确定的情境中敏锐识别内外部变化并加以应对。弹性既包含维持、恢复组织既有结构和功能的能力，也包括组织的适应能力、学习能力和成长能力。

基于此，吕文栋等（2017；2019）提出，弹性是组织建构的、应对内外部变化时的主动反应，组织通过整合现有资源和能力，保持并提升竞争优势的能力。简言之，弹性就是组织的应变能力。从弹性风险管理的视角看，应变能力对应后文的拓展空间策略。

(3) 对阈值的解读。在组织管理领域，有关弹性的研究都忽视了“阈值”这一重要概念。胡克定律认为，在材料的线弹性范围内，固体材料受力之后，材料中的应力与应变（单位变形量）之间呈线性关系。其中的线弹性范围又称弹性限度，是一个阈值概念，是系统维持其稳定状态的最小输入值，在研究组织弹性时必须重视组织的阈值研究。弹簧是一个机械结构，属于无机系统，而组织是一个有机系统，它们对阈值的解读应有所不同。

组织开展风险管理首先要保证组织的持续经营，这是组织的最低目标，也是组织的底线或阈值。阈值是保证组织存在的最低能力，一旦阈值被突破，组织的稳定状态就会被打破，组织的经营也就难以为继。但组织的阈值并不固定且表现多样化，不同的组织或同一个组织在不同时期，阈值也可能不同，如现金流断裂、经营过程中的违法违规、资产损毁、消费者流失等单一因素或上述因素复合作用的结果都可以成为组织的阈值。

基于此，吕文栋等（2017；2019）提出，阈值是组织的弹性限度，是维持组织经营所需能力的最低值或底线，一旦突破，组织将无法正常经营。从弹性风险管理的视角看，阈值（即稳定能力）对应后文的守住底线策略。

(4) 风险、弹性、阈值的关系。延续前面关于弹性和阈值的论述，组织能力可进一步解释为守住底线的阈值能力和拓展空间的应变能力，它们共同构成了组织的弹性能力，即组织现实能力。阈值能力决定组织的生存，而应变能力关系到组织的发展壮大。组织现实能力低于实现组织目标所需要的能力就意味着风险，因此提升组织的弹性能力（现实能力）就成为应对组织风险的必要策略。

4. 弹性风险管理

基于对风险、弹性、阈值、守住底线、拓展空间概念的解读，吕文栋等（2017；2019）提出，弹性风险管理是围绕组织各类目标，度量组织实现目标所需能力和组织现实能力之间的差距，通过守住底线和拓展空间管理活动提升弹性能力，使组织在不确定情境下拥有竞争优势的过程和方法。

弹性风险管理不同于传统风险管理。传统的风险管理基于风险要素或环境变化的识别、评估和应对的逻辑，该方法有效的前提是环境变化可以识别和评估，然而认知的客观局限性导致上述前提难以时时成立。在此情境下，使组织具备应对环境变化且保持良好绩效水平的弹性能力相对于提高对环境变化的预测能力更易于实现。换言之，弹性风险管理更多关注的是组织自身能力的变化而非外部的不确定性，注重通过增强应对环境变化的能力来抵御不确定性事件对组织绩效的影响。该由内向外视角明显区别于传统风险管理的由外到内视角，即注重提高对环境变化的预测能力，提前制定不同的应对方法并执行。据此，提高组织弹性可以降低组织由于不能准确预测情境变化而缺乏相应规划所暴露的脆弱性。弹性风险管理与传统风险管理的差别见表8-3。

表 8-3 弹性风险管理与传统风险管理的比较

比较内容	传统风险管理	弹性风险管理
适用情境	情境变化可预测	情境变化可预测或不可准确预测
风险内涵	不确定性事件对组织目标的影响	组织现实能力达不到实现目标所需能力的后果
风险管理逻辑	由外到内：遵从风险识别、分析/评估、规划/应对的逻辑，首先对外部风险进行系统的评估，然后制定相应的风险应对措施	由内向外，关注组织自身的能力，通过构建可重塑的资源和能力，应对意料之外的不确定冲击并保持绩效稳定增长
风险评估对象	外部情境变化	企业内在应变能力
风险管理效果	侧重损失控制	同时关注损失控制和价值创造

5. 弹性战略风险管理的框架体系

(1) 弹性风险管理的框架、流程。

既有的风险管理框架体系中比较有影响的是 COSO 制定的风险管理框架体系。2004 年 COSO《企业风险管理——整合框架》提出一个“大魔方”结构，强调围绕组织四个目标（战略目标、经营目标、报告目标、合规目标）、通过八个要素（内部环境、目标制定、事件识别、风险评估、风险应对、控制活动、信息与沟通、监督）和组织全员参与开展风险管理活动；2017 年 COSO《企业风险管理——整合战略与绩效》提出一个“DNA”结构，强调围绕“使命、愿景与核心价值—战略发展—业务目标制定—执行与绩效—价值提升”链条，通过治理和文化、战略与目标设定、执行、检查与修订、信息沟通与报告五大要素和与之分别对应的 20 条原则，让风险管理能够支撑组织的战略和价值创造。

弹性风险管理的框架和流程体系如图 8-2 所示。

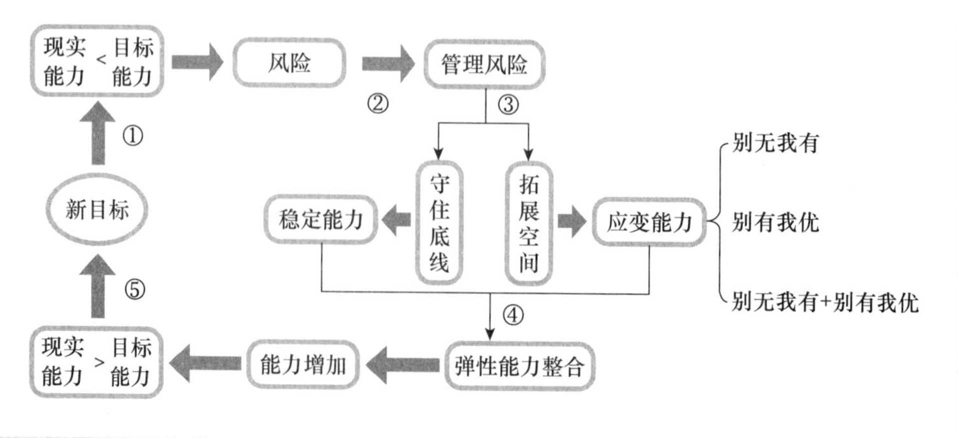

图 8-2 弹性风险管理的框架和流程体系

组织利用弹性风险管理框架体系进行风险管理时，要遵循的流程和关注的重点是：

①评估组织现实能力和实现目标所需能力的缺口，明确差距，判定风险的大小和严重程度。

②管理风险不是管控不确定性，而是提升能力以弥补差距。

③能力分为稳定能力和应变能力，分别与守住底线和拓展空间策略对应。稳定能力旨在守住组织的底线，让组织得以生存，不同的企业要守住的底线各不相同，有的是现金流，有的是产品质量，有的是违规等。应变能力有三条路径，即别无我有，别有我优，别无我有＋别有我优。

④将组织的稳定能力与应变能力进行弹性能力整合，最终提升组织实现目标的能力，使现有能力达到并超过实现目标所需要的能力，完成一个弹性风险管理的过程。

⑤能力整合后围绕新目标再开始新一轮组织风险能力的评估。

（2）提升弹性风险管理能力的路径、策略。

从前面的叙述中可知，弹性风险管理能力对应着守住底线和拓展空间策略。其中，稳定能力是风险管理的基本能力，既有的应对纯粹风险的保险方法、应对市场风险的组合金融工具、进行规范化管理的内部控制方法等已有丰富的研究成果，这里不赘述。下面重点讨论对应组织价值创造活动的拓展空间策略。

本书综合组织弹性、双元理论、动态能力理论、核心能力理论和战略管理理论的相关研究成果，提出弹性风险管理能力在拓展空间方面主要依赖于应变能力的提升。应变能力体现为组织的竞争战略，竞争战略通常决定组织如何在每种业务上展开竞争。在迈克尔·波特看来，没有组织能够成功地向所有人提供所有东西，他提出采用成本领先战略或差异化战略，也可在某个细分领域实现成本领先或差异化的集中化战略。虽然波特认为组织战略不能徘徊于成本领先或差异化之间，但越来越多的研究表明，组织能够同时具备两种优势并实现高绩效。

基于前述研究，吕文栋等（2017；2019）将组织常用的竞争战略与弹性风险管理应变能力相对应，提出提升组织弹性风险管理能力的三条路径（或称三种应变策略），如图8－3所示。

①路径1：别无我有。组织通过创新性管理活动即利用差异化的竞争战略，使组织提供的产品和服务与其他竞争者截然不同，做到别无我有。

②路径2：别有我优。组织通过效率性管理活动即成本领先的竞争战略，让组织提供的产品和服务拥有比其他竞争者更低的成本，做到别有我优。

③路径3：别有我优＋别无我有。组织通过创新性管理活动和效率性管理活动的整合，同时具备别有我优和别无我有以实现高绩效。这就要求组织同时具备差异化和成本领先的要素、结构、运行机制与对外关系，做好创新性和效率性管理活动的整合。

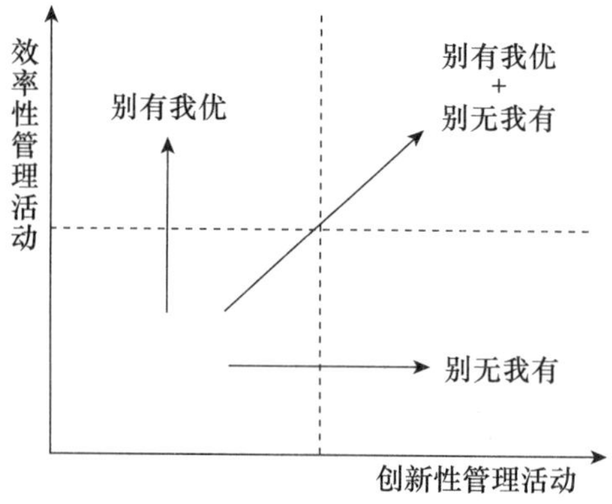

图 8-3　弹性风险管理能力的提升路径

（3）弹性风险管理的“哑铃模型”。

前面给出了组织提升弹性风险管理能力的三条路径（或称三种应变策略），那么在实际应用时该如何选择？在不确定性情境下，组织选择哪种应变方式不是随意和随机的，会受到组织自身资源和能力的影响和限制，即组织采用的提升应变能力的策略要与其现有的资源和能力相匹配。资源和能力在不确定性情境下会被组织不断获取和培养，这是组织的赋能过程，被赋能的组织为了保持竞争优势会选择更适合自己的应变策略。为了描述、分析和评测赋能过程中组织应变策略与组织资源和能力之间的关系，吕文栋等（2019）建立了弹性风险管理的“哑铃模型”，如图 8-4 所示。

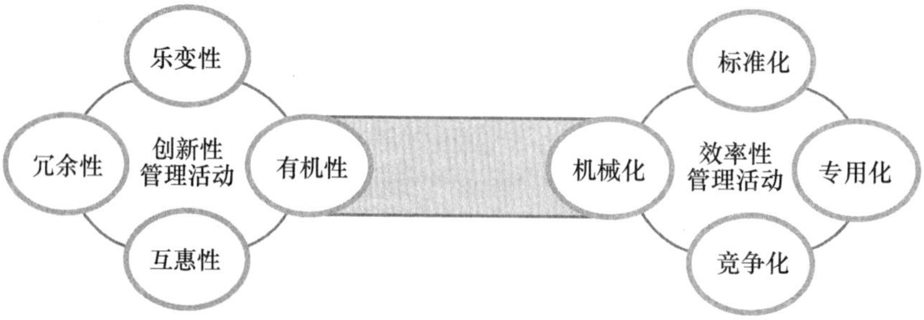

图 8-4　弹性风险管理的“哑铃模型”

在组织管理领域，学者们通常倾向于使用系统思维方式来分析组织弹性（Horne，1997）。系统即由相互作用和相互依赖的若干组成部分结合成的具有特定功能的有机整体（钱学森，2007）。各组成元素之间的相互作用以及系统对元素的整合作用形成了系统的整体特性，这又称为系统的整体涌现性（苗东升，2010）。进行系统分析时通常要考虑如下内容：①组成系统的各种要素；②系统的要素是以何种形式被组织在一起的，即系统结构；③系统内各种要素间、各层级间的相互作用方式，即系统的运作机制；④系统与外部环境的交互作用，包括系统对环境的影响以及环境变化对系统的改变。

基于系统思维四个方面的内容，吕文栋等（2019）分别选用指标对效率性管理活动和创新性管理活动组织的特点进行了界定。

效率性管理活动组织具有如下四个方面的特点：

①专用化。生产效率的持续改进需要投入大量的专用性资产或专业性技术（Thompson and Bates，1957），人员也需要有较高的专用性技能（Filley and Aldag，1980），资金的投入方向基本被既有的产品线锁定（Ghemawat and Costa，1993）。因此，效率性管理活动在要素层面呈现出显著的专用化特征。

②机械化。从组织结构看，效率性管理活动往往具有中心化特征（Filley and Aldag，1980），在授权和决策方面具有清晰的垂直控制链（Ebben and Johnson，2005）；不同层级之间不是一种松散的耦合关系，而是受到紧密的程序、详尽的计划和严格的预算的控制（Ghemawat and Costa，1993），因此体现出典型的机械化特征。

③标准化。从运行机制看，效率性管理活动重视标准化的流程、制度和规范。一方面，企业通过设置标准化流程推进大批量生产以降低成本（Woodward，1965）；另一方面，企业制定严格、详尽的控制制度，并频繁地进行监督、比对。企业施行自上而下的控制系统，使人员晋升具有清晰、固定的路径（Ghemawat and Costa，1993）。

④竞争化。在效率导向型管理情境下，个人及团队都有清楚界定的目标，这就导致个体在目标激励下呈现较强的内部竞争性；此外，效率导向型目标也会激励企业谋求对供应链上下游的更高议价能力和控制能力，从而表现出更强的外部竞争性（Ghemawat and Costa，1993）。

创新性管理活动组织具有如下四个方面的特点：

①冗余性。冗余性特征是针对组织内部资源而言的，指企业具有多元化、高质量、充足的资源储备（Mallak，1998），这些资源能够通过灵活使用或转换来支持创新活动的顺利开展。现有组织弹性相关文献对冗余性的讨论集中在财务资源、人力资本和组织惯例三个方面。

②有机性。有机性是弹性组织结构的集合特征，是组织适应性与稳定性的结合，一方面通过授权使组织成员能够围绕顾客需求变化进行自组织和快速响应；另一方面通过建立整合平台提供资源以及设置协调机制，维持组织运行的稳定性和高效率（Chan，2011）。

③乐变性。支持变化的组织文化包括环境变化警觉性、组织创新氛围与员工承诺，积极捕获环境变化的微弱信息是企业对环境变化做出及时有效反应的基本前提，良好的组织氛围和激励措施是组织成员在面临突发或意外事件以及在日常工作中积极主动采取创新性行为的保障，组织成员对公司持续创新的战略目标和核心价值观的认同与承诺是其主动为实现组织目标而努力和贡献的内在动力

(Lengnick-Hall and Beck，2005)。

④互惠性。外部环境关系可细分为商业关系与社会关系两类。外部环境关系的核心在于建立信任与互惠机制，通过在更大的网络系统中使其他参与者受益的方式，避免受到利益相关者的排挤和反对（Reeves et al.，2016），并为公司正常运营谋求必要的支持和资源（Mccann and Selsky，2012）。

在实践中，不同企业会依据自身的情况采用不同的方式应对战略风险，以下是对不同企业应对策略的描述和总结。

拥有持续竞争优势是企业应对不断变化的市场环境的不二法门，持续竞争优势最终体现在企业所提供产品和服务的不断创新与生产运营效率的不断优化上，二者又可以归结到企业对确定性和不确定性管理活动效率的追求上。在复杂多变的信息产业中，奉行“向不确定性要结果，向确定性要效率”管理原则的华为，一方面在前沿研究领域强化对不确定性的投入，多梯次、多路径、高强度地进行投资，允许犯错，寻求突破；另一方面对确定性的生产活动、开发活动以及工程安装等领域，事先做好规划，讲求效率，杜绝管理松散和管理无序，不允许犯低级错误。

积极探索和主动创新是在不确定性经营环境中保持竞争优势的重要因素，包括新产品的开发、新流程的设计、新技术的使用以及商业模式的更新等。探索和创新意味着企业需要对特定资源进行重新配置，这种变化程度高、不可预测的管理活动往往需要高投入和灵活性，因而组织惯性成为开展不确定性管理活动的重大障碍，这些沉重的枷锁导致成熟企业不能如小规模企业一般在波涛汹涌时灵活改变航向。因此，企业通常需要创造新的组织空间来开展不确定性管理活动，例如跨工作团队、设立衍生公司、并购或联盟等，效率体现在快速满足或适应变化的市场环境对企业所提供产品和服务的新要求。

针对变化程度较低、可预测的确定性管理活动，企业则需要遵从科学管理原则，基于严格的成本效益分析来设计系统，利用制度化的管理工具来实现低成本、高效率的生产运营，例如集成产品开发、模块化生产、标准化流程等，支撑企业快速规模化、经济节约地生产和销售新的产品和服务。初创企业往往凭借新产品获得撇脂价格，但随着竞争对手同类产品的不断涌现，企业通过制度和流程设计来降低运营成本成为保持竞争优势的重要来源，富士康精密的生产线设计以及丰田的即时生产方式均是对确定性活动进行高效管理的典范。华为在创立初期曾管理混乱，造成技术研发的巨额浪费，这种局面通过引进西方成熟企业的集成产品开发、集成供应链管理、信息系统整合等管理变革得到改善，华为最终没有陷入二次创业失败的困境。

不确定性管理活动的效率在于通过主动创新来快速适应环境变化，构建“别无我有”的竞争优势；确定性管理活动的效率在于通过系统化设计实现低成本、高效率的生产运营，形成“别有我优”的竞争优势。弹性企业通过发展并协同这两种差异化活动，在保证二者一定效率的基础上使得整体效率最大化。华为和海尔是通过平台设计实现创新性管理活动与效率性管理活动的成功案例。平台型企业打破科层式、事业部式的组织架构，将其共同的部分（如财务、法务、生产、物流、客服等）打造成一个职能平台，将其差异化的部分打造成一个个具有高度自主权的自主经营体。一方面及时捕捉客户需求变化，提升企业应变创新能力；另一方面通过基础模块共享降低生产成本，提高经营效率。

案例分析

华为的平台型企业战略

华为建立以项目经营为基础的管理文化，对相关流程、组织、资源分配机制、考核机制等进行调整，使每个项目成为自主经营的个体，推行功能部门和项目间的资源“买卖机制”。项目经营体坚持基于客户需求和技术领先持续创新，深入理解和挖掘潜在的客户需求，加大对未来不确定的技术方向和商业模式进行研发投入，坚持集成并主动牵引产业链上的各方力量来构建开放创新生态圈，通过与产业界、开发者、学术界、产业标准组织的密切合作来推动商业和科技创新，实现共同发展与繁荣。集团职能平台是聚焦业务的支撑、服务和监管的平台，在全球范围内不断加强共享中心的能力建设，通过整合、优化、自动化等手段，向前方提供及时、准确、有效的服务，支撑公司运作效率不断提升，在充分向前方授权的同时加强监管。

资料来源：2014年华为年报.

不可衡量风险1　　不可衡量风险2

8.2　经营风险管理

8.2.1　经营风险管理概述

8.2 即测即评

在2004年COSO《企业风险管理——整合框架》中，经营目标被定义为与利用主体资源的有效性和效率相关。因此经营风险并不是指某一种特定的风险，而是由一系列具体风险组成。不同行业、不同规模、不同性质的企业，其运营过程可能相差巨大，而经营风险的内容构成与具体企业的具体运营过程相关。不同行业的企业或组织面临不同的运营过程，从而承担不同的经营风险。

不同机构及学者给出了不同的经营风险的定义，在定义中往往对经营风险和运营风险未做详细区分，二者常交叉互用。《中央企业全面风险管理指引》第十五条指出，在运营风险方面，企业应至少收集与该企业、本行业相关的以下信息：（1）产品结构、新产品研发；（2）新市场开发、市场营销策略，包括产品或服务定价与销售渠道、市场营销环境状况等；（3）企业组织效能、管理现状、企业文化，高中层管理人员和重要业务流程中专业人员的知识结构、专业经验；（4）期货等衍生产品业务中曾发生或易发生失误的流程和环节；（5）质量、安全、环保、信息安全等管理中曾发生或易发生失误的业务流程或环节；（6）因企业内外部人员的道德风险致使企业遭受损失或业务控制系统失灵；（7）给企业造成损失的自然灾害以及除上述有关情形之外的其他纯粹风险；（8）对现有业务流程和信息系统操作运行情况的监管、运行评价及持续改进能力；（9）企业风险管理的现状和能力。《企业内部控制应用指引》从组织架构、人力资源、社会责任、企业文化、采购业务、生产制造、资产管理、销售业务、研究与开发、工程项目、担保业务、业务外包、资金活动、全面预算、内部信息传递、信息系统等方面，对企业的经营风险从内部控制角度进行分析。CPA《公司战略与风险管理》考试大纲（2023版）将运营风险定义为：企业在运营过程中由于内外部环境的复杂性和变动性以及主体对环境的认知能力和适应能力的有限性，运营失败或运营活动达不到预期目标的可能性及损失。

案例分析

蔚来汽车：自燃事件引发的经营风险

2018年9月，成立不到四年的蔚来汽车在纽约证券交易所成功上市，成为国内第一家在纽交所上市的电动汽车企业，也成为当时除特斯拉外最受关注的造车新势力之一。但自2019年4月以来，蔚来汽车于两个月内在国内三个不同城市发生了自燃事故。汽车是关乎用户生命安全的产品，汽车产品自燃事故无论对厂家还是用户来说都是敏感的重大问题。2019年6月，蔚来汽车调查后公布了自燃事故发生的原因：汽车电池和放电池的外壳不匹配，将电池绝缘皮压破导致短路起火。蔚来汽车宣布召回2018年4—10月生产的带有相关电池组的4 803辆蔚来ES8汽车。自此，蔚来汽车自燃事件暂告一段落，由此引发的关于蔚来汽车产品是否安全可靠的争议一直在发酵。

资料来源：邓云．蔚来回应自燃事件：电池包存在安全隐患 召回4 803辆ES8电动汽车．https://finance.huanqiu.com/article/9CaKrnKlbfG.

汽车行业作为一个工艺极为成熟的行业，由工艺自身问题引发的安全问题并不多见，而像蔚来汽车这样由电池及外壳不匹配的低级错误导致的自燃事故，反映出标榜与传统车企不同的蔚来汽车在生产运营管理上存在漏洞。虽然蔚来汽车的自燃事件是小概率事件，却引发了消费者对蔚来所有型号汽车安全问题的担忧，进而影响消费者对蔚来汽车的信心和信任度，给企业的长远发展带来难以预计的经营风险。经营风险种类繁多，蔚来汽车的例子仅仅反映的是经营风险的某一方面，无论是对传统企业还是新形态企业而言，经营都是企业最基本的职能，是实现企业可持续发展的支撑和保障，因此经营风险管控对于企业有重要影响，需要企业高度重视。

无论是理论界还是实务界，对经营风险尚未形成一致的概念。本书从经营目标出发，借鉴我国颁布的《企业内部控制应用指引》《企业内部控制评价指引》《企业内部控制审计指引》相关规定，将经营风险定义为由企业内部环境失效，或失败的业务及运营、财务及信息活动流程带来的企业的不确定性，并将其分为三大类别：（1）企业内部环境控制活动风险；（2）业务及运营活动风险；（3）财务及信息活动风险。各类别又包含不同的经营风险要素，具体如表 8-4 所示。

表 8-4　经营风险分类及要素

经营风险分类	经营风险要素
企业内部环境控制活动风险	组织架构、人力资源、社会责任、企业文化
业务及运营活动风险	采购业务、生产制造、资产管理、销售业务、研究与开发、工程项目、担保业务、业务外包
财务及信息活动风险	资金活动、全面预算、内部信息传递、信息系统

经营风险主要来源于企业内部，同时与外部事件密切相关。早期如巴林银行、中航油公司等发生的重大风险损失，近期如 2018 年中石化下属子公司联合石化的套期保值业务巨亏等，均属于经营风险管理失效的典型案例。经营风险通常与信用和市场风险相关联，在复杂的市场条件下，经营风险管理失败的代价极为高昂。CPA《公司战略与风险管理》考试大纲（2023 版）将市场风险定义为：企业所面对的外部市场的复杂性和变动性所带来的与经营相关的风险。分析市场风险的来源应主要考虑以下因素：

（1）产品或服务的价格及供需变化带来的风险；

（2）能源、原材料、配件等物资供应的充足性、稳定性和价格变化带来的风险；

（3）主要客户、主要供应商的信用风险；

（4）利率、汇率、股票价格指数的变化带来的风险；

（5）潜在进入者、竞争者、替代品的竞争带来的风险。

8.2.2 经营风险识别

风险识别指为通过识别风险源、影响范围、事件及其原因和潜在的后果等，生成一个全面的风险列表。以此定义为基础，结合经营风险特征，经营风险识别首先应分析和研究企业经营活动中涉及的要素。首先，本书将经营风险分为企业内部环境控制活动引起的经营风险、业务及运营活动引起的经营风险以及财务及信息活动引起的经营风险三大类别，各类别又包含不同的经营风险因素。其次，建立经营风险因素模型，确立经营风险因素的管理指标体系，建立企业经营风险因素指标分解模型。然后，收集与经营风险相关信息。渠道可分为外部渠道和内部渠道，内部渠道包括企业内部涉及组织架构、人力资源、社会责任、企业文化、采购业务、生产制造、资产管理、销售业务、研究与开发、工程项目、担保业务、业务外包、资金活动、全面预算、内部信息传递、信息系统等的相关工作流程和管理制度；企业重大经营风险事件案例；对现有流程制度的监管机制与报告；企业信息系统的管理与监控等。外部渠道包括市场趋势和商品分销。最后，在此基础上形成企业经营风险评估清单，如表8-5所示。

表8-5 企业经营风险评估清单

渠道	风险类别	一级流程	二级流程	三级流程	风险描述	原因分析	责任部门
内部渠道	企业内部环境控制活动	组织架构					
		人力资源					
		社会责任					
		企业文化					
	业务及运营活动	采购业务					
		生产制造					
		资产管理					
		销售业务					
		研究与开发					
		……					
	财务及信息活动	资金活动					
		全面预算					
		内部信息传递					
		信息系统					
外部渠道		市场趋势					
		商品分销					

8.2.3　经营风险分析

风险分析指为根据风险类型、获得的信息和风险评估结果的使用目的，对识别出的风险进行定性和定量的分析，为风险评价和风险应对提供支持。标准中还提到，风险分析要考虑导致风险的原因和风险源、事件的正面和负面的后果及其发生的可能性、影响后果和可能性的因素、不同风险及其风险源的相关关系以及风险的其他特性。具体从以下两方面进行分析：

（1）经营风险发生可能性分析。经营风险发生可能性指经营风险发生概率的大小或者发生的频繁程度。对经营风险发生可能性的量化分析可以将经营风险分为3大维度16个因素，每个因素可以进一步细化为若干评分标准，如表8-6所示。

表8-6　经营风险发生可能性分析

分析维度			得分				
			5	4	3	2	1
内部渠道	企业内部环境控制活动	组织架构因素引起的风险					
		人力资源因素引起的风险					
		……					
	业务及运营活动	采购业务因素引起的风险					
		生产制造因素引起的风险					
		……					
	财务及信息活动	资金活动因素引起的风险					
		信息系统因素引起的风险					
		……					
外部渠道		市场趋势因素引起的风险					
		商品分销因素引起的风险					

（2）经营风险影响程度分析。经营风险影响程度是指经营风险对公司的经营管理和业务发展产生的影响的大小。对经营风险影响程度进行分析，包括分析财产类损失大小、非财产类损失大小和影响范围。经营风险影响程度的量化分析可以从这三个维度进行，每个维度可以进一步细化为若干评分标准，如表8-7所示。

表8-7　经营风险影响程度分析

分析维度	得分				
	5	4	3	2	1
财产类损失大小					
非财产类损失大小					
影响范围					

注：得分越高代表经营风险影响程度越大。

8.2.4 经营风险评价

风险评价是将风险分析的结果与组织的风险准则比较，或者在各种风险的分析结果之间进行比较，确定风险等级，以便做出风险应对决策。具体而言，需要在经营风险分析的基础上，对经营风险进行不同维度的排序，包括经营风险事件发生可能性的高低、影响程度的大小以及风险水平的高低，以明确各经营风险对企业的影响程度。同时，在对经营风险水平排序的基础上，对经营风险进行分级，进一步确定需要重点关注和有限应对的经营风险。最后根据经营风险分析和评价结果，编制经营风险评价表，如表8-8所示。

表8-8 经营风险评价表

经营风险发生可能性		经营风险影响程度				
		极低	低	中	高	极高
		1	2	3	4	5
基本确定	5					
很可能	4					
有可能	3					
不太可能	2					
可能性极小	1					

注：深色区域代表经营风险较高；浅色区域代表经营风险一般；白色区域代表经营风险较低。

8.2.5 经营风险应对

风险应对是指选择并执行一种或多种改变风险的措施，包括改变风险事件发生的可能性或后果的措施。具体而言，经营风险应对可以消除经营风险或将经营风险控制在企业可承受的范围之内。具体流程为：首先，对经营风险的不同来源进行衡量和排序，确立经营风险管理目标及相应的应对方案；其次，确定风险管理责任部门和责任人，每一项风险应当有专人负责，最终落实到管理层和员工，特别应赋予风险管理责任人管理其职责范围内风险的责任；再次，明确对应经营风险的管控目标，使责任部门和责任人更加明确完成目标需要采取的应对措施；最后，确定经营风险管理的应对措施，企业应当针对每一领域的经营风险制定特定的风险应对措施，制作风险管理手册。另外，在整个经营风险应对过程中，要注意利用现代化信息技术和有效的信息系统，实现经营风险信息的集成和共享，提高经营风险管理的效率。经营风险应对计划表如表8-9所示。

表 8-9　经营风险应对计划表

经营风险基础信息		经营风险应对措施	经营风险应对计划	
风险代码	×××	风险承担/风险规避/风险转移/风险转换/风险对冲/风险补偿/风险控制	负责部门	×××
风险名称	×××		负责人员	×××
风险描述	×××		业务及管理活动	×××
产生原因	×××		资源配置	×××
风险等级	×		报告监督	×××

注：经营风险应对措施的各提法来自 CPA《公司战略与风险管理》考试大纲（2023 版），应对措施的具体应用可结合经营风险实际情况进行分析。

案例分析

美年健康：民营体检机构的医师危机

2018 年 7 月末，民营体检行业龙头美年健康被举报存在冒名医生、体检报告无医师手写签名、未取得放射诊疗资格而违规开展 CT 放射诊疗活动等违规行为。后经调查，举报中提及的三位医生表示部分患者的报告非其本人审核，该机构涉嫌违规出具报告。另外，美年富海门诊部于 2018 年 7 月 6 日取得 CT 和 MRI 诊疗科目的行政许可，但调查显示其在未取得行政许可前已违规开展相关诊疗服务。这些反映了民营体检行业在业务快速扩张时期存在医生需求激增导致的无证上岗，非专业医生看专业体检报告问题。此次由人力资源缺乏引起的“假医生”事件使美年健康在此事件后的 5 个交易日股价跌幅达 24.88%，市值蒸发近 170 亿元。

资料来源：蒋琰. 业绩暴涨 10 倍突发黑天鹅，美年健康“假医生”事件遭监管关注.（2018-07-30）. https://www.yicai.com/news/100003998.html.

8.3　报告风险管理

8.3.1　报告风险管理概述

8.3 即测即评

2019 年 8 月 15 日，曾揭露麦道夫诈骗案的会计专家马科波洛斯发布了一份长达 175 页的报告，直指通用电气企图通过不准确甚至是欺诈性的财务报表来掩盖公司财务和经营问题。虽然马科波洛斯报告的真实性尚未得到证实，但通用电气股价当天大跌 11.3%，跌至每股 8.01 美元，经历了自 2008 年金融危机以来“最糟糕的一天”，反映出市场和公众对企业报告风险仍心有余悸。回想当年，安然事件发生后，众多美国知名公司接连曝出财务造假，美国国会称这一系列的财务造假丑闻“彻底打击了投资者对美国资本市场的信心”，因此诞生了2002年的《萨班斯-奥克斯利法案》，该法案中明确提出对公众公司建立和保持内部控制有效性的强制要求，要求提高企业财务报告和审计的质量和透明度。其中的302、404、906条款都是和内部控制紧密相关的内容，并且制定了非常严苛的惩罚措施。在执行过程中，美国证券交易委员会唯一推荐使用的是COSO 1992年发布的《内部控制——整合框架》，COSO明确提出报告是内部控制要达到的主要目标之一。2013年COSO对此框架进行了修正，新框架在报告对象和报告内容两个维度上对报告目标进行了扩展。2004年COSO的《企业风险管理——整合框架》将报告目标列为四大目标之一。此外，各国都制定了相关的内部控制文件，对报告风险管理做出相关规定，其中影响较大的有英国Turnbull模型、加拿大CoCo模型等。

我国对于报告风险的管理始于证监会及上交所、深交所关于上市公司信息披露、公司治理等的相关规定，主要包括：2002年证监会《上市公司治理准则》、2005年证监会《关于提高上市公司质量的意见》、2006年上交所和深交所分别发布的《上市公司内部控制指引》等。2006年的《中央企业全面风险管理指引》从风险管控的角度对报告风险进行了阐述，第十六条指出，在法律风险方面，企业应广泛收集国内外企业忽视法律法规风险、缺乏应对措施导致企业蒙受损失的案例，并至少收集与该企业相关的以下信息：国内外与该企业相关的政治、法律环境；影响企业的新法律法规和政策；员工道德操守的遵从性；该企业签订的重大协议和有关贸易合同；该企业发生重大法律纠纷案件的情况；企业和竞争对手的知识产权情况。2007年证监会发布的《上市公司信息披露管理办法》从招股说明书、募集说明书与上市公告书，定期报告，临时报告，信息披露事务管理，监督管理与法律责任多个角度，对上市公司的报告管理进行了详细规定。2008年，财政部参考COSO的五要素内控框架，联合证监会、银监会、保监会、审计署发布了《企业内部控制基本规范》。2010年4月，出台了涵盖18项具体业务的《企业内部控制应用指引》《企业内部控制评价指引》《企业内部控制审计指引》。依据其中的《企业内部控制应用指引第14号——财务报告》，编制、对外提供和分析利用财务报告需关注的主要风险包括：（1）编制财务报告违反会计法律法规和国家统一的会计准则制度，可能导致企业承担法律责任和声誉受损；（2）提供虚假财务报告，误导财务报告使用者，造成决策失误，干扰市场秩序；（3）不能有效利用财务报告，难以及时发现企业经营管理中存在的问题，可能导致企业财务和经营风险失控。

企业建立内部控制体系首先要保证财务数据的真实性和可靠性，财务报告是判断一个企业是否具有投资价值的最重要的材料，所以监管机构必须以一种强制要求的形式使企业保持有效的内部控制来更好地保护投资者。从国外的相关风险管理文件看，无论是《萨班斯-奥克斯利法案》、COSO（1992），还是COSO（2004），均涵盖一个最基本的目标——报告目标。本书也将重点围绕财务报告的主要流程和工作环节，对报告风险管理流程进行阐述和分析。

案例分析

康美药业：300亿元资金去向之谜

2018年5月29日，康美药业的股价涨到每股27.97元，市值创下1 390亿元历史纪录。但到了2019年4月30日，年报发布最后关口这一天的凌晨时分，康美药业才公布其2018年年报和2019年一季报。同时，康美药业发布会计差错更正说明，称2018年以前的营业收入、营业成本、费用及款项收付存在账实不符的情况，公司修正2018年之前的财务数据多达14条，其中货币资金多计299.44亿元，营业收入多计88.98亿元，营业成本多计76.62亿元。由于公司采购付款、工程款支付以及确认业务款项时的会计处理存在错误，公司合并现金流量表中销售商品、提供劳务收到的现金项目多计102.99亿元。此消息一出，震惊了整个市场，康美药业股票在4月30日至5月13日连续出现7次跌停。2019年5月29日，ST康美再度跌停，股价跌至每股4.64元，总市值只剩231亿元，一年内蒸发1 159亿元。这期间到底发生了什么？

资料来源：苏杰德. 中国版集体诉讼第一案：造假的代价有多大?. [2021-05-03]. 中国新闻周刊.

证监会对康美药业的调查表明，康美药业披露的2016—2018年财务报告存在重大虚假：一是使用虚假银行单据虚增存款；二是通过伪造业务凭证进行收入造假；三是将部分资金转入关联方账户买卖本公司股票。康美药业作为曾经的中药行业领军者，竟以“会计修正”的名义公然对财务报告进行调整，借以掩盖企业自身的问题，出演一场“一夜间300亿元资金不翼而飞”的闹剧。康美药业之后的股价暴跌也反映了市场对这类风险问题认知的高度一致：财务报告可以说是判断一个企业是否具有投资价值的最重要的材料，如果这方面的真实性都得不到保证，企业自身的运营状况和实际投资价值更是难以让人信服。一旦公众和市场对财务报告的真实性产生怀疑，将给企业带来难以估量的长期的负面影响。无论是企业还是监管部门，必须高度重视报告风险管理工作，确保企业的各类报告准确客观地反映企业实际情况，培育顾客和市场对企业的信任和信心，实现企业长久发展。

8.3.2 报告风险识别

基于风险识别的定义，从财务报告角度出发，结合报告风险本身特点，本书中的报告风险识别涵盖财务报告的生成全过程，识别各环节风险。企业财务报告的生成过程可分为编制、审核、审计、批准、发布和使用等环节。其中，最主要的是财务报告编制环节，涉及制定编制方案，确定重大交易或事项的会计处理方法，清产核资、核实债权债务，对账与结账，编制个别财务报表，编制合并财务报表等。编制环节是财务报告生成的基础，编制环节的风险控制效果直接影响财务报告信息是否真实、可靠。另外，报告其他环节如审核、审计、批准、发布和使用的风险也在清单中列示。报告风险清单如表 8-10 所示。

表 8-10 报告风险清单

环节	一级流程	二级流程	三级流程	报告风险描述	原因分析	责任部门
报告编制环节	制定编制方案					
	确定重大交易或事项的会计处理方法					
	清产核资、核实债权债务					
	对账与结账					
	编制个别财务报表					
	编制合并财务报表					
报告其他环节	审核					
	审计					
	批准					
	发布					
	使用					

8.3.3 报告风险分析

以风险分析的定义为基础，结合报告风险自身特点，本书中的报告风险分析主要包括：

（1）报告风险发生可能性分析。报告风险发生可能性指报告风险发生概率的大小或者发生的频繁程度。对报告风险发生可能性的量化分析，可以从若干维度进行，每个维度可以进一步细化为若干评分标准，如表 8-11 所示。

表 8-11 报告风险发生可能性分析

分析维度	得分				
	5	4	3	2	1
会计政策不符合准则					
重大事项会计信息扭曲、处理不合法					
资产与负债账实不符					
账证、账账不符					
报告编制程序问题					
未按规定程序审核					
……					

注：得分越高代表报告风险发生可能性越大。

（2）报告风险影响程度分析。报告风险影响程度是指报告风险对公司的经营管理和业务发展产生的影响的大小。报告风险影响程度分析包括分析财产类损失大小、非财产类损失大小和影响范围。对报告风险影响程度的量化分析，可以从这三个维度进行，每个维度可以进一步细化为若干评分标准，如表8-12所示。

表8-12 报告风险影响程度分析

分析维度	得分				
	5	4	3	2	1
财产类损失大小					
非财产类损失大小					
影响范围					

注：得分越高代表报告风险影响程度越大。

8.3.4 报告风险评价

风险评价是将风险分析的结果与组织的风险准则比较，或者在各种风险的分析结果之间进行比较，确定风险等级，以便做出风险应对的决策。具体而言，需要在上一阶段报告风险分析的基础上，对报告风险进行不同维度的排序，包括报告风险事件发生可能性的高低、影响程度的大小以及风险水平的高低，以明确各报告风险对企业的影响程度。同时，在报告风险水平排序的基础上，对报告风险进行分级，进一步确定需要重点关注和有限应对的报告风险。最后根据报告风险分析和评价结果，编制报告风险评价表，具体如表8-13所示。

表8-13 报告风险评价表

报告风险发生可能性		报告风险影响程度				
		极低	低	中	高	极高
		1	2	3	4	5
基本确定	5					
很可能	4					
有可能	3					
不太可能	2					
可能性极小	1					

注：深色区域代表报告风险较高；浅色区域代表报告风险一般；白色区域代表报告风险较低。

8.3.5 报告风险应对

风险应对是选择并执行一种或多种改变风险的措施，包括改变风险事件发生的可能性或后果的措施。消除报告风险或将报告风险控制在企业可承受的范围之内。报告风险应对过程具体包括：（1）明确报告风险基础信息，评估报告风险应对现状；（2）制定报告风险应对措施，报告风险应对策略，包括风险承担、风险规避、风险转移、风险转换、风险对冲和其他策略等，可单独或组合使用；（3）实施报告风险应对措施。具体如表8-14所示。

表8-14 报告风险应对计划表

报告风险基础信息		报告风险应对措施	报告风险应对计划	
风险代码	×××	风险承担/风险规避/风险转移/风险转换/风险对冲/风险补偿/风险控制	负责部门	×××
风险名称	×××		负责人员	×××
风险描述	×××		业务及管理活动	×××
产生原因	×××		资源配置	×××
风险等级	×		报告监督	×××

注：报告风险应对措施的各提法来自CPA《公司战略与风险管理》考试大纲（2023版），应对措施的具体应用可结合报告风险实际情况进行分析。

8.4 合规风险管理

8.4即测即评

8.4.1 合规风险管理概述

合规这一管理概念起源于以美国为代表的西方金融行业。20世纪90年代，随着金融行业的快速发展，大型国际金融机构相继曝出银行洗钱、违规操作等导致重大损失的风险事件。随着风险管理功能的扩大、要求的增多，风险管理逐渐成为企业内部以反腐败、反违规为主的主动管理行为。2005年巴塞尔银行监管委员会发布《合规与银行内部合规部门》文件，鼓励银行不仅要识别当前的风险，而且要识别将来的风险，改进现有的风险管理体系来管理这些风险。2010年经济合作与发展组织（OECD）颁布《内控、道德与合规，最佳实践指南》，要求企业制定明确的政策来禁止海外贿赂，制定针对所有员工的合规执行体系、相关交流和培训机制、完善的举报制度等。2014年《合规管理体系指南》（ISO 19600：2014）发布实施，是全球公认的合规管理体系国际标准，其将合规管理分为建立和改进两部分，包括确定合规范围、建立合规方针、评估合规风险、制订应对计划、实施和控制、评估和报告、持续改进等阶段，为所有规模和类型的企业建立有效的合规管理体系提出了指导性建议。

在我国，合规风险管理主要由政府部门推动，包括但不限于法律风险管理的治理行为，行业从开始的金融行业向其他领域迅速扩展。2006年，银监会制定并实施《商业银行合规风险管理指引》，较早地使用了合规的概念，涵盖商业银行各层级的合规风险管理职责和管理流程的各个环节，规定了合规政策及报告的报备要求，是国内最早的合规指导性文件。紧随其后，2007年9月，保监会以保监发〔2007〕91号文下发了《保险公司合规管理指引》。商务部发布的《贸易政策合规工作实施办法（试行）》（2014）、国家税务总局发布的《税收政策合规工作实施办法（试行）》（2015）等，则是跨越到了其他的行业行政管理事务方面。2016 年，保监会颁布《保险公司合规管理办法》，明确“三道防线”合规管理框架。同年，国务院国资委选定中石油、中国移动等五家企业，开展合规管理体系建设的试点工作。自此，我国开始了合规管理体系建设的新探索。2017 年，证监会颁布《证券公司和证券投资基金管理公司合规管理办法》。同时，我国还积极引入合规的国际标准。2017 年 12 月，国家质量监督检验检疫总局和国家标准化管理委员会颁布《合规管理体系指南》（GB/T 35770—2017/ISO 19600：2014），为企业全面、系统地建设合规管理体系提供具体指南。这一标准的发布使我国合规管理体系建设有了更为具体的参考方法。

近年来随着我国经济的快速发展，尤其是“一带一路”倡议的推进，国内企业对外投资的热情持续高涨，也因此面临不同国家、不同地区的不同市场环境和竞争规则的挑战。为应对日趋复杂的合规问题，2018 年 11 月，国务院国资委印发《中央企业合规管理指引（试行）》的通知，其中，第十八条要求建立合规风险识别预警机制，全面系统梳理经营管理活动中存在的合规风险，对风险发生的可能性、影响程度、潜在后果等进行系统分析，对于典型性、普遍性和可能产生较严重后果的风险及时发布预警；第十九条要求加强合规风险应对，针对发现的风险制定预案，采取有效措施，及时应对处置。2018 年 12 月，国家发展改革委、外交部、商务部、人民银行等联合发布了《企业境外经营合规管理指引》，在不同章节提及合规风险管理流程，可归纳为：合规风险识别、合规风险评估、合规风险处置、合规审计、合规管理体系评价、持续改进。两项指引文件标志着合规风险问题超越法律层面上升为关系企业全局的问题。加上前面提及的《合规管理体系指南》，这三项文件均要求企业从决策层、管理层、执行层三个层面搭建合规管理组织架构，建立合规运行机制，并以辅助措施作为合规管理保障，建立合规管理风险的防线。其中，《中央企业合规管理指引（试行）》的内容与要求更为明确具体，而《合规管理体系指南》则更加系统全面，强调合规义务的识别和维护，《企业境外经营合规管理指引》的特殊性更为明显，偏重于海外经营的风险，对企业提出更为全面且具体的要求。国内外主要合规风险管理文件如表 8－15 所示。

表 8－15　国内外主要合规风险管理文件

具体时间	发布单位	合规文件名称及适用范围
2005 年 4 月 29 日	巴塞尔银行监管委员会	《合规与银行内部合规部门》：银行业参考适用
2010 年 3 月	经济合作与发展组织	《OECD 内部控制、道德与合规良好实践指南》：经合组织成员的企业参考适用
2014 年 12 月 15 日	ISO	ISO 19600《合规管理体系 指南》：组织（包括企业）参考适用

续表

具体时间	发布单位	合规文件名称及适用范围
2006年10月20日	中国银监会	《商业银行合规风险管理指引》：中国的商业银行强制适用
2016年12月30日	中国保监会	《保险公司合规管理办法》：各保监局、保险公司和保险资产管理公司强制适用
2014年12月12日	商务部	《贸易政策合规工作实施办法（试行）》：国务院有关部门和地方各级人民政府及其部门适用
2015年10月10日	国家税务总局	《税收政策合规工作实施办法（试行）》：国家税务局、地方税务局，局内各单位适用
2017年6月6日	中国证监会	《证券公司和证券投资基金管理公司合规管理办法》：中国的证券公司和证券投资基金管理公司强制适用
2017年12月29日发布 2018年7月1日实施	国家质量监督检验检疫总局、国家标准化管理委员会	《合规管理体系 指南》（GB/T 35770—2017/ISO 19600：2014）：组织（包括企业）参考适用
2018年11月2日	国务院国资委	《中央企业合规管理指引（试行）》：中国中央企业强制适用，地方国有企业参照适用
2018年12月26日	发改委等七部委	《企业境外经营合规管理指引》：对外贸易、境外投资、对外承包工程等“走出去”相关业务的中国境内企业及其境外子公司、分公司、代表机构等境外分支机构参考适用
2022年10月12日	国家市场监督管理总局、国家标准化管理委员会	《合规管理体系要求及使用指南》（GB/T 35770—2022）实施

资料来源：郭青红．企业合规管理体系实务指南．北京：人民法院出版社，2019.

8.4.2 合规风险识别

合规风险识别指发现、收集、确认、描述、分类、整理合规风险，对其产生原因、影响范围、潜在后果等进行分析归纳，最终生成企业合规风险清单，为下一步合规风险的分析和评价明确对象和范围。合规风险识别是合规风险管理的首要步骤、前提和基础。

企业要构建符合自身经营管理需求的合规风险识别框架，提供若干识别合规风险的角度。具体包括：企业主要的经营管理活动，企业组织机构设置，利益相关者，引发合规风险的原因，合规风险事件发生后承担的责任，部门法律领域等。

企业可以根据自身的不同需要，选择以上不同的角度或不同角度的组合，构建适合自身的合规风险识别框架，查找合规风险事件，收集违规案例。

识别合规风险需要根据构建的法律风险识别框架。查找合规风险事件的方法包括：问卷调查、访谈调研、头脑风暴法、德尔菲法、检查表法等；合规管理评估；内部审计；员工举报等。此外，还需要关注和收集违规案例以及相关司法判例，同类企业、本企业过去识别和发生的合规问题及违规案例。合规风险事件与违规案例清单格式如表 8-16 所示。

表 8-16　合规风险事件与违规案例清单

目标领域	合规义务	合规规范条目	合规规范名称	合规风险事件、违规案例描述	产生原因

8.4.3　合规风险分析

根据《合规管理体系指南》可以总结出，合规风险分析是企业对不合规的原因、来源、后果的严重程度、不合规及其后果发生的可能性进行分析和研究，对识别出的合规风险进行定性、定量的分析，为合规风险的评价和应对提供支持。

（1）合规风险发生可能性分析。合规风险发生可能性指合规风险发生概率的大小或者发生的频繁程度。对合规风险发生可能性的量化分析可以从以下五个维度进行，每个维度可以进一步细化为若干评分标准，如表 8-17 所示。

表 8-17　合规风险发生可能性分析

分析维度	得分				
	5	4	3	2	1
内部合规规范的完善程度					
合规规范的执行程度					
人员合规管理素养					
外部监管执行力度					
违规次数（一年内）					

注：得分越高代表合规风险发生可能性越大。

（2）合规风险影响程度分析。合规风险影响程度是指合规风险对公司的经营管理和业务发展产生的影响的大小。合规风险影响程度分析包括分析财产类损失大小、非财产类损失大小和影响范围。对合规风险影响程度的量化分析可以从这三个维度进行，每个维度可以进一步细化为若干评分标准，如表 8－18 所示。

表 8－18 合规风险影响程度分析

分析维度	得分				
	5	4	3	2	1
财产类损失大小					
非财产类损失大小					
影响范围					

注：得分越高代表合规风险影响程度越大。

8.4.4 合规风险评价

根据《合规管理体系指南》，合规风险评价是根据合规风险分析的结果对合规风险等级与企业能够并愿意接受的合规风险水平进行评估。通过分析评估设定合规风险的优先等级，帮助企业做出合规风险应对的决策。合规风险评价的步骤包括：（1）在合规风险分析的基础上，对合规风险进行不同维度的排序，包括合规风险事件发生可能性的高低、影响程度的大小以及风险水平的高低，以明确各合规风险对企业的影响程度；（2）在合规风险水平排序的基础上，对合规风险进行分级；（3）在合规风险排序和分级的基础上，进一步确定需要重点关注和有限应对的合规风险。根据合规风险分析和评价结果，编制合规风险评价表，如表 8－19 所示。

表 8－19 合规风险评价表

合规风险发生可能性		合规风险影响程度				
		极低	低	中	高	极高
		1	2	3	4	5
基本确定	5					
很可能	4					
有可能	3					
不太可能	2					
可能性极小	1					

注：深色区域代表合规风险较高；浅色区域代表合规风险一般；白色区域代表合规风险较低。

8.4.5 合规风险应对

风险应对是在完成风险评价之后，选择并执行一种或多种改变风险的措施，包括改变风险事件发生的可能性或后果，以及针对合规风险采取相应措施，消除合规风险或将合规风险控制在企业可承受的范围之内。合规风险应对包括：选择合规风险应对策略、评估合规风险应对现状、制定合规风险应对措施、制订合规风险应对计划、实施合规风险应对措施与计划等环节。其中核心环节包括：

（1）建立合规风险基础信息。通过评估合规风险应对现状，了解目前的合规风险应对存在哪些不足和缺陷，为制订合规风险应对计划提供支撑。（2）制定合规风险应对措施。确定合规风险应对策略并就应对现状进行分析后，针对每一合规风险制定具体的应对措施和实施计划。（3）制订合规风险应对计划。在合规风险应对措施确定之后，要制订应对措施的实施计划。合规风险应对计划表应呈报公司管理层（如合规委员会）或者其他相关负责机构批准后执行，具体如表 8－20 所示。

表 8－20　合规风险应对计划表

合规风险基础信息		合规风险应对措施	合规风险应对计划	
风险代码	×××	风险承担/风险规避/风险转移/风险转换/风险对冲/风险补偿/风险控制	负责部门	×××
风险名称	×××		负责人员	×××
风险描述	×××		业务及管理活动	×××
产生原因	×××		资源配置	×××
风险等级	×		报告监督	×××

合规风险管理是守住底线的重要制度保证，无论是道德层面还是业务层面，合规是基本要求，也是永恒主题。在新技术驱动下，从工业经济到互联网经济再到数字经济，新的企业经济形态和商业模式层出不穷，必然会给合规风险管理带来新的挑战，这也是未来合规风险管理要重点关注和解决的问题。

本章在历年 CPA 考试中涉及的考点

1. 战略风险与应对
2. 经营风险与应对
3. 报告风险与应对
4. 合规风险与应对

思考题

1. 战略风险的特点是什么？
2. 传统战略风险管理的局限是什么？
3. 弹性风险管理的流程由哪些关键要素构成？
4. 如何理解守住底线和拓展空间的含义？
5. 为什么说“别无我有＋别有我优”差异化管理活动的整合对企业的风险管理提出了更高的要求？

6. 经营风险管理的种类和特点是什么？
7. 经营风险管理流程的主要内容是什么？
8. 报告风险管理的要点有哪些？
9. 为什么合规风险管理愈发重要？合规风险管理的要点有哪些？

案例分析题

案例资料

20世纪90年代是属于微软的软件时代，微软凭借着Windows操作系统统治了整个计算机世界。一般电脑安装的都是微软的系统，只不过Windows的版本不同而已。进入2000年新纪元，谷歌开启了互联网时代，乔布斯带领苹果走向巅峰，而此时的微软显得故步自封和陈旧。这段时间里微软陷入战略困境，守着原来的一亩三分地，不敢在新领域冒险，在互联网市场上看着谷歌遥遥领先，在智能手机市场输给苹果，在移动平台竞争上WP彻底败给了安卓和IOS。

但是，2017年微软市值再次突破6 000亿美元。按照2017年的市值计算，微软是全球第三大上市公司。这是微软历史上第二次市值突破6 000亿美元，也是自2000年互联网泡沫以来首次突破6 000亿美元。根据微软发布的2016年第四季度财报，微软的云计算服务品牌Azure季度收入较去年同期大幅增长，涨幅达97%。另外，云应用——Dynamics 365和企业端Office 365也分别实现74%和43%的增速，据统计，当时微软的云计算市场份额排名第二，仅次于亚马逊的AWS。简单说，微软市值突破6 000亿美元，主要靠的是云计算产业。截止到2019年微软的市值为1.08万亿美元。营收同样呈现稳健增长态势，在2018年营收突破千亿美元，2019年营收规模同比增长14%至1 259亿美元。利润更是成倍增长，同比增长137%至392亿美元，值得一提的是，2019年第四季度来自智能云营收规模首次超过Windows业务，被视为具有转型里程碑意义。

在一定程度上，微软不再是一家传统系统软件公司，已成功蜕变成一家以云服务平台为核心的平台型企业。尤其在亚马逊AWS称雄全球云市场的格局中，微软凭借越来越多的企业使用Azure，成为亚马逊最强劲的竞争者。例如，嘉士伯将旗下数据中心、应用和SAP系统整体迁移至微软智能云Azure上。Azure云平台大大增强了嘉士伯的业务扩展性、敏捷性和灵活性，助力嘉士伯实现数字化战略宏图。全球无人机领导者大疆，与微软合作，将Azure IoT Edge及微软人工智能服务与无人机相结合，打造面向农业、建筑、能源等行业的解决方案。还有招商证券选择微软Azure作为云服务供应商，Azure提供了全面的IaaS与PaaS支持，使招商证券能够在云上快速地根据客户的需求与业务规模构建SaaS服务所需的基础IT环境，实现快速交付，大大缩短上线时间。

为什么微软的云服务能够脱颖而出呢？原因可总结为以下三点：(1) 坚持

“移动为先、云为先”的战略，把握移动通信互联网浪潮，基于开源优势，拥抱大数据、AI以及物联网等先进技术，将传统产品与Office及Azure云全面结合，以新带旧重新唤醒微软活力。(2) 基于世界级计算机网络，全方位终端汇集，打造赋能全行业的微软云生态。(3) 重视文化变革与组织再造，更好地把握市场需求与机遇。随着流量以及5G创新应用的不断落地，云计算作为移动互联网时代生态构建的重要基石，将极大受益于5G红利。

另外，微软为提升云服务竞争力，不仅收购ExpressLogic物联网系统公司，且围绕物联网、智能边缘的技术创新，在2022年之前投入超过50亿美元，在全球拥有超过1万家物联网合作伙伴。当前，微软提供从智能云到智能边缘，广泛涵盖各种物联网应用需求和场景的全面、安全、可信的完整平台，在一系列最新进展中，Azure IoT Central让开发者和合作伙伴仅用几秒钟就搭起一个物联网应用的框架，以此推动微软云服务与AI应用无处不在。

昔日的老大哥是否能东山再起？让我们拭目以待吧！

资料来源：根据知乎专栏资料改编。

要求

1. 微软在2000年之前如何通过Windows系统实现其辉煌？
2. 为何在2000年之后微软逐渐从辉煌走向了衰退？
3. 微软又如何在17年之后实现了崛起？与2000年之前的辉煌有哪些不同？
4. 如何利用弹性战略风险管理理论来解读微软从辉煌到衰退又崛起的这一发展历程？

第9章

公司治理与战略管理、风险管理

思维导图

- 公司治理与战略管理、风险管理
  - 公司治理概述
    - 公司治理的概念
    - 公司制度的起源与治理问题的产生
      - 公司制度的起源
      - 公司治理问题的产生
    - 公司治理理论与原则
      - 公司治理理论
      - 公司治理的原则
  - 公司治理效率分析框架
    - 内部治理结构
      - 股东会
      - 董事会
      - 监事会
      - 经理层
      - 国有企业党委（党组）
    - 外部治理机制
      - 产品市场
      - 公司控制权市场
      - 经理人市场
    - 公司治理的基础设施
      - 信息披露制度
      - 信用中介机构
      - 法律法规
      - 政府监管
      - 舆论监督
  - 三大公司治理问题及应对
    - 经理人对于股东的“内部人控制”问题
    - 终极股东对于中小股东的“隧道挖掘”问题
    - 企业与利益相关者的关系问题
      - 利益相关者的利益期望
      - 利益相关者权力
  - 公司治理与战略管理
    - 公司治理与战略管理的关系
      - 公司治理结构对战略管理主体有重要影响
      - 公司治理结构将直接影响公司战略目标的选择
      - 公司治理模式的不同直接决定了企业监督机制的差异
    - 董事会——战略的决策、评估部门
      - 董事会与战略管理
      - 董事会战略管理能力的提升
    - 高管——企业战略实施与控制的关键点
  - 公司治理与风险管理
    - 公司治理与风险管理的关系
    - 风险管理中董事会的角色
      - 董事会在风险管理中的主要职责
      - 董事会的监督角色
    - 风险管理中高层管理者的角色
      - 总经理/CEO的角色
      - 首席风险官的角色
    - 风险管理中风险管理委员会的角色
    - 风险管理中审计委员会和内部审计的角色
      - 审计委员会的角色定位
      - 内部审计的角色定位

素养提升

党的二十大报告强调“社会主义核心价值观是凝聚人心、汇聚民力的强大力量”“广泛践行社会主义核心价值观”。本章主要介绍公司治理的概念、具体内容以及与战略管理及风险管理的关系。加强公司治理需要发挥社会主义核心价值观的引领作用，重点强调道德因素在提升公司治理效率中的意义，树立正确的职业理想与职业道德，并将道德要求与社会主义核心价值观中的敬业、诚信和我国传统文化中的“慎独”精神相结合，加深对社会主义核心价值观的学习，坚定文化自信。

学习目标

1. 了解公司治理理论
2. 掌握三大公司治理问题
3. 掌握公司治理内部结构与外部治理机制的内容
4. 理解公司治理的基础设施
5. 理解公司治理与战略管理的关系
6. 掌握董事会战略管理能力的提升途径
7. 理解公司治理与风险管理的关系
8. 掌握内部治理结构的不同部分在风险管理中扮演的角色

9.1 公司治理概述

9.1.1 公司治理的概念

9.1 即测即评

从公司治理的实践及这一问题的产生和发展来看，可以从狭义、广义两个方面来理解公司治理的定义。狭义的公司治理是指所有者（主要是股东）对经营者的一种监督与制衡机制，即通过一种制度安排，合理地配置所有者和经营者之间的权力和责任关系。它是借助股东会、董事会、监事会、经理层所构成的公司治理结构来实现的内部治理，其目标是保证股东利益的最大化，防止经营者对所有者利益的背离。

广义的公司治理不局限于股东对经营者的制衡，还涉及广泛的利益相关者，包括股东、雇员、债权人、供应商和政府等与公司有利害关系的集体或个人。公司治理是通过一套包括正式或非正式的、内部或外部的制度或机制来协调公司与所有利益相关者之间的利益关系，以保证公司决策的科学性与公正性，从而最终维护各方面的利益。在广义上，公司已不仅是股东的公司，还是一个利益共同体，公司的治理机制也不仅限于以治理结构为基础的内部治理，而是所有利益相关者的利益最大化。

9.1.2 公司制度的起源与治理问题的产生

1. 公司制度的起源

从发展历史看，企业制度经历了两个发展时期——古典企业制度时期和现代企业制度时期。古典企业制度主要以业主制企业和合伙制企业为代表。现代企业制度主要以公司制企业为代表。总体而言，企业制度从古典到现代的转变经历了业主制企业、合伙制企业和公司制企业的发展过程。

（1）业主制。业主制也称个人企业，是企业制度最原始的形态。业主制下的企业归业主所有，即业主自己控制企业，拥有完全的自主权，享有全部的经营所得；业主对企业负债承担无限责任。企业资产等同于个人资产，当企业资不抵债时，业主要用其全部资产来抵债。

业主制的优点是可以保持经营的统一性和灵活性；缺点是规模小，资金筹集困难，业主承担无限责任导致风险较大，企业存续受制于业主自然生命等。这些缺点使业主制企业逐渐被合伙制企业替代。业主制企业在现代主要体现为个体经营企业，如农贸市场摊主。

（2）合伙制。合伙制企业是由两个或多个出资人联合组成的企业，其基本特征与业主制无本质区别。

合伙制企业归投资人共同所有、共同管理，并由他们分享企业剩余或亏损；同时，所有出资者对企业债务承担无限责任。

合伙制的优点是与业主制相比扩大了资金来源，降低了经营风险；缺点是合伙人对企业债务承担无限责任，风险较大，合伙人的退出或者死亡会影响企业的生存。合伙制企业在现代主要体现为中介企业，如会计师事务所、律师事务所等。

（3）公司制。随着经济、社会和技术的进步，企业制度不断完善，发展为现代企业制度，即公司制。公司制是现代经济生活中主要的企业存在形式，它使得企业的创办者和企业家在资本的供给上摆脱了个人财富、银行和金融机构的束缚。公司由三类不同的利益主体组成：股东、公司管理者（或经营者）、雇员。

与传统的企业或古典企业相比，股份公司具有三个重要的特点：一是出资人承担有限责任；二是股份可以自由转让；三是股份公司是一个独立于出资者的自然人形式的经济、法律实体，从理论上讲，有一个永续的生命期。

2. 公司治理问题的产生

随着公司制企业的形成，现代公司呈现出股权结构分散、所有权和经营权分离等重要特征。正是由于资金来源多元化和组织发展的这些特征，公司治理问题产生。公司治理问题包括股东与经理人利益冲突引发的代理问题和大股东侵占小股东利益的剥夺问题。

(1) 代理问题的产生：所有权与经营权的分离及股权分散。

现代公司存在两权分离的情况，即创业者（股东）拥有所有权，职业管理者（经理人）拥有经营权。作为委托人的股东与作为代理人的经理人的利益和目标是不一致的。信息不对称、机会主义等因素的存在有可能导致代理人出现道德风险，产生损害股东利益的代理问题，即管理层不按股东利益行事带来的各种代理成本，包括片面追求个人收入、片面追求经营规模、不当在职消费等败德行为。

公司股权分散的不利影响表现在：第一，弱化股东控制力，使得股东无法在集体行动上达成一致，提高治理成本；第二，弱化对经营者的监督；第三，将股东和公司其他利益相关者置于被机会主义行为损害、掠夺的风险之下，为代理问题的形成埋下了隐患。

(2) 剥夺问题的产生：股权结构多元化及控制股东的存在。

随着规模的扩大，企业在创始人的投资不足时需要进行外部融资。企业对外融资方式有债券融资和股权融资两种。采用股权融资时，如果股权结构多元化、股东人数众多，一些小股东难以参与董事会决策，只好听从大股东摆布。在股权集中的情况下，若公司的高层管理者由控股股东指派，内部人（控股股东和管理层）与外部人的利益就会发生冲突，形成控股股东对小股东利益的侵害以及对其他投资者、雇员利益的直接侵占。本书将这类有控制权的股东损害没有控制权 股东利益的问题叫剥夺问题。剥夺问题涉及控股股东与非控股股东之间的关系，抑或是大股东与小股东之间的关系。

案例分析

鄂武商控制权之争

鄂武商是全国十大百货商店之一。1992年11月上市后，鄂武商从单体商场发展成为集团化连锁经营企业。

2006年4月，迟迟不能进入鄂武商最高决策层的浙江银泰与武汉银泰先后增持股份，将银泰系持股总比例刷新至18.11%，超过第一大股东武汉国资的持股比例17.23%，并公开声称此次收购的目的是获取鄂武商的控股地位，鄂武商控制权之战正式开始。此后战事不断升级，最终双方于5月达成如下协议：银泰系增派3名董事进入鄂武商董事会，3名董事分期进入，并在适当时候派管理人员参与鄂武商的经营管理工作。作为交换条件，银泰百货不再谋求大股东之位，只作为战略投资者，享受投资收益。9月18日，武汉国资重新夺回鄂武商第一大股东的地位。

这场争夺战的主要原因在于股权比例与董事会席位的冲突。从两大股东之间几次控制权争夺的结果看，虽然控股股东最终取得了控制权主导地位，但每次争夺都使第二大股东获得了一定的话语权及好处。在鄂武商最初的11名董事席位中，第一大股东拥有绝大多数席位，掌握着绝对的话语权，而与之持股比例相当的浙江银泰只有1个席位。经过不断争取，2011年浙江银泰在董事会中已占5席，而2016年的双方协议使浙江银泰在董事会中的席位进一步增加。

资料来源：刘向东，俞叶峰．鄂武商控股权之争．http://finance.sina.com.cn/stock/t/20061101/17003040819.shtml.

9.1.3 公司治理理论与原则

1. 公司治理理论

公司治理理论可以追溯到1776年，亚当·斯密在《国富论》中提出股份制公司由于经营者与资本所有者的利益不一致所产生的代理问题。经过多年的发展，委托代理理论、资源依赖理论、利益相关者理论成为最主流的三种理论，如表9-1所示。

表9-1 公司治理理论的主要观点

理论	主要观点
委托代理理论	所有权与控制权分离的直接后果是委托代理问题的产生。委托代理理论的主要观点认为，委托代理关系是随着生产力发展和规模化生产而产生的。一方面生产力发展使得分工进一步细化，权力的所有者由于知识、能力和精力的原因不能行使所有权力；另一方面专业化分工产生了一大批具有专业知识的代理人，他们有精力、有能力代理行使被委托的权力。
资源依赖理论	资源依赖理论认为，组织通过获取环境中的资源来维持生存，没有组织可以完全实现资源自给。企业经营所需的资源大多需要在环境中通过交换获得。该理论强调组织权力，把组织视为一个政治行动者，认为组织的策略无不与组织试图获取资源、控制其他组织的权力行为相关。该理论认为那些能帮助组织获得稀缺资源的利益相关者往往能在组织中获得更多的话语权，即资源的依赖状况决定组织内部的权力分配状况。
利益相关者理论	利益相关者理论认为，企业的经营管理者为综合平衡各个利益相关者的利益要求而进行管理活动。与传统的股东至上主义相比，该理论认为任何一个公司的发展都离不开各利益相关者的投入和参与，企业追求的是利益相关者的整体利益，而不仅仅是某些主体的利益。

2. 公司治理的原则

经合组织（OECD）早在1999年就出台了公司治理原则，目的是帮助其成员及非成员政府评估和改善本国公司治理的法律、制度和监管体系，为证券交易所、投资者、公司和其他在推进良好公司治理过程中发挥作用的机构提供指引和建议。《OECD公司治理原则》主要包括以下内容：

（1）确保有效的公司治理框架。公司治理框架应当提升市场的透明度和有效性，符合依法原则，并明确划分各类监督、管理和执行部门的责任。

（2）股东权利和关键所有权功能。公司治理框架应该保护和促进股东权利的行使。

（3）平等对待全体股东。公司治理框架应确保所有股东受到平等对待，所有股东在权利受到侵害时都有权得到有效的赔偿。

（4）利益相关者在公司治理中的作用。公司治理框架应承认法律规定的利益相关者在公司治理中的权利，并鼓励公司与利益相关者在创造财富和工作岗位以及促进企业财务的持续稳健性等方面开展积极合作。

（5）信息披露和透明度。公司治理框架应确保及时、准确地披露公司所有重大事件的信息，包括财务状况、业绩、所有权及公司的治理情况。

（6）董事会的义务。公司治理结构应确保董事会对公司的战略指导和对管理层的有效监督，确保董事会对公司和股东承担责任和保持忠诚。

9.2　公司治理效率分析框架

公司治理是一系列的制度安排，制度的有效实施依赖于公司内部治理结构、外部治理机制与基础设施的协调运行，其中，公司内部治理结构与外部治理机制构成了公司治理的模式，如图 9－1 所示。

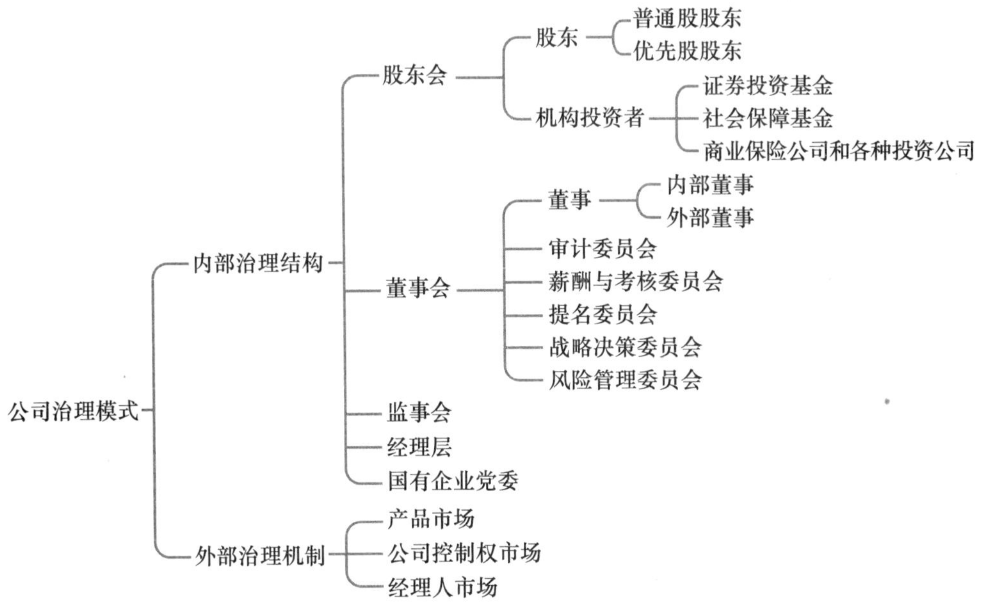

图 9－1　公司治理模式

9.2.1　内部治理结构

内部治理是权力与责任在股东会、董事会、监事会、经理层和党委之间的分

9.2 即测即评

配，通过内部治理结构完成。

公司内部治理结构主要是指股东会、董事会、监事会、高级管理团队以及公司员工之间责权利相互制衡的制度体系。由于经理层与股东的利益不一致，合约的不完备和信息不对称所产生的不确定性使得委托代理问题不太可能通过合约来解决，因此在公司内部就需要一个制度机制来约束经理人的败德行为。在实践中，股东并不是将公司的控制权直接交给经理人，而是以一种信托关系首先交给董事会，董事会再通过委托代理关系聘用经理人进行经营管理。为了使公司能够有效地运作，各层权力机构应明确自身的权利和义务，避免出现越级管理的现象。

1. 股东会

公司内部的最高权力机构和决策机构，是公司的非常设机构。股东会由股东构成，按照股东持有股份进行表决。股东是出资设立公司并对公司债务负责的人，分为普通股股东和优先股股东。普通股股东享有剩余收益请求权、剩余财产清偿权、监督决策权、优先认股权、股票转让权。优先股股东享有优先收益分配权、优先财产清算权、管理权，没有投票权。

2. 董事会

由股东会选举产生，负责公司及其经营活动的指挥与管理。根据公司法，董事会代表公司股东的利益。董事会是公司内部最高决策者，能够监督企业的战略决策，以确保决策符合股东的利益。此外，董事会拥有合法权利雇用、解雇包括CEO在内的企业雇员，决定他们的薪酬。从董事会的独立性大小以及是否具有专业知识和技能的角度来看，可以将董事会的董事分为内部董事和外部董事。

案例分析

星巴克的董事会

星巴克董事会的结构和功能符合典型的美国上市公司的特征，采用单层董事会制公司治理结构。美国的股票市场对上市公司的公司治理和董事会结构有严格的规定，很多公司还根据自身情况制定了内部规定。

星巴克关于董事会的内部文件规定，董事会成员为9～13人。现任的董事会成员有11人，其中3人是内部董事，分别任公司的首席全球战略官（董事长）、首席执行官和高级副总裁，另外8人是外部独立董事。美国的证券监管机构对上市公司董事会中的独立董事比例要求为50%以上，并且对独立董事的任职资格做了严格和清晰的规定，以保证独立董事能够真正独立行事及代表股东的利益。星巴克内部甚至还规定，独立董事在任职期间，必须持有公司20万美元市值的普通股股票，以保证独立董事与普通股股东利益的一致性。

资料来源：苏琦，姜岳新．星巴克是如何进行公司治理的．https://mp.weixin.qq.com/s/YyGZO36Xy48BjaNGq9u7lQ.

3. 监事会

公司的最高监督机构，受股东会委托，对经理和董事会进行监督。我国《公司法》第七十六条规定，有限责任公司设监事会，监事会成员为三人以上。在公司除控股股东以外的其他利益相关者中，中小股东、公司职工和银行的利益与公司的利益相关性最大，最具有参与监督的动机和能力，监事会应集中代表其利益。

4. 经理层

公司日常经营管理和行政事务的负责人是由公司董事会聘任，在法律法规及公司章程规定和董事会授权范围内代表公司从事业务活动的高级管理人员。对经理层的激励方式主要有年薪制和股权激励两种。

以内部治理为主的企业也存在一些潜在风险。首先，在法人相互持股的情况下，企业间的分红可以彼此支付、抵销，持股者为了夸大其业绩，有可能采取抬高股价的方式，损害法人企业的利益。其次，这种模式下，企业管理者一般以增长率和市场份额的扩大为目标，这种重企业快速增长而轻股东利益的做法，显示出股东对企业经营管理的不到位，也说明了企业监管机制的不完整性。因此，单纯依靠企业内部治理很难解决所有的公司治理问题。

5. 国有企业党委（党组）

加强公司党建工作是全面从严治党的必然要求，把加强党的领导和完善公司治理统一起来是中国特色公司治理的重要内容。2019 年中共中央发布的《中国共产党国有企业基层组织工作条例（试行）》明确规定，国有企业的公司章程应写明党组织的职责权限、机构设置、运行机制、基础保障等重要事项，落实党组织在公司治理结构中的法定地位。国有企业党委（党组）应当发挥领导作用，把方向、管大局、保落实，重大经营管理事项必须经党委（党组）研究讨论后，再由董事会或者经理层做出决定。

9.2.2　外部治理机制

外部治理机制主要是指除企业内部的各种监控机制外的各个市场机制对公司的监控和约束。

1. 产品市场

产品市场的竞争对经理人的约束主要来自两个方面：

一方面，在充分竞争的市场上，只有最有效率的企业才能生存，企业的经理人自然面临更大的压力。如果经理人不努力，企业就可能破产，经理人也就可能失业，在生存压力下，经理人必须付出更大的努力，而且产品市场竞争越激烈，经理人的压力就越大。也就是说，市场竞争越激烈，经理人败德行为的空间就越小。

另一方面，产品市场的竞争可以提供有关经理人行为的更有价值的信息，如果企业所在行业没有竞争，全行业只有一家企业，企业的股东就很难评判经理人工作的好坏，但是如果同时有几家企业在同一行业竞争，并且影响不同企业收益和成本的因素是相同的，那么企业的股东可以通过把自己企业与其他企业进行比较，获得关于经理人工作好坏的更准确的信息。有了产品市场上的比较，股东就可以把经理人的报酬与同行业其他企业经理人的业绩相联系，也就可以为经理人提供更强的激励。

2. 公司控制权市场

公司控制权市场也称为资本市场。资本市场对经理人行为的约束是通过接管和兼并方式进行的，也就是通过资本市场上对企业控制权的争夺的方式进行的。简单地说，当公司现有经理人经营不努力时，企业的业绩就可能下降，企业的股票价格就会下跌，股票的价值也会小于可能的最大价值，这时，就会有人通过资本市场上的收购，控制这家公司的控制权，经营无方的经理人将被替代，以期待改进管理后实现增值。

即使收购不成功，在位的经理人也会因面临被替代的威胁而主动改变经营行为。此时，即使没有其他的激励措施，经理人也可能付出更多的努力，从而有可能使其行为与股东利益和公司价值最大化目标更趋一致。因此，收购和重组的威胁被认为是控制经理人行为的最有效方法之一。

3. 经理人市场

经理人市场又称代理人市场、企业家市场，实质是企业家的竞争选聘机制。竞争选聘的目的在于将管理企业的职位交给有能力和有积极性的经理人。经理人市场的供方是经理人，需方是企业，经理人的声誉便是经理人市场上经理人的“质量”信号。经理人市场之所以对经理人的行为有约束作用，是因为在竞争的市场上，声誉是决定个人价值的重要因素，经理人如果不努力，其业绩表现就会不佳，声誉也会下降。经理人必然关心自己的名声，因为只有信誉好才会有人愿意聘请他，他才能获得更高的报酬。经理人市场可以使经理人处于一种不断自我激励的过程之中，这在很大程度上解决了经理人自身的潜在激励问题。

9.2.3 公司治理的基础设施

影响公司治理效率的因素不仅包括公司内部治理结构和公司外部治理机制，还包括公司治理的基础设施。公司治理的基础设施主要包括公司信息披露制度、评价公司财务信息和治理水平的信用中介机构、保护投资者利益的法律法规、政府监管以及媒体和专业人士的舆论监督等。内部治理结构、外部治理机制与公司治理的基础设施三者共同决定公司治理的效率，形成了公司治理效率分析框架，如图 9－2 所示。

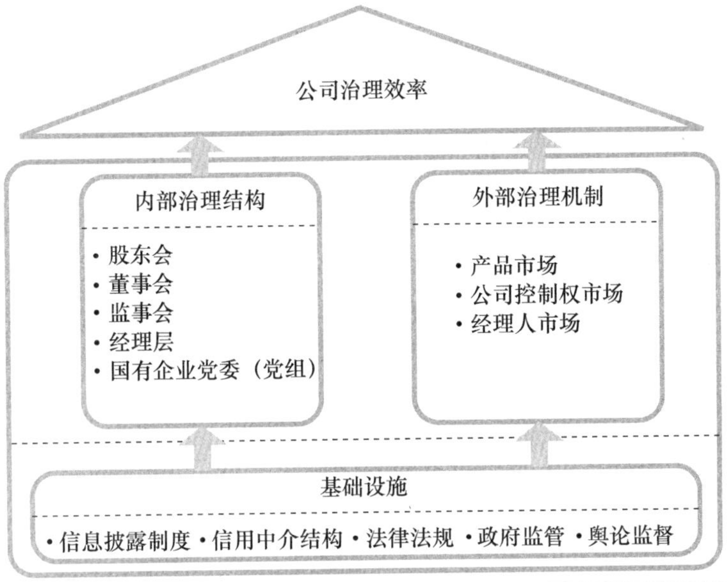

图 9－2　公司治理效率分析框架

案例分析

从公司治理看 WeWork 折戟 IPO

WeWork 的首次公开募股（IPO）惨遭“滑铁卢”，成为 2019 年资本市场最大的黑天鹅。

当地时间 9 月 30 日，WeWork 母公司 We Company 宣布撤回 IPO 申请，推迟上市计划。随后，在舆论对其公司估值和创始人的质疑声中，WeWork 的创始人亚当·纽曼（Adam Neumann）宣布辞任 CEO，只保留非执行董事席位。

公司治理机制不健全是 WeWork 遭受质疑的重要原因。创始人亚当·纽曼贷款购买物业，然后出租给其他公司；WeWork 公司高管均为其亲属；《华尔街日报》报道其 IPO 信息披露遮遮掩掩、颠三倒四。尽管聘请了 Skadden 和 Simpson 两家华尔街顶级律所，却漏掉了诸如首席执行官作为薪酬委员会一员决定给自己发多少工资这样重要的公司治理结构信息（弊病）。虽说是撤回，恐怕来日再想上市也很难。将这样的企业拒之门外，对资本市场整体而言，等于把风险隔绝在公众领域之外。审视 WeWork 上市失败的过程不难发现，资本市场愈发理智，公众投资人不再为过度投资买单，投资人关心的是公司治理。

资料来源：清澄君．WeWork撤回IPO的真正故事：一些随想．(2019-10-07)．搜狐．

---

1. 信息披露制度

信息披露制度是上市公司为保障投资者利益、接受社会公众监督而依照法律规定将自身的财务变化、经营状态等信息和资料，向证券管理部门和证券交易所报告，并向社会公开或报告，以使投资者充分了解情况的制度。它包括公司证券发行前的披露和上市后的持续信息公开，主要由招股说明书制度、定期报告制度和临时报告制度组成。

2. 信用中介机构

信息披露制度旨在向公司利益相关者提供必要的公司信息，通过信用中介机构让利益相关者相信公司所提供信息的真实性和可靠性。信用中介机构需要保持足够的独立性，对公司披露的信息做出客观公正的评估，对公司的利益相关者负责，避免公司利益相关者的利益受到损害。主要的信用中介机构包括会计师事务所、投资银行和律师事务所等。

3. 法律法规

公司治理以法治为基础，公司法、银行法、证券法、破产法、劳动法等法律均会对公司治理产生重大影响。投资者法律保护主要是指一个国家的法律法规对投资者的保护条款及这些条款的执行情况。对中小投资者的保护越好，公司价值越高。如果对小股东的权利保护较好，普通投资者预期他们未来的投资收益被大股东剥夺的可能性较小，从而更愿意购买这些公司的股票；相反，如果对小股东的权利保护较差，普通投资者会面临被大股东欺诈的可能性，因而无法实现他们应该得到的未来收益，在这种情况下，普通投资者愿意为这些公司的股票支付的价格就低，在极端的情况下甚至可能迫使一些公司退出股票市场。

4. 政府监管

信息不对称问题导致的市场失灵会损害企业利益，加之法律的不完备，政府监管变得不可或缺。有些市场缺陷无法通过市场本身来克服，必须借助公共权威机构即政府来克服。一个有效的政府是市场经济转型的前提条件。同时，政府为了促进就业、实现经济增长、收取税收，必然要关注公司稳定和公司各方的利益，也就必然要对公司实施监管。

5. 舆论监督

舆论监督的实施主体分为公众和媒体两个层次。公众作为舆论监督的主体，是舆论话题的发现者与提供者。媒体不但是舆论话题的发现者、提供者，也是公众舆论监督的实现途径和输出管道。

9.3　三大公司治理问题及应对

9.3.1　经理人对于股东的“内部人控制”问题

9.3 即测即评

“内部人控制”主要是指在战略决策过程中经理人与内部各方面联手谋取各自的利益，从而架空所有者的有效控制，并以此来侵蚀外部人（股东）的合法权益的现象，这是典型的委托代理型公司治理问题。

内部人控制问题的形成主要有两个原因：

第一，所有权与经营权分离。这是内部人控制问题产生的根本原因。所有者目标单一，追求企业利益最大化。代理人目标多元化，既追求个人收入，也追求权力、地位与在职消费等。当两者之间发生利益冲突时，经营者就会利用其经营权设法弱化所有者的约束，放弃甚至侵害所有者权益，以实现自身利益最大化。

第二，公司治理机制不完善。公司内部治理结构存在扭曲现象，如股东会流于形式，董事长兼任总经理，董事会、监事会成员由股东会选举产生的比例不高，难以产生监督和制衡的作用。

针对上述原因，可以采取以下四种措施应对内部人控制问题：

第一，完善公司治理体系，加大监督力度。在明确股东会、董事会、监事会和经理层职责的基础上，使其运作流程更加规范，信息更加透明、公开。这既有利于监管企业的日常经营活动，也能为建立更好的经理人激励机制提供条件。

第二，强化监事会的监督职能，形成企业内部权力制衡体系。吸纳具有良好专业素质的外部人员担任独立董事，以此削弱监事会对董事会的依附，从而加强对企业经理人员的监督。监督机构独立运作，与日常经营相互制约、相互扶持。从长远看，这有助于形成内部不同利益集团间的监督制衡机制。

第三，加强内部审计工作，充分发挥内部审计的监督职能，完善企业内部约束机制。

第四，完善和加强公司的外部监督体系，使利益相关者参与到公司的监管中，再结合经济、行政、法律等手段，构建对企业经营者的外部监督机制。

9.3.2　终极股东对于中小股东的“隧道挖掘”问题

“隧道挖掘”是指企业的大股东将企业资产和利润转移到自己手中的各种合法或违法的行为，会导致对中小股东利益的侵犯。

当控股股东隧道挖掘的收益大于其成本时，就会产生隧道挖掘问题。这里的收益来源于控股股东掌握的权力，成本则反映了控股股东对其行为承担的责任。也就是说，隧道挖掘问题的成因在于控股股东对公司的控制权大于其现金流权，权力和收益、责任不匹配。这是典型的剥夺型公司治理问题。

隧道挖掘问题主要表现为滥用公司资源和占用公司资源两种类型，终极股东采用多种形式进行利益输送。图 9－3 对终极股东隧道挖掘问题的表现和实现途径进行了汇总。

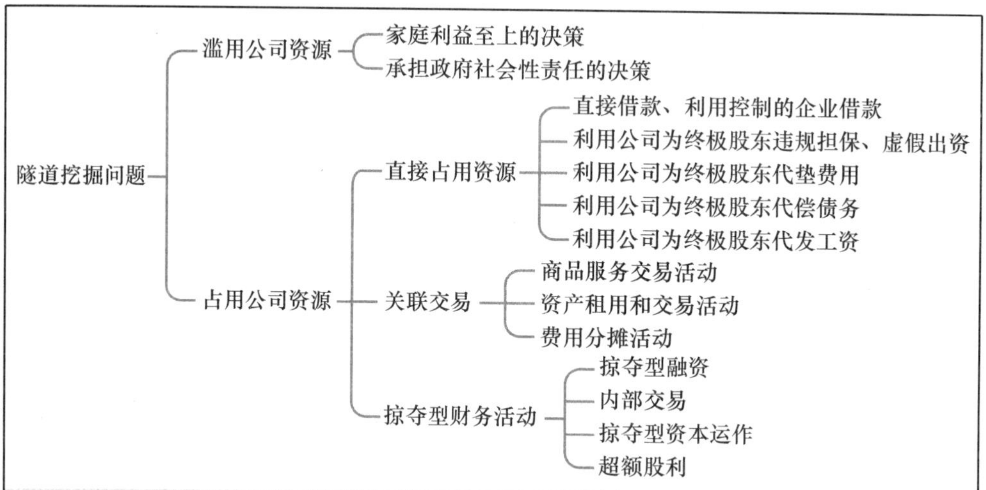

图 9－3　隧道挖掘问题的表现及实现途径

隧道挖掘问题侵占了中小股东的利益，应对措施应围绕保护中小股东利益展开，内容如表 9－2 所示。

表 9－2　隧道挖掘问题应对措施

保护措施	保护措施的内涵
实施累积投票制	累积投票制是指股东会选举董事或者监事时，每一股份拥有与应选董事或者监事人数相同的表决权，股东拥有的表决权可以集中使用。
建立有效的股东民事赔偿制度	遵守《公司法》等法律规定，依法对终极股东滥用权力行为实施法律制裁。
建立表决权排除制度	表决权排除制度又称表决权回避制度，是指当某一股东与股东会讨论的决议事项有特别的利害关系时，该股东或代理人均不得就其持有的股份行使表决权的制度。
完善小股东的代理投票权	股东可以委托代理人出席股东会，代理人应当向公司提交股东授权委托书，并在授权范围内行使表决权。
建立股东退出机制	当公司被终极股东控制时，为了降低中小股东的投资风险，降低其受终极股东剥夺的程度，当作为少数派的外部中小股东无法实现其诉求时，退出就成为中小股东降低风险的最后退路。包括退股和转股两类。

9.3.3 企业与利益相关者的关系问题

1. 利益相关者的利益期望

传统股东价值理论认为，企业归股东所有，企业的首要职责是为股东创造价值。所对应的治理模式是以股东利益最大化为核心目标，过度关注投资者利益而忽略了债权人、员工、供应商、社区、顾客等利益群体。大量公司治理实践证明，现代社会中任何一个公司的发展均离不开各种利益相关者的投入与参与。企业并不只是所有者的企业，而是所有利益相关者共同的企业，因此，企业的经营决策者必须考虑其他利益相关者的利益期望并给予相应的报酬或补偿。企业必须重视将利益相关者融入企业的治理模式中，让外部与企业利益相关的主体共同参与公司治理。同时，也有研究提出让所有利益相关者直接参与公司治理实务会产生权责不清的问题，会降低公司运作效率，使公司陷入“泛利益相关者治理”的困境。因此，利益相关者应该在多大程度上参与公司治理并影响公司决策成为企业与利益相关者之间的主要问题。解决这一问题的前提是确定利益相关者的类型与利益期望，以便选择对企业经营业绩有重要影响的利益相关者优先满足。

企业主要利益相关者可分为内部利益相关者和外部利益相关者，如表9-3所示。

表9-3 利益相关者及其利益期望

利益相关者类型	利益相关者名称	利益期望
内部利益相关者	投资者	股息、红利、多数股权。
	经理层	销售额最大化，以实现个人收益最大化。
	企业员工	个人收入和职业稳定的最大化。
外部利益相关者	政府	提供就业、收税、履行法律责任、促进经济增长、确保国际支付平衡。
	购买者和供应商	在其不同阶段增加更多的价值。
	债权人	理想的现金流量管理状况，较高的偿付贷款、利息的能力。
	社会公众	保护自然环境、赞助和支持社会公益事业等。对于上市公司来说，社会公众中有企业的股民，其对企业的期望除了利润最大化外，还要求企业对广大股民负责，采用正确的会计制度，提供公司财务绩效的适当信息，制止包括内幕交易、非法操纵股票和隐瞒财务数据等在内的不道德行为。

2. 利益相关者权力

利益相关者采取（或者说服其他有关方面采取）某些行动的能力称为利益相关者权力。该权力不同于职权（authority），主要有以下四点区别：第一，权力的影响力在各个方面，而职权沿着企业的管理层级自上而下。第二，受权力制约的人不一定能够接受这种权力，而职权一般能够被下属接受。第三，权力来自各个方面，而职权包含在企业指定的职位或功能之内。第四，权力很难识别和标榜，而职权在企业的组织结构图上很容易确定。

如图 9-4 所示，利益相关者的权力来源于五个方面。一是利益相关者对资源的控制与交换的权力；二是利益相关者在管理层级中的地位；三是个人的素质和影响；四是参与或影响企业的战略决策实施过程；五是利益相关者集中或联合的程度。战略家应该是一个有效的政治家。在企业战略决策与实施过程中，企业各方利益相关者采用对抗、和解、协作、折中、规避五种方式使用手中的权力，以实现战略目标。

在利益期望和权力的驱动下，企业与利益相关者之间不断产生矛盾，公司治理过程其实就是权力、责任、利益和风险等在不同利益相关者之间分配的过程，也是不同利益主体间相互博弈的结果。

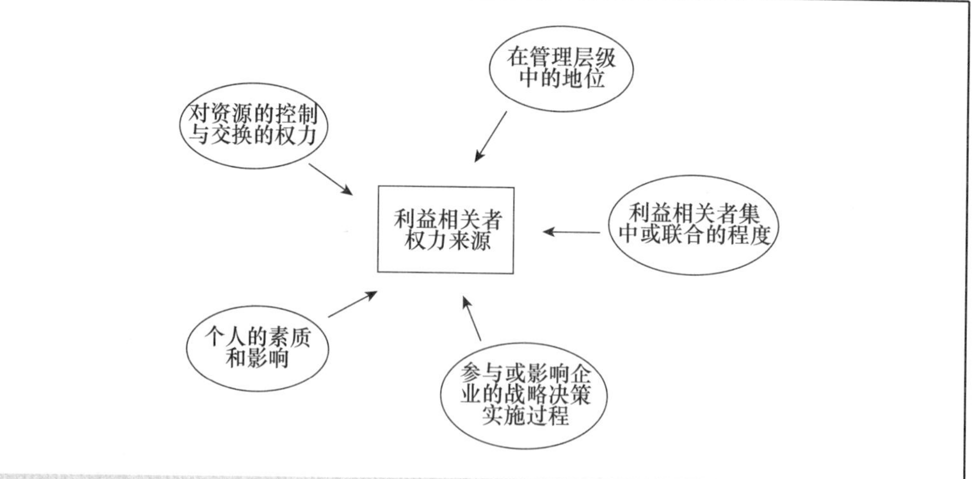

图 9-4 利益相关者的权力来源

9.4 公司治理与战略管理

9.4.1 公司治理与战略管理的关系

公司治理作为决定和控制一个组织的战略方向和绩效表现的各种相关利益者之

间的关系，其核心在于寻求一种保证战略决策有效性的方式，也可以被看作“企业针对所有者和经营者之间可能出现的利益冲突而建立的一种秩序和规则”。良好的公司治理通过良好的制度设计，形式上看似有助于激励企业出资人和管理者在利益诉求上保持一致，本质上却是将监督和控制作为战略决策主体的高层管理者的决策工具，确保企业战略制定内容的具体落实。公司治理对公司战略实施效果有重要的影响。

9.4 即测即评

1. 公司治理结构对战略管理主体有重要影响

战略管理主体主要是指公司内外部环境的分析者、企业战略的制定者、战略实施的领导者和组织者、战略实施过程的监督者和战略实施结果的评价者。一般而言，积极的董事会在战略决策过程中的参与程度较高，对战略选择有很大的影响力，在战略实施过程中表现出较强的控制力。相反，当董事会只是流于形式时，高级管理层不仅掌握了企业战略实施的指挥权，还包揽了战略制定的决策权。

2. 公司治理结构将直接影响公司战略目标的选择

公司中不同利益主体对战略目标的选择均受到自身利益的制约，这种制约正是公司治理结构所制衡的。如在股权较为集中的公司，大股东对董事会具有更大的号召力，使董事会在公司战略目标的选择上发挥更大的作用，公司更注重长远利益，具有更为清晰和明确的战略目标。在股权较为分散的公司，股东依据公司价值持有或出售股票，公司控制权集中于高层管理者，以维持短期利润和现有市场地位为战略目标，甚至不顾市场地位下降而竭力维持短期财务目标。这两种不同的战略目标选择恰好反映了两种不同的公司治理结构对公司战略目标的作用。

3. 公司治理模式的不同直接决定了企业监督机制的差异

公司治理作为一种监督机制和权力制衡机制，对战略实施过程起监督、控制的作用。当企业选择的是内部治理模式时，这种监督责任就落到了董事会的肩上，要求董事会积极地对战略实施过程进行有效的控制。当企业选择的是外部治理模式时，对战略实施的监督则是通过外部市场来实现的。当公司治理失效时，市场上的投资者就会选择用脚投票的方式抛售公司的股票，相关的高级管理层也会因此受到相应的惩罚。

9.4.2　董事会——战略的决策、评估部门

1. 董事会与战略管理

董事会设立的最根本目的就是保证企业战略决策的正确性，确保战略决策与

企业的基本目标、愿景、价值观相符，并且监督企业战略的正确实施。

战略决策的本质是解决企业将去向何处以及如何实现目标的问题。在战略决策过程中，必须确保决策者站在企业的角度来思考问题。因此，董事会无论是出于自身利益，还是职责所在，都应该对战略决策负有不可推卸的责任。然而在现实中存在种种原因，使得董事会在战略决策过程中的参与程度有所不同，如图9-5所示。

低（消极） ← 参与战略管理的程度 → 高（积极）

隐形	橡皮图章	最低参与	名义上参与	积极参与	促进
从来不知道该做什么；没有任何参与行动	允许管理人员的所有决策；当管理人员提出行动计划时进行表决	常规检查管理部门提出的事项	有限参与业绩议题或审查关键决策、指标及管理计划	审批使命、战略、政策、目标，提出质疑，并做出最终决定，拥有活跃的委员会执行财务和管理审计	在制定和修改使命、目标、战略和政策方面发挥领导作用，拥有非常活跃的战略委员会

图9-5 董事会参与战略管理程度连续图

一项调查范围从医院到《财富》500强企业的研究发现：30%的董事会与管理部门携手积极工作，决定战略方向（积极参与/促进）；30%的董事会检查并修订管理部门的方案（最低参与/名义上参与）；40%的董事会只是批准管理部门提出的方案（隐形/橡皮图章）。

在战略实施方面，高级管理层负有全面实施董事会战略的责任，同时还应及时向董事会报告实施情况。在该过程中，董事会负有监督、评价高级管理层绩效并且给予指导的责任。因此，一旦董事会的监督、指导职能被弱化，董事会对于高级管理层战略实施行为的控制力将大打折扣。如果对高级管理层的行为缺乏监督，就无法保证他们能完全履行职责，正确实施企业战略。这充分表明在公司治理中，董事会与高级管理层之间其实是一种权力相互制衡的关系。

2. 董事会战略管理能力的提升

从实践来看，我国的董事会存在一些问题，例如，法人代表与董事会集体决策间的矛盾；董事长包揽一切、内部人控制的问题；独立董事不能真正发挥作用；选聘董事过于看重董事的名誉，而对董事的专业技能等方面有所忽略；董事会的知识结构没有形成互补等，影响了董事会的战略管理能力。

为了有效提升董事会的战略管理能力，可从以下几个方面入手。

（1）完善董事选聘制度。对于董事人员的选聘，除了充分考虑被选聘人员的专业知识、资历外，还应考虑董事会成员间知识、能力的搭配问题，在选聘时不应盲目地看重选聘人员的社会声誉，而应看被考察者能否在董事会中真正发挥作用。在董事提名方面应该保持一定的独立性，以保证董事可以真正站在企业的角度说话，而不被环境胁迫。

（2）提高董事会决策质量和监督能力。董事会通常在需要做出重要决策或当企业出现较大问题时采用会议的形式来进行讨论与决策，在休会期间，为了保证董事会的权力不被侵害，应该在董事会之下分设一些委员会来代理行使董事会的部分职能。

（3）提高董事的专业能力。首先，在选聘董事的时候选用那些有能力、敢于提出建设性意见的人。其次，对董事进行相关的培训，帮助他们了解企业和更好地胜任董事一职。另外，考虑到目前我国董事还普遍兼任企业其他职务，应该增强董事的专业能力，保证选用的董事确实能胜任工作。

（4）增加董事会成员背景的多样性，规范董事会运作。作为战略决策机构，董事会决策质量的高低直接影响企业未来的发展，一旦决策失败，企业承担的损失将难以想象。为了保证战略决策的正确性，应该尽量选用来自不同背景的、具有专业素质的人，尽可能使董事会更全面地看待问题。在此基础上，还需要建立一套制度，以规范董事的行为，保证董事会的运作是理性的、有规则的。

（5）完善董事考核、激励机制。当前，我国企业普遍缺乏一套完善的董事考核、激励机制，以至于董事会成员没有很大的动力来努力工作。为了提高董事的积极性，建立完善的董事考核、激励机制已成当务之急。

9.4.3　高管——企业战略实施与控制的关键点

作为战略执行者的高层管理人员的业绩直接关系到企业的绩效，他们接受董事会的监督和领导，对公司战略的实施起全面推动作用。一个企业要想有好的业绩，除了有好的战略规划外，还必须有能够实施这些战略的管理人员，通过他们，企业的战略才得以转化为产品的竞争力，使企业获得更好的生存空间。作为战略管理主体的高级管理人员，负有提出战略计划、分解战略、执行战略的职责。高级管理人员在战略管理中扮演着重要的角色，他们是战略强有力的执行者，是企业勇敢的变革者，是值得信赖的领导者，是员工好的倾听者。

不同职位的管理者对公司的贡献有很大的差异。观察公司中不同的管理人员可以发现：职位高的管理者具有更好的能力、智力和更高的综合素质，这主要是因为越往组织的上层走，管理者越需要抽象思维，越需要将大量的时间花在非程序性决策上，越需要充分发挥自己的才能，而他们在公司管理中发挥的作用随着职位的上升而递增。因此，高层管理者在公司管理体系中居于核心地位，对公司的影响更是深远。

然而，就管理者而言，他们其实并不拥有企业的所有权，他们受聘于企业，或是为了给自己创造财富，或是为了满足自我价值实现的需求。这样一来，高层管理人员的个人利益不能和公司的利益完全相符。这就涉及代理问题，要通过合理的公司治理结构解决代理问题，提高高管的公司战略实施和控制能力。

9.5 公司治理与风险管理

9.5.1 公司治理与风险管理的关系

9.5 即测即评

公司治理结构是风险管理的基础，有效的风险管理是公司治理结构的重要目标。

近年来频发的公司财务欺诈、虚假会计信息等事件使得人们将视角从内部控制、风险管理转向公司治理，认为不强化公司治理将无法建立健全内部控制，也不能有效管控企业风险。自 2004 年 COSO 颁布《企业风险管理——整合框架》以来，董事会在风险管理中的核心地位得以确立，并且认为企业风险管理的终极目标是增加全体利益相关者的利益，进一步强调了公司治理在企业内部控制、风险管理中的重要性。

20 世纪以来，对公司治理风险（corporate governance risk）的研究开始兴起，认为公司治理不完善也是一种风险。克里奇顿-米勒和沃曼（Crichton-Miller and Worman，1999）较早提出了治理风险的概念，认为治理风险是指公司治理制度设计不合理或者运行机制不健全而给公司持续经营带来的不稳定性及对公司总价值的影响，从而对投资者的利益产生威胁。公司治理是风险管理的重要基础，从这个意义上讲，有效控制治理风险就成为企业进行有效风险管理的前提。

当前多个国家订立了公司治理的最佳守则，如美国（纽约证交所最佳治理守则）、英国（Cadbury/Hampel Report，The Combined Code）、加拿大（Dey Report）等。这些最佳守则指出，风险管理是董事会及管理层的责任。

要构建一个有利于风险管理的公司治理结构，首先，需要建立一个健全的、以董事会为首的公司治理结构；然后，订立企业的目标和战略，包括企业的风险政策和风险极限；最后，贯彻一套重视风险管理的企业文化和价值观。

按照《中央企业全面风险管理指引》，风险管理组织体系各组成部分及其职责大致如表 9-4 所示。

表9-4 风险管理组织体系各组成部分及其职责

<table>
<tr><th>内容</th><th>董事会</th><th>风险管理委员会</th><th>总经理</th><th>风险管理专职部门</th><th>其他职能部门</th><th>监督部门</th></tr>
<tr><td>工作报告</td><td>审议工作报告</td><td rowspan="6">在董事会领导下，审议并提交风险管理各项方案、报告</td><td rowspan="6">主持全面风险管理日常工作</td><td>提出风险管理工作报告</td><td rowspan="6">执行风险管理基本流程和制度规范，负责本部门工作</td><td rowspan="6">开展监督评价，出具评价报告</td></tr>
<tr><td>风险策略</td><td>确定风险管理总体目标和策略</td><td>提出风险管理策略</td></tr>
<tr><td>风险评估</td><td>批准重大风险评估报告</td><td>研究提出跨部门重大风险评估报告</td></tr>
<tr><td>控制决策</td><td>重大风险控制决策</td><td>研究提出跨部门重大风险管理方案</td></tr>
<tr><td>监督评价</td><td>批准监督评价报告</td><td>负责有效性评估，提出改进方案</td></tr>
<tr><td>组织机构</td><td>批准设立或撤销</td><td>组织协调日常工作</td></tr>
</table>

9.5.2 风险管理中董事会的角色

1. 董事会在风险管理中的主要职责

董事会就全面风险管理工作的有效性对股东会负责。董事会在全面风险管理方面主要履行以下职责：

（1）审议并向股东会提交企业全面风险管理年度工作报告，这是董事会在风险管理中的首要职责。

（2）确定企业风险管理总体目标、风险偏好、风险承受度，批准风险管理策略和重大风险管理解决方案。

（3）了解和掌握企业面临的各项重大风险及其风险管理现状，做出有效控制风险的决策。董事会应了解、掌握宏观层面的信息，如国家的方针政策、行业发展态势、竞争对手的竞争格局，甚至国际政治经济重大变化等，做出有效控制风险的决策。

（4）批准重大决策、重大风险、重大事件和重要业务流程的判断标准或判断机制。

（5）批准重大决策的风险评估报告。

（6）批准内部审计部门提交的风险管理监督评价审计报告。

（7）批准风险管理组织机构设置及其职责方案。

（8）批准风险管理措施，纠正和处理任何组织或个人超越风险管理制度做出风险性决定的行为，这一职责的实质是由董事会对内部违规行为做出处理。

（9）督导企业风险管理文化的培育。风险管理文化的培育是企业全面风险管理的基础工作，企业应给予充分重视。

除上述内容之外，董事会还要履行其他重大职责。

2. 董事会的监督角色

COSO《企业风险管理——整合框架》指出，董事会应与高级管理层讨论企业风险管理的进展情况，必要时实行监督。董事会应确保及时获知公司的重大风险、管理层的行动措施和管理层确保有效的企业风险管理的方法。企业风险管理能够帮助董事会更好地理解管理层的风险承受能力，增加董事会对管理层做出的风险管理绩效汇报的信任。

如果要实现积极有效的监督，就需要董事会预先参与政策制定、风险评估和战略制定活动。通过各所属委员会的活动，董事会能够增加管理层风险评估的价值，进而提升监督流程的质量。董事会向管理层提出有关风险管理的问题，目的是了解公司在实现既定的业务目标时面临的风险，判明公司是否具有适宜的方法和能力去管理其主要风险。常见的董事会向管理层提出的有关风险管理的问题如表9－5所示。

表9－5　董事会向管理层提出的风险管理问题

项目	可能的问题
战略方面的问题	管理层有没有让董事会及时地参与战略制定流程，讨论管理层的风险承受能力？ 管理层在做出接受或防止重大风险的决策时有没有让董事会参与？ 公司有没有承担董事会不了解的重大风险？比如，如果某个业务单元或产品类别获得的利润远远高于竞争对手，是不是承担的风险也远高于竞争对手？ 经营模式中固有的关键风险是否已被相关人员充分理解和管理？他们是否具备必要的知识、技能、工具和信息？是如何知道相关情况的？ 董事会是否了解主要的业务风险？对这些风险是如何进行处理的？ 主要风险是否已列入清单？风险清单是否及时更新？ 董事会议上是否有充足的时间讨论主要风险以及管理这些风险的能力是否存在重大不足？
政策方面的问题	管理层如何鼓励和奖励那些不会使公司承受无法接受风险的增长和创新行为？比如，公司是否设定了明确的界限和限制，以规定哪些行为是偏离战略或超出限制的？ 公司的创新活动与控制活动是否保持平衡？也就是说，两种活动的数量及实施力度之间是否差距较大？ 行动固有的风险是否得到充分的理解和管理？如何了解这些情况？

续表

项目	可能的问题
执行方面的问题	管理层是否了解实现企业目标和绩效目标的各项战略中固有的不确定因素？如何知道这些不确定因素？ 要使风险应对措施和相关的控制活动以及信息与沟通流程有效运行，是否有充分的保障措施？万一出现危机，是否有行之有效的应急方案？ 对于关键业务的风险是否有预警系统？是否配备了持续的识别风险、衡量风险影响和评估风险管理能力的有效流程，如相关的控制活动信息与流通流程？ 监督活动如何指导相关的情况？是否安排了负责识别、评估和管理关键风险的经理？ 董事会应该经常与这些经理开会讨论吗？
透明度方面的问题	是否实施了有效的流程，以确保有关风险和风险管理绩效的汇报真实可靠？有没有支持风险管理报告流程的组织结构？

9.5.3　风险管理中高层管理者的角色

1. 总经理/CEO 的角色

总经理对企业日常全面风险管理负责，全面掌控风险的能力是判断总经理是否称职的重要条件。企业总经理就全面风险管理工作的有效性向董事会负责；总经理或总经理委托的高级管理人员负责主持全面风险管理的日常工作，负责组织拟订企业风险管理组织机构的设置及其职责方案。

首席执行官参与企业风险管理，可以确保关注重点始终在战略层面。企业风险管理基础设施的有效运行离不开最高管理层的支持，要形成和保持良好的发展势头，最高管理层必须统一基调，通过协调一致的沟通和行动，展示出企业风险管理的决心。

2. 首席风险官的角色

通常情况下，首席风险官是企业风险管理的最终支持者。作为企业风险管理的支持者，首席风险官并不承担直接管理特定风险的责任，而是凭借风险管理委员会（一种执行委员会）、首席执行官或董事会（或董事会下属的委员会）的授权，以顾问和协作的角色开展工作。虽然这种角色可以有多种表现形式，但是在实践中，由于文化方面的约束，顾问和协作方式成为很多公司普遍采用的做法。在实践中，主要的不同之处就是首席风险官是向首席执行官汇报工作，还是向其他高级管理人员（通常是首席财务官）汇报工作，抑或是向风险管理委员会汇报工作。此外，首席风险官也可以向董事会下属的审计委员会汇报工作。

首席风险官是企业风险管理的领跑者，推动企业风险管理流程和基础设施的顺利运行。根据风险领域的不同，其角色既可能是咨询型顾问（评估和推荐），也可能是行权施令者（批准），甚至集二者于一身。在参谋部门（业务风险管理部门）的协助下，首席风险官为董事会（或某个指定的董事委员会）、首席执行官、执行委员会、风险管理委员会、业务单元及支持单元经理提供支持。

首席风险官的主要职责如表9-6所示。

表9-6　首席风险官主要职责描述

职责	说明
确立和传达公司的风险管理愿景	● 与奉命行事的高级经理人员小组合作，共同界定风险管理在公司中的定位，协助高级管理层将这种定位传达给整个公司。
确定和实施适宜的企业风险管理基础设施	● 协助管理层整合风险管理与战略管理流程； ● 制定风险管理政策和限制，经首席执行官和风险管理委员会批准后，传达这些政策和限制； ● 查明风险责任的空缺和重叠现象，并经过决议确保主要风险都有适当的责任人负责，必要时与风险管理委员会协作共同监督填补空缺，澄清重叠的行动计划； ● 与相应的高管人员合作，营造相应的控制环境； ● 协助首席执行官和风险管理委员会监督企业的关键风险； ● 指导业务风险管理职能部门收集、汇总、总结和评估那些来自各业务单位和支持单位的、有关风险管理绩效及公司面临的潜在未来事件风险的数据并汇编和分发风险管理报告。
建立、沟通和促进企业风险管理方法、工具和技术的运用	● 建立相应的促成框架，以此促进风险和风险管理数据、信息和知识的收集、分析、综合和共享； ● 验证现行的度量方法，确保基础性数据准确完整，报告真实可靠，推动全企业交流风险管理的最佳实践方法。
推动全企业的风险评估，监督企业对主要风险的管理	● 协调风险评估在全公司实施，从而掌握全公司风险观； ● 协助在全公司范围内定期评估风险管理政策、流程、能力、报告及系统，进而确定公司在管理关键风险能力方面存在的重大不足； ● 与业务单位及支持单位合作，建立、维持和持续提升全公司的风险管理能力； ● 在评估风险、制定风险应对措施的过程中，向业务单位及支持单位经理提供建议和援助； ● 经常进行风险管理教育和培训。

续表

职责	说明
向董事会、审计委员会和高级管理层进行适宜的风险汇报	● 制定度量和监督方法，综合全公司的风险敞口和风险管理绩效支持； ● 向董事会、首席执行官和风险管理委员会汇报风险敞口和监督结果等； ● 协助首席执行官和风险管理委员会做出资本和资源分析的决策。

9.5.4　风险管理中风险管理委员会的角色

具备条件的企业董事会可下设风险管理委员会，该委员会的召集人应由不兼任总经理的董事长担任；董事长兼任总经理的，召集人应由外部董事或独立董事担任。该委员会成员中须有熟悉企业重要管理及业务流程的董事，以及具备风险管理监督知识或经验、具有一定法律知识的董事。另外，可由监事会负责对总经理及董事会全面风险管理工作进行评价和监督。

风险管理委员会对董事会负责，主要履行以下职责：

（1）提交全面风险管理年度报告。

（2）审议风险管理策略和重大风险管理解决方案。

（3）审议重大决策、重大风险、重大事件和重要业务流程的判断标准或判断机制，以及重大决策的风险管理解决方案。

（4）审议内部审计部门提交的风险管理监督评价审计综合报告。

（5）审议风险管理组织机构设置及其职责方案。

（6）办理董事会授权的有关全面风险管理的其他事项。

综上，企业风险管理的监督结构及主要职责如图 9－6 所示。

9.5.5　风险管理中审计委员会和内部审计的角色

1. 审计委员会的角色定位

企业应在董事会下设立审计委员会，企业内部审计部门对审计委员会负责。审计委员会在公司的组织结构中隶属于董事会，是董事会下属的一个专门委员会，一般由 3～5 名独立董事组成，从公司整体组织架构看，审计委员会的地位要高于内部审计部门，并对之进行监督。

在与高级管理层讨论风险评估和风险管理时，审计委员会应当：

（1）讨论公司是否面临可能会影响品牌形象和声誉的未来潜在事件的风险（如灾难性损失、舞弊行为、非法行动、诉讼纠纷等）。

（2）了解管理层对财务报告风险的评估情况，询问外部审计师是否认同前述评估。

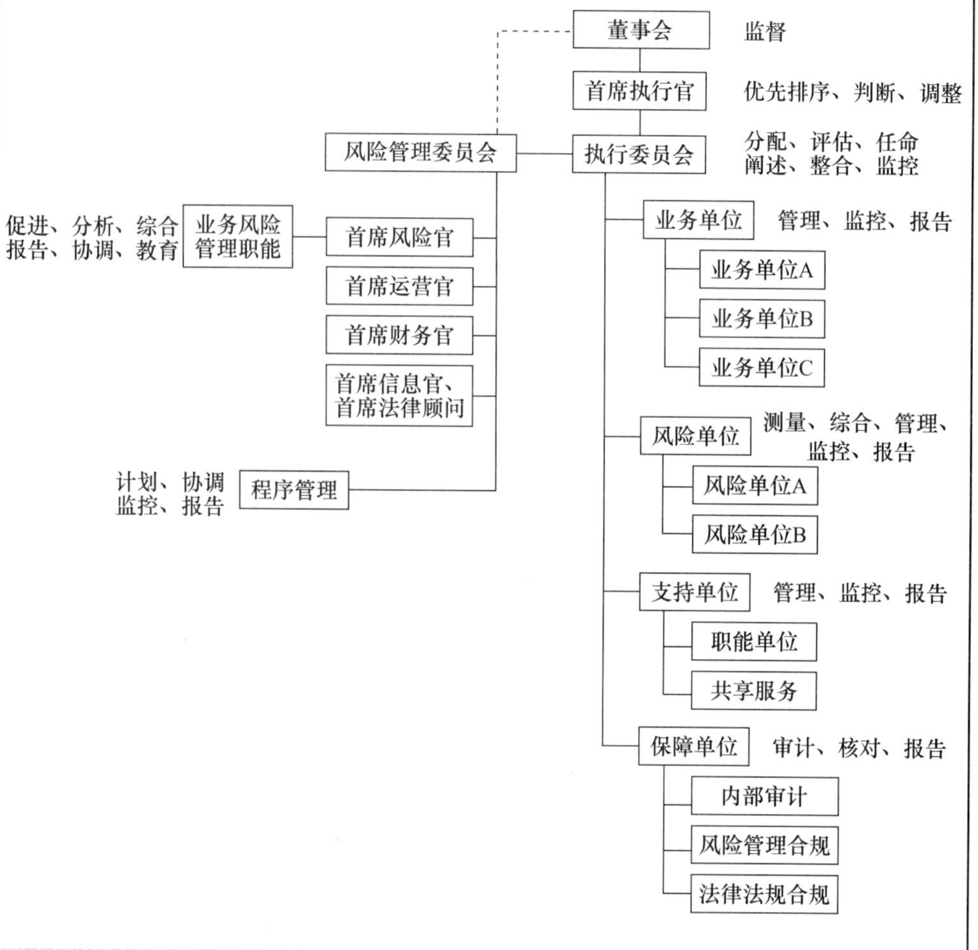

图9-6　企业风险管理的监督结构及主要职责

（3）了解能诱发重大风险的财务报告方面的薄弱环节，如准备金、或有负债、估值、计算值和需要做出重大判断的披露领域。

（4）了解在管理财务报告风险方面，公司级及流程级监督工作的落实程度。

（5）了解内部审计师的风险评估和根据该评估制订的审计计划。

（6）询问有无经理人员负责关键风险的识别、评估、管理和监督工作，询问委员会是否应经常同这些经理开会，讨论其对公众报告及财务报告的影响和意义。

（7）了解管理层的企业风险评估结果及其对公众报告和财务报告的影响和意义。

2. 内部审计的角色定位

企业内部审计是指企业内部审计机构依据国家有关法律法规、财务会计制度和企业内部管理规定，对本企业及子企业（单位）财务收支、财务预算、资产质量、经营绩效以及建设项目或者有关经济活动的真实性、合法性和效益进行监督和评价的工作。

内部审计部门不从事具体业务活动，独立于业务管理部门之外。这使得它可以从全局出发、从客观的角度对风险进行识别，及时建议管理部门采取措施控制风险。

《中央企业内部审计管理暂行办法》第三十条规定：企业内部审计机构应当对违反国家法律法规和企业内部管理制度的行为及时报告，并提出处理意见；对发现的企业内部控制管理漏洞，及时提出改进建议。

在企业风险管理的实施中，内部审计扮演着以下一种或多种角色：

（1）教育者：将企业风险管理的各个要素向各位管理人员和董事做介绍。

（2）促进者：促进风险评估的顺利开展和制定风险应对办法。

（3）协调者：协调企业风险管理解决方案采用共同语言和一致框架。

（4）整合者：整合整个风险数据和审计结果。

（5）评估者：评估风险管理工作。

本章在历年 CPA 考试中涉及的考点

1. 公司治理问题的产生
2. 经理人对于股东的“内部人控制”问题
3. 终极股东对于中小股东的“隧道挖掘”问题
4. 企业与其他利益相关者之间的关系问题
5. 公司内部治理结构
6. 外部治理机制

思考题

1. 公司治理理论有哪些？
2. 简述“内部人控制”问题的产生原因与应对措施。
3. 简述“隧道挖掘”问题的产生原因与表现形式。
4. 简述利益相关者的权力来源。
5. 简述公司治理与战略管理的关系。
6. 简述风险管理中董事会的主要职责。
7. 简述企业风险管理委员会的职责。
8. 简述风险管理中审计委员会的职责。
9. 在风险管理实践中，内部审计扮演哪些角色？

案例分析题

案例资料

太阳公司是G省的一家于2013年挂牌上市的公司，其主营业务是水泥及水泥制品的生产和销售。2018年5月，某财经媒体深度报道了太阳公司存在的多种经营违规行为。该报道在微博等网络平台上成为热门话题后，G省证监局迅速反应，立案调查。

根据证监局的调查结果，太阳公司经营违规行为主要有以下几点：

（1）2016年9月，太阳公司与银行签署一笔担保合同，为大股东星科集团5 000万元的贷款提供担保，承担连带保证责任。2016年11月，星科集团向龙辉公司借款2亿元，太阳公司为该笔借款提供担保，到期后星科集团没有偿还借款，龙辉公司向法院提起诉讼，法院做出判决，太阳公司作为该笔借款的担保方，须与星科集团共同偿还债务本金和利息。这两笔担保均没有在2016年年报中进行信息披露。

（2）太阳公司从甲公司购进熟料等重要原材料，双方签订了长期供应合同，价格比市场价高40%。太阳公司还从乙公司以租赁的方式引入一台机器设备，租赁费用每年5 000万元，同样的设备市场租赁价格为4 000万元。经查，甲公司和乙公司均为星科集团全资控制的子公司。

（3）太阳公司在2017年底完成一项定向增发，向星科集团以每股6元价格增发1亿股，当时太阳公司的股价为每股12元，相当于5折进行定向增发。

（4）太阳公司发布公告，拟购买丙公司100%股权，由于丙公司拥有物联网概念，所以太阳公司发布公告后10个交易日内，股价大涨70%，发布公告前几天，星科集团实际控制人刘某买入太阳公司股票100万股，在公告发布后卖出，获利600多万元。经查，刘某买卖股票的时间都属于证监会认定的敏感期。

（5）2017年5月，太阳公司发布了一份收购方案，计划收购大股东星科集团100%持有的丁公司的全部股权，收购价格为20亿元，丁公司被收购时净资产为5 000万元，盈利能力较差，业内专家质疑是超溢价收购。

（6）2016年太阳公司1.4亿元的销售费用未及时入账，造成2016年年度报告虚假记载。此外，由于与星科集团多笔资金往来事项并未披露和记账，太阳公司在2016年和2017年年报中存在信息不实、虚假记载的情况。太阳公司2016年和2017年年报经过注册会计师审计后，审计师都出具了标准无保留的审计意见。证监局对太阳公司及其大股东星科集团立案调查后，依法对其进行行政处罚及公开谴责。

要求

简要分析太阳公司存在终极股东“隧道挖掘”的利益输送行为的主要表现。

参考文献

[1] Adger, W. N. Social and Ecological Resilience: Are They Related? Progress in Human Geography, 2000, 24 (3): 347-364.

[2] Andersen, T. J. and Schrøder, P. W. Strategic Risk Management Practice: How to Deal Effectively with Major Corporate Exposures. New York: Cambridge University Press, 2010.

[3] Andrews, K. The Concept of Corporate Strategy. Chicago, United States: Homewood, 1971.

[4] Black, F. and Scholes, M. S. The Pricing of Options and Corporate Liabilities. Journal of Political Economy, 1973, 81 (3): 637-654.

[5] Bremer, J. and Linnenluecke, M. K. Determinants of the Perceived Importance of Organisational Adaptation to Climate Change in the Australian Energy Industry. Australian Journal of Management, 2017, 42 (3): 502-521.

[6] Bromiley, P., Mcshane, M., Nair, A. and Rustambekov, E. Enterprise Risk Management: Review, Critique, and Research Directions. Long Range Planning, 2015, 48 (4): 265-276.

[7] Bruneau, M. A Framework to Quantitatively Assess and Enhance the Seismic Resilience of Communities. Earthquake Spectra, 2003, 19 (4): 733-752.

[8] How to Live with Risks. Harvard Business Review, 2015, 93 (7/8): 20-21.

[9] Chan, J. W. K. Enhancing Organisational Resilience: Application of Viable System Model and MCDA in a Small Hong Kong Company. International Journal of Production Research, 2011, 49 (18): 5545-5563.

[10] Christopher, M. and Peck, H. Building the Resilient Supply Chain. The International Journal of Logistics Management, 2004, 15 (2): 1-14.

[11] Comfort, L. K., Boin, A. and Demchak, C. C. Designing Resilience: Prepar-

ing for Extreme Events. University of Pittsburgh Press, 2010.

[12] COSO. Executive Summary: Enterprise Risk Management—Integrating with Strategy and Performance Committee of Sponsoring Organizations of the Treadway Commission, 2017.

[13] Coutu, D. L. How resilience works. Harvard Business Review, 2002, 80 (5): 46-54.

[14] Ebben, J. J. and Johnson, A. Efficiency, Flexibility, or Both? Evidence Linking Strategy to Performance in Small Firms. Strategic Management Journal, 2005, 26 (13): 1249-1259.

[15] Eisenhardt, K. M. and Martin, J. A. Dynamic Capabilities: What Are They?. Strategic Management Journal, 2000, 21 (1011): 1105-1121.

[16] Fairbairn, W. Treadise on Iron Ship Building: Its History and Progress. Longmans, Green and Co. , 1865.

[17] Filley, A. C. and Aldag, R. J. Organizational Growth and Types: Lessons from Small Institutions, Staw, B. M. and Cummings, L. L. (eds) Research in Organizational Behavior. Greenwich, CT: JAI Press, 1980.

[18] Ghemawat, P. and Costa, J. E. I. R. The Organizational Tension Between static and Dynamic Efficiency. Strategic Management Journal, 1993, 14 (8): 59-73.

[19] Hamel, G. and Valikangas, L. The Quest for Resilience. Harvard Business Review, 2003, 81 (9): 52-63.

[20] Holling, C. S. Resilience and Stability of Ecological Systems. Annual Review of Ecology and Systematics, 1973, 4 (4): 1-23.

[21] Hollnagel, E. , David, D. W. and Leveson, N. Resilience Engineering: Concepts and Precepts. England: Ashgate Publishing Limited, 2006.

[22] Horne, J. F. The Coming Age of Organizational Resilience. Business Forum, 1997.

[23] ISO 31000. Risk Management: Principles and Guidelines. 2009.

[24] Johnson, G. , Scholes, K. and Whittington, R. Exploring Corporate Strategy. Harlow, United Kingdom: Pearson Education, 2005.

[25] Kahneman, D. , and Tversky, A. Prospect Theory: An Analysis of Decision Under Risk. Econometrica, 1979, 47 (2): 263-291.

[26] Kaplan, R. S. and Mikes, A. Managing Risks: A New Framework. Harvard Business Review, 2012, 90 (6): 49-60.

[27] Knight, F. H. Risk, Uncertainty and Profit. Boston, MA: Houghton Mifflin Co. , 1921.

[28] Lamson and Cynthia. Planning for Resilient Coastal Communities: Lessons from Ecological Systems Theory. Coastal Zone Management Journal, 1986, 13 (3-

4)：265－280.

[29] Lengnick-Hall，C. A. and Beck，T. E. Adaptive Fit Versus Robust Transformation：How Organizations Respond to Environmental Change. Journal of Management，2005，31 (5)：738－757.

[30] Luthar，S. S.，Cicchetti，D. and Becker，B. The Construct of Resilience：A Critical Evaluation and Guidelines for Future Work. Child Development，2000，71 (3)：543－562.

[31] Lv，W.，Wei，Y.，Li，X. and Lin，L. What Dimension of CSR Matters to Organizational Resilience? Evidence from China. Sustainability，2019，11 (6)：1561.

[32] Lv，W. D.，Tian，D.，Wei，Y. and Xi，R. X. Innovation Resilience：A New Approach for Managing Uncertainties Concerned with Sustainable Innovation. Sustainability，2018，10 (10)：3641.

[33] Mallak，L. Putting Organizational Resilience to Work. Industrial Management，1998，40 (12)：8－14.

[34] Markowitz. Portfolio Selection. The Journal of Finance，1952，7 (1)：77－91.

[35] McAslan，A. Organizational Resilience：Understanding the Concept and Its Application. Torrens Resilience Institute Working Paper，2010.

[36] Mccann，J. and Selsky，J. W. Being Purposeful in Turbulent Environments. People＋Strategy，2012，35 (4)：28－34.

[37] Miller，K. D. A Framework for Integrated Risk Management in International Business. Journal of International Business Studies，1992，23 (2)：311－331.

[38] Mishra，B. K.，Rolland，E.，Satpathy，A. and Moore，M. A Framework for Enterprise Risk Identification and Management：The Resource-based View. Managerial Auditing Journal，2019，34 (2)：162－188.

[39] Najjar，W. A. and Gaudiot，J. Network Resilience：A Measure of Network Fault Tolerance. IEEE Transactions on Computers，1990，39 (2)：174－181.

[40] Pal，R.，Torstensson，H. and Mattila，H. Antecedents of Organizational Resilience in Economic Crises—An Empirical Study of Swedish Textile and Clothing SMEs. International Journal of Production Economics，2014 (147)：410－428.

[41] Paton，D.，Smith，L. M. and Violanti，J. M. Disaster Response：Risk，Vulnerability and Resilience. Disaster Prevention and Management，2000，9 (3)：173－179.

[42] Porter，M. E. Competitive Strategy：Techniques for Analyzing Industries and Competitors. New York：The Free Press，1980.

[43] Prahalad，C. K. and Hamel，G. The Core Competence of the Corporation. Harvard Business Review，1990，68 (3)：275－292.

[44] Raynor，M. E. Strategic Risk：The Risks "of" and "to" a Strategy：The Case

of Blockbuster and the Need for Strategic Flexibility, Green, P. E. J. (ed) Enterprise Risk Management. Boston: Butterworth-Heinemann, 2016.

[45] Redman, C. L. Resilience Theory in Archaeology. American Anthropologist, 2005, 107 (1): 70-77.

[46] Reeves, M., Levin, S. and Ueda, D. The Biology of Corporate Survival. Harvard Business Review, 2016, 94 (1): 47-55.

[47] Schemeil, Y. Bringing International Organization In: Global Institutions as Adaptive Hybrids. Organization Studies, 2013, 34 (2): 219-252.

[48] Sheffi, Y., Building a Resilient Supply Chain. Harvard Business Review, 2005, 1 (5): 1-11.

[49] Slagmulder, R. and Devoldere, B. Transforming under Deep Uncertainty: A Strategic Perspective on Risk Management. Business Horizons, 2018, 61 (5): 733-743.

[50] Slywotzky, A. J. and Drzik, J. Countering the Biggest Risk of All. Harvard Business Review, 2005, 83 (4): 78-88.

[51] Sutcliffe, K. M. and Vogus, T. J. Organizing for Resilience, Cameron, K. S., Dutton, J. E. and Quinn, R. E. (eds) Positive Organizational Scholarship: Foundations of a New Discipline. Berrett-Koehler Publishers, 2003.

[52] Taleb, N. N. The Black Swan: The Impact of the Highly Improbable. New York: Random House, 2007.

[53] Teece, D. J., Pisano, G. P. and Shuen, A. Dynamic Capabilities and Strategic Management. Strategic Management Journal, 1997, 18 (7): 509-533.

[54] Teixeira, E. D. and Werther, W. B. Resilience: Continuous Renewal of Competitive Advantages. Business Horizons, 2013, 56 (3): 333-342.

[55] Thompson, J. D. and Bates, F. L. Technology, Organization, and Administration. Administrative Science Quarterly, 1957, 2 (3): 325.

[56] Thompson, M., Ellis, R. and Wildarsky, A. Cultural Theory. Boulder, Colorado: Westview Press, 1990.

[57] van der Vegt, G. S., Essens, P., Wahlstrom, M. and George, G. Managing Risk and Resilience. Academy of Management Journal, 1975, 58 (4): 971-980.

[58] Vayda, A. P. and Mccay, B. J. New Directions in Ecology and Ecological Anthropology. Annual Review of Anthropology, 1975, 4 (1): 293-306.

[59] Wang, J. W. Towards a Resilient Networked Service System. Canada: University of Saskatchewan, 2013.

[60] Woodward, J. Industrial Organization. London: Oxford University Press, 1965.

[61] 彼得·L. 伯恩斯坦. 与天为敌：风险探索传奇. 穆瑞年，吴伟，熊学梅，译. 北京：机械工业出版社，2010.

[62] 财政部会计资格评价中心. 高级会计实务. 北京：经济科学出版社，2014.

[63] 陈心德，吴忠. 生产运营管理. 2 版. 北京：清华大学出版社，2011.

[64] 陈志军，张雷，等. 企业战略管理. 北京：中国人民大学出版社，2016.

[65] 戴维·拉克尔，布莱恩·泰安. 公司治理：组织视角：第 2 版. 北京：中国人民大学出版社，2018.

[66] COSO. 企业风险管理：整合框架. 方红星，王宏，译. 大连：东北财经大学出版社，2005.

[67] 窦胜功，卢纪华，戴春凤. 人力资源管理与开发. 北京：清华大学出版社，2005.

[68] 菲利普·科特勒，加里·阿姆斯特朗. 市场营销：原理与实践：第 16 版. 楼尊，译. 北京：中国人民大学出版社，2015.

[69] 冯巧根. 风险管理与内部控制. 北京：人民邮电出版社，2019.

[70] 郭青红. 企业合规管理体系实务指南. 北京：人民法院出版社，2020.

[71] 华小宁，梁文昭，陈昊. 整合进行时：企业全面风险管理路线图. 上海：复旦大学出版社，2007.

[72] 黄卫伟，等. 以奋斗者为本：华为公司人力资源管理纲要. 北京：中信出版社，2014.

[73] 黄旭. 战略管理：思维与要径. 4 版. 北京：机械工业出版社，2007.

[74] 黄益建. 企业风险管理：制度与流程设计. 北京：机械工业出版社，2011.

[75] 颉茂华. 企业财务与会计制度规划设计. 北京：北京交通大学出版社，2006.

[76] 蓝海林，等. 企业战略管理. 3 版. 北京：中国人民大学出版社，2021.

[77] 蓝海林，等. 企业战略管理. 北京：中国人民大学出版社，2015.

[78] 李素鹏. ISO 风险管理标准全解. 北京：人民邮电出版社，2012.

[79] 林发春. 企业风险管理：基于金融衍生工具应用案例研究. 北京：中国金融出版社，2014.

[80] 刘新立. 风险管理. 2 版. 北京：北京大学出版社，2014.

[81] 刘新立. 风险管理. 北京：北京大学出版社，2006.

[82] 吕文栋，田丹，赵杨. 弹性企业风险管理体系建构的探讨——基于供应链弹性等领域的文献回顾与拓展. 科学决策，2015 (3)：1-27.

[83] 吕文栋，赵杨，田丹，等. 风险管理理论的创新——从企业风险管理到弹性风险管理. 科学决策，2017 (9)：1-24.

[84] 吕文栋，赵杨，韦远. 论弹性风险管理——应对不确定情境的组织管理技术. 管理世界，2019，35 (09)：116-132.

[85] 迈克尔·波特. 国家竞争优势. 李明轩，邱如美译. 北京：中信出版社，2007.

[86] 苗东升. 系统科学精要. 3 版. 北京：中国人民大学出版社，2010.

[87] W. 钱 · 金，勒妮 · 莫博涅. 蓝海战略. 吉宓，译. 北京：商务印书馆，2005.

[88] 钱学森，等. 论系统工程：新世纪版. 上海：上海交通大学出版社，2007.

[89] 菲利普 · 乔瑞. 金融风险管理师手册：第 2 版. 北京：中国人民大学出版社，2004.

[90] 乔治 · E. 瑞达. 风险管理与保险原理：第 8 版. 中曙光，译. 北京：中国人民大学出版社，2006.

[91] 秦志华. 企业人力资源管理导论. 北京：清华大学出版社，2014.

[92] 孙立新. 风险管理：原理、方法与应用. 北京：经济管理出版社，2014.

[93] 王晓霞. 企业风险审计. 北京：中国时代经济出版社，2007.

[94] 王绪瑾. 保险学. 6 版. 北京：高等教育出版社，2017.

[95] 吴水澎，陈汉文，邵贤弟. 企业内部控制理论的发展与启示. 会计研究，2000 (05)：2-8.

[96] 徐飞. 战略管理. 3 版. 北京：中国人民大学出版社，2016.

[97] 许谨良. 风险管理. 4 版. 北京：中国金融出版社，2011.

[98] 叶陈刚，郑君彦，等. 企业风险评估与控制. 北京：机械工业出版社，2009.

[99] 叶龙，史振磊. 人力资源开发与管理. 北京：清华大学出版社，2006.

[100] 中国注册会计师协会. 公司战略与风险管理. 北京：中国财政经济出版社，2019.

[101] 中华人民共和国财政部，中国证券监督管理委员会，中华人民共和国审计署等. 企业内部控制规范 2010. 北京：中国财政经济出版社，2010.

[102] 仲继银. 董事会与公司治理. 3 版. 北京：企业管理出版社，2018.

附录1 风险评估方法在风险评估各阶段的适用性

风险评估方法	分类	能否提供定量结果	风险评估过程				
			风险识别	风险分析			风险评价
				后果	可能性	风险等级	
头脑风暴法	支撑	否	SA	A	A	A	A
结构化/半结构化访谈	支撑	否	SA	A	A	A	A
德尔菲法	支撑	否	SA	A	A	A	A
情景分析法	情景分析	否	SA	SA	A	A	A
检查表法	对比查询	否	SA	NA	NA	NA	NA
预先危险分析	对比查询	否	SA	NA	NA	NA	NA
危险度与可操作性分析	功能分析	否	A	NA	NA	NA	NA
失效模式影响和危害度分析法	功能分析	是	SA	SA	SA	SA	SA
危险与可操作性分析	功能分析	否	SA	SA	A	A	A
结构化假设分析	支撑	否	SA	SA	NA	SA	SA
风险矩阵	图形	是	SA	SA	SA	A	SA
人因可靠性分析	支撑	是	SA	SA	SA	A	SA
以可靠性为中心的维修	功能分析	是	SA	SA	SA	SA	SA
压力测试	情景分析	是	SA	A	SA	A	A
保护层分析	控制评估	是	A	SA	A	NA	NA
业务影响分析	情景分析	否	A	SA	A	A	A
潜在通路分析	功能分析	否	A	NA	NA	NA	NA
风险指数	控制评估	是	A	SA	SA	A	SA
故障树分析	情景分析	是	A	NA	SA	A	A
事件树分析	情景分析	是	A	SA	A	A	NA
因果分析	情景分析	是	A	SA	SA	A	A
根原因分析	情景分析	否	NA	SA	SA	SA	SA
决策树分析	分类	是	NA	SA	SA	A	A
蝶形图分析	控制评估	是	NA	A	SA	A	A

续表

风险评估方法	分类	能否提供定量结果	风险评估过程				
			风险识别	风险分析			风险评价
				后果	可能性	风险等级	
层次分析法	管理类	是	NA	A	A	SA	SA
在险值法	控制评估	是	A	A	A	A	A
均值-方差模型	统计	是	NA	A	A	SA	SA
资本资产定价模型	财务分析	是	NA	A	A	SA	SA
FN曲线	统计	是	A	SA	A	A	SA
马尔可夫分析法	统计	是	A	SA	NA	NA	SA
蒙特卡罗模拟分析法	统计	是	NA	NA	NA	NA	SA
贝叶斯统计及贝叶斯网络	统计	是	NA	SA	NA	NA	SA

注：SA（strongly available）表示非常适用；A（available）表示适用；NA（not available）表示不适用。
资料来源：根据中华人民共和国国家标准《风险管理　风险评估技术》（GB/T 27921—2011）整理。

附录 2　风险评估方法简介

为便于读者进一步认识和理解风险评估方法，本部分对附录 2 中风险评价结果为“SA”（非常适用）和“A”（适用）的风险评估方法，以及 CPA 考试辅导教材中提及的流程图分析法、敏感性分析法、风险评估系图法和统计推论法进行简要介绍。

1. 头脑风暴法

头脑风暴法又称智力激励法、BS 法、自由思考法，是指刺激并鼓励一群知识渊博、知悉风险情况的人员畅所欲言、开展集体讨论的方法。头脑风暴法是一种专家群体决策，以尽可能激发创造性，产生尽可能多设想的方法。将头脑风暴法应用于风险识别，就是由指定的主持人提出与风险有关的问题，然后要求小组成员依次在第一时间给出对问题的看法。之后由风险管理小组对集体讨论后识别的所有风险进行复核，并且认定核心风险。头脑风暴法有利于充分发挥专家意见，在风险识别阶段进行定性分析。具体实施步骤包括：（1）会前准备：由参与人和主持人落实要讨论识别的风险主题；（2）就风险主题展开探讨，由主持人公布会议主题并介绍与风险主题相关的情况；（3）突破思维惯性，大胆进行联想，主持人控制好时间，力争在有限的时间内获得尽可能多的创意性设想；（4）风险主题探讨意见分类与整理。

2. 结构化/半结构化访谈

在结构化访谈（structured interviews）中，每个被访谈者都会被问及一系列准备好的问题，以鼓励被访谈者从某一角度看待某种情况。半结构化访谈（semi-structured interviews）与结构化访谈类似，但是可以更自由地探讨出现的问题。这种方法的最主要用途是识别风险或评估现有风险控制措施的效果。它们可以用于某个项目或过程的任何阶段，是为利益相关者提供数据来进行风险评估的有效方式。结构化/半结构化访谈的过程包括：（1）创建相关的问题集以指导访谈者的访谈工作，问题应该是开放的、简单的，用适合被采访人的语言，只能涉及一项事务，还要准备后续问题用来补充说明该问题。（2）将问题提给被访谈者。应注意不要诱导被访谈者。（3）考虑答复时应具有一定的灵活性，以便有机会探讨访谈活动希望进入的领域。

3. 德尔菲法

德尔菲法（Delphi method）又名专家意见法，是在一组专家中取得可靠共识的方法，其基本特征是专家单独、匿名表达各自的观点，随着过程的进展，他们有机会了解其他专家的观点。德尔菲法采用背对背的方式征询专家小组成员的意见，专家之间不得互相讨论，不发生横向联系，只能与调查人员发生联系。通过反复填写问卷，收集各方意见，专家之间形成共识。德尔菲法适合在专家意见最终趋于一致的情况下使用，在风险识别阶段进行定性分析。具体实施步骤包括：（1）组成专家小组；（2）向所有专家提出要预测的问题及有关要求，由专家做书面答复；（3）各位专家根据他们收到的材料提出自己的意见；（4）将各位专家第一次的意见汇总，再分发给各位专家；（5）再次将所有专家的修改意见汇总，然后分发给各位专家，以便做第二次修改。逐轮收集反馈，一般要经过三四轮。这一过程应重复进行，直到专家得出一致意见。

4. 情景分析法

情景分析法可用来预计威胁和机遇可能发生的方式，以及如何应对各类长期及短期风险。在周期较短及数据充分的情况下，可以从现有情景中推断出可能出现的情景；在周期较长或数据不充分的情况下，情景分析法的有效性更依赖于合乎情理的想象力。情景分析法需要分析的变化包括：外部情况的变化（如技术变化）；不久将要做出的决定，这些决定可能会产生各种不同的后果；利益相关者的需求以及需求的变化方式；宏观环境的变化（如监管及人口统计等）。有些变化是必然的，而有些是不确定的。有时某种变化可能归因于另一个风险，应特别关注那些最重要、最不确定的因素。可以绘制出关键因素或趋势的图形，以显示哪些情景是可以进行开发的区域。情景分析法通过模拟不确定性情景，对企业面临的风险进行定性和定量分析。具体步骤包括：（1）在建立团队和相关沟通渠道，确定了需要处理的问题和事件的背景之后，确定可能出现的变化的性质；（2）对主要趋势、趋势变化的时机以及对未来的预测进行研究。

5. 失效模式影响和危害度分析法

失效模式影响和危害度分析法（failure mode effects and criticality analysis，FMECA）可用来分析、审查系统的潜在故障模式。FMECA 按规则记录系统中所有可能存在的影响因素，分析每种因素对系统的工作及状态的影响，将每种影响因素按其影响的严重度及发生概率排序，从而发现系统中潜在的薄弱环节，提出可能采取的预防措施，以减少或消除风险发生的可能性。根据重要性和危害程度，FMECA 可对每种被识别的失效模式进行排序。FMECA 适合对失效模式的影响及危害进行定性或定量分析，还可以为其他风险识别方法提供数据支持。具体实施步骤包括：（1）将系统分成组件或步骤，并确认各部分出现明显故障的方式，造成这些失效模式的具体机制，故障可能产生的影响。(2) 根据故障结果的严重性，将每个识别出的失效模式进行分类并确定风险等级。(3) 识别风险优先级。(4) FMECA 将获得一份故障模式、失效机制及其对各组件或系统或过程步骤影响的清单，该清单将包含系统失效的可能性、失效模式导致的风险程度等结果，如果使用合适的故障率资料，FMECA 可以输出定量结果。

6. 危险与可操作性分析

危险与可操作性分析（hazard and operability study，又称 HAZOP）是一种对规划或现有产品、过程、程序或体系的结构化及系统分析。该技术可以识别人员、设备、环境及/或组织目标面临的风险。分析团队应尽量提供解决方案，以消除风险。HAZOP 是一种基于危险和可操作性研究的定性技术，它对设计、过程、程序或系统等各个步骤中能否实现设计意图或运行条件提出质疑。HAZOP 主要对分析中的流程、程序或系统进行设计及规范化，并审查各组成部分。HAZOP 的一般步骤包括：(1) 提名某个有责任和职权的人员开展 HAZOP，并承担由此产生的一切后果。(2) 确定这项研究的目标及范围。(3) 为研究建立一系列关键的引导词。(4) 确定 HAZOP 研究团队。(5) 收集必要的文件。(6) 将系统、过程或程序划分成更小的因素或子系统、过程或因素，以进行具体的审核。(7) 约定各子系统、过程或因素的设计意图，然后对该子系统、过程或因素中的各项内容依次使用引导词，以假设那些会产生不良结果的可能偏差。(8) 如果发现不良结果，约定各种情况下的原因及结果，同时就处理方式提出建议，从而减少或消除影响。(9) 将讨论内容记录在案，并约定用于处理被识别风险的具体行动。

7. 结构化假设分析

结构化假设分析（SWIFT）最初是作为 HAZOP 更简单的替代方法推出的。它是一种系统的、团队合作式的研究方法，利用引导员在讨论会上使用的一系列提示词或短语来激发参与者识别风险。引导员和团队使用标准的假定分析式短语以及提示词，来调查正常程序和行为的偏差对某个系统、设备组件、组织或程序产生影响的方式。与 HAZOP 相比，SWIFT 用于系统的更多层面，对细节的要求较低。SWIFT 的一般过程包括：(1) 在开展研究之前，引导员应准备一份相关的词语或短语提示单。(2) 讨论会应讨论并约定项目、系统、变化或情况的内外部背景以及研究范围。(3) 引导员要求参与者提出并讨论：已知的风险和危险；以往的经历和事件；已知和现有的控制及保障措施；监管要求和限制措施。(4) 使用“假定分析”这样的短语及提示词或主题以形成问题，达到引导讨论的目的。(5) 总结风险，团队分析现有的控制措施。(6) 与团队确认风险及其原因、后果和预期控制的描述，并进行记录。(7) 团队分析控制措施是否充分有效。(8) 在讨论中提出更多的假定分析问题以识别更多的风险。(9) 引导员利用提示单来监督讨论并建议团队讨论其他问题和情景。(10) 通常使用定性或半定量风险评估方法，对按先后顺序排列的行动进行等级划分。

8. 风险矩阵

风险矩阵（risk matrix）是一种将定性或半定量的后果分级与产生一定水平风险或风险等级的可能性相结合的方式。矩阵格式及适用的定义取决于使用背景，关键是使用合适的设计。风险矩阵可用来根据风险等级对风险、风险来源或风险应对进行排序。它通常作为一种筛查工具，确定哪些风险需要更细致的分析，或是应首先处理哪些风险，这需要更高层次的管理。它还可以用作一种筛查工具，挑选哪些风险此时无须进一步考虑。根据在矩阵中所处的区域，此类风险矩阵广泛用于决定给定的风险是否被广泛接受或不接受。风险矩阵也可以用于帮助在全组织内沟通对风险等级的共同理解。设定风险等级的方法和赋予它们的决策规则应当与组织的风险偏好一致。过程的输入数据为个性化的结果及可能性等级，以及将两者结合起来的矩阵。后果等级应涵盖需分析的各类不同的结果（例如，经济损失、安全、环境或其他取决于背景的参数），应从最大可信结果拓展到最小结果，如图 A－1 所示。

可能性等级							
	E	Ⅳ	Ⅲ	Ⅱ	Ⅰ	Ⅰ	Ⅰ
	D	Ⅳ	Ⅲ	Ⅲ	Ⅱ	Ⅰ	Ⅰ
	C	Ⅴ	Ⅳ	Ⅲ	Ⅱ	Ⅱ	Ⅰ
	B	Ⅴ	Ⅳ	Ⅲ	Ⅲ	Ⅱ	Ⅰ
	A	Ⅴ	Ⅴ	Ⅳ	Ⅲ	Ⅱ	Ⅱ
		1	2	3	4	5	6
		结果等级					

图 A－1 风险矩阵示例

9. 人因可靠性分析

人因可靠性分析（human reliability analysis，HRA）关注的是人因对系统绩效的影响，可以用来评估人为错误对系统的影响。很多过程都有可能出现人为错误，尤其是当操作人员的决策时间较短时。问题最终发展到严重地步的可能性或许不大，但有时人的行为是唯一能避免最初的故障演变成事故的因素。HRA 的重要性在各种事故中都得到了证明。HRA 可进行定性或定量使用：如定性使用，HRA 可识别潜在的人为错误及其原因，从而降低人为错误发生的可能性；如定量使用，HRA 可以为故障树或其他技术的人为故障提供数据。HRA 过程为：（1）问题界定。计划调查或评估哪种类型的人为参与？（2）任务分析。计划怎样执行任务？为了协助任务的执行，需要哪类帮助？（3）人为错误分析。任务执行失败的原因是什么？可能出现什么错误？怎样补救错误？（4）表示。怎样将这些错误或任务执行故障与其他硬件、软件或环境事项整合起来，从而计算整个系统发生故障的概率？（5）筛查。有不需要细致量化的错误或任务吗？（6）量化。任务的单项错误和失败的可能性如何？（7）影响评估。哪些错误或任务是最重要的？哪些错误或任务是可靠性或风险的最大诱因？（8）减少错误。如何提高人因可靠性？（9）记录。有关 HRA 的哪些详情应予以记录？在实践中，HRA 会分步骤进行，尽管某些部分（例如任务分析）有时会与其他部分同步进行。

10. 以可靠性为中心的维修

以可靠性为中心的维修（reliability centred maintenance，RCM）是一种识别并确定故障管理策略的方法，目的是高效、有效地实现各类设备必要的安全性、可用性及运行经济性。RCM 广泛用于各行业，经过验证被普遍接受。RCM 提供了一种决策过程，可以根据设备的安全运行及经济结果，识别出设备适用且有效的预防性维修要求和退出机制。这个过程结束后，最终可以对执行维修任务或采取其他操作的必要性做出判断。RCM 用来确保可维护性，主要用于设计和开发阶段，在运行和维修阶段实施。要想成功地运用 RCM，就要了解设备和结构、运行环境和相关系统、子系统及设备、可能的故障以及故障的结果。RCM 的基本步骤包括：启动和规划；功能故障分析；任务挑选；实施；不断完善。RCM 与风险密切相关，因为它采用的就是风险评估的基本步骤。RCM 与风险评估、失效模式影响和危害度分析法（FMECA）有相似的类型。RCM 的风险分析包括估算无须维修状态下各故障的频率，通过界定失败效果来获得结果。综合故障频率和危险度的风险矩阵有利于对风险进行分级。随后，通过选择各失效模式适用的故障管理政策来进行风险评估。

11. 压力测试

压力测试类似于情景分析，但它的目的是评估在较少发生但幅度较大的市场变动中，资产组合和风险敞口的表现。压力测试使得风险管理经理能够确定一系列风险敞口在附加条件下的表现方式。压力测试中可能需要变换一个或多个变量，或者使用主要的历史价格变动，来评估市场变动对金融工具或资产组合的潜在影响。如果压力测试显示可能会出现某种无法接受的结果，企业就可以制定战略应对这些风险敞口和潜在风险。压力测试也可以看作情景分析的一种特殊形式，专门针对特定的风险因子，评估那些具有极端影响的事件的影响。但情景分析和压力测试并不意味着捕捉可能发生的绝对最坏的情况，而是给出在高级管理层心目中可能发生的最严重事件。压力测试的缺点之一是它只专注于极端不利的事件，而不能捕捉不那么极端但更可能发生的不利事件。处理这个问题的一种方法是对某一特定的风险因子或风险因子集合的一系列情景进行模拟。压力测试广泛应用于各行业的风险评估，常见于金融、软件行业。压力测试的具体过程包括：（1）针对某一风险管理模型或内部控制流程，假设会发生哪些极端情景；（2）评估极端情景发生时，该风险管理模型或内部控制流程是否有效，并分析对目标可能造成的损失；（3）制定相应措施，进一步修改和完善风险管理模型或内部控制流程。实施压力测试一般需要借助敏感性分析、情景分析、头脑风暴法等工具。

12. 业务影响分析

业务影响分析（business impact analysis，BIA）分析干扰性风险对组织运营的影响，同时识别并量化必要的风险管理能力。具体来说，BIA 就以下问题达成一致的认识：关键经营过程的识别和临界状态、职能和相关资源以及组织已有的关键互相依存关系；干扰性事项对实现重要经营目标的能力会产生怎样的影响；管理干扰的影响以及使组织恢复约定运行水平所需的能力。BIA 用来确定危害性以及过程和相关资源（人员、设备、信息技术）的恢复时间，以确保目标的持续实现。BIA 有助于确定过程、内外部各方以及供应链连接处之间的依存关系。BIA 通过使用调查问卷表、访谈、结构化讨论会或综合运用上述三种方法，识别关键过程、过程缺失产生的影响以及必要的恢复时间及辅助资源。关键步骤包括：（1）根据风险及脆弱性分析（vulnerability assessment），确认组织的关键过程和输出结果，以确定过程的危害性。（2）确定在规定的时期内干扰对被识别的关键过程的影响。（3）识别与关键内外部利益相关者的相互依存关系。（4）确定现有资源及干扰过后继续以最低容许水平运行所需的基本资源。（5）确定目前使用或计划开发的替代性工作区域和程序。（6）根据识别的结果以及职能部门的关键成功因素来确定各过程的最大可容忍故障时间（maximum acceptable outage time，MAO）。（7）确定任何特定装备或信息技术的目标恢复时间（recovery time objective，RTO）。（8）确认关键过程的现期准备水平。

13. 风险指数

风险指数（risk indices）是对风险的半定量测评，是利用顺序标度的记分法得出的估算值。风险指数可以用来对使用相似标准的一系列风险进行评分，以便对风险进行比较。得分可用于风险的各组成部分，例如污染物特征（来源）、可能暴露路径的范围，以及对接收方的影响。尽管是风险评估的组成部分，但风险指数主要用于风险分析，本质上是一种对风险进行分级和比较的定性方法，使用数字完全是为了便于操作。在许多潜在模型或系统不清楚或不能表示的情况下，用定性方法更好。如果充分理解系统，可以用指数对与活动相关的不同风险进行分级。指数允许将影响风险等级的一系列因素整合为单一的风险等级数字。风险指数作为一种范围划定工具可用于各种类型的风险，从而确定哪些风险需要更深层次的分析以及定量评估。风险指数方法的第一步是理解并描述系统。一旦系统得到确认，就要对各组件确定得分，再将这些得分结合起来，提供综合指数。在有些情况下，每个来源可能会有多种路径和接收方。根据考虑系统客观现状的计划将单个得分综合。系统各部分的得分（来源、途径及接收方）应在内部保持一致，同时保持正确关系，将数学公式用于顺序得分是无效的。一旦打分系统得以建立，必须将该模型用于已知系统，以便确认其有效性。

14. 故障树分析

故障树（fault tree analysis，FTA）是用来识别并分析造成特定不良事件（称作顶事件）因素的技术。因果因素可通过归纳法进行识别，也可以按合乎逻辑的方式进行编排并用树形图表示，树形图描述了原因因素及其与重大事件的逻辑关系。故障树中识别的因素可以是组件硬件故障、人为错误或与造成不良事项相关的其他事项。故障树可以用来对故障（顶事件）的潜在原因及途径进行定性分析，也可以在掌握因果事项的可能性之后，定量计算重大事件的发生概率。故障树可以在系统的设计阶段使用，以识别故障的潜在原因并在不同的设计方案中进行选择；也可以在运行阶段使用，以识别重大故障发生的方式和导致重大事件不同路径的相对重要性；还可以用来分析已出现的故障，以便通过图形来显示不同事项如何共同作用造成故障。构建故障树的步骤包括：（1）界定计划分析的重大事件；（2）从重大事件入手，识别造成重大事件的直接原因或失效模式；（3）对其中的每个原因或失效模式进行分析，以识别造成故障的原因；（4）分步骤识别不良的系统操作方式，沿着系统自上而下分析，直到进一步分析不会产生任何成效为止；（5）如果基本事件有可能发生，那么可以计算顶事件的发生概率。

15. 因果分析

因果分析（cause and consequence analysis，CCA）综合了故障树分析和事件树分析，它开始于关键事件，同时结合“是/否”逻辑来分析结果。事件的原因或故障可使用故障树分析。最初，因果分析是作为关键安全系统的可靠性工具开发的，可以更全面地认识系统故障。类似于故障树分析，它用来表示造成关键事件的故障的逻辑，但是通过对时序故障的分析，它的功能比故障树更强大。这种方法可以将时间滞延纳入结果分析中，而这在事件树分析中是办不到的。根据特定子系统（例如应急反应系统）的行为，这种方法可分析某个系统在关键事件之后的各种可能路径。如果进行量化，可估算出某个关键事件之后各种不同结果发生的概率。由于因果图中的每个序列是子故障树的结合，因果分析可作为一种建立大故障树的工具。由于图形的制作和使用比较复杂，只有当故障的潜在结果相当严重，有必要投入很大精力时，才会使用图形。典型的因果分析的步骤包括：（1）识别关键事件（或初因事件，类似于故障树的顶事件及事件树的初因事件）；（2）制作并验证描述初因事件原因的故障树；（3）确定需考虑条件的顺序。因果分析提供了系统的全面视角。局限是其过程要比故障树和事件树更复杂，同时在定量过程中必须处理依存关系。

16. 根原因分析

为了避免重大损失再次发生，对重大损失进行的分析通常称作根原因分析（root cause analysis，RCA）、故障根本原因分析（root cause failure analysis，RCFA）或者损失分析（loss analysis）。在大多数情况下，RCA用于评估重要损失，也用于评估全球范围的损失，以确定在什么情况下可以完善。RCA适用于各种环境，使用范围广泛：安全型RCA用于事故调查和职业健康及安全；故障分析型RCA用于与可靠性及维修有关的技术系统；生产型RCA用于工业制造的质量控制领域；过程型RCA关注的是经营过程；作为上述领域的综合，系统型 RCA 主要用于处理复杂系统的变革管理、风险管理及系统分析。RCA 的基本输入数据是指从故障或损失中收集的全部证据，分析中也可以考虑其他类似故障的数据，其他输入数据可以是为了测试具体假设而得出的结果。识别出 RCA 的需求之后，应指定一群专家开展分析并提出建议。专家的类型主要取决于分析故障时所需的具体专业知识。虽然可以使用不同的方法进行分析，但开展 RCA 的基本步骤是相似的，具体包括：组建团队；确定 RCA 的范围及目标；收集有关故障或损失的数据及证据；开展结构化分析，以确定根本原因；找出解决方案并提出建议；执行建议；核实所执行建议的成效。

17. 决策树分析

决策树（decision tree）是在考虑到不确定性的情况下，以序列方式表示决策选择和结果。类似于事件树，决策树开始于初因事项或最初决策，同时由于可能发生的事项及可能做出的决策，它需要对不同路径和结果进行建模。决策树用于项目风险管理和其他环境，以便在不确定的情况下选择最佳的行动步骤。图形显示有助于沟通决策原因。决策树开始于最初决策，例如继续项目 A 而不是项目 B。随着两种假定项目的继续，不同的事项会发生，这时需要做出不同的可预见性决定，并用树形格式表示。事项发生的可能性能够与路径最终结果的成本或用途一起进行估算。有关最佳决策路径的信息是有逻辑的，考虑各条路径的条件概率和结果值可以产生最高的期望值。决策树采取不同的风险逻辑分析，同时给出每一个可能路径的预期值计算结果。决策树法适用于对不确定性投资方案期望收益的定量分析。决策树中包含决策节点，从决策节点引出的分支叫方案分支。每个分支代表一个方案，分支数就是可能的方案数。

18. 蝶形图分析

蝶形图分析（bow tie analysis）是一种简单的图解形式，用来描述并分析某个风险从原因到结果的路径。可以将其视为分析事项起因（由蝶形图的结代表）的故障树以及分析结果的事件树这两种方法的统一体。蝶形图分析的重点是原因与风险之间，以及风险与结果之间的障碍。在构建蝶形图时，首先要从故障树和事件树入手，大多在头脑风暴式的讨论会上直接绘制出来。蝶形图分析可以显示风险的一系列可能的原因和后果。蝶形图的实施步骤如下：（1）识别需要分析的具体风险并将其作为蝶形图的中心结。（2）列出造成结果的原因。（3）识别由风险源到事故的传导机制。（4）在蝶形图左侧的每个原因与结果之间画线，识别那些可能造成风险升级的因素并将这些因素纳入图中。如果有些因素会导致风险升级，那么要把风险升级的障碍表示出来。（5）在蝶形图的右侧，识别风险不同的潜在结果，并以风险为中心，对各潜在结果绘制出放射状线条。将结果的障碍绘制成横穿放射状线条的条形框，在用条形框代表那些能支持结果产生的控制措施的情况下，这种方法可得出积极的结果。支持控制的管理职能（如培训和检查）应表示在蝶形图中，并与各自对应的控制措施相联系。

19. 层次分析法

层次分析法（analytic hierarchy process，AHP）适用于处理由相互关联、相互制约的众多因素构成的复杂系统，为这类问题的决策和排序提供了一种建模方法。AHP适合多目标、多层次、多因素的复杂系统的决策，在目标因素结构复杂且缺乏必要数据的情况下使用更为方便。AHP建模分为以下步骤：(1) 建立递阶层次结构模型；(2) 构造出各层次中的所有判断矩阵；(3) 层次单排序及一致性检验；(4) 层次总排序及一致性检验。其中后两个步骤在整个过程中需要逐层进行。在决策过程中，决策者直接参与决策，决策者的定性思维过程被数学化、模型化，有助于保持思维过程的一致性。层次分析法的局限性主要表现在：很大程度上依赖于人们的经验，主观因素的影响很大，它至多能排除思维过程中的严重非一致性，却无法排除决策者个人可能存在的严重片面性；比较、判断过程较为粗糙，不能用于精度要求较高的决策问题。

20. 在险值法

在险值（VaR）又称为风险价值或在险价值，是指在一定的置信水平下，某一金融资产（或证券组合）在未来一段特定的时间内的最大可能损失。与传统风险度量手段不同，VaR完全是基于统计分析的风险度量技术，基于VaR度量金融风险已成为国外大多数金融机构广泛采用的方法。VaR的计算和分析可以使用多种计量模型，如参数法、历史模拟法和蒙特卡罗模拟分析法。利用VaR可以比较全面地描述和评估风险，VaR不依赖个别风险的特性，不受资产种类的限制，具有整体性。因其适用于各种风险，所以VaR可提供一个基准单位，用来比较不同的风险。另外，VaR可以对企业管理层的资源配置和投资决策起到参考作用，如衡量公司各产品业绩、调整交易员的收益行为、实施风险限额和头寸控制等。VaR也可以应用于投资组合之中，投资者可以通过拆分VaR来判断哪笔交易对投资组合的风险暴露起到了对冲效果，从而优先把新投资投向该交易。VaR的参数法目前应用较广，具体是利用资产组合的价值函数与市场因子间的近似关系、市场因子的统计分布（方差-协方差矩阵）简化VaR计算。参数法的主要步骤包括：列出各种风险因素；对投资组合中所有金融工具的线性风险进行映射；加总不同金融工具的风险；估计风险因子的协方差矩阵；计算总体投资组合风险。

21. 均值-方差模型

均值-方差模型（mean-variance model）是组合投资理论研究和实际应用的基础。证券及其他风险资产的投资者面临两个核心问题——预期收益与风险，他们期望获得尽可能高的收益率和尽可能低的不确定性。如何测定组合投资的风险与收益并平衡这两项指标进行资产分配，是市场投资者迫切需要解决的问题。均值-方差模型从所有可能的证券组合中选择一个最优的组合，使收益和风险这两个相互制约的目标达到最佳平衡。对于给定的收益水平，利用该模型可以求出方差意义下最小风险的组合。均值-方差模型的目标函数为：

$$\text{Min}\ \delta^2(R_p)=\sum\sum X_iX_j\text{Cov}(R_i,\ R_j)$$

限制条件为 $1=\sum X_i$（允许卖空）或 $1=\sum X_i\ X_j>\geqslant 0$（不允许卖空）

式中，R_p 为组合收益；R_i 为第 i 只股票的收益；X_i，X_j 为证券 i，j 的投资比例；$\delta^2(R_p)$ 为组合投资方差（组合总风险）；$\text{Cov}(R_i,\ R_j)$ 为两只股票之间的协方差。上式表明，在限制条件下如何使组合风险 $\delta^2(R_p)$ 最小，可通过拉格朗日目标函数求得。其经济学意义是，投资者可预先确定一个期望收益，通过上式确定投资者在每个投资项目（如股票）上的投资比例（项目资金分配），使其总投资风险最小。不同的期望收益有不同的最小方差组合，从而构成了最小方差集合。均值-方差模型通过数理方法描绘出了资产组合选择的最基本、最完整的框架，具有开创性，是目前投资理论和投资实践的主流方法。该模型的局限在于没有考虑到收益的非正态分布，而多数实证研究表明证券收益率不一定服从正态分布；该方法计算复杂，特别是运用于多个项目的投资组合问题时，计算量更大。

22. 资本资产定价模型

资本资产定价模型（capital asset pricing model，CAPM）是在投资组合理论和资本市场理论基础上发展起来的，主要研究证券市场中资产的预期收益率与风险之间的关系，以及均衡价格是如何形成的。CAPM 运用一般均衡模型刻画所有投资者的集体行为，揭示在均衡情况下证券风险与收益之间关系的经济本质。资本资产定价理论认为，一项投资所要求的必要报酬率取决于三个因素：（1）无风险报酬率；（2）市场平均报酬率；（3）投资组合的系统风险即 β 系数，它是某一投资组合的风险程度与市场证券组合的风险程度之比。CAPM 的公式为：

$$E(R_p)=R_f+(R_m-R_f)\beta$$

式中，$E(R_p)$ 为投资组合的期望收益率；R_f 为无风险资产的报酬率；R_m 为市场均衡组合的报酬率；β 为证券的 β 系数。β 越大，系统性风险越高，要求的报酬率越高；反之，β 越小，要求的报酬率越低。证券组合的 β 是个别证券的 β 的加权平均。

CAPM 通过比较一项资本投资的回报率与投资于整个股票市场的回报率来衡量该投资的风险贴水。许多公司利用公司的资本成本作为正常的贴现率，公司资本成本是公司股票的预期回报率和其偿付债务的利息率的加权平均数。只要有关的资本投资对整个公司是有代表性的，均可使用这一方法。

23. FN 曲线

FN 曲线（FN curves）是给特定人群带来特定危害的各类事项可能性的图形表示。在大多数情况下，它指的是出现一定数量伤亡的频率。FN 曲线表示的是人群中有 N

个或更多的人受到影响的累积频率（F）。以高频率 F 发生的 N 的高值具有重要意义，因为它们在社会及政治上可能无法被人接受。FN 曲线是表示风险分析结果的一种手段。很多事件具备发生低后果性结果的高概率和发生高后果性结果的低概率。FN 曲线用区域块来表示风险，而不是用表示后果和概率组成的单点表示风险。FN 曲线可用来比较风险，例如将预计风险与 FN 曲线规定的标准相比，或是将预计风险与历史事项的数据相比，或与决策标准相比（也在 FN 曲线中表示）。FN 曲线可用于系统或过程设计，或用于现有系统的管理。将现有数据绘制在图形上，以伤亡人数（由于一定程度的伤害，例如死亡）作为横坐标，以 N 或更多伤亡人数的可能性作为纵坐标。由于数值范围大，两个轴通常都离不开对数比例尺。FN 曲线可以使用过去损失的真实数字进行统计上的建构，或者通过模拟模式估算值进行计算。使用的数据及做出的假设意味着这两类 FN 曲线传递出不同的信息，用于不同目的。一般来说，理论 FN 曲线对于系统设计非常有用，而统计 FN 曲线对现有的特定系统的管理非常有用。

24. 马尔可夫分析法

如果系统未来的状况仅取决于其现在的状况，那么可以使用马尔可夫分析法（Markov analysis）。这种方法通常用于对那些存在多种状态（包括各种降级使用状态）的可维修复杂系统进行分析。马尔可夫分析是一项定量技术，可以不连续（利用状态间变化的概率），也可以连续（利用各状态的变化率）。虽然马尔可夫分析可以手动进行，但是该技术的性质使其更适合于计算机程序。马尔可夫分析方法主要围绕“状态”这个概念展开。随机转移概率矩阵可用来描述状态间的转移，以便计算各种输出结果。马尔可夫分析法适用于对复杂系统中不确定性事件及其状态改变的定量分析。具体步骤包括：调查不确定性事件各状态及其变化情况；建立数学模型；求解模型，得到风险事件各个状态发生的可能性。该方法的主要优点是能够计算出具有维修能力和多重降级状态的系统概率。局限性包括：无论是故障还是维修，都假设状态变化的概率是一定的；所有事项在统计上具有独立性，因此未来的状态独立于一切过去的状态，除非两个状态紧密相接；需要了解状态变化的各种概率；有关矩阵运算的知识比较复杂，非专业人士很难看懂。

25. 蒙特卡罗模拟分析法

蒙特卡罗模拟（Monte Carlo simulation）是评估不确定性因素在各种情况下对系统产生的影响的方法。这种方法通常用来评估各种可能结果的分布及值的频率，可以在传统解析模型的分布具有不确定性和解析技术不能解决问题时进行概率计算。蒙特卡罗模拟分析法的一般过程如下：（1）确定尽可能准确代表所研究系统特性的模型或算法。（2）用随机数将模型运行多次，产生模型（系统模拟）输出。（3）在每一种情况下，计算机以不同的输入运行模型多次（经常到 1 万次）并产生多种输出。这些输出可以用传统的统计方法进行处理，以提供均值、方差和置信区间等信息。一般来说，蒙特卡罗模拟适用于任何系统，包括以下方面：通过一列输入数据相互影响来确定输出结果；输入数据与输出结果之间的关系可以表述为合乎逻辑的代数关系；输入数据存在不确定性，因此输出结果也存在不确定性。应用范围包括对财务预测、投资效益、项目成本及进度预测、业务过程中断、人员需求及其他方面不确定性的评估。

26. 贝叶斯统计及贝叶斯网络

贝叶斯统计是由托马斯·贝叶斯爵士创立的理论。其前提是任何已知信息（先验）都可以与随后的测量数据（后验）相结合，在此基础上推断事件的概率。贝叶斯理论的基本表达式是：

$$P(A|B)=\frac{P(A)P(B|A)}{\sum_i P(B|E_i)P(E_i)}$$

上述表达式的简化形式为：

$$P(A|B)=\frac{P(A)P(B|A)}{P(B)}$$

与传统统计理论不同的是，贝叶斯统计并未假定所有的分布参数固定，而是设定这些参数是随机变量。近年来，贝叶斯理论及贝叶斯网络的运用非常普遍，部分是因为它们具有直观吸引力，同时也归功于目前越来越多现成的软件计算工具。贝叶斯网络对于任何需要利用结构关系和数据来了解未知变量的领域都有效。贝叶斯网络可以用来认识因果关系，以便了解问题域并预测干预措施的结果。贝叶斯方法与传统统计方法有相同的应用范围，并会产生大量的输出结果，例如得出点估算结果的数据分析以及置信区间。贝叶斯方法最近颇为流行，这与可以产生后验分布的贝叶斯网络密不可分。图形结果提供了一种便于理解的模式，可以轻松修正数据来分析参数的相关性及敏感性。

27. 流程图分析法

流程图分析法（flow charts analysis）是对流程的每一阶段、每一环节逐一进行调查分析，从中发现潜在风险，找出导致风险产生的因素，分析风险产生后可能造成的损失以及对整个组织可能造成的不利影响。流程图使用一些标准符号代表某些类型的动作，直观地描述一个工作过程的具体步骤。一项特定的生产或经营活动按步骤或阶段顺序以若干模块的形式组成一个流程图，在每个模块中都标示出各种潜在的风险因素或风险事件，从而给决策者一个清晰的总体印象。在企业风险识别过程中，运用流程图绘制企业的业务流程，可以将对企业各种活动有影响的关键点清晰地表现出来，结合企业中这些关键点的实际情况和相关历史资料，就能够明确企业的风险状况。流程图分析法主要适用于对企业生产或经营中的风险及其成因进行定性分析。实施步骤为：（1）根据企业实际情况绘制业务流程图；（2）识别流程图上各业务节点的风险因素，并予以重点关注；（3）针对风险及其产生的原因，提出监控和预防的方法。

28. 敏感性分析法

敏感性分析法（sensitive analysis）是针对潜在的风险，在项目的各种不确定性因素变化至一定幅度时，计算其主要经济指标变化率及敏感程度的一种方法。在确定性分析的基础上，进一步分析不确定性因素对项目最终效果指标的影响程度。敏感性因素一般可选择主要参数（如销售收入、经营成本、生产能力、初始投资、存续期、建设期、达产期等）进行分析。若某参数的小幅变化能导致效果指标的较大变化，则称其为敏感性因素，反之则称其为非敏感性因素。该分析从改变可能影响分析结果的不同因素的数值入手，估计结果对这些变量变动的敏感程度。

敏感性分析可以找出影响最大、最敏感的主要变量因素，进一步分析、预测或估算其影响程度，找出产生不确定性的根源，采取有效措施；通过计算主要变量因素的变化确定项目评价指标变动的范围，使决策者全面了解项目方案可能出现的效益变动情况，以减少和避免不利因素的影响；通过对可能出现的最有利与最不利的效益变动范围的分析，预测可能出现的风险，并对原方案采取某些控制措施或寻找替代方案，为最后确定可行方案提供可靠的决策依据。敏感性分析最常用的是龙卷风图。龙卷风图有助于比较具有较高不确定性的变量与相对稳定的变量之间的相对重要程度，因显示形式像龙卷风而得名。敏感性分析法适用于对项目不确定性对结果产生的影响进行定量分析。实施步骤为：（1）选定不确定性因素，并设定这些因素的变动范围；（2）确定分析指标；（3）进行敏感性分析；（4）绘制敏感性分析图；（5）确定变化的临界点。

29. 风险评估系图法

用以评估风险影响的常见的定性方法是制作风险评估系图。风险评估系图能识别某一风险是否会对企业产生重大影响，并将此结论与风险发生的可能性联系起来，为确定企业风险的优先次序提供框架。该方法适用于对风险初步的定性分析。

30. 统计推论法

统计推论（statistical inference）是进行项目风险评估和分析的一种十分有效的方法，它可分为前推、后推和旁推三种类型。前推就是根据历史的经验和数据推断出未来事件发生的概率及其后果。如果历史数据具有明显的周期性，就可据此直接对风险做出周期性的评估和分析；如果从历史记录中看不出明显的周期性，就可用一个曲线或分布函数来拟合这些数据，再进行外推，要注意历史数据的不完整性和主观性。后推是在手头没有历史数据可供使用时采用的一种方法。由于很多项目风险具有一次性和不可重复性，在评估和分析这些项目风险时常用后推法。后推是把想象的事件及后果与一个已知事件及后果联系起来，把未来风险事件归结到有数据可查的造成这一风险事件的初始事件上，从而对风险做出评估和分析。旁推就是利用类似项目的数据进行外推，用某一项目的历史记录对新的类似项目可能遇到的风险进行评估和分析，当然还要充分考虑新环境的各种变化。这三种方法在项目风险评估和分析中都得到了广泛采用，适用于各种风险分析预测。实施步骤为：（1）收集并整理与风险相关的历史数据；（2）选择合适的评估指标并给出数学模型；（3）根据数学模型和历史数据预测未来风险发生的可能性和损失大小。

附录 即测即评

图书在版编目（CIP）数据

公司战略与风险管理：立体化数字教材版/吕文栋编著. --3 版. --北京：中国人民大学出版社，2024.8
高等学校经济管理类核心课程教材
ISBN 978-7-300-32610-8

Ⅰ.①公… Ⅱ.①吕… Ⅲ.①公司-企业管理-高等学校-教材②公司-风险管理-高等学校-教材 Ⅳ.①F276.6

中国国家版本馆 CIP 数据核字（2024）第 047034 号

高等学校经济管理类核心课程教材
公司战略与风险管理（第 3 版·立体化数字教材版）
吕文栋　编著
Gongsi Zhanlüe yu Fengxian Guanli

出版发行	中国人民大学出版社		
社　　址	北京中关村大街 31 号	**邮政编码**	100080
电　　话	010－62511242（总编室）		010－62511770（质管部）
	010－82501766（邮购部）		010－62514148（门市部）
	010－62515195（发行公司）		010－62515275（盗版举报）
网　　址	http://www.crup.com.cn		
经　　销	新华书店		
印　　刷	北京密兴印刷有限公司	**版　　次**	2020 年 5 月第 1 版
开　　本	787 mm×1092 mm　1/16		2024 年 8 月第 3 版
印　　张	21 插页 1	**印　　次**	2025 年 2 月第 4 次印刷
字　　数	456 000	**定　　价**	54.00 元

中国人民大学出版社　管理分社

教师教学服务说明

中国人民大学出版社管理分社以出版工商管理和公共管理类精品图书为宗旨。为更好地服务一线教师，我们着力建设了一批数字化、立体化的网络教学资源。教师可以通过以下方式获得免费下载教学资源的权限：

★ 在中国人民大学出版社网站 www.crup.com.cn 进行注册，注册后进入“会员中心”，在左侧点击“我的教师认证”，填写相关信息，提交后等待审核。我们将在一个工作日内为您开通相关资源的下载权限。

★ 如您急需教学资源或需要其他帮助，请加入教师 QQ 群或在工作时间与我们联络。

中国人民大学出版社　管理分社

教师 QQ 群： 648333426（工商管理）　114970332（财会）　648117133（公共管理）
教师群仅限教师加入，入群请备注（学校＋姓名）

联系电话： 010-62515735，62515987，62515782，82501048，62514760

电子邮箱： glcbfs@crup.com.cn

通讯地址： 北京市海淀区中关村大街甲 59 号文化大厦 1501 室（100872）

管理书社　　人大社财会　　公共管理与政治学悦读坊